Türkçe Açıklamalı

18TH EDITION

English Grammar Today

Murat KURT

CD Hediye
FULL COLOURED

MK Publications

MK Publications

Kocasinan Cad. Yasa Sokak
Karavelioğlu Apt. No: 28/B
14750 Küçükbakkalköy
Ataşehir / İstanbul

Tel   : (9) 0216 469 50 15
Faks   : (9) 0216 469 83 12
Web   : www.mkpublications.com.tr
e-mail : info@mkpublications.com.tr

ISBN : 978-975-28883-7-1

EIGHTEENTH EDITION – SEPTEMBER 2012

Editor : Murat Kurt

Proofread by Robert Blaye Lanz

Cover Designer : Murat Kurt, Ümit Balçın

Pronunciation Samples by Marc Edward Lee and Emma Bolderson

Printed in İstanbul
By EGE BASIM

Esatpaşa Mah. Ziya Paşa Cad. No: 4 /1
Ege Plaza 34704 Ataşehir / İSTANBUL
Tel: 0216 470 44 70

English Grammar Today, okul ve kurslarda okutulan İngilizce ders kitaplarındaki konuların veriliş sırası dikkate alınarak hazırlanmış bir kitaptır.

Kitap başlangıç, veya orta seviyede İngilizce bilgisine sahip kişilere, SBS, YDS, KPDS ve benzeri sınavlara hazırlananlara yararlı olması amacı ile kaleme alınmıştır. Bu nedenle her gramer konusu en basit hali ile ele alındıktan sonra orta ve ileri seviyedeki öğrenciler dikkate alınarak detay bilgilere yer verilmiştir.

English Grammar Today'i benzer kitaplardan ayıran en büyük özelliği, her konunun yalın anlatımı yanında bol örnek, örneği destekleyen renkli resimler ve bunları takiben bol alıştırma soruları ile pekiştirilmiş olmasıdır. Bu alıştırmalar size öğrendiğinizi hemen pratik etme olanağı verecektir. Ve en önemlisi alıştırmalar dahil, İngilizce her kelime ve cümlenin bir Native Speaker tarafından seslendirilmiş olmasıdır. Böylece her kelime ve cümleyi doğru telaffuz etme şahsına sahip olacaksınız. Kitabın CD'si arka kapak içindedir. Kitabı alırken lütfen kontrol ediniz ve yerinde yoksa kitapçınızdan mutlaka isteyiniz.

İngilizce öğrenmek hepimiz için her geçen gün daha gerekli hale gelmektedir. Ülkemizde faaliyet gösteren çok uluslu şirketlerin sayısı hızla artmakta, dış ülkelere olan ticaret hacmimiz yükselmekte, artan ilişkiler ağında yabancı dil bilen personele duyulan talepte bir patlama yaşanmaktadır. Bu gelişmelere paralel olarak yüz binlerce insanımız İngilizce öğrenme çabası içindedirler. Ama insanlarımız her zaman kendilerine yardımcı olacak birini yanlarında bulamamaktadırlar.

Bir yabancı dili, o dili konuşan birinin yardımı olmadan öğrenmek çok zordur. Öğrenirlerin en az yardımla İngilizceyi öğrenmelerine katkıda bulunsun diye bu kitaptaki açıklamalar Türkçe yapılmış ve her cümlenin, hatta her kelimenin Türkçe karşılığı verilmiştir.

Kelime bilginizi genişletmek için örneklerde olabildiğince farklı kelimeler kullanılmıştır. Sıfat ve zarfları çalışırken, sık kullanılan sıfat ve zarfları, Türkçe karşılıkları ile beraber, kitabımızda bulacaksınız.

Ayrıca kitabımızın sonunda, sayfa 493 de, düzensiz fiillerin (Irregular Verbs) tam listesini yine Türkçe karşılıkları ile beraber bulacaksınız.

Verilmeğe çalışılan konular öğrenmenin kalıcı olması ve İngilizce öğretmenlerinin gramer konularını verirken yararlanmaları amacı ile bol örnek ve resimlerle desteklenmiştir. alıştırmaları kitap üzerinde yaparak öğrendiklerinizi pekiştirebilirsiniz.

Tam 99 ana başlık altında yüzlerce gramer konusunun işlendiği ve Türkçe açıklamaları ile birlikte verildiği bu kitap sizin için vazgeçilmez bir başvuru kitabı olacaktır.

Başarılarınıza katkıda bulunması dileklerimle.

Murat Kurt

info@mkpublications.com.tr

CONTENTS – İÇİNDEKİLER

INDEX

Bir gün büromda otururken işyerime, bir adres sormak için, genç bir bayan girdi. Sekreterim, bayanın sorduğu yeri bilmediğini söyledi. Bayanın sorduğu yeri çok iyi bildiğim için sekreterimden bayanı odama göndermesini istedim. Aradığı yeri kolay bulsun diye bir kağıt üzerine o yerin krokisini çizmeğe başladım. O sırada bayanın gözü masamın üzerindeki "English Grammar Today" kitabına ilişmiş olacak ki; bana, "Yoksa Murat Kurt siz misiniz?" diye sordu. Ben, "Evet", cevabı verince, "Benim size çok büyük bir teşekkür borcum var," dedi. Ve ekledi, "Ben Marmara Üniversitesinde öğretim görevlisiyim. Kolej mezunu değilim, herhangi bir İngilizce kursuna da gitmedim. Bir şekilde elime sizin bu kitabınız geçti. Sadece sizin kitabınızdan çalışarak, kolej mezunlarının bile zorlandığı çok önemli bir İngilizce Sınavını, başarı ile verdim. Abartmıyorum, kariyerimi size borçluyum. Ben size müteşekkir olmayacağım da kime olacağım? İnanın her önüme gelene bu kitabınızı mucize bir ilaçmış gibi tavsiye ediyorum," dedi.

Bazı şeyler vardırki onu para ile satın alamazsınız. İşte o bayanın sözleri benim için en büyük ödül oldu.

Benzer sözleri, benzer durumda hosteslik sınavını veren başka bir bayandan, KPDS sınavından başarılı olan Eğitim Bilimleri Mezunu bir beyden, hazırlık sınıfında başarısız olup Toefl sınavından yeterli puan alıp bir sene kaybetmekten kurtulan Hacettepe Üniversiteli bir kardeşimizden duymak, e-mail adresime gelen başarı maillererinizi okumak ve bu ve diğer kitaplarımın ve resimli sözlüklerimin çeşitli, okullarda yardımcı ders kitabı olarak seçilmesini görmek mutluluğumu katlıyor.

Umarım siz de benzer düşünceleri paylaşırsınız

Saygılarımla,

Murat Kurt

English Grammar Today İçin Ne Dediler?

English Grammar Today kitabınızı, bir kitabevinin önerisi üzerine aldım. Acaba güzel mi, seviyesi nasıl diye kitabı karıştırırken anlattığınız bir hikayeye gözüm takıldı. Hikayedeki bayanın görüşlerine tamamen katılıyorum. Kitabınızın anlatımı o kadar akıcı ve açık ki akşamları çok yorgun olsam dahi severek okuyorum. Aynı konuda sıkıntı çeken diğer arkadaşlarıma da öneriyorum.

Özenle hazırlanmış olan kitabınız için teşekkür ederim.

Saygılarımla,

Ruhan YORULMAZ

İŞTE BU!!!!

diyorum:) Size ulaşabildiğime gerçekten çok sevindim. Evet İngilizce öğretmenliğine başladım. Daha çok yeniyim. Kitabınız hakkında söylediklerimin hiç birisi iltifat mahiyetinde değil, gerçekten çok büyük bir şükran borcu niteliğinde şeylerdir, ayrıca belirteyim bahsettiğiniz diğer kitaptan haberim vardı, ama açıkçası almadım yani incelemedim diyebiliriz. 2006 yılında Sırbistan'da İngiliz Dili Bölümü okumak üzere üniversiteye başladığım yıllar, beginner seviyesinde bile olmayan bana müthiş bir ışık olmuştu kitabınız. O zaman öğrendiğim grameri bir daha hiç tekrarlamış olmama rağmen, hala çok iyi hatırlıyorum. Maalesef öğrenimim yarıda kaldı ve geri dönmek durumda kaldım, fakat kitabınızdan İngilizce gramerini her çalıştığımda Türkiye'ye gittiğimde muhakkak Murat Kurt' a teşekkürlerimi ileteceğim diyordum biraz gecikmeli oldu ama olsun.:) size ait bir site ya da önerebileceğiniz internet adresleri varsa çok sevinirim... Zira ben de yarın öğrencilerim tarafından sizin gibi anılan bir hoca olmak istiyorum..

Tekrar Teşekkürler...

Saygılar...

Merve OSMANOĞULLARI

Kızımın İngilizceyi zor anlama gibi bir sıkıntısı vardı. Aldığımız bir çok İngilizce kitabı Türkçe açıklamalı olmadığı için bu kitabı okulumuzun İngilizce öğretmeni tavsiye etti ve biz de aldık. İnanın çok memnunuz çünkü açıklamalar Türkçe anlatılıyor ve ondan sonra alıştırmalara geçiliyor. Eğer sizin de İngilizce öğrenmede sıkıntılarınız varsa mutlaka almalısınız. Herkese tavsiye ediyorum.

Bülent GÜNEŞ

Elementary seviyesinden İngilizce kursuna başladım ve araştırmalarım sonucu yardımcı kaynak olarak bu kitabı almaya karar verdim. Kitabı kullanmaya başlayınca iyi ki almışım dedim. Tavsiye etmeye değer bir kitap.

YILDIRIM

01 To be

To be

To be eylem belirtmeyen, durum belirten cümlelerde **olmak, bulunmak** ve **imek** anlamında kullanılan bir fiildir. Yardımcı fiil olarak kullanıldığında Türkçemizde ismin veya sıfatın sonuna eklenen 'dir' 'dır', 'dur', 'dür' ekinin karşılığıdır.

A. Yapısı:

To be fiilinin	**Geniş Zaman** hali	**am, is, are**
	Geçmiş Zaman hali	**was, were**
	Past Participle hali	**been**'dir.

Biz bu konuda **'to be'** fiilinin geniş zaman halleri olan **'am, is, are'**ı inceleyeceğiz. Diğer halleri ilerki konularda ele alınacaktır.

1. Affirmative - Olumlu

I	**am**	a student.	*Ben bir öğrenciyim.*
You	**are**	a teacher.	*Siz bir öğretmensiniz.*
He		a farmer.	*O bir çiftçidir.*
She	**is**	a nurse.	*O bir hemşiredir.*
It		a cat.	*O bir kedidir.*
We		Turkish.	*Biz Türküz.*
You	**are**	English.	*Siz İngilizsiniz.*
They		American.	*Onlar Amerikalıdır.*

Konuşma dilinde daha çok "**I'm, He's, She's, It's, We're, You're, They're**" gibi "**to be**" fiilinin kısaltılmış şekilleri kullanılır.

Hello, **I'm** Dennis Murphy.
Merhaba, ben Dennis Murphy'im.

This **is** Mary. She**'s** from England.
Bu Mary. O, İngilterelidir.

You**'re** very kind.
Çok naziksiniz.

They**'re** Spanish.
Onlar İspanyoldur.

2. Negative - Olumsuz

To be fiili yani '**am, is, are**' kendisinden sonra '**not**' (değil) olumsuzluk kelimesini alarak **olumsuz** cümleler oluşturur.

am not	- 'm not
is not	- isn't
are not	- aren't

. Verb to be

I	**'m not**	English.		*Ben İngiliz değilim.*
You	**aren't**	Turkish.		*Sen Türk değilsin.*
He She It	**isn't**	a doctor. a nurse. a dog.		*O bir doktor değildir.* *O bir hemşire değildir.* *O bir köpek değildir.*
We You They	**aren't**	hungry. English. happy.		*Biz aç değiliz.* *Siz İngiliz değilsiniz.* *Onlar mutlu değiller.*

3. Interrogative - Soru

To be fiili yani '**am, is, are**' özneden önce kullanılarak soru cümleleri elde edilir.

Am	I	old?		*Ben yaşlı mıyım?*
Are	you	English?		*Siz İngiliz misiniz?*
Is	he she it	tired? a TV star? new?		*O yorgun mu?* *O bir TV yıldızı mı?* *O yeni mi?*
Are	we you they	late? students? Mr. and Mrs Brown?		*Biz geciktik mi?* *Siz öğrenci misiniz?* *Onlar Bay ve Bayan Brownlar mı?*

4. Negative Interrogative - Olumsuz Soru

Isn't ve **aren't** özneden önce kullanılarak **soru** cümleleri oluşturulur.
'**I**' öznesi ile yapılan olumsuz sorularda '**Am not I**' yerine '**Aren't I**' kullanılır.

Aren't	I	right?		*Ben doğru (Haklı) değil miyim?*
Aren't	you	English?		*Sen İngiliz değil misin?*
Isn't	he she it	rich? young? new?		*O zengin değil mi?* *O genç değil mi?* *O yeni değil mi?*
Aren't	we you they	tired? German? French?		*Biz yorgun değil miyiz?* *Siz Alman değil misiniz?* *Onlar Fransız değiller mi?*

- **Isn't** he a doctor?
- *Yes, he is.*

- **Aren't** you hungry?
- *No, I'm not.*

B. Kullanıldığı Yerler:

1. Kim olduğumuzu anlatırken:

I'm Paul and this **is** my girl friend Maggy.
Ben Paul'üm ve bu kız arkadaşım Maggy'dir.

I'm a pilot. Maggy **is** a hair-dresser.
Ben pilotum. Maggy kuafördür.

> Bob, this **is** Bill. He's my classmate.

2. Ne hissettiğimizi anlatırken:

He's very sad.
O çok üzgün.

I'm very excited.
Çok heyecanlıyım.

They **are** very cold.
Çok üşüyorlar.

He's very happy.   He's cold.   He's very angry.

3. Selamlaşırken:

Hello, Bill. How **are** you?
Merhaba, Bill. Nasılsın?

I'm very well, thank you, and you?
Ben çok iyiyim, teşekkür ederim, ya sen?

4. Özür dilerken:

Student: I'm sorry, I'm late.
Öğrenci: Üzgünüm, geç kaldım.

Teacher: That's O.K.
Öğretmen:Tamam.

> That's OK. Come in.

> I'm sorry, I'm late.

5. İnsanları ve nesneleri tanımlarken:

It's big and round.
O, büyük ve yuvarlaktır.

He's very rich.
O, çok zengindir.

He's short and fat.   It's very expensive.
O kısa boylu ve şişmandır.   *O çok pahalı.*

6. İnsanların yaşlarından bahsederken:

My father **is** 44 years old.
Babam 44 yaşındadır.

EXERCİSE 1

Complete the sentences with "**am**", "**is**", or "**are**."/ Cümleleri "**am**", "**is**", veya "**are**" ile tamamlayınız.

14. Ünitede TO BE fiili devam edecektir.

English Grammar Today

O2 Subject Pronouns

Öznel Zamirler

İsmin yerini alan kelimelere **zamir (pronoun)** denir. Cümlelerde özne görevinde bulunan isimlerin yerini alan kelimelere de **Öznel Zamirler (Subject Pronouns)** denir.

Singular/Tekil		Plural/Çoğul	
I	Ben	**We**	Biz
You	Sen	**You**	Siz
He	O (Erkek)	**They**	Onlar
She	O (Dişi)		
It	O (Şey, hayvan)		

I'm ...Abdullah... (Kendi adınızı yazınız)

Ben ...Abdullah...im.

You're Robin.
Sen Robin'sin.

He's Alan.
O Alan'dır.

She's Alice.
O Alice'dir

It's a cat.
O bir kedidir.

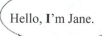

Hello, **I**'m Jane.

He's Tim.

She's Mary.

It's a cat.

We're ...Abdullah... and ...Maryam...

Biz, ...Abdullah... ve ...Maryam... 'ız.

(Kendinizin ve yanınızdaki arkadaşınızın adını yazınız.)

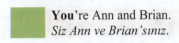

You're Ann and Brian.
Siz Ann ve Brian'sınız.

They're Mr. and Mrs. Long.
They are from Australia.

Onlar Bay ve Bayan Long'dur. Onlar Avustralyalıdır.

Üçüncü çoğul şahıslar, nesneler ve hayvanlar için '**they**' kullanılır.

They are new cars.

EXERCISE 2

Aşağıdaki cümlelerde özne durumundaki isimlerin yerine şahıs zamirlerini kullanınız.

Example: **Clare** is late.
            She is late.

1. **Diana** is sixteen years old.

....

2. **Boris** is hungry.

....

3. **The radio** is on the table.

....

4. **Mr. Brown** is rich.

....

5. **Eric and Carl** are reporters.

....

6. **Eric and I** are good friends.

....

7. **You and Frank** are tall boys.

....

8. **Mr. King** is in hospital.

....

9. **Mrs. White** is a teacher.

....

10. **The apples** are very good.

....

11. **The book** is new.

....

12. **Oliver** is a mechanic.

....

03 Cardinal Numbers

Asal Sayılar

0	- zero, nought					
1	- one	11	- eleven	21	- twenty-one	
2	- two	12	- twelve	22	- twenty-two	
3	- three	13	- thirteen	23	- twenty-three	
4	- four	14	- fourteen	24	- twenty-four	
5	- five	15	- fifteen	25	- twenty-five	
6	- six	16	- sixteen	26	- twenty-six	
7	- seven	17	- seventeen	27	- twenty- seven	
8	- eight	18	- eighteen	28	- twenty-eight	
9	- nine	19	- nineteen	29	- twenty-nine	
10	- ten	20	- twenty	30	- thirty	

On üç ile **on dokuz** arası sayılar 'teen' eki ile biterler. (Teen numbers)
20, 30, 40 gibi **on sayısının katları** sayılar da '-ty' eki ile biter. (Ten numbers)

20	- twenty	- yirmi		60	- sixty	- altmış
30	- thirty	- otuz		70	- seventy	- yetmiş
40	- forty	- kırk		80	- eighty	- seksen
50	- fifty	- elli		90	- ninety	- doksan

100	- one hundred	- yüz	
1,000	- one thousand	- bin	
1,000,000	- one million	- milyon	
1,000,000,000	- one billion	- milyar	
1,000,000,000,000	- one trillion	- trilyon	

Hundred, **thousand**, **million**, **billion** ve **trillion** sayıları tekil olarak kullanıldıklarında "a" veya "one" ile birlikte kullanılırlar: **a thousand**, veya **one thousand** gibi.

Sayılar kendi dilimizdeki sıra ile okunur.

    42   - **forty-two**

    53   - **fifty-three**

Yüzden büyük sayılar okunurken onlar basamağından önce '**and**' kullanılır.

348 - Three hundred **and** forty-eight.

İki yüz, üç bin, beş milyon vs. derken '**hundred**', '**thousand**', '**million**' gibi gibi isimler tekil olarak kullanılır.

200 - two **hundred**   ~~200 - two hundreds~~

2538 - two **thousand,** five **hundred** and thirty-eight.

Telefon numaraları verilirken rakamlar teker teker ve **sıfır**, sesli harf '**oh**' gibi okunur. Amerikan İngilizce'sinde '**zero**' olarak da okunduğu görülür.

- What's your phone number?
- **It's three-two-oh–four-six-oh-seven.**
  (320 46 07)

Futbol maçı sonuçları verilirken sıfır 'nil' diye söylenir.

Liverpool 1 (one) - Arsenal 0 (nil)

Yazılışı	Söylenişi
0.5	Point five/Half
0.25	Point two five/A quarter
0,75	Point seven five/Three quarters
25 %	Twenty-five percent
100 %	One hundred percent
$ 12.95	Twelve dollars and ninety-five (cents)

Symbols - Semboller
= equals, is equal to, is
+ plus/and
- minus/subtracted from
x times / multiplied by
÷ divided by

add	- topla
subtract	- çıkar
multiply	- çarp
divide	- böl

1. **Add 20 and 7.**
20+7=27 (Twenty plus seven equals twenty-seven.)
2. **Subtract 8 from 40.**
40 – 8 = 32 (Forty minus eight is thirty-two. / veya: Eight subtracted from forty is thirty-two.)
3. **Multiply 7 by 5.**
7 x 5 = 35 (Seven times five is equal to thirty-five/ veya: Seven multiplied by five is thirty-five.)
4. **Divide 40 by 8.**
40 ÷ 8 = 5 (Forty divided by eight is five.)

EXERCISE 3   Aşağıdaki sayıları yazı ile yazınız

a. 45 .... b. 30 ....

c. 76 .... d. 87 ....

e.288 ....

f. 2,590 ....

g. 25,986,850 ....

....

h. 600 ....

i. 355,981 ....

j. 152 ....

EXERCISE 4

Aşağıdaki işlemlerin cevaplarını yazı ile yazınız.

a. 12 + 8 = ... f. 98 + 66 = ...

b. 7 x 5   = ... g. 220 x11 = ...

c. 54+45   = ... h. 55 + 90 = ...

d. 148 - 47 = ... i. 25 - 12 = ...

e. 625 ÷5 =................................ j. 120 ÷ 3 = ...

English Grammar Today

04 A/An

1. Daha önce söz edilmemiş, veya hakkında bir şey bilinmeyen biri veya bir şey den önce kullanılan belirtisiz bir tanıtıcıdır. Cümleye '**bir**' anlamı katar.

She is **a** beautiful woman.
*O, güzel **bir** kadındır.*

He's **a** doctor.
*O **(bir)** doktordur.*

This is **a** computer.
*Bu **bir** bilgisayardır.*

a student   **a** pen

1.1 Bir isim **b, d, c, d, y, z** gibi ünsüz (sessiz) bir sesle başlıyorsa kendinden önce '**a**', **a, e, i, o, u** gibi ünlü (sesli) bir sesle başlıyorsa kendisinden önce '**an**' alır.

an apple.   **an** aeroplane   **an** orange   **an** egg

Dikkat ediniz ! Ünlü veya ünsüz **harf değil** ünlü veya ünsüz **ses** diyoruz. Bunlar birbirinden farklı şeylerdir. Çünkü İngilizce'de bazı ünlü harfler kelime içinde ünsüz olarak okunabilirler.

| **unit** | /yunit/ | **UN** | /yu-en/ | **union** | /yu'niın/ |
| **uniform** | /yu'niform/ | **university** | /yunivö:siti/ | **one** | /wan/ |

Bu kelimeler cümle içinde tekil anlamlarda kullanıldıklarında kendilerinden önce '**a**' alırlar.

a unit   **a** one pound note
a union   **a** European
a uniform   **a** university student

1.2 Bazı kelimelerin ilk harfleri olan ünsüz harfler okunmazlar. Örneğin, **honest** /o'nist/ ve **hour** /au/ kelimeleri sessiz harflerle başlasalar da okunurlarken bu kelimelerin ilk harfleri okunmaz. Ayrıca **MP** (Em-pi) gibi kısaltmalar harf harf okunurlar ve burada olduğu gibi ilk harf sesli bir sesle söylenebilir.

Bu kelimeler cümle içinde tekil anlamda kullanıldıklarında kendilerinden önce '**an**' alırlar.

an hour	**an** L-plate	**an** hourly paid worker	**an** MP
an LM cigarette	**an** X-ray	**an** RAF officer	**an** SS officer
an SOS	**an** honest man	**an** honorary degree	**an** honor

EXERCISE 5

Boşluklarda 'a' veya 'an' kullanınız.

1. This is ..... English grammar book.

2. He is ..... teacher.

3. She is .... UN officer.

4. This is ..... apple.

5. That is .... table.

6. He is .... hourlypaid worker.

7. This is .... good university.

8. I eat .... apple .... day.

9. Türk-İş is ..... union of workers.

10. He is .... dentist.

11. He is eating ..... orange now.

12. ..... kilogram of potatoes is $1.

13. Eggs are $2 ..... dozen.

14. This is ..... good Von Gogh.

15. She's ...... new Marilyn Monroe.

16. I've got .... headache.

17. She has .... son.

18. This is .... ink bottle.

19. There is .... umbrella behind the door.

20. I have been here for ... hour.

21. She wants ..... glass of orange juice.

22. This is .... television.

23. That's .... interesting story.

24. She's .... old woman.

EXERCISE 6

'A ve an kullanarak aşağıdaki nesnelerin ne olduklarını yazınız

1. **A towel**_____

2. _____

3. _____

4. _____

5. _____

6. _____

Onion, sweater, eraser, armchair, axe, towel

2. KULLANILDIĞI YERLER:

2.1 Kendisinden daha önce söz edilmemiş isimlerle birlikte:

I have **a** car.
Benim bir arabam var.

I have **a** pain in my arm.
Kolumda bir ağrı var.

She's **a** nurse.
O bir hemşiredir.

2.2 Bir tane anlamında:

A five pound note
Bir tane beş paundluk banknot.

A dozen
Bir düzine.

An egg is 20 p.
Bir tane yumurta 20 pence'dir.

There is **a** woman on the horse.
Atın üstünde bir kadın var.

2.3 Her; her bir, (günde, ayda, etc.):

We eat three times **a** day.
Günde üç kere yemek yeriz.

We have six exams **a** week.
Biz haftada/her hafta altı sınav oluruz.

A triangle has three corners.
(Her) Bir üçgenin üç köşesi vardır.

We eat three times **a** day.

The eggs are $1 **a** dozen.
Yumurtaların (her) bir düzinesi bir dolardır.

2.4 Tek görünen bir çift şeyden önce:

There is **a** cup and saucer on the table.
Masanın üzerinde bir fincan ve fincan tabağı var.

She has **a** bucket and spade in her hand.
Elinde bir kova ve kürek var.

A cup and saucer

2.5 Bir birimden önce:

a kilo of tomatoes	bir kilo domates
a packet of cigarettes	bir paket sigara
a bottle of wine	bir şişe şarap
a cup of coffee	bir fincan kahve
a glass of milk	bir bardak süt
a tube of toothpaste	bir tüp diş macunu
a loaf of bread	bir somun ekmek
a piece of cheese	bir parça peynir
a slice of cake	bir dilim pasta
a dozen eggs	bir düzine yumurta
a bar of chocolate	bir dilim çikolata
a packet of biscuits	bir paket bisküvi
a tin of peas	bir kutu bezelye
a can of coke	bir kutu kola
a bunch of flowers	bir demet çiçek

a piece of cheese

a can of paint

2.6 Belli bir miktar anlamında:

She has **a** good knowledge of mathematics.
İyi bir matematik bilgisi var.

Have **a** look at these cell phones!
Bu cep telefonlarına bir bakıverin!

2.7 İsim olarak kullanılan fiillerin -ing hallerinden önce:

They are holding **a** meeting now.
Şu anda bir toplantı yapıyorlar.

This is **a** driving license.
Bu bir sürücü ehliyetidir.

2.8 Bir çeşit anlamında:

This is **a** good wine.
Bu iyi bir (çeşit) şarap.

This is **a** good Kavaklıdere.
Bu iyi bir Kavaklıderdir.

This is **a** good pen.
Bu iyi bir kalemdir.

2.9 Ressam adları ile beraber:

This painting is **a** Picasso.
Bu bir Picasso resmidir.

(Family of Saltimbanques)

This is **an** Abidin Dino.
Bu bir Abidin Dino.
(resmidir)

This painting is **a** Gogen.
Bu bir Gogen resmidir.

2.10 Benzeri, o vasıflarda anlamında:

This girl is **a** new Elizabeth Taylor.
Bu kız yeni bir Elizabeth Taylor.

This young actor is **a** new Ayhan Işık.
Bu genç aktör yeni bir Ayhan Işık.

This young politician is **a** new Ecevit.
Bu genç politikacı yeni bir Ecevit.

She's **a** new Elizabeth Taylor.

2.11 Bilinmeyen bir insan adı, veya bazı tarihlerle ile birlikte:

A Mr. Brown is waiting for you.
Bir Bay Brown sizi bekliyor.

I can't imagine **a** Christmas without you.
Sensiz bir Noel düşünemiyorum.

2.12 half/rather/quite/such/what'dan sonra:

What a nice day!
Ne güzel bir gün!

She's **quite a** beautiful girl.
O oldukça güzel bir kız.

I haven't got **such a** nice car.
Böyle güzel bir arabam yok.

He's got **half an** apple.
Yarım elması var.

I've got **half an** hour.
Yarım saatim var.

That's **rather a** boring book.
Şu oldukça sıkıcı bir kitap.

What an interesting book!
Ne ilginç bir kitap.

What a beautiful day!

What an interesting article!

05 Plural Forms of Nouns

İsimlerin çoğul hali

İngilizce'de sayılabilen isimler, fiil ve sıfatlarda olduğu gibi, **düzenli** (regular) ve **düzensiz** (irregular) diye iki gruba ayrılırlar.

1. Regular Nouns - Düzenli İsimler

Düzenli isimler sonlarına '-**s**', '-**es**', veya '-**ies**' ekleri alarak çoğul hale dönüşürler.

1.1 '-s'

İnglizce'de isimlerin çoğu çoğul hallerinde sonuna '-**s**' eki alırlar.

a pen — - two pen**s**
a car — - three car**s**
a boy — - several boy**s**
an apple — - four apple**s**
a table — - four table**s**

a key   two key**s**

1.2 '-es'

Sonu '-**s**', '-**ss**', '-**sh**', '**ch**', '-**x**', '-**zz**'. ve '-**o**' ile biten isimler çoğul hallerinde sonlarına '-**es**' eki alırlar.

a bus — - two bus**es** veya bus**ses**
a glass — - three glass**es**
a church — - some church**es**
a brush — - two brush**es**
a box — - four box**es**
a buzz — - some buzz**es**
a tomato — - two tomato**es**

a torch   two torch**es**

Radio ve zero gibi başka bir dilden gelen kelimeler bu kuralın istisnalarıdır.

a radio	– two radios	**a piano**	– two pianos
a hero	– three heros	**a photo**	– five photos
a zero	– six zeros	**a studio**	– two studios

1.3 Sonu sessiz harf + **y** ile biten isimler '-**es**' eki alırlarken kelime sonundaki '-**y**''**i**' ye dönüşür. Yani bu isimler çoğul hale dönüşürken '**y**' kalkar ve isme '-**ies**' eki eklenir.

a body — – two bod**ies**
a lady — – three lad**ies**
a baby — – four bab**ies**
a fly — – many fl**ies**

a strawberry   four strawberr**ies**

1.4 İsmin son hecesinde '**f**' harfi var ise bu isim çoğul eki alırken '**f**' '**v**' ye dönüşür ve '-**es** eki alır.

life (hayat)	- li**ves** /layvz/
leaf (yaprak)	- lea**ves** /li:vz/
wife (karı)	- wi**ves** /wayvz/
wolf (kurt)	- wol**ves** /wulvz/
knife (bıçak)	- kni**ves** /nayvz/
shelf (raf)	- shel**ves** /şelvz/

a scarf   two scar**ves**

Roof, proof, belief, chief, cliff, ve **chef** bu kuralın istisnalarıdır.

belief (inanç)	- belief**s**	cliff (uçurum)	- cliff**s**	chief (şef)	- chief**s**
roof (çatı)	- roof**s**	proof (kanıt)	- proof**s**	chef (şef aşçı)	- chef**s**

2. Irregular Nouns - Düzensiz İsimler

Düzensiz isimlerin çoğul şekilleri bir kurala bağlı değildir. Bunları oldukları gibi ezberlememiz gerekir.

2.1 İnsanlarla ilgili birçok isim düzensizdir.

a person (kişi)	- **several people**
a man (adam)	- **two men**
a woman (kadın)	- **three women**
a child (çocuk)	- **two children**

a person   four **people**

2.2 Bazı isimlerin tekil ve çoğul hallerinde sesli harf değişir.

a foot (ayak)	- two **feet**
a tooth (diş)	- 32 **teeth**
a goose (kaz)	- four **geese**
a louse (bit)	- some **lice**

a mouse   two **mice**

2.3 Birkaç hayvan adı için isimlerin tekil ve çoğul halleri aynıdır.

a fish (balık)	- a lot of **fish**
a sheep (koyun)	- two **sheep**
a trout (alabalık)	- several **trout**

a deer   two **deer**

3. Tekil hali olmayan çoğul isimler

3.1 Bazı isimlerin sadece çoğul halleri vardır.

jeans	- kot pantolon
trousers	- pantolon

trousers   **shorts**

pants	- külot
pyjamas	- pijama
shorts	- şort
slacks	- günlük pantolon
scissors	- makas
pliers	- kerpeten
nail clippers	- tırnak makası
binoculars	- dürbün
tweezers	- cımbız

glasses

gardening shears

Yukarıdaki kelimeler Türkçe'de tekil isimler oldukları halde İngilizce'de çoğul halde bulunmaktadırlar.

Jeans are expensive.
Kot pantolon pahalıdır.

Bu isimler 'a pair of' sözcükleri ile birlikte kullanılarak tekil hale dönüştürülebilirler, ve bu durumda tekil bir isim gibi işlem görürler.

A pair of jeans is $40.
Bir çift kot pantolon kırk dolardır.

Yukarıdaki cümlede bir çift derken tek bir pantolonu kastediyoruz.

Glasses are very fashionable these days.
Bu günlerde gözlük çok moda.

A pair of glasses changes your look.
Bir çift gözlük görüntünü değiştirir.

3.2 Bazı isimler çoğul gibi görünürler ama tekil anlamları vardır.

politics	- politika
economics	- ekonomi
measles	- kızamık
checkers	- dama oyunu
draughts	- dama oyunu (İngiliz İngilizcesinde)
news	- haber

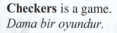

Checkers is a game.
Dama bir oyundur.

Measles is a childhood disease.
Kızamık bir çocukluk hastalığıdır.

Economics is an interesting subject.
Ekonomi ilginç bir derstir.

The news begins at eight.
Haberler saat sekizde başlar.

I'm interested in **economics**.

I'm interested in **politics**.
Ben politika ile ilgilenirim.

3.3 Bazı isimlerin çoğul halleri yoktur.

knowledge	- bilgi
furniture	- mobilya
baggage	- bagaj
advice	- tavsiye
rubbish	- çöp

I haven't got any **knowledge** about him
Onun hakkında hiç bir bilgim yok.

We haven't got much **baggage**.
Fazla bagajımız yok.

They're moving **furniture**.

3.4 Bazı isimler **grup** adlarıdır ve bunlara **kollektif isimler** (collective nouns) denir. Amerikan İngilizcesinde çoğunlukla **tekil** bir isim gibi işlem görürler.

committee	- komite	**class**	- sınıf
nation	- ulus	**team**	- takım
government	- hükümet	**jury**	- juri
police	- polis	**family**	- aile

The committee is meeting at 12.
Komite saat 12'de toplanıyor.

The government is in danger.
Hükümet tehlikede.

The police are chasing him.
Polis onu izliyor.

The jury has/have been able to reach a decision.
Juri bir karara varabildi.

Bu kollektif isimler çoğul yapılabilirler.

comittee	- **comittees**
nation	- **nations**
government	- **governments** etc.

Two classes are going to the Science Museum today.
Bugün iki sınıf Fen Müzesine gidiyor.

The comittees are meeting tomorrow.
Komiteler yarın toplanıyorlar.

There are a lot of **nations** in Europe.
Avrupa'da bir çok ulus vardır.

The teams are coming out.
Takımlar sahaya çıkıyorlar.

EXERCISE 7

Aşağıdaki nesnelerin ne olduklarını yazınız.

1. _____ 2. _____

3. _____ 4. _____

5. _____ 6. _____

7. _____ 8. _____

9. c_____ 10. _____

11. _____ 12. b_____

EXERCISE 8

Aşağıdaki cümlelerdeki isimleri çoğul yapınız.

Example: She is a beautiful girl.
They are beautiful girls.

1. It is a cat.

....

2. This is a shelf.

....

3. A museum is a useful building.

....

4. It is a new car.

....

5. A book is a good friend.

....

6. This is an old building.

....

7. That man is a worker.

....

8. This child is clever.

....

9. She's a poor woman.

....

10. I'm a teacher.

....

11. Is he a policeman?

....

12. There is a lady at the door.

....

13. There isn't a knife on the table.

....

14. That is a nice scarf.

....

15. There's a mouse in the kitchen.

....

EXERCISE 9

Nesnelerin ne olduklarını yazınız.

1. _____ 2. _____

3. _____ 4. _____

5. _____ 6. _____

7. _____ 8. _____

9. _____ 10. _____

EXERCISE 10

Aşağıdaki cümlelerdeki çoğul isimleri tekil, tekil isimleri çoğul hale çeviriniz.

Example 1: Those are Tom's books.
That is Tom's book.

Example 2: This is his car.
These are his cars.

1. Those are shelves.

....

2. She has two babies.

....

3. There is a car in the street.

....

4. There is a tomato on the table.

....

5. There are wolves in the forest.

....

6. It is a silk scarf.

....

7. They are firemen.

....

8. They are libraries.

....

9. There are flies in the room.

....

10. We are students.

....

11. The brush is in the bathroom.

....

12. Is it an expensive radio?

....

13. This is a brown deer.

....

14. These books are new.

....

This / That / These / Those

Yukarıdaki kelimeler hem işaret zamiri hem de işaret sıfatı olarak kullanılırlar.

A. Demonstrative Pronouns - İşaret Zamirleri

1. **This**: **'Bu'** demektir. Konuşmacının yakınındaki tekil bir nesne veya kişi için kullanılır.

This is a new book.
Bu, yeni bir kitap.

This is Mr. Smith.
Bu, Bay Smith.

This is a ruler.   **This** is a dog.

1.1 Tanıştırmalar hep **'this'** ile yapılır.

- John, **this** is Tom. Tom, **this** is John.
  John, bu Tom. Tom, bu John.

- How do you do?
  Memnun oldum.

- How do you do?
  Memnun oldum.

How do you do? Sadece ilk tanışmalarda kullanılan bir sözdür. Onun yerine **'Hello', 'Hi', 'Nice to meet you', 'Pleased to meet you'** kullanılabilir.

Suzanne -	Jennifer, **this** is my boyfriend Albert. Albert, **this** is Jennifer.
	Jennifer, bu erkek arkadaşım Albert. Albert, bu Jennifer.
Jennifer -	**Nice to meet you**.
	Tanıştığımıza sevindim.
Albert -	**Nice to meet you, too**.
	Tanıştığımıza ben de sevindim.

2. **These**: **This**'in çoğul halidir. **'Bunlar'** demektir. Konuşmacının yakınındaki **çoğul nesneler** veya **kişiler** için kullanılır.

These are old books.
Bunlar, eski kitaplar.

These are Mr. and Mrs. Smith.
Bunlar, Bay ve Bayan Smith'ler.

I borrowed **these** books from the library.
Bu kitapları kütüphaneden ödünç aldım.   **These** are rabbits.

3. **That**: **Şu'** demektir. Konuşmacının uzağındaki **tekil nesne** veya **kişi** için kullanılır.

That's a good camera.
Şu, güzel bir fotoğraf makinası.

That's my father.
Şu, benim babam.

That's my history teacher.
Şu, benim tarih öğretmenim.

That's our new history teacher.

4. **Those**: '**That**'in çoğuludur. '**Şunlar**' demektir. Konuşmacının uzağındaki çoğul nesne veya kişiler için kullanılır.

Those are good cars.
Şunlar, güzel arabalardır.

Those are our new neighbours.
Şunlar, bizim yeni komşularımız.

Those are our close friends.
Şunlar, bizim yakın arkadaşlarımız.

Those are new computers.

Put away **those** clean glasses.
Şu temiz bardakları yerine kaldır.

5. '**That's**' '**that is**'in kısaltılmış şeklidir.

'**This is**', '**These are**', ve
'**Those are**'ın kısaltılmış şekilleri yoktur.

That is my boy-friend, Albert.
That's my boy-friend, Albert.

B. Demonstrative Adjectives - İşaret Sıfatları

This, **That**, **These** ve **Those** bir isimden önce kullanıldıklarında işaret sıfatı görevi görürler.

This book is very cheap.
Bu kitap çok ucuz.

These children are very clever.
Bu çocuklar çok zeki.

That girl is Jack's sister.
Şu kız Jack'in kız kardeşi.

Those people are Indian.
Şu insanlar Hintli.

EXERCISE 11

'**This, That, These, Those**' kullanarak aşağıdaki nesnelerin ne olduklarını yazınız.

1. _____ .

2. _____ .

3. _____ .

4. _____ .

5. _____ .

EXERCISE 12

Aşağıdaki cümleleri örneklerde gösterildiği gibi tekrar yazınız.

Example 1. This cat is black.
This is a black cat.

Example 2. That's a new house.
That house is new.

1. This is a dirty car.

....

2. That man is rich.

....

3. These cats are happy.

....

4. Those are cheap shirts.

....

5. That's an interesting book.

....

6. This boy is good.

....

7. These windows are plastic.

....

8. Those are green apples.

....

9. This pencil is red.

....

10. That's a new bridge.

....

11. That boat is very fast.

....

12. Those women are very beautiful.

....

13. That cat is very ugly.

....

EXERCISE 13

Answer the questions.

1. - Is this a pen?
   - Yes, It is.

2. - Is this a pen?
   - No, It isn't. It is a pencil.

3. Is that a cat?
4.
   _____

5. Are these apples?

   _____

6. Is this a car?

   _____

7. Is that a chair?

   _____

8. Are these glasses?

   _____

9. Are those girls?

   _____

10. Is that a tree?

    _____

11. Are these eggs?

    _____

EXERCISE 14

Örnekleri dikkatle inceleyin ve benzer cümleler yapınız.

Ex1. cup and saucer
This is a cup and that is a saucer.

Ex 2. pens and pencils
These are pens and those are pencils.

1. glass and bottle

   ....

2. letters and postcards

   ....

3. book and dictionary

   ....

4. chairs and tables

   ....

5. door and window

   ....

6. men and women

   ....

7. lighter and match

   ....

8. letters and envelopes

   ....

9. shirts and ties

   ....

10. knives and forks

    ....

11. cat and dog

    ....

12. boys and girls

    ....

13. clean glasses and dirty glasses

    ....

| EXERCISE 15 | EXERCISE 16 |

EXERCISE 15

Resimlere bakarak boşlukları 'this, these, that, those' ile tamamlayınız ve soruları cevaplayınız.

1. What is _____?

_____

2. What are _____?

_____

3. What are _____?

_____

4. What is _____?

_____

5. What is _____?

_____

6. What are _____?

_____

EXERCISE 16

Aşağıda tekil verilen cümleleri çoğula, çoğul verilen cümleleri tekile çeviriniz.

Ex.1.   That's a blue car.
         Those are blue cars.

Ex 2.   These windows are open.
         This window is open.

1. That's a beautiful girl.

....

2. These are computer games.

....

3. Those are naughty boys.

....

4. This television is on.

....

5. These streets are very clean.

....

6. That's a happy man.

....

7. This table is round.

....

8. These glasses are clean.

....

9. That knife is very sharp.

....

10. This is a new watch.

....

11. These girls are beautiful.

....

12. That boy is very handsome.

....

13. These are new students.

....

C. Demonstrative Adjectives and Pronouns - Negative

İşaret Sıfatları ve Zamirleri - Olumsuz

'**NOT**' cümlelerimizi olumsuz yapar.

That isn't my car.
Şu benim arabam değil.

This isn't your money.
Bu senin paran değil.

Those people **aren't** French.
Şu insanlar Fransız değil.

These men **aren't** firemen.
Bu adamlar itfaiyeci değil.

Those people **aren't** French,
They're Mexican.

D. Demonstrative Adjectives and Pronouns - Interrogative-Soru

This is veya **That is**'li cümleler soru şekline çevrilirken '**is**' '**this**' ve '**that**'ten önce kullanılır. Sorumuz ister '**Is this...?**' ister '**Is that ...?**' ile sorulsun cevap verirken '**Yes, it is.**' veya '**No, it isn't**' diye cevap verilir.

- Is **this** your car?
- **Yes, it is.**
- **No, it isn't. That** is my car.

- Is **that** your umbrella?
- **Yes, it is.**
- **No, it isn't. This** is my umbrella.

These are veya **Those are**'lı cümleler soru şekline çevrilirken '**are**' '**these**' ve '**those**'dan önce kullanılır. Sorumuz ister '**Are these ...?**' ister '**Are those ...?**' ile sorulsun cevap verirken '**Yes, they are.**', '**No, they aren't.**' ile cevaplarız.

- Are **these** your envelopes?
- **Yes, they are.**.
- **No, they aren't. Those** are my envelopes.

- Are **those** your keys?
- **Yes, they are.**
- **No, they aren't. These** are my keys.

- Are **these** your children?
- **Yes, they are.**
- **No, they aren't. Those** are my children.

- Are **these** clean glasses?
- Yes, **they** are.

EXERCISE 17

Aşağıdaki örnekleri inceleyiniz ve sorulara benzer cevaplar veriniz.

Ex 1.   Is this your hat?
         No, it isn't. That is my hat.

Ex 2.   Is that your car?
         No, it isn't. This is my car.

1. Is this your book?

....

2. Is this your letter?

....

3. Is that your dictionary?

....

4. Is this your pen?

....

5. Is that your room?

....

6. Is that your house?

....

7. Is that your father?

....

8. Is this your chair?

....

9. Is this your newspaper?

....

10. Is this your cigarette?

....

11. Is this your notebook?

....

12. Is that your umbrella?

....

13. Is that your girl friend?

....

EXERCISE 18

Resimlere bakarak boşlukları 'this, that, these ve those' ile tamamlayınız ve soruları cevaplayınız.

1. Is _____ a watch or a clock?

   _____

2. Are _____ kittens or puppies?

   _____

3. Is _____ a fridge or a washing machine?

   _____

4. Is _____ a desk or a table?

   _____

5. Are _____ apples or cherries?

   _____

6. Are _____ shoes or slippers?

   _____

EXERCISE 19

Aşağıdaki örnekleri inceleyerek sorulara benzer cevaplar veriniz.

Example 1   Are these your children?
No, they aren't. Those are my children.

Example 2.   Are those your cigarettes?
No, they aren't. These are my cigarettes.

1. Are these your matches?

....

2. Are these your CDs?

....

3. Are those your friends?

....

4. Are these your suitcases?

....

5. Are these your tickets?

....

6. Are those your shoes?

....

7. Are these your keys?

....

8. Are those your photographs?

....

9. Are these your sandwiches?

....

10. Are these your parents?

....

11. Are these your envelopes?

....

12. Are those clean glasses?

....

13. Are those Bruce's brothers?

....

07   Have got

Have got sahip olmak, var demektir.

I **have got** a sister.
Ben bir kız kardeşe sahibim. Ama biz bu cümleyi dilimize,
Benim bir kız kardeşim var, diye çevirmeyi tercih ederiz.

A. Affirmative – Olumlu

> I've got a new cell phone.

I, you, we, ve **they** özneleri ile beraber '**have got**', **he,**
she ve **it** özneleri ile beraber '**has got**' kullanılır.

have got	→	**'ve got**	
has got	→	**'s got**	şeklinde kısaltılabilir.

> She **'s got** a black hat.

I've	got	brown hair.	*Benim kahverengi saçım var.*
You've	got	beautiful eyes.	*Senin güzel gözlerin var.*
He's	got	an expensive car.	*Onun pahalı bir arabası var.*
She's	got	a red dress.	*Onun kırmızı bir elbisesi var.*
It's	got	a long tail.	*Onun uzun bir kuyruğu var.*
We've	got	a large house.	*Bizim büyük bir evimiz var.*
You've	got	a new teacher.	*Sizin yeni öğretmeniniz var*
They've	got	two children.	*Onların iki çocukları var.*

B. Negative - Olumsuz

	Yardımcı Fiil	Fiil	
I	**have**	**got**	a car.

Yukarıdaki cümlede "**have**" yardımcı fiil, "**got**" fiildir. İngilizce'de cümlemizde bir yardımcı
fiil var ise, o cümleyi olumsuz yapmak için yardımcı fiilden sonra '**not**' eklenir.

have not   →   **haven't**

has not   →   **hasn't**

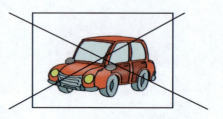

I **haven't got** a car.
Benim bir arabam yok.

She **hasn't got** a boyfriend.
Onun bir erkek arkadaşı yok.

I		long hair.	*Benim uzun saçım yok.*
You		a dog.	*Senin bir köpeğin yok.*
We	**haven't got**	a computer.	*Bizim bir bilgisayarımız yok.*
They		a garden.	*Onların bahçeleri yok.*
He		a moustache.	*Onun bıyığı yok*
She	**hasn't got**	a blue dress.	*Onun mavi bir elbisesi yok.*
It		four legs	*Onun dört bacağı yok.*

 I haven't got a bicycle.
Benim bisikletim yok.

C. Interrogative - Soru

Bir cümlede yardımcı fiil var ise yardımcı fiil özneden önce kullanılarak soru cümleleri elde edilir. '**Have got**'lı cümlelerde '**have**' yardımcı fiil olduğundan özneden önce kullanılarak soru cümleleri elde edilir.

	I			*Arabam var mı?*
	you			*Arabanız var mı?*
Have	we	**got**	a car?	*Arabamız var mı?*
	they			*Arabaları var mı?*
	he			
Has	she	**got**	any milk?	*Hiç sütü var mı?*
	it			

Bu sorulara kısaca,

'**Yes, I have.**', '**No, I haven't.**', '**Yes, he has.**', '**No, he hasn't.**',
'**Yes, they have.**', '**No, they haven't.**' gibi cevaplar verebiliriz.

 - **Have** you **got** an umbrella?
Şemsiyen var mı?

 Yes, I have.
Evet var.

 - **Have** they **got** a house?
Onların evleri var mı?

 - **No,** they **haven't.**
Hayır yok.

- **Have** you **got** a cat?
- Yes, I **have**.

D. Negative Interrogative

Cümleler iki türlü olumsuz soru şekline çevrilebilirler.

1. "**Haven't**" ve "**Hasn't**" özneden önce kullanılarak:

Haven't	I you we they	got	enough money?	*Yeterli param yok mu?* *Yeterli paran yok mu?* *Yeterli paramız yok mu?* *Yeterli paraları yok mu?*
Hasn't	he she it	got	black eyes?	*Onun siyah gözleri yok mu?*

Haven't you **got** a pen?
Bir kalemin yok mu?

Hasn't she **got** any money?
Onun hiç parası yok mu?

2. "**Have**" ve "**has**" özneden önce, olumsuzluk kelimesi '**not**' özneden sonra kullanılarak.

Have	I you we they	not	got any chance?	*Hiç şansım yok mu?* *Hiç şansın yok mu?* *Hiç şansımız yok mu?* *Hiç şansları yok mu?*
Has	he she it	not	got any food?	*Hiç yiyeceği yok mu?*

Bu olumsuz soruları da diğer soru cümlelerini cevapladığımız gibi cevaplarız.

- **Have** you **not** got a new BMW?
  Senin yeni bir BMW'n yok mu?

- **Yes, I have.**
  Evet var.
- **No, I haven't.**
  Hayır yok.

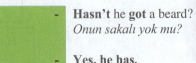

- **Hasn't** he **got** a beard?
  Onun sakalı yok mu?

- **Yes, he has.**
  Evet var.

English Grammar Today

EXERCISE 20

Aşağıdaki cümlelerde boş bırakılan yerleri **have**, **has**, **haven't** ve **hasn't** kullanarak tamamlayınız.

1. My father .... got a moustache but he ....got a beard.

2. I .... got any money.

3. Martin .... got some wine.

4. .... you got a light?

5. .... Kemal got a gold watch?

6. The cat .... got a fish. He's happy.

7. My brother ....got a bicycle. He likes it very much.

8. They .... got a beautiful garden.

9. .... you got a television in your room?

10. What .... you got in your pocket?

11. Jack, ...you got a çegarette?

12. No, I .... Sorry.

13. Oh, dear! I .... got any water.

14. They .... got a flat in Erenköy.

15. I .... got any beer, but I've got some wine.

16. Jennifer ....got an omelette.

17. ...., you got a penfriend?

18. ....Mike got a penfriend?

19. .... Mr. White got trees in his garden?

20. No, he ....

21. She .... got a headache.

22. How much money .... you got?

23. The students .... got anything to drink.

24. Jullian................... got a good idea. I like it.

EXERCISE 21

Aşağıdaki soruları örnekte olduğu gibi cevaplayınız.

Example: Have you got a Mercedes? (BMW)
            No, I haven't. I've got a BMW.

1. Have you got a headache? (toothache)

....

2. Has Mary got $50? ($25)

....

3. Have they got a big garden? (a small garden)

....

4. Has Mary got a brother? (a sister)

....

5. Have you got black eyes? (brown)

....

6. Has Helen got a French husband? (German)

....

7. Have you got a pen? (a pencil)

....

8. Have they got green uniforms? (blue)

....

9. Has your father got an expensive car? (cheap)

....

10. Has Richard got long hair? (short)

....

11. Have you got a calculator? (a computer)

....

12. Has your brother got a beard? (a moustache)

....

13. Have they got pasta for dinner? (fish)

....

14. Has Mary got a toothache? (headache)

....

EXERCISE 22

Resimlere bakarak kişilerin neye sahip olduklarını yazınız.

1. _____

2. _____

3. _____

4. _____

5. _____

08 Possessive Adjectives & Possessive Pronouns

Benim, senin, onun gibi kelimelere dilimizde **İyelik Sıfatları** denir. Bunların İngilizce karşılıkları '**Possessive Adjectives**'dir.

my	- benim
your	- senin
his	- onun (erkek)
her	- onun (dişi)
its	- onun (nesne veya hayvan)
our	- bizim
your	- sizin
their	- onların

İyelik sıfatları (Possessive Adjectives) tanımlanan, işaret edilen nesnenin sahibini gösterir.

Subject Pronouns		Possessive Adjectives		
I	am a doctor.	This is	**my**	bag.
You	have got a twin sister.	This is	**your**	twin sister.
He	is a student.	These are	**his**	books.
She	is here.	This is	**her**	hat.
It	is hungry. (The cat)	That's	**its**	food.
We	are secretaries.	This is	**our**	office.
You	like apples.	These are	**your**	apples.
They	are Mr. and Mrs. Taylor.	That's	**their**	house.

Aşağıdaki tablodan soru cümleleri yapınız. Ve mümkünse bir arkadaşınız ile birlikte çalışınız.

Have	**I** **you**		a computer a telephone		**my** **your**	room? bedroom?
Has	**he** **she** **it**	**got**	a clock a television any milk	**in**	**his** **her** **its**	office? room? saucer?
Have	**we** **you** **they**		a radio a typwriter any trees		**our** **your** **their**	room? office? garden?

Possessive Pronouns– İyelik zamirleri

mine	– benimki
yours	– seninki
his	– onunki
hers	– onunki
its	– onunki
ours	– bizimki
yours	– sizinki
theirs	– onlarınki

İyelik zamirleri cümlede **iyelik sıfatı** ve **nesnenin** yerini alır. Onun için cümlemizde ayrıca bir nesne bulunmaz.

Whose car is this? Bu soruya ya,

"It's **my car,'** veya kısaca

"It's **mine,"** deriz.

Whose is that ladder? (Mrs. Harrison)

It's **Mrs. Harrison's ladder.**
It's **her ladder.**
It's **hers.**

Gördüğünüz gibi yukarıdaki soruya üç türlü cevap verebiliyoruz.
Eğer Mrs. Harrison'ın olduğunu belirtmek istersek,
It's **Mrs. Harrison's ladder.'** deriz. Ama daha önce Mrs. Harrison'dan
bahsedilmişse veya Mrs. Harrison yanımızda, yakınımızda ise onu göstererek,
'It's **her ladder.'** veya kısaca,
'It's **hers.'** deriz.

Whose house is that? (The Newtons)

It's **the Newtons' house.**
It's **their house.**
It's **theirs.**

Is this **your** jacket? (Mr. Wright)
No, it isn't **mine**.

Is it **Mr. Wright's?**
Yes, it is **his.**

EXERCISE 23

Aşağıdaki boş bırakılan yerlerde "**my, your, his, her,** etc." iyelik sıfatlarından veya "**mine, yours, his, hers,** etc." gibi iyelik zamirlerinden birini kullanınız.

1. I'm a student. This is .... school bag.

2. This is Tom and that's .... brother.

3. That's a beautiful girl. .... name is Mary.

4. 'Whose cat is this?'   'Is it ....?'

   'No, it isn't ....'   'Is it Mrs. Steel's then?' 'Yes, it is ....'

5. We have got a small pool in .... garden.

6. What have you got in .... pocket?

7. Has she got a red pencil in .... pencilcase?

8. They work at the airport. .... work is exciting.

9. That's my cat. It has got a bandage on .... tail.

10. I've got a typewriter on .... table.

11. My dog has got spots on .... legs.

12. My father is a teacher. These are .... students.

13. This is Mrs. Harrison. .... son is a soldier now.

14. These women have got strange hats on .... heads.

15. We've got six rooms in .... house.

16. She's got a bag in .... hand.

17. 'Is this my pen?' 'No, it isn't .... pen. It's ....

18. This isn't your seat. That's ....

09 Possessive Case of Nouns

1. İsimlerin iyelik (sahiplik) halleri

There's a party at **Tom White's** house.
Tom White'ın evinde bir parti var.

There are a lot of cars in the garden **of** the house.
Evin bahçesinde bir sürü araba var.

Türkçe'de isimlerin sonuna '**-ın**', '**-in**', '**-un**', '**-ün**' eki ekleyerek isimlerin iyelik (sahiplik) hallerini elde ederiz.

Ayşe'nin saçı	**Fatma'nın** gözleri
Ali'nin çantası	**Tayfun'un** burnu
Arabanın rengi	**Atın** eyeri
İstanbul'un nüfusu	**Gülün** dikeni

2. İngilizce'de isimlerde sahiplik (iyelik) ya **bir apostrof (apostrophe)** (') ve (**-s**) ile veya "**of**" ile belirtilir.

2.1 Eğer sahip olan **kişi** veya **hayvan** ise sahiplik ('**s**) ile gösterilir.

Dr. Newton**'s** house	- Dr. Newton**'ın** evi.
Bill Black**'s** car	- Bill Black**'in** arabası
Jennifer**'s** dress	- Jennifer**'ın** elbisesi
Mehmet**'s** brother	- Mehmet**'in** erkek kardeşi
Judith**'s** eyes	- Judith**'in** gözleri

Dr. Newton's house is very big.
Dr. Newton'ın evi çok büyük.

Bill Black's car is very fast.
Bill Black'in arabası çok hızlı.

Judith's eyes are very beautiful.
Judith'in gözleri çok güzel.

Jennifer's dress looks new.
Jennifer'ın elbisesi yeni görünüyor.

Mehmet's father is ill.
Mehmet'in babası hasta.

Tom's father is very fat.

2.2 Eğer sahip olan kişi veya hayvan değil de bir nesne ise sahiplik (iyelik) '**of**' ile belirtilir.

the chimney **of** the house	- ev**in** bacası
the handle **of** the door	- kapı**nın** kolu
the Houses **of** the Parliament	- Parlamento evleri
the roads **of** the village	- köy**ün** yolları
the days **of** the week	- hafta**nın** günleri

the corner **of** the street   - sokağın köşesi
the thorn **of** the rose   - gülün dikeni

The roads of the village are very narrow.
Köyün yolları çok dar.

The chimney of the house is on fire.
Evin bacası yanıyor.

Aşağıdaki cümlede hem ('**s**) hem de '**of**' ile yapılan iyelik şekillerini birlikte göreceksiniz.

Dr. Newton's house is at **the corner of the street.**
Dr. Newton'ın evi sokağın köşesindedir.

3. ('s)'in kullanıldığı durumlar.

3.1 Eğer isim "-s" harfi ile bitmiyorsa iyelik eki olarak isme ('s) eklenir.

My daughter's boyfriend   - kızımın erkek arkadaşı
My father's car   - babamın arabası
Arthur's room   - Arthur'un odası
Mr. Watson's pipe   - Mr. Watson'ın piposu

3.2 Eğer çoğul isim "-s" harfi ile bitiyorsa, sahiplik (iyelik) belirtmek üzere isme sadece bir **apostrof** (apostrophe) (') eklenir.

The **boys'** clothes   - Erkek çocukların elbiseleri
The **girls'** hair   - Kızların saçları
The **Newtons'** house   - Newtonların evi

3.3 Eğer tekil isim '-s' veya '-z' ile bitiyorsa sahiplik ya sadece bir **apostrof**
(') yada **apostrof** artı 's' ile gösterilir.

Jones' room   - Jones'**un** odası
Jones's room

Charles' nose   - Charles'**ın** burnu
Charles's nose

Francis' boy-friend.   - Francis'in erkek arkadaşı
Francis's boy-friend

3.4 Eğer bir nesne iki veya daha fazla kişiye aitse sadece son isme **apostrof** artı 's' ('s) ekleriz.

This is **Henry** and **Sally's** desk.
Bu Henry ve Sally'nin sırası.

3.5 Eğer iki veya daha fazla nesne iki veya daha fazla kişiye aitse, her isme **apostrof** artı 's' ('s) eklenir.

Both **John's** and **Mary's** cars are red.
Hem John'un hem de Mary'nin arabası kırmızı.

3.6   **Second, minute, hour, day, night, week, month** ve **year** gibi zaman ifadeleri ile birlikte de (') veya (**'s**) kullanılır.

a week's work	- bir haftalık iş
two weeks' holiday	- iki haftalık tatil
ten minutes' break	- on dakikalık teneffüs

EXERCISE 24	**EXERCISE 25**

EXERCISE 24

Example: **Whose** cat is that? (Mrs. Needham)
It's **Mrs. Needham's** cat.

1. Whose house is this? (Kevin)

....

2. Whose pen is this? (Harold)

....

3. Whose garden is that? (The Whites)

....

4. Whose umbrella is this? (Scott)

....

5. Whose shoes are these? (Morris)

....

6. Whose bicycle is this? (Robin)

....

7. Whose ball is this? (The boys)

....

8. Is this your wallet? (Paula)

No, it isn't. It's .... wallet.

9. Whose glass is this? (Agnes)

....

10. Whose room is this? (the children)

....

EXERCISE 25

Resimlerdeki eşyaların kimin olduğunu belirten cümleler yapınız.

Bruce

1._____

Dennis

2. _____

Helen

3. _____

Bora
and
Belma

4. _____

Sally

5. _____

Bob
and
Mary

6. _____

10 Ordinal Numbers

Türkçe'de sayıların sonuna nokta (.) koyarak **birinci, ikinci** gibi **sıra sayıları** oluşturulur.

İngilizce'de **bir, iki** ve **üç** sıra sayılarının dışında sayıların sonuna '-th' eki getirilerek sıra sayıları meydana getirilir. Sayı rakamlarla yazılırken bu ek sayının sağ üst köşesine konur.

1st **first**	1. birinci	11th **eleventh**	11. on birinci
2nd **second**	2. ikinci	12th **twelfth**	12. on ikinci
3rd **third**	3. üçüncü	13th **thirteenth**	13. on üçüncü
4th **fourth**	4. dördüncü	14th **fourteenth**	14. on dördüncü
5th **fifth**	5. beşinci	15th **fifteenth**	15. on beşinci
6th **sixth**	6. altıncı	16th **sixteenth**	16. on altıncı
7th **seventh**	7. yedinci	17th **seventeenth**	17. on yedinci
8th **eighth**	8. sekizinci	18th **eighteenth**	18. on sekizinci
9th **ninth**	9. dokuzuncu	19th **nineteenth**	19. on dokuzuncu
10th **tenth**	10. onuncu	20th **twentieth**	20. yirminci

10th **tenth**	10. onuncu	60th **sixtieth**	60. atmışıncı
20th **twentieth**	20. yirminci	70th **seventieth**	70. yetmişinci
30th **thirtieth**	30. otuzuncu	80th **eightieth**	80. sekseninci
40th **fortieth**	40. kırkıncı	90th **ninetieth**	90. doksanıncı
50th **fiftieth**	50. ellinci	100th **hundredth**	100. yüzüncü

21st **- twenty-first** 32nd **- thirty-second** 43rd **- forty-third**

Birinci, ikinci, ellinci bir tane olacağından bu sayılar **'the'** ile birlikte kullanılırlar.

Monday is **the first** day of the week.

Today is the 22nd of October.

March is **the third** month of the year.

Today is **the second** day of the month.

EXERCISE 26

Aşağıdaki sıra sayılarını yazı ile yazınız.

1. 3rd ....   6. 21st ....

2. 72nd ....   7. 18th ....

3. 1st ....   8. 2nd ....

4. 20th ....   9. 32nd ....

5. 17th ....   10. 12th ....

EXERCISE 27

Aşağıda yazı ile verilen sayıları rakamlarla yazınız.

1. eighth...................................   6. fortieth ....

2. twenty-fourth ....   7. eighteenth ....

3. seventy-seventh ....   8. thirty-third ....

4. fifty-ninth ....   9. first ....

5. twenty-third ....   10. seventh ....

DATES - Tarihler

12th **May, 1998 = The twelfth of May, nineteen ninety-eight.**

Eğer tarihi yukarıdaki gibi atıyorsak okurken gün ile birlikte 'the' aydan önce de 'of'' kelimesini kullanırız. Yılı da on dokuz doksan sekiz gibi okuruz.

May 12th, 1998 = May the twelfth, nineteen ninety-eight.

Ay önce yazıldığında 'of' kullanılmaz.

English Grammar Today

11 Days, Months, Seasons and Directions

Days of the week - Haftanın günleri

Monday	- Pazartesi
Tuesday	- Salı
Wednesday	- Çarşamba
Thursday	- Perşembe
Friday	- Cuma
Saturday	- Cumartesi
Sunday	- Pazar

Monday is the first day of the week.
Pazartesi haftanın ilk günüdür.

Tuesday is the second day of the week.
Salı haftanın ikinci günüdür.

Wednesday is the third day of the week.
Çarşamba haftanın üçüncü günüdür.

Thursday is the fourth day of the week.
Perşembe haftanın dördüncü günüdür.

Friday is the fifth day of the week.
Cuma haftanın beşinci günüdür.

Saturday and **Sunday** are weekend days.
Cumartesi ve Pazar haftasonu günleridir.

Months of the year - Yılın ayları

1.	**January**	- Ocak	7.	**July**	- Temmuz
2.	**February**	- Şubat	8.	**August**	- Ağustos
3.	**March**	- Mart	9.	**September**	- Eylül
4.	**April**	- Nisan	10.	**October**	- Ekim
5.	**May**	- Mayıs	11.	**November**	- Kasım
6.	**June**	- Haziran	12.	**December**	- Aralık

January is the first month of the year.
Ocak yılın ilk ayıdır.

February is the second month of the year.
Şubat yılın ikinci ayıdır.

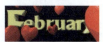

December is the last month of the year.
Aralık yılın son ayıdır.

Seasons of the year – Yılın Mevsimleri

Spring - İlkbahar

Summer - Yaz

Autumn/Fall - Sonbahar

Winter - Kış

March, April and **May** are the months of **spring.**
Mart, Nisan ve Mayıs ilkbahar aylarıdır.

June, July and **August** are the months of **summer**.
Haziran, Temmuz ve Ağustos yaz aylarıdır.

September, October and **November** are the months of **autumn.**
Eylül, Ekim ve Kasım sonbahar aylarıdır.

December, January and **February** are the months of **winter.**
Aralık, Ocak ve Şubat kış aylarıdır.

Directions – Yönler

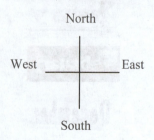

North

West — East

South

Sinop is **in the north of** Turkey.
Sinop, Türkiye'nin kuzeyindedir.

Izmir is **in the west of** Turkey.
İzmir, Türkiye'nin batısındadır.

Adana is **in the south of** Turkey.
Adana, Türkiye'nin güneyindedir.

Ağrı is **in the east of** Turkey.
Ağrı, Türkiye'nin doğusundadır.

English Grammar Today

EXERCISE 28

Aşağıdaki soruları cevaplayınız.

1. What day is today?

   ....

2. What day is tomorrow?

   ....

3. What month is this month?

   ....

4. Which season is it?

   ....

5. What's the eighth month of the year?

   ....

6. Is Samsun in the south of Turkey?

   ....

7. What's the last month of the year?

   ....

8. Is May a summer month?

   ....

9. Is February the first month of the year?

   ....

10. Is Wednesday a weekend day?

    ....

11. Is today Friday?

    ....

12. What are the months of winter?

    ....

13. When is your birthday?

    ....

14. What's the fourth day of the week?

    ....

15. Is August an autumn month?

    ....

EXERCISE 29

Türkçe karşılıklarını yazınız

1. _____

2. _____

3. _____

4. _____

5. _____

6. _____

7. _____

8. _____

12   What's the time?

"**What's the time?**" veya "**What time is it?**" soruları ile **saatin kaç olduğunu** sorarız.

1. O'CLOCK

Tam saatlerde kullanılır.

01:00	What's the time? It's one **o'clock.**
03:00	What time is it? It's three **o'clock.**
11:00	What's the time? It's eleven **o'clock**
09:00	What's the time? It's .... o'clock
02:00	What's the time? ....
05:00	What's the time? ....
12:00	What time is it? ....
08:00	What's the time? ....
04:00	What time is it? ....
10:00	What's the time? ....
06:00	What time is it? ....

EXERCISE 30

Complete

1. It's _____

2. _____

3. _____

4. _____

2. TO

2.1 **Beş var, on var, çeyrek var, yirmi var, yirmi beş var** derken '**to**' kullanırız. Önce var olan süre sonra da '**to**' dan sonra yaklaşılan saat yazılır.

 03:55 It's five **to** four.
Dörde beş var.

 03:50 It's ten **to** four.
Dörde on var

 03:45 It's quarter **to** four.
Dörde çeyrek var.

 03:40 It's twenty **to** four.
Dörde yirmi var.

> Amerika İngilizcesinde '**to**' yerine '**before**' da kullanılabilir.
>
> **3:40** It's twenty **before** four.

 03:35 It's twenty-five **to** four.
Dörde yirmi beş var.

2.2 Eğer var olan veya geçen dakika '**beş'in katları** ise '**minute**' (dakika) yazılmaz. Ama var olan veya geçen dakika beşin katları değil ise '**minute**' (dakika) kullanılır.

 03:57 It's **three minutes** to four.
Saat dörde üç dakika var.

 03:38 It's **twenty-two minutes** to four.
Saat dörde yirmi iki dakika var.

Tamamlayınız

1. **8:58** ....

2. **11:47** ....

3. **06:41** ....

4. **09:56** ....

5. **04:59** ....

2.3 Digital saatleri okuduğumuz gibi '**Saat on bir kırk-beş**', '**Saat iki elli-beş**' diyerek '**to**' var kelimesini kullanmadan da saatin kaç olduğunu söyleyebiliriz.

10:35 It's **ten thirty-five**.
Saat on otuz-beş.

08:57 It's **eight fifty-seven**
Saat sekiz elli yedi.

06:15 It's **six fifteen**.
Saat altı on-beş.

12:30 It's **twelve thirty**.
Saat oniki otuz.

3. PAST

3.1 Beş geçiyor, on geçiyor, çeyrek geçiyor, yirmi geçiyor, yirmi beş geçiyor, buçuk derken bunu 'past' ile ifade ederiz. Amerikan İngilizcesinde 'after' kelimesi de kullanılabilir.

11:05 It's five **past** eleven.
  It's five **after** eleven.
Saat onbiri beş geçiyor.

11:10 It's ten **past** eleven.
It's ten **after** eleven.
Saat onbiri on geçiyor

11:15 It's quarter **past** eleven.
It's quarter **after** eleven.
Saat onbiri çeyrek geçiyor.

11:20 It's twenty **past** eleven.
  It's twenty **after** eleven.
Saat onbiri yirmi geçiyor.

11:25 It's twenty-five **past** eleven.

Saat onbiri yirmibeş geçiyor.

12:30 It's half **past** twelve.

Saat oniki buçuk.
(Saat yarım.)

3.2 Geçen dakika beşin katı bir sayı değil ise '**minute**' /*minit* / kullanılır.

  11:04 It's **four minutes** past eleven.
Saat onbiri dört dakika geçiyor.

  11:02 It's **two minutes** past eleven.
Saat onbiri iki dakika geçiyor.

3.3 Digital saatleri okuduğumuz gibi "**Saat on on beş**," "**Saat on yirmibeş**," diyerek '**past**' kelimesini hiç kullanmadan saatin kaç olduğunu söyleyebiliriz.

10:25 It's **ten thirty-five**.
Saat on yirmibeş.

08:30 It's **eight thirty.**
Saat sekiz otuz.

11:20 It's **eleven twenty**.
Saat onbir yirmi.

05: 15 It's **five fifteen**.
Saat beş onbeş.

08:45 It's **eight forty-five**.
Saat sekiz kırkbeş.

EXERCISE 31

Aşağıdaki saatlerin kaç olduklarını yazı ile yazınız.

1. 03:25 ....

2. 08:12 ....

3. 09:48 ....

4. 06:30 ....

5. 12:00 ....

6. 12:30 ....

7. 02:50 ....

8. 11:05 ....

EXERCISE 33

Aşağıdaki saatleri digital saatleri okuduğunuz gibi okuyup sayı ile yazınız.

Example: 04:45   It's four forty-five.

1. 09:15 ....

2. 02:30 ....

3. 11:15 ....

4. 03:10 ....

5. 07:55 ....

6. 10:50 ....

7. 09:05 ....

8. 05:45 ....

9. 04:45 ....

10. 12:25 ....

EXERCISE 32

Verilen saatleri saat üzerinde çizerek belirtiniz.

1. seven fifteen

2. nine thirty-five

3. three twenty-five

4. eleven fifty-seven

13 There's & There are

Birinin veya bir şeyin bir yerde olduğunu 'There is', birilerinin veya bir şeylerin bir yerde olduğunu 'There are' ile anlatırız. İkisi de **var** anlamına gelir.

A. Affirmative - Olumlu

1. There is: Var, vardır

1.1 With singular nouns: Tekil isimlerle birlikte '**There's**' kullanılır.

There's a man at the door.
Kapıda bir adam var.

There's a car in front of the shop.
Dükkanın önünde bir araba var.

There's a plum tree in the garden.
Bahçede bir erik ağacı var.

There's a cat in front of the door.
Kapının önünde bir kedi var.

There's a mistake in the translation.
Tercümede bir hata var.

There's a dog in the car.

1.2 **With uncountable nouns**: Sayılamaz isimlerle birlikte yine '**There is**' kullanılır.

There's some water in the glass.
Bardağın içinde biraz su var.

There's some bread on the table.
Masanın üzerinde biraz ekmek var.

There's some wine in the bottle.
Şişenin içinde biraz şarap var.

There's some money in the wallet.
Cüzdanda biraz para var.

There's some milk in the bowl.
Kasenin içinde biraz süt var.

There's some money in the wallet.

2. There are : Var, vardır

Çoğul isimlerle birlikte "**There are**" kullanılır:

There are twelve girls in our class.
Sınıfımızda on iki kız çocuk var.

English Grammar Today

There are fourteen boys in our class.
Sınıfımızda on dört erkek çocuk var.

There are two knives near the plate.
Tabağın yanında iki bıçak var.

There are seven days in a week.
Haftada yedi gün var.

There are twelve months in a year.
Yılda on iki ay var.

There are eleven eggs in the fridge.
Buzdolabında on bir yumurta var.

EXERCISE 34

Boşluklarda '**There is**' veya '**There are**' kullanınız.

1. .... a bookshop at the corner of the street.

2. .... 16 players in the team.

3. .... a cat in the kitchen.

4. .... four glasses on the table.

5. .... a lot of traffic in the street.

6. .... two envelopes here.

7. .... a watch on the floor.

8. .... some policemen in front of the school.

9. .... some water in the bottle.

10. .... six rooms in our house.

11. .... an old clock on the wall.

12. .... four seasons.

13. .... fifty two states in the USA.

14. .... some sugar in the bowl.

15. .... fifteen sentences in this exercise.

B. Negative - Olumsuz

1. There isn't - Yok, yoktur

Tekil veya sayılamaz isimlerle beraber olumsuz cümlelerde "**There isn't**" kullanılır.

There isn't a supermarket in this street.
Bu sokakta bir süpermarket yok.

There isn't a pool in the garden.
Bahçede bir havuz yok.

There isn't a toilet upstairs.
Üst katta bir tuvalet yok.

There isn't a key here.
Burada bir anahtar yok.

There isn't any water in the glass.
Bardakta hiç su yok.

There isn't any bread on the table.

There isn't any bread on the table.
Masanın üzerinde hiç ekmek yok.

There isn't any money in his pocket.
Cebinde hiç parası yok.

There isn't any room here. (**Room** yer anlamında kullanıldığında sayılamaz isimdir.)
Burada hiç yer yok.

2. There aren't - Yok, yoktur

Çoğul isimlerle beraber olumsuz cümlelerde "**There aren't**" kullanılır.

There aren't any flowers in the vase.
Vazonun içinde hiç çiçek yok.

There aren't 20 boys in our class.
Sınıfımızda 20 erkek çocuk yok.

There aren't any plates in the sink.
Lavaboda hiç tabak yok.

There aren't any good programs on television tonight.
Bu akşam televizyonda hiç güzel program yok.

There aren't any good restaurants in this town.
Bu kasabada hiç güzel lokanta yok.

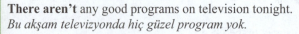

EXERCISE 35

Aşağıdaki boşluklarda **'There isn't'** veya **'There aren't'** kullanınız.

1. .... a lamp on the table.

2. .... thirteen months in a year.

3. .... any flowers in the vase.

4. .... a picture on the wall.

5. .... an umbrella here.

6. .... twenty girls in our class.

7. .... nine days in a week.

8. .... a bathroom in this house.

9. .... an apple tree in the garden.

10. .... a library in this town.

11. .... any mistakes in your exam paper.

12. .... any wine in the fridge.

C. Interrogative - Soru

Is there, Are there - Var mı?

Bir şeyin veya bir şeylerin bir yerde bulunup bulunmadığını **"Is there ...? veya Are there ...?** ile sorarız.
Bu tür sorulara kısaca; **Yes, there is**, veya **No, there isn't** diye cevaplayabiliriz.

Is there a picture on the wall?
Duvarda bir resim var mı?
Yes, there is.
Evet, var.

Is there any water in the glass?
Bardakta hiç su var mı?
No, there isn't.
Hayır, yok.

59

13. There's / There are

Is there a cat in the kitchen?
Mutfakta bir kedi var mı?

Yes, there is. / No, there isn't.

Are there any students in the classroom?
Sınıfta hiç öğrenci var mı?

Yes, there are.

Are there any cars in the garden?
Bahçede hiç araba var mı?

Yes, there are. / No, there aren't.

EXERCISE 36

Aşağıdaki cümleleri soru şekline çeviriniz.

1. There is a television set in my room.

....

2. There are trees around our school.

....

3. There are cars in the street.

....

4. There is a clock on the wall.

....

5. There is a wallet on the table.

....

6. There are biscuits on the plate.

....

7. There is a dog in front of the door.

....

8. There are two policemen at the door.

....

9. There's some salt in the shaker.

....

10. There are some clean glasses on the table,

....

D. How many are there / How much is there ?

Sayılabilir nesnelerin sayısını "**How many ...?**"
Sayılamaz nesnelerin miktarını "**How much ...?**" ile sorarız.

How many apples are there?
Kaç tane elma var?

There are **three** apples?
Üç tane elma var.

How much milk is there in the bowl?
Kasede ne kadar süt var.

There's **a little** milk in the bowl.
Kasenin içinde (az miktarda) biraz süt var.

E. What is in the safe?

Bir yerde ne olduğunu öğrenmek istediğimizde bunu **'What's ..?'** ile sorarız.

What is in the safe?
Kasada ne var?

Eğer kasada tek bir şey, veya sayılmaz bir nesne varsa bunu
'There is .....' ile anlatırız.

There is a gun in the safe.
Kasada bir silah var.

There is some money in the safe.
Kasada biraz para var.

Eğer kasada birden fazla bir şey varsa bunu **'There are ....'** ile anlatırız.

There are some documents in the safe.
Kasada birkaç döküman var.

There are some old coins in the safe.
Kasada birkaç tane eski madeni para var.

What is in the glass? (some water)
Bardakta ne var?

There's some water in the glass.
Bardakta biraz su var.

What is on the shelf? (some books)
Rafta ne var?

There are some books on the shelf.
Rafta birkaç kitap var.

What is in the garden? (some children)
Bahçede ne var?

There are some children in the garden.
Bahçede birkaç çocuk var.

What is on the table?
Masanın üstünde ne var?

There is a glass of tea on the table.
Masanın üstünde bir bardak çay var.

What's under the tree?
Ağacın altında ne var?

There are two cats and a dog under the tree.
Ağacın altında iki kedi ve bir köpek var.

EXERCISE 37 Resme bakarak aşağıdaki soruları cevaplayınız.

1. Is there a cat under the table?

_____

2. Are there four glasses on the table?

_____

3. What's on the coatstand?

_____

4. What's on the wall?

_____

5. How many chairs are there in the room?

_____

6. How many plates are there on the table?

_____

7. Is there a lamp on the desk?

_____

8. What's on the windowsill?

_____

9. What's in the vase?

_____

10. What's behind the chair on the carpet?

_____

11. What's in the bookcase?

_____

12. What's in the pitcher?

_____

13. What's in front of the computer?

_____

14. Is there a mobile phone on the table?

_____

15. What's under the table with the cat?

_____

windowsill- pencere eşiği, flowerpot- saksı, pitcher – sürahi, coatstand – askı, slippers - terlik

14 To be Fiilinin Kullanıldığı Yerler 2

1. Hava durumundan bahsederken:

It**'s** a beautiful day.
Güzel bir gün.

It**'s** very cold today.
Bugün hava çok soğuk.

It**'s** wet and windy.

2. Milliyetlerden ve Yerden bahsederken:

They **are** Mexican.
Onlar Meksika'lıdır.

They **are** from Mexico.
Onlar Meksika'dandır .

They **are** on holiday in Bodrum now.
Onlar, şimdi Bodrum'da tatildeler.

3. Zamandan bahsederken:

What**'s** the time?
Saat kaç?

It**'s** ten twenty.
Saat on-yirmi.

Today **is** Tuesday.
Bugün Salı.

It**'s** nine o'clock.   It**'s** a quarter to eight.

4. This is / That is / These are / Those are

This is Tom Black.
Bu Tom Black.

That's his sister, Sue.
Şu, onun kızkardeşi, Sue.

These are new books.
Bunlar yeni kitaplar.

Those are our friends.
Şunlar bizim arkadaşlarımız.

This is a pencil.   **These are** erasers.

5. Here is / There is

Look! **There's** my aunt, Ms. White.
Bak! Şurdaki benim halam, Bayan White.

6. There is / There are

There is a dog in the garden.
Bahçede bir köpek var.

There is somebody at the door.
Kapıda biri var.

There are 12 girls in our class.
Sınıfımızda on iki kız var.

There are no easy answers.
Kolay cevap yoktur.

There are old books on the shelf.
Rafın üzerinde eski kitaplar var.

Look! **There is** a dog in the garden.

7. be interested in, be pleased ....

I'm pleased to meet you.
Sizinle tanıştığıma memnun oldum.

I'm interested in geography.
Coğrafya ile ilgilenirim.

The children **are bored.**
Çocukların canı sıkılıyor.

I'm married.
Ben evliyim.

It**'s very complicated.**
O, çok karmaşık.

They **are very surprised.**
Çok şaşırdılar.

I'm very tired.
Çok yorgunum.

I'm pleased to meet you.

He**'s puzzled**.　　He**'s surprised.**

8. be good at / be bad at

Mehmet **is good at** swimming.
Mehmet yüzmede iyidir.

She**'s very bad at** playing tennis.
O tenis oynamada çok kötüdür.

EXERCISE 38

Aşağıdaki cümlelerde boş bırakılan yerleri **am, is, are** ile doldurunuz.

Example: I _am_ 17 years old.

1. Selma .... from Adana.

2. I .... a student.

3. Ankara .... the capital city of Turkey.

4. My parents .... in Samsun.

5. Dr. White .... a nice man.

6. They .... very poor.

7. Three times four .... twelve.

8. There .... a bank at the corner of the street.

9. There .... 24 students in our class.

10. Today .... Friday.

11. These .... white cats.

12. How .... you?

13. This .... my new computer.

14. It .... an eraser.

15. What .... your name?

16. Diane and George .... English. Their daughter, Susan, ...

    married to a Turkish man.

17. Where .... your close friends?

18. Monica and her boyfriend .... both doctors.

19. He ...... an honest man.

20. The Mercedes ......an expensive car.

21. .... this your car?

22. We .... (not) English.

EXERCISE 39

Aşağıdaki cümleleri önce olumsuz sonra da soru şekline çeviriniz.

Example:
Henry's mother is a hair-dresser.
Henry's mother isn't a hair-dresser.
Is Henry's mother a hair-dresser?

1. His father is English.

   ....

   ....

2. Your secretary is beautiful.

   ....

   ....

3. Arthur is married.

   ....

   ....

4. My children are very intelligent.

   ....

   ....

5. His father is an architect.

   ....

   ....

6. Terry's pen is on the table.

   ....

   ....

7. This is a dentist's coat.

   ....

   ....

8. My father is a pilot.

   ....

   ....

EXERCISE 40

Aşağıdaki cümleleri olumsuz soruya çeviriniz.

Example:
Tom is a football player.
Isn't Tom a football player?

1. My father is a doctor.

   ....

2. I'm American.

   ....

3. You are a goodlooking boy.

   ....

4. Burak and I are dark.

   ....

5. Bora is fair.

   ....

6. This is an artist's bag.

   ....

7. I'm keen on Fenerbahçe.

   ....

8. She's healthy.

   ....

9. You are a good person.

   ....

10. That is my car.

    ....

11. My brother is married.

    ....

12. You are tall enough to play basketball.

    ....

13. She's happy.

    ....

14. They are at home.

    ....

15. It is cheap.

    ....

15 Where?

1. Where? – Nerede?

Where soru kelimesi ile canlı ve cansız varlıkların **nerede** olduklarını sorarız.

Where's John?
John nerede?

He's **at school**?
Okulda.

Where's Mary?
Mary nerede?

She's **at work**.
İşte.

Helen's **at school.**   Mary's **at work**.

Where are the books?
Kitaplar nerede?

They are **on the shelf**.
Onlar raftalar.

The books are **on the shelf**.

Cevaplarda tekil özne durumundaki hayvan adlarının veya cansız varlık adlarının yerini 'it', çoğul adların yerini 'they' şahıs zamiri alır.

Where's **the book**?
It's in my bag.

Where are **the books**?
They're in my bag.

Where's **the vase**?
It's on the television.

Where are **the flowers**?
They're in the vase.

Where's **the coat**?
It's on the hanger.

Where's **your car**?
It's in the garage.

Where's **the fish**?
It's in the fridge.

Where's **the Great Wall?**
It's in China.

- Where are **the cats**?
- **They**'re in the garden under the tree.

- Where is **the coat**?
- **It**'s on the coatstand.
- Where is **my tie**?
- **It**'s on the coatstand, too.

15. Where?

Aşağıdaki cümleleri soru şekline çeviriniz ve sorularınızı cevaplayınız.

Example: My father is **at work**.
             Where's your father? - He's at work.

1. The cat is on the roof.

   .... - ....

2. The children are at school.

   .... - ....

3. The dirty glasses are in the sink.

   .... - ....

4. The dog is under the tree.

   .... - ....

5. Your glasses are on the table.

   .... - ....

6. My books are in my bag.

   .... - ....

7. Mary is in her office.

   .... - ....

8. George is at the seaside.

   .... - ....

9. The vase is on the television.

   .... - ....

10. The policeman is in his car.

   .... - ....

11. The students are in the classroom.

   .... - ....

12. My car is in the car park.

   .... - ....

13. The telephone is on the coffee table.

   .... - ....

14. Mary is at home.

   .... - ....

15. The keys are in my coat pocket.

   .... - ....

2. Is the ....?, Are the ....?

Bu tür sorulara cümlemizin **öznesi** tekil bir **hayvan adı** veya **nesne adı** ise cevap cümlesinde öznenin yerine '**it**' şahıs zamirini kullanırız.

- Is **the cat** in the tree?
  Kedi ağaçta mı?

- Yes, **it** is.
  Evet, ağaçta.

- No, **it** isn't.
  Hayır, değil.

- Are **the cats** in the tree?
  Kediler ağaçta mı?

Yukarıdaki soru cümlesinde olduğu gibi cümlemizin öznesi çoğul ise cevap cümlemizde öznenin yerine '**they**' şahıs zamirini kullanırız.

- Yes, **they** are.
  Evet, ağaçtalar.

- No, **they** aren't.
  Hayır, değiller.

- Is **the fire** in West Street?
  Yangın West Street'te mi?

- Yes, **it** is.
  Evet, öyle.

- No, **it** isn't. **It**'s in Church Street.
  Hayır, değil. Church Street'te.

- Are **the children** at home?
  Çocuklar evde mi?

- Yes, **they** are.
  Evet öyle.

- No, **they** aren't. **They** are at school.
  Hayır, değiller. Onlar okuldalar.

- Is **your father** at work?
  Baban işte mi?

- No, he isn't. **He**'s on holiday.
  Hayır değil. Tatilde

EXERCISE 42 Resme bakarak soruları cevaplayınız.

3. Are the books on the table?
_____

4. Is the basket on the table?
_____

5. Are the students at their desks?
_____

6. Is the map on the table?
_____

7. Is the teacher in the class?
_____

8. Is the chair in front of the desk?
_____

9. Is the duster on the bookcase?
_____

1. Is the map on the wall?
_____

2. Is the table near the door?
_____

10. Is the bookcase between the
    board and the window?
_____

15. Where?

Aşağıdaki cümleleri önce soru şekline çeviriniz sonra da cevaplayınız.

Example: The key is under the mat. (Yes)
             Is the key under the mat? - Yes, it is.

1. The knives are dirty. (Yes)

....   - ....

2. The television is on. (No)

....   - ....

3. The dog is in its kennel. (Yes)

....   - ....

4. The cushions are on the sofa. (Yes)

....   - ....

5. The thieves are in prison. (No)

....   - ....

6. The cat is hungry. (No)

....   - ....

7. The glasses are dirty. (Yes)

....   - ....

8. The birds are in the nest. (No)

....   - ....

9. The children are in the forest. (No)

....   - ....

10. The boys are in the schoolyard. (Yes)

....   - ....

11. The door is open. (Yes)

....   - ....

12. The Whites are in the restaurant. (No)

....   - ....

13. The clean glasses are on the shelf. (Yes)

....   - ....

14. The window is closed. (No)

....   - ....

15. The cats are happy. (Yes)

....   - ....

16 Adjectives

Opposites - Zıtlar

beautiful

good (iyi)	bad (kötü)
beautiful (güzel)	ugly (çirkin
pretty (güzel)	ugly (çirkin)
good-looking (yakışıklı)	ugly (çirkin)
handsome (yakışıklı)	ugly (çirkin)
tall (uzun boylu)	short (kısa)
long (uzun)	short (kısa)
high (yüksek)	low (alçak)
full (dolu)	empty (boş)
fat (şişman)	thin / slim (zayıf)
thick (kalın)	thin (ince)
wide (geniş)	narrow (dar)
hungry (aç)	thirsty (susuz)
hungry (aç)	full (tok)
fresh (taze)	stale (ekmek bayat), off (balık, yemek bayat)
new (yeni)	old (eski)
young (genç)	old (yaşlı)
open (açık)	closed / shut (kapalı)
on (açık)	off (kapalı, elektrikli aletler için)
white (beyaz)	black (siyah)
clever (zeki)	stupid (ahmak)
intelligent (akıllı)	foolish (aptal)
clean (temiz)	dirty (kirli)
cold (soğuk)	hot (sıcak)
warm (ılık)	cool (serin)
north (kuzey)	south (güney)
east (doğu)	west (batı)
expensive (pahalı)	cheap (ucuz)
hard (sert, sıkı)	soft (yumuşak)
big (büyük)	small (küçük)
large (geniş)	small (küçük)
dark (koyu, karanlık)	light (açık, aydınlık)
heavy (ağır)	light (hafif)
strong (kuvvetli)	weak (zayıf)
careful (dikkatli)	careless (dikkatsiz)
interesting (ilginç)	boring (sıkıcı)
safe (güvenli)	dangerous (tehlikeli)
fast (hızlı)	slow (yavaş)
quick (çabuk)	slow (yavaş)
dry (kuru)	wet (ıslak)
easy (kolay)	difficult (zor)
near (yakın)	far (uzak)
polite (kibar)	rude (kaba)
comfortable (rahat)	uncomfortable (rahat değil, rahatsız)
useful (yararlı)	useless (yararsız)
suitable (uygun)	unsuitable (uygun değil)
tasty, delicious (lezzetli)	tastless (lezzetsiz)
sweet (tatlı)	bitter (acı) / sour (ekşi)

ugly

strong

weak

Mr. Black is **tall** and **thin**.
Bay Black uzun boylu ve zayıftır.

This question is very **easy**.
Bu soru çok kolay.

That girl is very **beautiful**.
Şu kız çok güzel.

Tom's a **handsome** boy.
Tom yakışıklı bir çocuktur.

My brother is **short**, but my sister is **tall**.
Erkek kardeşim kısa ama kız kardeşim uzun.boyludur.

These cars are **expensive**, but those cars are **cheap**.
Bu arabalar pahalı fakat şu arabalar ucuz.

Sheila is a **fat** girl.
Sheila şişman bir kızdır.

Your brother is very **clever**.
Erkek kardeşin çok zeki.

The door is **closed** but the window is **open**.
Kapı kapalı ama pencere açık.

This book is **interesting**, but **that** book is very **boring**.
Bu kitap ilginç ama şu kitap çok sıkıcı.

My mother's cakes are quite **delicious**.
Annemin pastaları oldukça lezzetlidir.

Black is the **opposite** of white.
Siyah beyazın zıddıdır.

Erzurum is in the **east** of Turkey.
Erzurum Türkiye'nin doğusundadır.

Izmir is in the **west** of Turkey.
İzmir Türkiye'nin batısındadır.

This cat is **young**, but **that** cat is **old**.
Bu kedi genç ama şu kedi yaşlı.

These bottles are **empty**.
Bu şişeler boş.

Those glasses are **dirty**.
Şu bardaklar kirli.

His suggestions are not **practical**. Nobody accepts them.
Onun önerileri uygulanabilir değil. Onları hiç kimse kabul etmez.

Mr. Black

Dr. Newton is a **fat** man.

EXERCISE 44

Aşağıdaki cümlelerde boş bırakılan yerlerde uygun bir sıfat kullanınız.

1. The Eiffel Tower is very ....

2. The Yeşilırmak is a .... river.

3. Mary is a very .... girl, but her friend Jane is ugly.

4. Istanbul is a .... city, but Hakkari is a .... city.

5. This cat is very beautiful, but those cats are ....

6. This problem is very easy, but those problems are very ....

7. Peter is short but his brother is ....

8. The weather is very .... in winter.

9. Would you open the window, please? It's very ....

10. This car is dirty, but that car is ....

11. I'm not hungry. I'm .... Can I have some water?

12. Adana is in the .... of Turkey.

13. Erzurum is .... from Istanbul.

14. Naim Süleymanoğlu is short, but he's very ....

15. We're very late. Be ....

16. The cake smells very bad. It isn't .... It's stale.

17. My father is forty-five. He isn't very ....

18. It's only 20 pence. It isn't ....

19. Be .... , it's very dangerous.

20. Turn on the light, please. It's very ....

21. Samsun is in the .... of Turkey.

22. I can't swim. The water is too ....

23. I'm very .... I 'm going to bed.

24. This street isn't narrow. It's quite ....

25. - Oh, John. You're so _____ and very _____.

17 in / on / at (place)

1. in: içinde

1.1 **Kutu, çekmece, hastane, hapishane** gibi kapalı bir mekanın içindeki nesnelerin yerini belirtmek için kullanılır.

in the classroom

in the bathroom

in the box	- kutunun içinde
in the drawer	- çekmecenin içinde
in the room	- odada (odanın içinde)
in hospital	- hastanede
in jail	- hücrede
in prison	- hapishanede
in the bottle	- şişede
in the cup	- fincanda
in the classroom	- sınıfta
in the kitchen	- mutfakta
in the living room	- oturma odasında
in the bedroom	- yatak odasında
in the vase	- vazonun içinde

1.2 Sınırları belli bir alan içinde bulunan nesnelerin yerlerini belirtmek için Kullanılır.

in the garden

in the garden	- bahçede
in the park	- parkta
in the playground	- oyun sahasında
in a city, town, village	- bir şehirde, kasabada, köyde
in the city centre	- şehir merkezinde
in the street	- sokakta
in the country	- şehir dışında
in the sky	- gökyüzünde
in the world	- dünyada
in Turkey	- Türkiye'de
in bed	- yatakta
in the newspaper	- gazetede
in the photograph	- fotoğrafta
in the middle (of)	- ortasında

English Grammar Today

1.3 **Suda, denizde, çayda, kahvede** derken

in the water	- suda (suyun içinde)
in the sea	- denizde
in the tea	- çayın içinde
in the coffee	- kahvenin içinde

2. on : üzerinde

on the table   **on** the wall   **on** the plate

on the floor	- döşemenin üzerinde
on the ceiling	- tavanda
on the bus	- otobüste
on the plane	- uçakta
on the train	- trende
on the ground floor	- zemin katta
on the second floor	- ikinci katta
on the tree	- ağaçta
on the shelf	- rafta
on the desk	- sıranın üzerinde
on the ground	- yerde
on the beach	- kumsalda
on her wrist	- bileğinde
on the left	- solda
on the right	- sağda
on a horse	- bir atın üzerinde
on a biycyle	- bir bisikletin üzerinde
on a motor-bike	- bir motosikletin üzerinde

on the carpet

on the coat stand

 Tom and Mary are lying **on the beach**.
Tom ve Mary kumsalda uzanıyorlar.

17. in / on / at (place)

Our flat is **on the third floor**.
Bizim dairemiz üçüncü katta.

The children are **on the bus** now.
Çocuklar şimdi otobüsteler.

There are a lot of apples **on the tree**.
Ağaçta çok elma var.

3. at : içinde veya üzerinde diyemeyeceğimiz durumlarda '**at**' kullanılır.

at the door	- kapıda
at the bus stop	- otobüs durağında
at the traffic lights	- trafik lambalarında
at the airport	- hava alanında
at the station	- istasyonda
at school	- okulda
at work	- işte
at home	- evde
at church	- kilisede
at university	- üniversitede
at 12, Lincoln Street	- Lincoln Street 12 numarada
at the bottom of the page	- sayfanın alt tarafında
at the top of the page	- sayfanın üst tarafında
at the doctor('s)	- doktorda
at the dentist('s)	- dişçide
at Mary's (house)	- Mary'nin evinde
at my uncle's	- Amcamlarda
at the concert	- konserde
at the party	- partide
at the conference	- konferansta
at the football match	- futbol maçında
at the end of the street	- sokağın sonunda
at the corner of the street	- sokağın köşesinde

I'm **at work** now.

They are **at the party**.

My father is **at the barber's** now.
Babam şimdi berberde.

I'm **at home** now.
Şimdi evdeyim.

There's somebody **at the door**.
Kapıda biri var.

I'll meet you **at the airport.**
Seni havaalanında karşılayacağım.

My sister is **at school** now.
Kız kardeşim şimdi okulda.

Dr. Smith is **at the bus** stop now.
Dr. Smith şimdi otobüs durağında.

There are a few people **at the station**.
İstasyonda bir kaç kişi var.

There are a lot of people **at the party**.
Partide çok insan var.

My parents are **at the dentist's** now.
Anne-babam şimdi dişçideler.

They are **at the concert** now.
Onlar şimdi partideler.

Their house is **at the end** of the street.
Onların evleri sokağın sonunda.

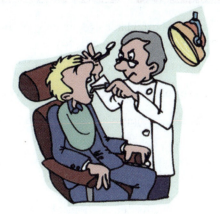

Bob is **at the dentist's** now.
Bob şimdi dişçide.

4. Here, there, upstairs, downstairs, uptown, downtown, upstream ve downstream kelimeleri ile birlikte bir prepozisyon kullanılmaz.

I'm **here**.
Buradayım.

My mother is **upstairs**.
Annem üst katta.

The kitchen is **downstairs**.
Mutfak alt katta.

The bank is **downtown**.
Banka çarşıda.

The castle is **upstream**.
Kale ırmağın yukarısında.

Mr. Brown is going **there**.
Mr. Brown oraya gidiyor.

The train station is **downtown.**
Tren istasyonu şehir merkezinde.

His house is **uptown.**
Onun evi şehir merkezinin dışında.

17. in / on / at (place)

Aşağıdaki boşluklarda eğer gerekiyorsa **in, on** ve **at** edatlarından (prepozisyonlarından) birini kullanınız. Yoksa boş bırakınız.

1. Don't put your feet .... the table!

2. The police station is .... the end of this street.

3. There are some pictures .... the wall.

4. Her brother is .... prison.

5. The children are .... school now.

6. My father isn't .... home. He's .... hospital now.

7. Tavane is .... the bus stop now.

8. What have you got .... your pocket?

9. We live .... the third floor.

10. Alain is standing .... the left.

11. The Browns live .... 10, Denver Street.

12. There are a lot of apples .... the tree.

13. How many passengers are there .... the plane?

14. In Turkey, you drive .... the right.

15. Is there any water .... the jug?

16. There are some lovely flowers .... the vase.

17. There is a woman .... the door.

18. There is a table .... the middle of the room.

19. The post office is ....the end of the street .... the right.

20. My sister is .... university.

21. There were a lot of people .... the conference.

22. She met him .... the party.

23. The open market is .... downtown.

24. Mr. White is .... the doctor's now.

English Grammar Today

18 Some, any, no & Determiners (Belirteçler)

1. SOME

Sayılamaz veya **sayılabilir çoğul nesnelerle** birlikte, genellikle olumlu cümlelerde, kullanılır.

1.1 **Some**, sayılamaz nesnelerle birlikte kullanıldığında '**biraz**' anlamı taşır.

I've got **some** money.
Biraz param var.

We've got **some** wine.
Biraz şarabımız var.

There's **some** water in the bottle.
Şişede biraz su var.

There's **some** bread on the table.
Masanın üzerinde biraz ekmek var.

We've got **some** cheese in the fridge.
Buzdolabında biraz peynirimiz var.

There's **some** water in the bottle.

1.2 **Some**, sayılabilir nesnelerle birlikte kullanıldığında '**birkaç**' anlamına gelir.

There are **some** people in the library.
Kütüphanede birkaç kişi var.

There are **some** students in the schoolyard.
Okul bahçesinde birkaç öğrenci var.

There are **some** trees in the garden.
Bahçede birkaç ağaç var.

I've got **some** good friends in London.
Londra'da birkaç iyi arkadaşım var.

There are **some** girls on the stage.

1.3 **Some**, soru kalıbındaki ikram cümlelerinde yine '**biraz**' ve '**birkaç**' anlamında kullanılabilir.

Would you like **some** tea?
Biraz çay ister misiniz?

Would you like to eat **some** biscuits?
Birkaç bisküvit yemek ister misiniz?

Would you like **some** wine?
Biraz şarap ister misiniz?

Can I have **some** cheese?
Biraz peynir alabilir miyim?

Would you like **some** fruit?

EXERCISE 46 Match the sentences with the objects on the table.

	a.	There's some tea in the glass.
	b.	There's some bread on the table.
	c.	There are some eggs on the table.
	d.	There's some money on the table.
	e.	There's some cheese on the table.
	f.	There are some apples on the table.
	g.	There's some icecream in the bowl.
	h.	There's some coffee in the cup.

EXERCISE 47

Aşağıda verilen kelimelerle 'some' ı
kullanarak cümleler yapınız.
Example:
    I/apples
    I've got **some** apples.

    water / in the jug
    There's **some** water in the jug.

1. pens / in the box

    ....

2. fruit / in the basket

    ....

3. candles / on the cake

    ....

4. Ted / new CDs

    ....

5. mistakes / in the translation

    ....

6. Mary / coke

    ....

7. cheese / on the plate

    ....

8. jam / in the jar

    ....

9. magazines / on the shelf

    ....

10. clothes / in the suitcase

    ....

11. I / cigarettes

    ....

12. Tom / money

    ....

13. wine / in the fridge

    ....

14. She / good books

    ....

2. ANY

Soru cümlelerinde '**some**' yerine '**any**' kullanılır ve '**hiç**' anlamına gelir.

Have you got **any** money?
Hiç paran var mı?

Is there **any** milk in the bowl?
Kasede hiç süt var mı?

Have you got **any** cigarettes?
Hiç sigaran var mı?

Have we got **any** bread?
Hiç ekmeğimiz var mı?

Has Mary got **any** wine?
Mary'nin hiç şarabı var mı?

Is there **any** sugar in my tea?
Çayımda hiç şeker var mı?

Are there **any** eggs in the fridge?
Buz dolabında hiç yumurta var mı?

EXERCISE 48

Aşağıdaki cümleleri soru şekline çeviriniz.

Example 1:   I've got **some** free time.
                 Have you got **any** free time?

Example 2:   There are **some** pictures on the wall.
                 Are there **any** pictures on the wall?

1. I've got some good books.

....

2. There is some lemonade in the bottle.

....

3. There is some coke in my glass.

....

4. I've got some stamps.

....

5. There are some new books on the table.

....

English Grammar Today

81

6. There are some people on the beach.

....

7. I've got some medicine for my cough.

....

8. I've got some questions.

....

9. There are some mistakes on your test paper.

....

10. She's got some bananas.

....

3. NOT ANY

Olumsuz cümlelerde '**some**' yerine '**hiç** ' anlamında '**not any**' kullanılır.

There is**n't any** water in the bucket.
Kovada hiç su yok.

There are**n't any** students in the classroom.
Sınıfta hiç öğrenci yok.

There is**n't any** wine in the bottle.
Şişede hiç şarap yok.

I have**n't** got **any** money in my pocket.
Cebimde hiç param yok.

There are**n't any** knives on the table.
Masanın üzerinde hiç bıçak yok.

There is**n't any** salt in the salt-shaker.
Tuzlukta hiç tuz yok.

She has**n't** got **any** work.
Onun hiç işi yok.

He has**n't** got **any** new shoes.
Onun hiç yeni ayakkabısı yok.

There is**n't any** water in
the bucket. It's empty.

Sorry, I can't talk to you now. I have**n't** got **any** time.
Üzgünüm. Şimdi seninle konuşamam. Hiç vaktim yok.

Mary has**n't** got **any** brothers or sisters. She's the only child.
Mary'nin hiç kız veya erkek kardeşi yok. O tek çocuk.

EXERCISE 49

Aşağıdaki cümleleri olumsuz yapınız.

Example 1:   There are some chairs in the kitchen.
               There aren't any chairs in the kitchen.

Example 2:   I've got some time.
               I haven't got any time.

1. There are some empty seats in the cafeteria.

....

2. There are some people in the street.

....

3. There is some snow on the roofs.

....

4. I've got some white shirts.

....

5. The cat's got some milk.

....

6. There are some passengers on the plane.

....

7. I've got some soup in my bowl.

....

8. There are some factories in this town.

....

9. There are some good dialogues in the book.

....

10. There's some whisky in the bottle.

....

11. There's some tea in the pot.

....

12. There are some keys on the table.

....

13. I've got some interesting ideas.

....

14. She's got some travel cheques.

....

4. NO

NOT ANY=NO

Yukardaki olumsuz cümlelerdeki 'not any'leri kaldırıp yerlerine 'no' koysak cümlelerin anlamları değişmez.

There isn't any tea in the cup.
There's no tea in the cup.

Fincanda hiç çay yok.

There aren't any apple trees in the garden.
There are no apple trees in the garden.

Bahçede hiç elma ağacı yok.

I haven't got any money.
I've got no money.

Hiç param yok.

They haven't got any cigarettes.
They've got no cigarettes.

Hiç sigaraları yok.

There aren't any clouds in the sky.
There are no clouds in the sky.

Gökyüzünde hiç bulut yok.

There isn't any pepper in the pepper-shaker.
There is no pepper in the pepper-shaker.

Biberlikte hiç biber yok.

There aren't any clean glasses here.
There are no clean glasses here.

Burada hiç temiz bardak yok.

I haven't got any friends in İzmir.
I have no friends in Izmir.

İzmirde hiç arkadaşım yok.

Determiners – Tanımlayıcılar

Determiners isimlerden önce gelir ve kendisinden önce geldiği ismin miktarını belirtir. Eğer biz bir şeyin miktarını tam olarak biliyorsak bunu bir sayı ile belirtiriz. Yaklaşık rakamlar veriyorsak aşağıdaki tanımlayıcı kelime veya kelime gruplarını kullanırız.

100 %	all
80 % -99 %	nearly all, almost all, most
36% -79 %	many, a lot of, some
1 % - 35 %	not many, a few, few
0 %	no one

Sıfır miktarda (hiçbir) derken 'no' ile birlikte daha çok isimlerin tekil hali kullanılır.

No woman **has** two husbands in Turkey.
Türkiyede hiçbir kadının iki kocası yoktur.

Bu tanımlayıcıların hepsi çoğul isimlerle birlikte, konuşmacı veya yazarın çarpıtılmamış düşünceleri ile gerçekleri ifade etmekte, kullanılırlar.

"**All** Turkish women get married before the age of 20."
"Bütün Türk kadınları yirmi yaşından önce evlenir," diyemeyiz.

Bu çarpıtılmış bir gerçek olur. Ama bunun yerine

"**Many** Turkish women get married before the age of 20".
"Bir çok Türk kadını yirmisinden önce evlenir," diyebiliriz.

Many Turkish women stay home and care for their families after they have babies.
Birçok Türk kadını çocuk sahibi olduktan sonra evde oturur ve ailesine bakar.

Some women go back to work very soon after they have a baby.
Bazı kadınlar çocuk sahibi olduktan sonra çok kısa zamanda işe dönerler.

EXERCISE 50

Aşağıdaki cümleleri 'no' kullanarak tekrar yazınız.

> I have**n't** got **any** time.
> I've got **no** time.
>
> There is**n't any** butter on my bread.
> There is **no** butter on my bread.

1. There isn't any beer in my glass.

   ....

2. There isn't any snow in the mountains.

   ....

3. They haven't got any food.

   ....

4. I haven't got any clean shirts.

   ....

5. There isn't any toothpaste in the tube.

   ....

6. There aren't any students absent today.

   ....

7. There aren't any teachers in the teachers' room.

   ....

8. There aren't any clean forks on the table.

   ....

9. There aren't any ugly girls in our class.

   ....

10. There aren't any stupid boys in our class.

   ....

11. I haven't got any brothers.

   ....

12. There aren't any cinemas in this town.

   ....

EXERCISE 51

Aşağıdaki cümleleri **All, nearly all, most, many, a lot of, some, a few** gibi tanımlayıcı kullanarak yeniden yazınız.

1. In Turkey, 80 percent of men above 30 are married.

2. _____
   30 % of married couples live with their parents.

3. _____
   60 % of married couples have more than one child.

4. _____
   20 % of married couples have no child.

5. _____
   O % of children have after-school programs in my town.

6. _____
   85 % of children live with their parents.

7. _____
   40 % of women leave work after they have babies.

8. _____
   60 percent of people under the age of 30 in Turkey.

9. _____
   In Turkey, 50 % of women get married under the age of 22.

10. _____
    10 % of married couples divorce in the first five years of their marriage.

   _____

18. Some, any, no

Aşağıdaki boşluklarda "**some**", "**any**" ve "**no**" kelimelerinden birini kullanınız.
Bazı boşluklar için birden fazla doğru cevap olabilir.

1. Mehmet's got .... good books.

2. Zeynep's got .... cheese on her plate.

3. There isn't .... orange squash in the bottle.

4. Has Ali got .... tea in his cup?

5. The bucket is empty. There's .... water in it.

6. There are .... oranges on the table.

7. Tolunay hasn't got .... spare time.

8. Have you got .... money in the bank?

9. No, I haven't got .... money in the bank.

10. There are .... plums on the tree.

11. There isn't .... sugar in your coffee.

12. Would you like .... tea?

13. Is there .... salt in the salt-shaker?

14. The classroom is empty. There are .... students in it.

15. Are there .... magazines on the table?

16. All the glasses are dirty. There are .... clean glasses.

17. There are .... empty seats in the theatre. It's completely full.

18. Are there .... flowers in the vase?

19. The pitcher is empty. There's .... milk in it.

20. Is there .... wine in the big bottle?

English Grammar Today

19 Imperatives

"Otur!", "Kalk!", "Gel!", "Git!", "Ellerini kaldır!", "Dur!", "Dersine çalış!" gibi cümlelere emir cümleleri denir. İngilizce karşılığı 'Imperatives'dir.

1. Olumlu Emir Cümleleri

İngilizce'de olumlu emir cümleleri bir fiil ile başlar ve sonunda bir ünlem bulunur.

- **Sit down!**
  Otur!

- **Stand up!**
  Ayağa kalk!

- **Hold up** your hands!
  Ellerini havaya kaldır!

- **Watch out!**
  Dikkat et!

- **Be careful!**
  Dikkatli ol!

- **Do** your homework!
  Ev Ödevini yap!

- **Listen** to me!
  Beni dinle!

- **Be** quiet!
  Sessiz ol!

- **Wait** outside!
  Dışarıda bekle!

- **Fill** in this form!
  Bu formu doldur!

- **Give** me your driving licence!
  Bana sürücü ehliyetini ver!

- **Stop** making that noise! You're getting on my nerves.
  Gürültü yapmayı kes! Sinirime dokunuyorsun.

- **Show** me your passport!
  Bana pasaportunu göster!

- **Lift** the receiver and **listen** for the dialing tone.
  Ahizeyi kaldır ve tuşla/çevir sesini dinle.

Hold up your hands!

2. Olumsuz Emir Cümleleri

Olumsuz emir cümleleri '**Don't**' ile başlar.

Don't touch the wire! You'll get an electric shock.
Tele dokunma eletriğe çarpılırsın.

Don't shout at me!
Bana bağırma!

Don't stop!
Durma!

Don't smoke here!
Burada sigara içme!

Don't take photographs in the museum!
Müzenin içinde fotoğraf çekmeyiniz!

Don't wait for me!
Beni bekleme!

Don't go out!
Dışarı çıkma!

Please, don't smoke here!

3. Please - Lütfen

Genellikle emir cümleleri '**Please**' kelimesi ile birlikte söylenir. Böylece emirlerimiz ricaya dönüştürülür. '**Please**' cümle başında veya sonunda kullanılabilir.

Please, don't park here!
Lütfen buraya park etmeyiniz!

Close the door, **please**!
Lütfen kapıyı kapayınız!

Please, don't speak during the exam!
Sınav sırasında lütfen konuşmayınız!

Listen to me, **please**!
Lütfen beni dinleyiniz!

Tell me your name, **please**!
Lütfen bana adınızı söyleyiniz!

Follow me, **please**!
Lütfen beni izleyiniz!

Please, help me!
Lütfen bana yardım et!

Close the window, **please**!

English Grammar Today

19. Imperatives

make, hurry, park, wash, buy, turn on, smoke, take, close /shut, shout, open, pass, water, eat, spend, speak, make, touch

Aşağıda boş bırakılan yerlerde yukarıdaki fiillerden birini olumlu veya olumsuz halde kullanınız.

1. Your hands are very dirty. .... your hands please!

2. This dress is very expensive, ... it, please!

3. It's an electric wire. .... it!

4. There's no salt in my soup. .... the salt shaker, please!

5. It's very hot here. .... the window, please!

6. I hear you. ...., please!

7. I want to listen to the news. Please, ... the radio!

8. I'm studying. .... a lot of noise, please!

9. We're late. .... up, please!

10. It's very cold here. .... the door, please!

11. The flowers are dry. .... them, please!

12. You don't look well. .... your medicine, please!

13. Look at the no-smoking sign. Please, ... here!

14. You are having an exam. Please, ... Be quiet!

15. Chocolate isn't good for your teeth. Please,...
too much chocolate!

16. I don't earn very much money. Please, ...
too much money!

17. There's a no-parking sign here. Please, ... your car here!

18. It's half past twelve. Please, ... a noise!

20 The Present Simple Tense

Geniş Zaman

A. Present Simple Tense'de Cümle yapısı:

Simple sade, yalın demektir. **Present Simple Tense**'de fiilin yalın (present) hali kullanılır.

I **like** / You **like** / He, she, it **likes**

We, you, they **like**.

I **like** chocolate very much.

I **like** tea.
Ben çay severim.

They **like** coffee.
Onlar, kahve severler.

1.1 **He, She** ve **It** özneleri ile beraber fiilin sonuna '**-s**' eklenir.

I **work**, He work**s**, She work**s**, It work**s**.

1.2 Fiilin sonu '**-ch**', '**-o**', '**-sh**' '**-ss**' ve '**-x**' harfleri ile biterse 'he, she ve it' özneleri ile beraber fiile '**-es**' eki eklenir.

I catch, He catch**es**, She catch**es**, It catch**es**.

She go**es** to school by bus.
O, okula otobüs ile gider.

1.3 Eğer fiil '**sessiz harf + y**' ile bitiyorsa yine '**He, She** ve **It** özneleri ile kullanıldıklarında '**-y**' düşer, fiiller '**-ies**' eki alırlar.

I **tidy**,	He **tidies**,	She **tidies**,	It **tidies**.
I **fly**,	He **flies**,	She **flies**,	It **flies**.

2. Geniş zamanda cümleler olumsuz yapılır iken '**do**' yardımcı fiili ile birlikte olumsuzluk kelimesi olan '**not**' kullanılır.

I
You
We   **don't**   know.
They

We **don't know** him.
Onu tanımıyoruz.

I **don't** like coffee.
Kahve sevmem.

I **don't like** fish.

English Grammar Today

2.1. He, **She** ve **It** özneleri ile yapılan olumsuz cümlelerde fiilin sonundaki '**-es**' eki kalkar '**do**' yardımcı fiiline eklenir.

| He She It | **doesn't** | know me. |

 She **doesn't live** in Erenköy.
O, Erenköy'de oturmuyor.

He **doesn't like** football.

3. Geniş zamanda soru cümleleri yapılırken '**do**' veya '**does**' cümle başında kullanılır ve özneden sonra fiilin yalın hali gelir.

 Do you smoke?
Sigara içer misin?

Does he like tea?
Çay sever mi?

B. Present Simple Tense'in kullanıldığı yerler:

1. **Her zaman, ara sıra, bazen** yaptığımız veya **hiç** yapmadığımız işler ve genel doğrular Geniş Zaman (**The Present Simple Tense**) ile anlatılır.

We **play** tennis every weekend.
Her hafta sonu tenis oynarız.

I brush my teeth twice a day.

He **goes** to work by car.
O, işe araba ile gider.

I never **smoke** cigarettes.
Ben hiç sigara içmem.

Water **boils** at 100 degrees celcius.
Su yüz celcius derecede kaynar.

We **live** in a very beautiful country.
Çok güzel bir ülkede yaşıyoruz. (yaşarız)

2. Tarifelerde **The Present Simple Tense** gelecek zaman anlamında kullanılır.

The next train **leaves** at 11:15.
Bir sonraki tren 11:15 de kalkacak.

We **arrive** in Erzurum tomorrow.
Erzurum'a yarın varırız.

What time does the London train **arrive**?
Londra treni saat kaçta gelecek?

Routines - Her zaman yaptığımız işler

1. I usually **get up** at 7:00 a.m on weekdays.

2. I **wash** my face.

3. I **take off** my pyjamas.

4. I **put on** my clothes.

5. I **comb** my hair.

6. I **have** breakfast at 7:30.

7. I **brush** my teeth.

8. I **leave** home for school at 8 o'clock.

9. I **get on** the schoolbus.

10. I **come** home at 4:00.

11. I **do** my homework.

12. I **have** dinner with my parents.

13. I **watch** TV.

14. I **brush** my teeth.

15. I **go** to bed at 10:00 p.m.

EXERCISE 54 Aynı cümleleri 'He' öznesi ile tekrar okuyunuz.

EXERCISES 55

Aşağıdaki fiiillere gerekiyorse '-**s**' veya '-**es**' ekleyiniz.

1. I work __ in a hospital.

2. She start__ work at nine.

3. It rain __ a lot in Rize.

4. He watch__ television every day.

5. We play__ tennis every Sunday.

6. He do__ his homework regularly.

7. Bruce teach__ French.

8. I speak __ Turkish and English.

9. Mary get__ up at eight o'clock.

10. The film finish__ at 11 o'clock.

11. I brush__ my teeth every day.

12. She brush__ her teeth twice a day.

13. Bill is a good boxer. He box__ well.

14. I know__ her name.

15. She doesn't go__ to work by car.

16. Does she kiss__ her mother every morning?

17. It doesn't rain__ much in June.

18. Do you drink__ tea every morning?

19. Mary catch__ the 7:20 train   every morning.

20. He doesn't listen__ to pop music.

21. It take __ 20 minutes to do it.

22. She play__ the guitar.

EXERCISE 56

Aşağıda verilen kelimelerle geniş zamanda cümleler kurunuz.

1. I / not understand/ you.

....

2. Mary / like / fish very much.

....

3. Mike / eat / fish?

....

4. Bruce /not work / in a bank.

....

5. you / live / in Kadıköy?

....

6. She / not play / tennis.

....

7. They / come / from France.

....

8. She / not like / drinking tea.

....

9. she / know / you?

....

10. The number 10 bus / not stop / at this stop.

....

11. this train / stop / at Göztepe?

....

12. He / not listen / to me.

....

13. Mary / have / a red dress.

....

14. Helen / not have / a red dress.

....

15. your father / travel / a lot ?

....

EXERCISE 57

Aşağıdaki cevaplara uygun geniş zamanda soru cümleleri yapınız.

1. ....
   No, I don't smoke.

2. ....
   Yes, I like pop music.

3. ....
   Yes, I drink two cups in the morning.

4. ....
   No, I don't like the programmes on the MKTV.

5. ....
   Yes, I live in Kadıköy.

6. ....
   No, I don't speak Spanish.

7. ....
   Yes, we sometimes go fishing.

8. ....
   No, I go to work by bus.

9. ....
   Yes, I listen to the radio in the afternoons.

10. ....
    Yes, I often do exercise.

11. ....
    No, I don't know the answer.

12. ....
    Yes, she enjoys her job.

13. ....
    No, he doesn't understand me.

14. ....
    Yes, she has two brothers and a sister.

EXERCISE 58

Resimlere bakarak kişilerin o işleri sevip sevmediklerini yazınız.

1. **She likes cooking.**
2. _____

3. _____
4. _____

5. _____
6. _____

7. _____
8. _____

21   Countable & Uncountable Nouns

İsimler **sayılabilir** (countable) ve **sayılamaz** (uncountable) diye ikiye ayrılırlar.

A. Countable nouns:

Sayabildiğimiz, önüne bir, iki gibi bir sayı getirebildiğimiz nesnelerin adlarına "**Countable Nouns**" (Sayılabilir İsimler) denir. "**Count Nouns**" da denir.

a table	two tables
a chair	two chairs
a boy	four boys
a cat	three cats
a car	two cars

 a book

 **three** book**s**

B. Uncountable Nouns:

Sayamadığımız ancak miktar olarak gösterebildiğimiz nesnelerin adlarına "**Uncountable Nouns**" (Sayılamaz İsimler) denir. "**Mass Nouns**" da denir.

cheese

meat

money

bread

sugar	- şeker	**cheese**	- peynir
pepper	- biber	**butter**	- tereyağ
salt	- tuz	**honey**	- bal
money	- para	**jam**	- reçel
bread	- ekmek	**air**	- hava
beer	- bira	**lemonade**	- limonata
flour	- un	**orange juice**	- portakal suyu
water	- su	**tea**	- çay
wine	- şarap	**coffee**	- kahve
rice	- pirinç	**ice**	- buz
fruit	- meyve	**milk**	- süt
soup	- çorba	**coke**	- kola
vinegar	- sirke	**oil**	- yağ
meat	- et	**dirt**	- kir
pollution	- kirlilik	**time**	- vakit
news	- haber	**information**	- bilgi
coal	- kömür	**paper**	- kağıt
ink	- mürekkep	**hair**	- saç
physics	- fizik	**toothpaste**	- diş macunu
science	- fen	**shaving cream**	- traş kremi
perfume	- parfüm	**sauce**	- sos
chocolate	- çikolata	**sand**	- kum
furniture	- mobilya	**energy**	- enerji

C. Sayılabilir ve Sayılamaz İsimlerin **miktarlarını** veya **sayılarını** bildirmede kullanılan kelimeler.

1. With countable Nouns - Sayılabilir isimlerle birlikte

a, an, one, two	- bir iki gibi bütün sayılar
many	- çok
a great number of	- büyük sayıda
a large number of	- büyük sayıda
a great many	- çok fazla
a number of	- birkaç, bir miktar
a few	- az sayıda
few	- yetersiz sayıda

2. With Uncountable Nouns - Sayılamaz isimlerle birlikte

much	- çok miktarda
a lot of / lots of	- çok miktarda
a great amount of	- bol miktarda
a little	- az miktarda
little	- yetmeyecek miktarda

3. Hem sayılabilir hem de sayılamaz isimlerle kullanılan kelimeler:

some	- biraz, birkaç
any	- hiç
no	- hiç
a lot of	- çok sayıda, çok miktarda
lots of	- çok sayıda, çok miktarda
plenty of	- bol sayıda, bol miktarda

D. Sayılamaz isimler bir tüp, paket, kutu içine konarak sayılabilir bir birim haline getirilebilir.

a slice of bread	- bir dilim ekmek
a loaf of bread	- bir somun ekmek

a loaf of bread

a kilo of flour	- bir kilo un
a packet of flour	- bir kutu un
a bottle of perfume	- bir şişe parfüm
a bar of soap	- bir kalıp sabun

a cup of coffee

a packet of tea	- bir paket çay
a glass of whisky	- bir bardak viski
a dish of fruit	- bir tabak meyve
a can of beer	- bir kutu bira
a head of lettuce	- bir baş marul

a jar of jam

a bottle of throat spray	- bir şişe boğaz spreyi
a packet of paper	- bir paket kağıt
a tube of toothpaste	- bir tüp diş macunu
a tin of coke	- bir kutu kola
a piece of chalk	- bir parça tebeşir
a bar of chocolate	- bir kalıp çikolata
a bottle of water	- bir şişe su
a kind of sugar	- bir çeşit şeker
a tube of ointment	- bir tüp merhem
a can of foot spray	- bir kutu ayak spreyi

a glass of tea

a basket of fruit

E. Sayılamaz nesneler gibi sayılabilir nesneler de paketlere, kutulara konup kutu ve paket olarak sayılabilirler.

a packet of cigarettes	- bir paket sigara
a box of cigarettes	- bir kutu sigara
a bunch of flowers	- bir demet çiçek
a basket of apples	- bir sepet elma
a kilo of patatoes	- bir kilo patates
a bunch of bananas	- bir salkım muz
a bunch of grapes	- bir salkım üzüm
a pile of magazines	- bir tomar dergi
a bottle of eye drops	- bir şişe göz damlası

three bunches of grapes

a dozen eggs

She has got **a bunch of flowers** in her hand.
Elinde bir demet çiçek var.

I want to buy **a dozen eggs.**
Bir düzine yumurta almak istiyorum.

There is **a bunch of grapes** on the plate.

Tabakta bir salkım üzüm var.

a jar of honey

EXERCISE 59

Aşağıdaki boşlukları "**a can of, a bar of, a kilo of**" gibi miktar veya sayı belirten kelime grupları ile tamamlayınız.

1. There are two .... wine on the table.

2. My mother has bought a .... eggs.

3. She has got a .... flowers in her hand.

4. There's a .... lettuce on the plate.

5. She's eating a .... chocolate.

6. I've bought two .... cigarettes.

7. There's a .... toothpaste on the shelf.

8. There are two .... bananas in the basket.

9. She's carrying two .... coffee on a tray.

10. I've got a .... matches in my pocket.

11. We've got four .... of beer.

12. There's a .... fresh fruit on the table.

13. Gibbs is a .... shaving cream.

14. There's a .... honey near the sink.

15. There is a .... soap on the wash-basin.

16. I'd like a .... coke.

17. Would you like a .... whisky?

18. The teacher has got a .... chalk in his hand.

19. She gave me a .... perfume for my birthday.

20. Here's a .... grapes.

21. I've collected a .... apples.

22. I've thrown out a .... magazines.

23. You should try a .... this ointment for your sore muscles.

24. I suggest a .... eye drops for your tired eyes.

22   Much, many, a lot of, lots of

Much, **many**, **a lot of** veya **lots of** hepsi de **çokluk** belirtir.

1. Much:

Much - çok, fazla anlamına gelir ve sayılamaz isimlerle birlikte **soru** ve **olumsuz** cümlelerde kullanılır. **Çokluk** ifade etmesine karşın **tekil bir isim** gibi işlem görür.

Have you got **much** money?
Çok paran var mı?

Is there **much** meat in the fridge?
Buz dolabında çok et var mı?

Is there **much** snow in town?
Kasabada çok kar var mı?

I haven't got **much** time.
Fazla vaktim yok.

They haven't got **much** food.
Fazla yiyecekleri yok.

Have we got **much** wine?
Fazla şarabımız var mı?

There isn't **much** water in the tank.
Depoda fazla su yok.

There isn't **much** traffic this morning.
Bu sabah fazla trafik yok.

We haven't got **much** work to do.
Yapacak fazla işimiz yok.

– Is there **much** snow in town?
– Yes, there is.

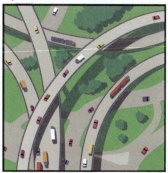

There isn't **much** traffic this morning.

2. Many

Many, çok, çok sayıda anlamına gelir ve soru ve olumsuz cümlelerle birlikte kullanılır. Amerikan İngilizcesinde olumlu cümlelerde de kullanılır.

Are there **many** people in the theatre?
Tiyatroda çok kişi var mı?

Are there **many** books in the town-library?
Şehir kütüphanesinde çok kitap var mı?

I haven't got **many** friends.
Benim çok arkadaşım yok.

I have **many** friends.

22. Much, many, a lot of, lots of

Are there **many** exercises in this book?
Bu kitapta çok alıştırma var mı?

Are there **many** girls in your class?
Sınıfınızda çok kız var mı?

Have you got **many** computer games?
Çok bilgisayar oyunun var mı?

Are there **many** historical buildings in Edirne?
Edirne'de çok sayıda tarihi bina var mı?

Are there **many** stops between Tuzla and Istanbul?
Tuzla ve Istanbul arasında çok durak var mı?

Has she got **many** balloons in her hand?

3. A lot of / lots of

A lot of veya **lots of** ikisi de çok, çok miktarda, bir sürü, anlamlarına gelir ve hem sayılabilir hem de sayılamaz isimlerle birlikte olumlu, olumsuz ve soru bütün cümlelerde kullanılır.

There are **a lot of** eggs in the fridge.
Buzdolabında bir sürü yumurta var.

I've got **a lot of** time.
Çok zamanım var.

There's **a lot of** wine.
Çok şarap var.

There are **lots of** magazines on the shelves.
Rafların üzerinde bir sürü dergi var.

She's got **a lot of** friends.
Onun çok arkadaşı var.

We've got **lots of** whisky.
Çok viskimiz var.

Have you got **a lot of** CDs?
Senin çok CD'in var mı?

I haven't got **a lot of** knowledge about Iran.
İran hakkında fazla bilgim yok.

There's **a lot of** air pollution in Istanbul.
İstanbulda çok hava kirliliği var.

He's got **a lot of** money in his bank account.
Banka hesabında çok parası var.

There are **a lot of** eggs in the fridge.

The announcer is making **a lot of** noise.

22. Much, many, a lot of, lots of

Boşluklarda **much, many, a lot of** veya **lots of** kullanınız.

1. Have you got .... money?

2. I've got .... photographs.

3. Tom's got .... friends in London.

4. There aren't ....cigarettes in the packet.

5. Do you spend .... money?

6. We don't eat .... bread.

7. Are there .... people in the room?

8. Are there .... questions in the test?

9. There aren't .... factories in this town.

10. But there are .... factories in Gebze.

11. It doesn't cost .... money.

12. There are .... old buildings in this street.

13. There are .... interesting things in the museum.

14. We haven't got ....food.

15. You made .... mistakes.

16. There isn't .... milk in the bottle.

17. Did you take .... photographs at the party?

18. Did you invite .... people to your birthday party?

19. Did he ask you .... questions?

20. There are .... books in the City Library.

23 A little, A few

1. A little = some

"**A little**" sayılamaz nesneler için **biraz** anlamında kullanılır. '**Some**' gibi olumlu bir anlamdadır ve bunu kullanan kişi iyimserdir. (optimistic)

There's **a little** wine in the bottle. = There's **some** wine in the bottle.
Şişede biraz şarap var.

I've got **a little** money. = I've got **some** money.
Biraz param var.

Let's go for a drink. We've got **a little** time before the train leaves.
Haydi bir içki içmeye gidelim. Tren kalkmadan önce biraz vaktimiz var.

- Do you speak English?   - **A little**.
İngilizce konuşur musunuz?   *Biraz.*

Bu azlığın da ne derecede olduğunu gösteren kelimeler vardır:

so little	- oldukça az miktarda	(Olumsuz anlamda)
very little	- çok az miktarda	(Olumsuz anlamda)
only a little	- sadece biraz	(Olumsuz anlamda)
too little	- haddinden az	

I've got **very little** money.
Çok az param var.

Valerie has got **so little** wine in her glass.
Valeri'nin bardağında oldukça az şarap var.

There's **very little** time.
Çok az vakit var.

She drank **only a little** beer.
Sadece biraz şarap içti.

I've got **very little** money.

Little = not enough

Tek başına '**little**'ın yeterince yok, fazla değil (not much) gibi olumsuz bir anlamı vardır. Bunu kullanan kişi kötümserdir (pessimistic).

I can't see him now. I've got **little** time. = I **don't have much** time.
Şimdi onu göremem. Yeterli zamanım yok.

He speaks **little** English. It's difficult to communicate with him.
Çok az İngilizce konuşuyor. Onunla konuşup, anlaşmak zor.

I've got **little** money. We can't eat in this expensive restaurant.
Çok az param var. Bu pahalı lokantada yemek yiyemeyiz.

2. A few = some

A few, bir kaç tane anlamına gelir. Bunu kullanan kişi iyimserdir (optimistic)

There are **a few** students in the classroom today. = There are **some** …
Bugün sınıfta az sayıda öğrenci var.

I've got **a few** T-shirts. = I've got **some** T-shirts.
Bir kaç tane tişörtüm var.

There are **a few** passengers on the bus. = There are **some** …
Otobüste birkaç tane yolcu var.

We have got **a few** eggs.

Az sayıda olmanın da dereceleri vardır:

quite a few	- oldukça, epeyi (Burada çokluk ifade eder)
rather a few	- oldukça, epeyi (Çokluk ifade eder)
so few	- oldukça az sayıda
very few	- çok az sayıda
only a few	- sadece bir iki tane, çok değil
too few	- haddinden az sayıda

The village is very small. There are **only a few** houses.
Köy çok küçük. Sadece birkaç tane ev var.

There are **very few** pictures on the walls.
Duvarlarda çok az resim var.

We've got **quite a few** eggs.
Oldukça yumurtamız var.

There are **so few** players in the play ground.
Oyun sahasında oldukça az oyuncu var.

There are **only a few** people on the beach.
Plajda sadece birkaç kişi var.

> There were **a few** people in the cinema. Most of the seats were empty.

few = not enough

Sadece "**few**" olumsuzluk ifade eder. Yeterli sayıda yok, çok yok anlamın gelir.

We've got **few** biscuits for tea.= We do**n't** have **enough** biscuits for tea.
Çay için yetmeyecek kadar az bisküvitimiz var.

Few people attended the meeting. = **Not enough** people attended the meeting.
Toplantıya az kişi katıldı.

There were **few** people in the cinema. = There were**n't enough** people.
Sinemada çok az kişi vardı.

23. A little, A few

Aşağıdaki boşluklarda "**little, a little, few**" veya "**a few**" kelimelerinden birini kullanınız.

1. I've got .... dollars. I can buy this book.

2. Listen carefully. I'm going to give you .... advice.

3. This is a very boring place to live. There are .... to do.

4. I've been to Ankara .... times. That's why I won't get lost.

5. You must be quick. You've got .... time.

6. Let's have a drink . We've got .... time before the plane leaves.

7. Can I ask you .... questions?

8. The theatre was almost empty. There were .... people.

9. It's difficult to decide. I need .... time to think.

10. The cinema was crowded. There were only .... empty seats.

11. I'm very lonely. I know .... people in this town.

12. She can't buy it. She's got .... money.

13. There are .... good restaurants in this street.

14. He's got big financial problems. He's got .... money.

15. I took .... photographs when I was in Paris. I still keep them.

16. She's lucky. She's got .... problems.

17. They aren't getting on well. They've got .... problems.

18. I don't know much French- only .... words.

19. You wouldn't be a good teacher. You've got .... patience.

20. It was a nice journey. There was .... traffic.

24 How much ... ?, How many ...?

1. How much ...? : Ne kadar...?

Bu soru kelimesi ile sayılamaz nesnelerin miktarını sorarız.

How much money have you got?
Ne kadar paran var?

How much time have we got?
Ne kadar zamanımız var?

How much wine is there in the fridge?
Buzdolabında ne kadar şarap var?

How much bread is there on the table?
Masanın üzerinde ne kadar ekmek var?

How much snow is there in the mountains?
Dağlarda ne kadar kar var?

I've got **a lot of** money.

1.1 Bu tür soruları, sayılamaz nesnelerin miktarlarına göre, **some, a little, a lot of** veya **lots of** ile cevaplarız.

I've got
| some |
| a little |
| **little** |
| a lot of |
| lots of |
money.

1.2 Birşeyin fiyatını da "**How much ...?**" ile sorarız.

- **How much** is this hat?
  Bu şapka ne kadar?

- **It's** $ 1.
  O bir dolar. .

- **How much** are these gloves?
  Bu eldivenler ne kadar?

- **They** are $5.
  Onlar beş dolar.

- **How much** is this?
  Bu ne kadar?

- **It**'s $ 10.
  On dolar.

How much is that hat?

It's only $ 10.

2. How many ... ? : Kaç tane

How many ...? soru kelimesi ile sayılabilir nesnelerin sayılarını, kaç tane olduklarını sorarız.

How many shirts have you got?
Kaç tane gömleğiniz var?

How many children have you got?
Kaç tane çocuğun var?

How many brothers have you got?
Kaç kane erkek kardeşin var?

How many girls are there in your class?
Sınıfınızda kaç tane kız var?

How many cities are there in Turkey?
Türkiye'de kaç tane şehir var?

How many months are there in a year?
Bir yılda kaç ay var?

How many balloons have I got?

Bu tür soruları cevaplarken sayılabilir nesnenin kaç tane olduğunu biliyorsak; **iki tane, üç tane** gibi bir sayı ile belirtiriz, nesnenin sayısını kesin olarak bilmiyorsak sayının azlığı veya çokluğuna göre **some, a few, a lot of** veya **lots of** sıfatlarından birini kullanırız.

- **How many** books have you got?

- I've got

150
some
a few
lots of
a lot of

books.

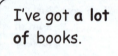

I've got **a lot of** books.

- **How many** trees are there in the garden?

- There are

eight
some
a few
a lot of
lots of

trees in the garden.

How many friends have you got in Turkey?
I've got **a lot of** friends in Turkey.

English Grammar Today

EXERCISE 62

Aşağıdaki boşluklarda **How much**, veya **How many** soru kelimelerinden birini kullanınız.

1. .... boys are there in your class?

2. .... wine is there in the bottle?

3. .... people were there at the party?

4. .... cousins have you got?

5. .... days are there in a week?

6. .... is this shirt?

7. .... money have you got in your wallet?

8. .... water is there in the tank?

9. .... sugar do you want?

10. .... teachers are there in the teachers room?

11. .... bedrooms are there in your flat?

12. .... room is there on the bus?*

13. .... bottles of whisky are there?

14. .... jam is there in the jar?

15. .... cheese is there on the plate?

16 .... stamps have you got?

17. :................................. empty seats are there in the theatre?

18. .... planets has the sun got?

19. .... friends have you got?

20. .... is this bicycle?

* **room: oda** anlamında **sayılabilir** (countable), **yer** anlamında **sayılamaz** bir isimdir. Yukarıda **yer** anlamında kullanılmıştır.

EXERCISE 63

'**How much**', ve '**How many**' ile sorular yapınız.

Example:
I've got a lot of cousins.
How many cousins have you got?

1. I've got a little time.

....

2. She's got two brothers.

....

3. Mehmet has got no sisters.

....

4. They've got no food.

....

5. There's some milk in the saucer.

....

6. We've got two bottles of wine in the fridge.

....

7. This car is $ 12,000.

....

8. These shoes are $20.

....

9. There are a lot of people at the meeting.

....

10. I've got two sisters.

....

11. Mehmet has got $50.

....

12. There's a little tea in the kettle.

....

13. Mary has got a lot of friends in Istanbul.

....

EXERCISE 64

Resme bakarak soruları yanıtlayınız.

1. How much meat is there in the fridge?

_____

2. How many eggs are there?

_____

3. How much fruit is there?

_____

4. How many lemons are there?

_____

5. How much coke is there?

_____

6. How much butter is there?

_____

7. How much milk is there?

_____

8. How many vegetables are there?

_____

25   The

1. Tekil isimler kendilerinden önce **a**, **an**, **the**, **my** gibi bir tanıtıcı olmadan kullanılmazlar.

Bir şeyden ilk defa bahsediliyorsa herhangi bir anlamında '**a**' veya '**an**' ile birlikte kullanılır.

Araba herhangi bir araba olduğu için '**a**' ile birlikte kullanıldı.
Dükkan da bilinen bir yer olduğu için '**the**' ile birlikte kullanıldı.

Aynı arabadan tekrar söz ettiğimizde araba bizim için herhangi bir olmaktan çıkar, artık dükkanın önündeki arabadan bahsediyoruzdur ve '**the**' ile birlikte kullanılır.

Kadın ve köpekten ilk defa bahsedildiğinde "**a**" ile birlikte kullanıldı. Kadın ve köpekten ikinci defa bahsedildiğinde biz artık hangi kadın ve hangi köpekten bahsedildiğini bildiğimiz için "**the**"ile birlikte kullandık.

> I bought **a** dress and **a** pair of stockings.
> *Bir elbise ve bir çift çorap satın aldım.*

Elbise ve **çoraplardan** tekrar sözettiğimizde artık bilinen şeylerden sözettiğimiz için '**the**' ile birlikte kullanılırlar.

> **The** dress is very expensive but **the** stockings are cheap**.**
> *Elbise çok pahalı ama çoraplar ucuz.*
>
> There is **a** cat and **a** dog in the garden.
> *Bahçede bir kedi ve bir köpek var.*

> **The** cat is white and **the** dog is brown.
> *Kedi beyaz ve köpek siyah.*

2. Karşımızdaki kişinin kimden veya neden bahsettiğimizi bildiğine inanılıyorsa '**the**' ile birlikte kullanılır

> Open **the** door, please.
> *Kapıyı aç, lütfen.*
>
> Turn on **the** lights, please.
> *Işıkları aç, lütfen.*

Where is **the** cat?
Kedi nerede?

The television is on.
Televizyon açık.

Is there anything interesting in **the** newspaper?
Gazetede ilginç birşey var mı?

The television is on.

3. Evrende, güneş sistemimizde veya dünyada tek olan varlıklarla birlikte.

the sun	- güneş	**the earth**	- dünya (gezegenimiz)
the world	- dünya	**the country**	- kırsal alan, şehir dışı
the moon	- ay	**the equator**	- ekvator
the sky	- gökyüzü	**the weather**	- hava
the universe	- evren	**the environment**	- çevre

The sun is a star.
Güneş bir yıldızdır.

What are you doing to protect **the environment**?
Çevreyi korumak için ne yapıyorsun?

She's looking up at **the stars**.
Yukarı, yıldızlara bakıyor.

Do you like living in **the country**?
Kırsal alanda yaşamayı seviyor musun?

The moon goes round **the earth**.
Ay dünyanın etrafında döner.

What do you think of **the weather** today?
Bugünkü hava hakkında ne düşünüyorsun?

The universe is huge.
Evren çok büyüktür.
Evren çok büyük.

The planets go round the sun.

4. the ground, the floor, the ceiling

He's lying on **the ground**.
Yerde yatıyor.

The pen is on **the floor**.
Kalem yerde. (döşemenin üzerinde)

Can you touch **the ceiling**?
Tavana dokunabilir misin?

He's lying on **the floor** and
looking at his Christmas gifts.

English Grammar Today

5. the city centre, the army

The banks are in **the city centre**.
Bankalar şehir merkezindedir.

My brother is in **the army**.
Kardeşim askerde.

6. the cinema, the theatre, the station, the post office, the police station

I often go to **the theatre**.
Ben sık sık tiyatroya giderim.

We're going to **the cinema** tonight.
Bu akşam sinemaya gidiyoruz.

I met her at **the station**.
Onu istasyonda karşıladım.

He met me **at the Airport**.
Beni havaalanında karşıladı.

She's going to **the post office**.
O, postaneye gidiyor.

Could you tell me where **the police station** is?
Bana karakolun nerede olduğunu söyleyebilir misiniz?

7. the radio, but television is without the;

He's listening to **the radio**.
O, radyo dinliyor.

I'm watching **TV** now.
Şimdi televizyon seyrediyorum.

I haven't seen a fox watching TV before.

8. the doctor('s), the dentist('s)

I hate going to **the dentist('s)**.
Dişçiye gitmekten nefret ederim.

He's going to **the doctor('s)**.
O, doktora gidiyor.

9. "have breakfast", "have lunch" ve "have dinner" 'the' olmadan kullanılır.

I usually **have breakfast** at 8:00.
Genellikle, saat sekizde kahvaltı yaparım.

They're **having lunch** now.
Şu anda öğlen yemeği yiyorlar.

We sometimes **have dinner** in a restaurant.
Biz bazen akşam yemeğini bir lokantada yeriz.

10. noun + sayı (isim + sayı) ile 'the' kullanılmaz.

> It's on **page 35**.
> *O, sayfa 35'de.*
>
> The train is at **platform 4**.
> *Tren peron 4'te.*
>
> Have you got these shoes in **size 42**?
> *Bu ayakkabıların kırk iki numarası var mı?*
>
> They are staying in **room 1052**.
> *1052 nolu odada kalıyorlar.*

11. Genel sınıf veya **gruplardan** bahsederken '**the**' kullanılmaz. Sadece ismin çoğul hali kullanılır.

> **Sharks** are fish.
> *Köpekbalıkları balıktır.*
>
> **Whales** are mammals.
> *Balinalar memeli hayvanlardır.*
>
> **Birds** fly.
> *Kuşlar uçar.*
>
> **Doctors** earn more than **teachers**.
> *Doktorlar öğretmenlerden daha fazla kazanır.*
>
> Do you like **Chinese food**?
> *Çin yemeklerinden hoşlanır mısın?*
>
> Most people like **Mike**.
> *Çoğu insanlar Mike'ı sever.*

Whales breathe air through a hole on the top of their head.
Balinalar kafalarının üstündeki bir delikten havayı teneffüs ederler.

12. With Superlatives - Sıfatların en üstünlük dereceleri ile birlikte '**the**' kullanılır.

> What's **the longest** river in the world?
> *Dünyada en uzun nehir hangisidir?*
>
> Ahmet is **the tallest** boy in his class.
> *Ahmet sınıfında en uzun boylu erkek çocuktur.*
>
> Istanbul is **the biggest** city in Turkey.
> *İstanbul, Türkiyenin en büyük şehridir.*
>
> She's **the most** beautiful girl I've ever seen.
> *O, şimdiye kadar gördüğüm en güzel kızdır.*

She's **the best** and **the most beautiful** actress I've ever seen.
O, şimdiye kadar gördüğüm en iyi ve en güzel aktristir.

13. the middle of, the end of, the beginning of, the bottom of, the top of

There's a table in **the middle** of the room.
Odanın ortasında bir masa var.

There's a bank at **the end of** the street.
Sokağın sonunda bir banka var.

Jack is sitting at **the top of** the ladder.
Jack merdivenin tepesinde oturuyor.

His address is at **the top of** the page.
Onun adresi sayfanın üst tarafında.

There is a note at **the bottom of** the page.
Sayfanın alt tarafında bir not var.

He's **at the top** of his profession.
O, mesleğinin zirvesinde.

14. the only

Tennis is **the only** sport I play.
Oynadığım tek spor tenisdir.

The only thing I know about her is her name.
Onun hakkında bildiğim tek şey onun adıdır.

This is **the only** thing I have.
Sahip olduğum tek şey bu.

The only person who helped her was Tom.
Ona yardım eden tek kişi Tom'du.

Golf is **the only** sport he enjoys.
Zevk aldığı tek spor golftür.

15. The same

Your car is **the same** colour as mine.
Senin araban benimkiyle aynı renk.

These two watches arc **the same**.
Bu iki saat aynı.

- Your dress is **the same as** mine.
Elbisen benimkinin aynısı.

16. The capital

Ankara is **the capital** of Turkey.
Ankara Türkiye'nin başkentidir.

London is **the capital** of England.
Londra İngiltere'nin başkentidir.

Washington DC is **the capital** city of the USA.
Washington DC Amerika'nın başkentidir.

25. The

Aşağıdaki boşluklarda eğer gerekiyorsa "a", "an" ve "the" kullanınız.

1. I saw .... bad accident this morning. .... lorry crashed into ..... car.

   .... driver of ...... lorry wasn't hurt but .... driver of .....car was

   killed. And ...... car was badly damaged.

2. There are two bottles on the table. .... big one is full but .... small one is empty.

3. I live in ...... flat in ...... noisy street. The flat is on ...... top floor.

4. It's raining. Let's go to .... cinema.

5. Mary is ill. Tom is taking her to ...... doctor.

6. There's ...... small supermarket at ..... end of ..... street.

7. What do you do in ...... evenings.

8. I have ....dinner at seven thirty.

9. How many hours do you work .... day.

10. ..... Nurses are paid less than ....doctors.

11. We live in ..... large house. It's got ...... beautiful garden.

    There are a lot of trees in ...... garden.

12. I've got ...... toothache. I'm going to ...... dentist's.

13. Is there ...... grocer near here?

14. Excuse me. Where's ...... nearest post office?

15. I'll take ...... taxi to ...... station.

16. - Have you got ...... car?

    - Yes, I have. It's in ...... garage.

17. We're watching ...... television.

18. Life has changed a lot in .... last thirty years.

19. .... Science Museum is in ...... city center.

20. What's .... capital of Spain?

21. These two televisions are .... same.

26 Have, have a

1. Have

Have sahip olmak, var anlamına gelir.

> I **have** a car.
> *Benim bir arabam var.*

Bu cümleyi "**Ben bir arabaya sahibim.**" diye de çevirebilirsiniz ama bu söylenişi Türkçe'de pek kullanmayız.

" **I, you , we** ve **they**" özneleri ile beraber "**have**" kullanılır.

I have a new bicycle.

> I **have** brown eyes.
> *Benim kahverengi gözlerim var.*
>
> You **have** beautiful eyes.
> *Senin güzel gözlerin var.*
>
> We **have** a large house.
> *Bizim büyük bir evimiz var.*
>
> They **have** a lot of friends in İstanbul.
> *Onların İstanbul'da çok arkadaşı var.*

Present Simple Tense (geniş zaman)'da "**He, She** ve **It**" özneleri ile kullanıldıklarında fiillerin sonuna '-s' veya'-es' takılarının geldiğini daha evvel öğrenmiştik. **Have** fiilinin de '-s' takısı almış hali '**has**' dir. "**He, She** ve **It**" özneleri ile birlikte '**has**' kullanılır.

> John **has** a lot of money.
> *John'un çok parası var.*
>
> Mary **has** two brothers.
> *Mary'nin iki erkek kardeşi var.*
>
> He **has** a strange hat.
> *Onun garip bir şapkası var.*
>
> She **has** long hair.
> *Onun uzun saçları var.*

She **has** a dog.

> My brother **has** a stamp collection.
> *Kardeşimin bir pul kolleksiyonu var.*

Sahip olmak anlamındaki '**have**'in **şimdiki zaman** (continuous) şekli yoktur.

Yani;

"**I'm** hav**ing** a car," diyemeyiz.

26. Have, have a

Have "got" olmadan kullanıldığında fiil görevinde olduğu için geniş zamanda cümle olumsuz yapılırken **don't** veya **doesn't** ile birlikte '**have**' kullanılır.

We **don't have** a summer house.
Bizim yazlık evimiz yok.

Jennifer **doesn't have** a boyfriend.
Jennifer'ın erkek arkadaşı yok.

They **don't have** anything to drink.
İçecek bir şeyleri yok.

I **don't have** any time.
Hiç vaktim yok.

My brother **doesn't have** a bike.
Kardeşimin bisikleti yok.

I **don't have** any time.
Sorry, I can't help you now.
Hiç vaktim yok. Üzgünüm, sana yardım edemem.

Have ile yapılan cümle geniş zamanda ise **do** veya **does** ile soru şekline çevrilir.

Do you **have** a light?
Ateşiniz var mı?

Does she **have** a boyfriend?
Onun bir erkek arkadaşı var mı?

Do they **have** a house?
Onların bir evi var mı?

Does he **have** anything to eat?
Yiyecek bir şeyi var mı?

Do you **have** a pen?
Bir kaleminiz var mı?

Do you **have** anything to do tonight?
Bu akşam yapacak bir şeyin var mı?

- **Do** you **have** any plans for the summer vacation?
- Yey, we do.
- Sorry, but **do** you **have** enough money to afford it?
- Sure.
- **Does** your husband **have** a well-paid job?
- Yes, he does.

İngiliz İngilizce'sinde **have**'in bir yardımcı fiil gibi kullanıldığı görülebilir.
Yani olumsuz cümlelerde **haven't**, **hasn't**, soru cümlelerinde **have**, **has** başta kullanılabilir.

I **haven't** any money.
Hiç param yok.

She **hasn't** a boy-friend.
Onun bir erkek arkadaşı yok.

Have you a pen?
Bir kalemin var mı?

We **have** a house but we **haven't** a car.

26. Have, have a

Santa Claus **has** a lot of presents for children.

He **has** a motorbike.

The Gibsons **have** a house, a new baby and a dog, but they **don't have** a car.

Tom **has** a lot of presents.

They **have** an old car.

EXERCISE 66

Aşağıdaki cümleleri İngilizce'ye çeviriniz.

1. Haftada iki sınavım var.

   ....

2. Onun Mercedes arabası yok.

   ....

3. Baş ağrın var mı? (Başın ağrıyor mu?)

   ....

4. Ahmet'in iki kız kardeşi var.

   ....

5. Leyla'nın uzun bacakları var.

   ....

6. Yasemin'in yeşil gözleri var.

   ....

7. Mehmet'in uzun burnu var.

   ....

8. Senin bir sıkıntın var.

   ....

9. Bizim yazlık evimiz var.

   ....

10. Onların Göztepe'de bir daireleri var.

   ....

11. İki kişilik odanız var mı?

   ....

12. Hiç erkek kardeşin var mı?

   ....

13. Odanda televizyonun var mı?

   ....

14. Benim arabam yok.

   ....

26. Have, have a

2. Have İngilizce'de çok kullanılan bir fiildir. Sahip olmak anlamının yanında
yapmak, etmek, yemek, içmek, almak anlamlarında da kullanılır.

have **breakfast**	- *kahvaltı yapmak*
have **lunch**	- *öğle yemeği yemek*
have **dinner**	- *akşam yemeği yemek*

3. Bunların dışında:

They are **having a party** now.

have **a drink**	- *bir içki almak*
have **a swim**	- *yüzmek*
have **a meal**	- *yemek yemek*
have **a shave**	- *traş olmak*
have **a haircut**	- *saç traşı olmak*
have **a bath**	- *banyo yapmak*
have **a shower**	- *duş almak*
have **a picnic**	- *piknik yapmak*
have **a sleep**	- *uyumak*
have **a nap**	- *şekerleme yapmak (uyuklamak)*
have **a rest**	- *dinlenmek*
have **a walk**	- *yürüyüş yapmak*
have **a drive**	- *araba ile dolaşmak*
have **a party**	- *party vermek*
have **a holiday**	- *tatil yapmak*
have **a game of cards**	- *kağıt oynamak*
have **a conversation**	- *konuşmak, sohbet etmek*
have **a chat /talk**	- *konuşmak, sohbet etmek*
have **an argument**	- *münakaşa etmek*
have **a fight**	- *kavga etmek*
have **a look at**	- *bir şeye bakmak*

They are **having a chat**.

We usually **have dinner** at seven o'clock.
Biz genellikle saat 7 de akşam yemeği yeriz.

I usually **have a sleep** in the afternoons.
Genellikle, öğleden sonraları uyurum.

My husband **has a shower** every day.
Kocam her gün duş alır.

They **have a walk** in the mornings.
Onlar, sabahları yürüyüş yaparlar.

I **have a haircut** every month.
Her ay saç traşı olurum.

We usually **have a drive** at the weekends.
Biz genellikle hafta sonları araba ile dolaşırız.

I **have a bath** twice a week.
Haftada iki kez banyo yaparım.
I **have a bath** twice a week.

English Grammar Today

EXERCISE 67	**EXERCISE 68**

Aşağıdaki cümleleri İngilizce'ye çeviriniz.

Resimlere bakarak **"have"** **"have a"** ile cümleler yapınız.

1. Ben her gün duş alırım.

....

2. Biz sabahları saat 8' de kahvaltı yaparız.

....

3. Biz Temmuz ayında tatil yaparız.

....

4. Onlar hafta sonları piknik yaparlar.

1. _____

....

5. Babam sık sık televizyonun karşısında uyuklar.

....

6. Sık sık öğlen yemeğinden önce yüzeriz.

....

7. Öğlen yemeğini arkadaşlarımla beraber yerim.

2. _____

....

8. Her sabah traş olurum.

....

9. Babam öğlen yemeğini iş yerinde yer.

....

10. Her ay saç traşı olurum.

3. _____

....

11. Onlar sık sık parti verirler.

....

12. Biz sabahları yürüyüş yaparız.

....

13. İşten sonra bir içki alırız.

....

14. Onlar bu lokantada yemek yerler.

....

15. Her gün üç el Scrabble oynarız.

....

4. _____

16. Şu öğrenciler İngilizce sohbet ediyorlar.

....

EXERCISE 69

Aşağıdaki boşlukları doldurunuz.

1. The children are in bed. They are having a ....

2. They don't get on well. They often have an ....

3. Can I have a .... at those shoes?

4. A– What do you do in your spare time?

   B– Oh! We usually have a .... of cards.

5. I don't have a beard. I have a .... everyday.

6. A– Where are your parents?

   B– They are away in Spain. They are having a ....

7. Your hair is short. Have you had a ....?

8. They are having a .... in French. You don't understand them.

9. A– Where is Jane?

   B– She's in the bathroom. She's having a ....

10. Are you thirsty? Would you like to have a ....?

11. If the weather is fine tomorrow, we will have a .... in the country.

12. I'm hungry. Let's have a .... in this restaurant.

13. A– What's your father doing?

    B– Oh! He's having a .... in front of the television.

14. A– Do you like walking?

    B– Yes, I often have a ....in the mornings.

15. If I had a car, I would often have a ....

16. We are very tired. Let's have a ....,

17. Suzanne and Darren are sitting at a table. They are having a ....

    about their wedding ceremony.

18. Those boys are very aggressive. They often have a ....

27 Frequency Adverbs

Frequency Adverbs 1

Sıklık Zarfları 1

1.1 Olayların ne kadar sık tekrarlandıklarını belirtmek için,

always	- *her zaman, daima*
usually, generally	- *genellikle*
often	- *sık sık, çoğu kez*
sometimes	- *ara sıra, bazen*
seldom	- *nadiren, seyrek*
rarely	- *nadiren, seyrek*
never	- *asla, hiç* gibi sıklık zarfları kullanırız.

Bu sıklık zarflarının ortak yönleri tek kelimeden oluşuyor olmalarıdır.

Tek kelimeden oluşan bu sıklık zarfları genellikle fiilden önce kullanılırlar.

Özne	**sıklık zarfı**	fiil	
I	**sometimes**	get up	very early.

He **often** tells lies.
O sık sık yalan söyler.

I **sometimes** wear jeans.
Ben bazen kot pantolon giyerim.

1.2 **Always** ve **usually** sıklık zarfları **in the mornings**, **after dinner** gibi
başka bir zaman zarfı veya ektra bir bilgi ile birlikte kullanılırlar.

He **always** goes out in the evenings.
O, akşamları her zaman dışarı çıkar.

She **usually** wears a mini skirt to parties.
O genellikle partilere mini etek giyer.

I **usually** have lunch at a restaurant when I get paid.
Maaşım ödenince genellikle öğlen yemeğini bir lokantada yerim.

1.3 **Sometimes** ve **usually** sıklık zarfları bazan vurgu amacıyla cümle
başlarında da kullanılabilirler.

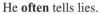

Sometimes, I'm late for work.
Bazen işe geç kalırım.

Usually, we spend our holidays in Kuşadası.
Genellikle tatillerimizi Kuşadası'nda geçiririz.

Eğer cümlelerimizde 'to be' fiili veya bir 'yardımcı fiil' varsa sıklık zarfı 'to be' veya 'yardımcı fiil'den sonra kullanılır.

Özne	To be	Sıklık Zarfı	
He	is	**always**	late.

O her zaman geç kalır.

Henry's **usually** very busy in the mornings.
Henry, genellikle sabahları çok meşguldür.

They are **always** late for work.
Onlar her zaman işe geç kalırlar.

EXERCISE 70

Aşağıdaki cümlelerde yanlarında verilen sıklık zarflarını kullanınız.

Example: I help him. (**always**)
           I **always** help him.

1. It's cold in November. (**usually**)

....

2. She drinks tea.   (**rarely**)

....

3. The weather is hot in Istanbul in July. (**always**)

....

4. They are at work at 8:30. (**usually**)

....

5. They come to work at eight. (**always**)

....

6. I stay at home in the evenings. (**usually**)

....

7. She dreams about her boyfriend. (**often**)

....

8. The baby claps his hands. (**often**)

....

EXERCISE 71

Aşağıdaki sorulara **always, usually, often, sometimes, seldom, rarely** ve **never** sıklık zarflarından birini kullanarak cevaplayınız.

Example: Are you ever late for class?
             Yes, I'm **sometimes** late for class.

1. Do you ever drink too much?

   ....

2. Do you ever cook for yourself?

   ....

3. Are you ever at home at the weekend?

   ....

4. Do the other students ever smoke in class?

   ....

5. Do you ever spend your holidays abroad?

   ....

6. Do you ever tell lies?

   ....

7. Do you ever have difficulty in getting to sleep?

   ....

8. Do you ever walk to school?

   ....

9. Do you ever go to bed late?

   ....

10. Do you ever go to the theatre?

   ....

11. Are you ever wrong?

   ....

12. Do you ever go out to dinner?

   ....

13. Do you ever fly to Ankara?

   ....

14. Do you ever do exercise in the mornings?

   ....

Frequency Adverbs 2

Sıklık Zarfları -2

2.1 **Once**- bir kere, **twice**- iki kere, **thrice** - üç kere ('Thrice çok kullanılan bir kelime değildir. Onun yerine genellikle '**three times**' kullanılır.)
'**Times**' kere anlamına gelir. **Dört kere** demek istersek '**four times**',
on kere demek istersek '**ten times**' deriz.

once a week	- *haftada bir kere*
twice a month	- *ayda iki kere*
three times a year	- *yılda üç kere*
several times	- *birkaç kez*
several times a month	- *ayda birkaç kez*
four times a week	- *haftada dört kere*
many times a year	- *yılda çok kez*

Yukarıda verilen kelimeler de birer sıklık zarfıdır. Ama hepsinin ortak özelliği **birden fazla** kelimeden oluşmalarıdır. '**Once a week**' üç kelimeden, '**three times a week**' dört kelimeden oluşmaktadır.

Birden fazla kelimeden oluşan sıklık zarfları genellikle **cümlelerimizin sonunda** veya **cümlelerimizin hemen başında** yer alırlar. Cümle ortasında bulunmazlar.

I go to the cinema **twice a month**.
Ayda iki kez sinemaya giderim.

I see her **several times a week**.
Haftada birçok kez onu görürüm.

Once a week, we go out for dinner.
Haftada bir kere akşam yemeğine dışarı çıkarız.

I go to English classes **twice a week**.
Haftada iki kez İngilizce dersine giderim.

The footballers train **three times a week**.
Futbolcular haftada üç kere antrenman yaparlar.

I go to the theatre
several times a year.
*Ben yılda birkaç kez
tiyatroya giderim.*

The moon goes round the earth **twelve times a year**.
Ay, yılda on iki kere dünyanın etrafında döner.

We play football **twice a month.**
Biz ayda iki kere futbol oynarız.

I visit my parents at least **once a week**.
En azından haftada bir kez anne-babamı ziyaret ederim.

I see her **several times a day**.
Günde birçok kez onu görürüm.

English Grammar Today

2.2 very often

Sık sık anlamına gelen '**often**' sıklık zarfını daha önce görmüştük. Tek kelimeden oluştuğu için **fiilden önce, yardımcı fiilden sonra** kullanılıyordu.

Çok sık anlamına gelen '**very often**' birden fazla kelimeden oluştuğu için yukarıda gördüğümüz birden fazla kelimeden oluşan sıklık zarfları gibi genellikle cümlelerin sonunda, bazen de hemen başında kullanılır.

I see her **very often**.
Onu çok sık görürüm.

She misses the train **very often**.
O, treni çok sık kaçırır.

My father goes out **very often** in the evenings.
Babam, akşamları çok sık dışarı çıkar.

He goes to the gym **very often**.
O spor salonuna çok sık gider.

EXERCISE 72

Aşağıdaki cümleleri İngilizceye çeviriniz.

1. Haftada iki kere ayakkabılarımı boyarım.

   ....

2. Babam, haftada üç kere banyo yapar.

   ....

3. Yılda birkaç kere tiyatroya gideriz.

   ....

4. Günde iki kez dişlerimi fırçalarım.

   ....

5. Yılda iki kez yurt dışına çıkarım.

   ....

6. Erkek/bayan arkadaşım günde birçok kez bana telefon eder.

   ....

7. Çok sık kahve içerim.

   ....

8. Kız kardeşim çok sık banyo yapar.

   ....

28 Adverbs of Time

Adverbs of Time – Zaman Zarfları

İngilizce'de ya cümle sonunda veya cümle başında kullanılırlar. Geniş zamanda kullanılan zaman zarflarından bazıları Türkçe karşılıkları ile beraber aşağıdadır.

on Sundays	*Pazarları*
on Sunday mornings	*Pazar sabahları*
in the mornings	*sabahları*
in the evenings	*akşamları*
in (the) summer	*yazın*
in May	*Mayıs ayında*
in the middle of	*ortasında*
in a long time	*uzun sürede*
in a short time	*kısa sürede*
in two days' time	*iki günde*
in a week's time	*bir haftada*
in three months' time	*üç ayda*
in ten minutes' time	*on dakikada*
in an hour	*bir saatte*
in a moment	*bir anda*
in peace time	*barış zamanında*
in war time	*savaş zamanında*
in (one's) spare time	*boş zamanında*
in/at the end of	*sonunda*
in/at the beginning of	*başında*
at the time of victory	*zafer zamanında*
at the hour of birth	*doğum saatinde*
at the hour of death	*ölüm saatinde*
in/on time	*zamanında*
at midday	*gün ortası, gün ortaları*
at noon	*öğlen, öğlenleri*
at night	*geceleyin, geceleri*
at midnight	*gece yarısı, gece yarıları*
at 12:00	*on iki'de*
at sun rise	*güneş doğumunda*
at sun set	*güneş batımında*
(at) any time	*her hangi bir zamanda*
(at) any moment	*her hangi bir anda*
at this point	*bu noktada*
at war	*savaşta*
at peace	*barışta*
at sales time	*ucuzluk zamanında*
at leisure	*boş zamanda*
at the hour	*saat başlarında*
every morning	*her sabah*
every afternoon	*her öğleden sonra*
every evening	*her akşam*

every night	*her gece*
every minute	*her dakika*
every ten minutes	*her on dakikada*
every week	*her hafta*
every two weeks	*her iki haftada*
every weekend	*her haftasonu*
every month	*her ay*
every three months	*her üç ayda*
every year	*her yıl*
every time	*her zaman*
every Wednesday	*her çarşamba*
every summer	*her yaz*
every Christmas	*her Noel*
every April	*her Nisan*
all morning/afternoon	*bütün sabah/öğleden sonra*
all day/night(long)	*bütün gün/bütün gece(boyunca)*
all the year (round)	*bütün yıl (boyunca)*
early	*erken*
late	*geç*
before/after	*önce/sonra*
now/later	*şimdi/ daha sonra*
still/already	*hala/çoktan*
nowadays	*bugünlerde*
week in/out	*haftalarca*
month in/out	*aylarca*
year in/out	*yıllarca*
these days	*bu günlerde*
day after day	*günlerce*
week after week	*haftalarca*
for ten hours	*on saat (tir)*
for a short time	*kısa süredir/ kısa süre için*
for a long time	*uzun süredir*
around the clock	*gece ve gündüz, 24 saat*
each day	*her bir gün*
each week	*her bir hafta*

I see her at the bus stop **every day**.
Her gün, otobüs durağında onu görürüm.

We play football **on Wednesday evenings**.
Biz çarşamba akşamları futbol oynarız.

I work **for ten hours a day**.
Günde on saat çalışırım.

We go swimming **in (the) summer**.
Yazın yüzmeye gideriz.

They go skiing **in (the) winter**.
Kışın kayağa giderler.

We usually have a holiday **in August.**
Biz, genellikle Ağustos ayında tatil yaparız.

I polish my shoes **every three days**.
Her üç günde bir ayakkabılarımı boyarım.

She sits in her armchair **all day**.
Bütün gün koltuğunda oturur.

They **still** live in London.
Hala Londra'da oturuyorlar.

Mehmet **already** knows a lot about you.
Mehmet şimdiden senin hakkında çok şey biliyor.

I **always** go to work early.
Ben her zaman işe erken giderim.

My father has heart problems **these days**.
Bugünlerde babamın kalp sorunları var.

My brother washes his car **every week**.
Kardeşim her hafta arabasını yıkar.

They live in Bursa **all the year round**.
Bütün yıl boyunca Bursa'da otururlar.

I take these pills **after meals**.
Bu hapları yemeklerden sonra alıyorum.

Animals go to sleep **at night**.
Hayvanlar geceleyin uyurlar.

In Turkey, children start school **at the age of six**.
Türkiye'de çocuklar altı yaşında okula başlarlar.

We don't play in the street **at noon**.
Öğlenleyin sokakta oynamayız.

That man shouts at the children **all the time**.
Şu adam devamlı çocuklara bağırır.

1. Olayların ne zaman olduğu bazen bir yan cümlecik ile belirtilir. Bu yan cümleciğe İngilizce'de **Subordinate Clause** denir.

Bu yan cümlecikler (Subordinate Clauses) '**when, whenever, while, before, after, as, as soon as, directly, the minute, the moment, the instant, every time, each time, if, no sooner.... than, till, by the time, as long as** gibi bağlaçlarla ana cümleciğe bağlanırlar.

1.1 WHEN

We leave the class **when the bell rings**.
Zil çalınca sınıftan ayrılırız.

They often go sailing **when the weather is fine**.
Hava güzel olunca sıksık yelkenle dolaşmaya çıkarlar.

She usually goes to bed **when the clock strikes 12.**
O genellikle saat 12'yi vurunca yatar.

They often have a walk **when the weather is nice.**
Hava güzel olunca onlar sık sık yürüyüş yaparlar.

1.2 WHENEVER

She gets nervous **whenever she sees me.**
Her ne zaman beni görse sinirlenir.

Whenever I go to Samsun, I visit my grandfather.
(Her) ne zaman Samsun'a gitsem büyükbabamı ziyaret ederim.

Whenever I see him, he's watching TV.
(Her) ne zaman onu görsem televizyon seyrediyor.

Whenever I see her, she's eating something.
(Her) ne zaman onu görsem birşey yiyor.

Whenever I get good marks, my father gives me $10.
(Her) ne zaman güzel not alsam babam bana 10 dolar verir.

Whenever she remembers her daughter, she begins to cry.
(Her) ne zaman kızını hatırlasa ağlamaya başlar.

Whenever he has some money, he goes gambling.
(Her) ne zaman biraz parası olsa kumara gider.

1.3 WHILE

I don't put my elbows on the table **while I'm having a meal.**
Yemek yerken dirseklerimi masanın üzerine koymam.

I feel uncomfortable **while I'm in a lift alone.**
Tek başıma bir asansörün içinde iken kendimi huzursuz hissederim.

My father is always very careful **while he is driving.**
Babam araba kullanıyorken her zaman çok dikkatlidir.

She doesn't go out **while it is raining.**
O, yağmur yağıyorken dışarıya çıkmaz.

I always visit the art galleries **while I'm in London.**
Ben Londra'da iken her zaman sanat galerilerini ziyaret ederim.

1.4 AFTER

After	Birinci Olay	İkinci Olay
After	I have dinner,	I do my homework and watch TV.

Akşam yemeğimi yedikten sonra ödevimi yapar ve televizyon seyrederim.

After I get up, I have a shave.
Kalktıktan sonra traş olurum.

After I have breakfast, I brush my teeth.
Kahvaltımı yaptıktan sonra dişlerimi fırçalarım.

My mother goes to bed **after she washes the dishes.**
Annem bulaşıkları yıkadıktan sonra yatar.

1.5 BEFORE

Birinci Olay	Before	İkinci Olay
My father gets up	**before**	the sun rises.

Babam güneş doğmadan kalkar.

I don't go out **before I do my homework**.
Ödevimi yapmadan dışarıya çıkmam.

I always comb my hair **before I go out.**
Dışarıya çıkmadan evvel her zaman saçlarımı tararım.

You take your shoes off **before you go into mosques.**
Camilere girmeden önce ayakkabılarınızı çıkarırsınız.

Before I have a meal, I always wash my hands.
Yemek yemeden önce her zaman ellerimi yıkarım.

1.6 AS

As the sun rises, they go to their fields.
Güneş doğarken onlar tarlalarına giderler.

Be carefull **as you are walking across the street.**
Caddeden geçerken dikkatli ol.

As the plane lands, the passengers usually applaud the pilots.
Uçak indiğinde yolcular genellikle pilotları alkışlarlar.

He looks at himself in the mirror **as he's combing his hair.**
Saçlarını tararken aynada kendini seyreder.

1.7 AS SOON AS / DIRECTLY

As soon as he gets home, he runs to the toilet.
Eve gelir gelmez tuvalete koşar.

As soon as I get my salary, I pay the electricity and gas bills.
Maaşımı alır almaz elektrik ve gaz faturalarını öderim.

As soon as he finishes his homework, he goes out to play football.
Ödevini bitirir bitirmez futbol oynamaya dışarı çıkar.

My father starts to read his newspaper **as soon as he has had dinner**.
Babam akşam yemeğini yer yemez gazetesini okumaya başlar.

I go home **directly I finish my work**.
İşimi bitirir bitirmez eve giderim.

1.8 EVERY TIME/EACH TIME

Every time we go out, our children want to go to the fun-fair.
Her dışarıya çıkışımızda çocuklar luna parka gitmek isterler.

Each time I meet him, he asks me for money.
Ne zaman ona rastlasam benden para ister.

Every time I take him out, he wants to have some candies.
Onu her dışarı çıkarışımda birkaç bonbon şekeri edinmek ister.

Every time I smoke a cigarette, I start coughing.
Her sigara içişimde öksürmeye başlarım.

Each time I go to Taksim, I visit my friend there.
Her Taksim'e gidişimde oradaki arkadaşımı ziyaret ederim.

1.9 IF = WHEN

You get wet **if (when) you go out in the rain.**
Yağmurda dışarı çıkarsanız ıslanırsınız.

You sweat **if (when) you row for a long time.**
Uzun zaman kürek çekersen terlersin.

If (When) you pay $1, you get two loaves of bread.
Bir dolar ödersen iki ekmek alırsın.

If (When) you work hard, you get good marks.
Sıkı çalışırsan/çalıştığında iyi notlar alırsın.

If (When)I get up late, I always take a taxi to work.
Eğer geç kalkarsam her zaman işe taksi ile giderim.

1.10 NO SOONER ....THAN

Bu bağlaç ile iki türlü cümle kurabiliriz.

No sooner does he arrive home **than** he goes out to play football.
He **no sooner** arrives home **than** goes out to play football.
Eve varır varmaz futbol oynamak için dışarı çıkar.

No sooner does the Prime Minister step on the platform **than** people start applauding him.
The Prime Minister **no sooner** steps on the platform **than** people start applauding him.
Başbakan kürsüye çıkar çıkmaz insanlar onu alkışlamaya başlar.

No sooner do I arrive home **than** I am asked to go out to get something.
I **no sooner** arrive home **than** I am asked to go out to get something.
Eve varır varmaz bir şey almam için dışarıya çıkmam söylenir.

1.11 TILL/UNTIL

She doesn't go to bed **until her father comes home.**
Babası eve gelene kadar yatmaz.

You can't go out **until it stops raining.**
Yağmur durana kadar dışarı çıkamazsınız.

I don't go anywhere **until I get my money.**
Paramı almadan bir yere gitmem.

EXERCISE 73

Aşağıdaki boşluklarda **when, while, before, after, as soon as, every time, no sooner ....
than, till** ve **if** bağlaçlarından birini kullanınız.

1. .... they have eaten, they run out.

2. I often walk .... the weather is nice.

3. Wait here .... I come back.

4. I turn off the lights .... I go to bed.

5. .... she comes, she brings a friend.

6. I wash my face .... I get up.

7. The students run out .... the bell rings.

8. .... we go out, my son wants to eat an ice-cream.

9. .... you get up late, you miss the school bus.

10. .... does my father arrive home than he sits in front
   of the television.

11. I wait with my sister .... the school-bus arrives.

12. I brush my teeth .... I go to bed.

13. I brush my teeth .... every meal.

14. We stay at home .... it is rainy.

15. We stay at school .... the last bell rings.

16. Birds move to warm countries .... it gets cold.

29 Questions with Question Words

Present Simple Tense'de soru kelimeleri ile sorular

1. How often - Ne kadar sık

Olayın ne kadar sık tekrarlandığını sorar.

I wash my hair **twice a week**.
Haftada iki kere saçımı yıkarım.

"**Saçını ne kadar sık yıkarsın**" diye bir soru sormak istediğimizde "**ne kadar sık**" kelimesini soracak soru kelimesi "**How often**" dur. Soru cümlemize '**How often**' ile başlar sonra öznenin yardımcı fiilini, daha sonra özneyi ve cümlenin geri kalan öğelerini yazarız.

Soru kelimesi	Yard. Fiil	Özne	Fiil	Nesne	Sıklık zarfı
		I	wash	my hair	**twice a week**.
How often	do	you	wash	your hair?	

*Saçını **ne kadar sık** yıkarsın?*

I have a shave **every day**.
***Her gün** traş olurum.*

How often do you have a shave?
***Ne kadar sık** traş olursun?*

I **sometimes** see her.
*Onu, **ara sıra** görürüm.*

How often do you see her?
*Onu **ne kadar sık** görürsün?*

I **rarely** go to the doctor.
***Nadiren** doktora giderim.*

How often do you go to the doctor?
***Ne kadar sık** doktora gidersin?*

2. Who - Kim

Who ile **cümlemizin öznesini**, olayı yapan kişiyi soruyorsak **özne** kalkar ve yerini '**who**' soru kelimesi alır. Cümlede başka hiç bir değişiklik olmaz. '**Who**' sorusu genellikle '**he, she**' gibi tekil kabul edilip fiilin sonundaki '**-s**' veya '**-es**' takısı kalır.

Fiilin sonunda '-s' veya '-es' takısı yoksa eklenir.

Mehmet lives in Gebze.
Mehmet Gebze'de oturur.

"**Kim Gebze'de oturur?**" diye '**Who**' ile bir soru soracak olursak cümlemizin öznesi '**Mehmet**' kalkar yerine '**Who**' gelir ve başka hiçbir değişiklik olmaz.

Subject (Özne)	Verb (Fiil)	The rest of the sentence
Mehmet	lives	in Gebze.
Who	lives	in Gebze?

I want to see the Mayor.
Belediye başkanını görmek istiyorum.

"**Kim Belediye Başkanını görmek istiyor?**" diye bir soru sorulsa özne yani '**I**' kalkar yerini '**Who**' alır. Bu arada fiilin sonuna da '**s**' eklenir.

I	want	to see the Mayor.
Who	wants	to see the Mayor?

I know her phone number.
*Onun telefon numarasını **ben** biliyorum.*

Who knows her phone number?
*Onun telefon numarasını **kim** biliyor?*

3. Who, Whom - Kimi, Kime

Who veya **whom** ile cümlemizin nesnesini (**Ahmet, Mr. Smith, Jennifer** gibi birer şahıs veya onların yerlerini alan nesnel zamirleri; '**me, you, him, her, us, them**') sorarız. Bu durumda nesnenin yerini alan "**Who**" ile cümleye başlar, cümlemizin bir öznesi olacağı için, özneden önce yine '**do**' yardımcı fiilini kullanırız.

Özne (Subject)	Fiil (Verb)	Nesne (Object)
John	loves	**Mary**.

Bu cümlede **John** cümlemizin öznesi, **Mary** cümlemizin **nesne**sidir.

John kimi sever diye bir soru sormak istediğimizde **Mary**'nin yerini '**who**' soru kelimesi alır. Cümlemize '**who**' ile başlar ve özneden önce '**do**' yardımcı fiilini kullanırız. Tabii fiilin sonundaki '**-s**' eki ile beraber, yani '**does**' olarak.

Soru Kelimesi	Yard. Fiil	Özne (Subject)	Fiil (Verb)	Nesne (Object)
		John	loves	**Mary**.
Who	does	John	love?	

*John **kimi** seviyor?*

Susan goes out with **Martin**.
Susan Martin ile çıkar.

Who does Susan go out with?
*Susan **kim** ile çıkar?*

Yukarıdaki cümlede olduğu gibi fiilimizi '**with, to, of**' gibi bir prepozisyon (preposition) takip ediyorsa **prepozisyon**u başa alarak soru cümlelerimize:
'**With whom** ....?', '**To whom** ....?', '**Of whom**......?' diye de başlayabiliriz. (Formal English-Resmi Ingilizce)

Susan goes out **with Tom**.
Susan Tom ile çıkar.

With whom does Susan go out?
Susan kimle çıkar?

I want to speak **to Mr. Smith**.
Mr. Smith'le konuşmak istiyorum.

To whom do you want to speak?
Kiminle konuşmak istiyorsunuz?

4. What - Ne

What ile cümlelerimizin nesnesini (Nesnemiz '**car, pen, shirt, jacket**' gibi bir nesne veya onların yerini alan '**it**, veya **them**' gibi nesnel zamirler olursa) sorarız.

I want to drink **water**.
Su içmek istiyorum.

'**Ne içmek istiyorsun?**' diye bir soru sormak istediğimizde '**su**' nun yerini alacak, onu soracak tek soru kelimesi '**what**'dır.

Soru cümlemize '**What**' ile başlar cümlemizin öznesi olduğu için özneden önce '**do**' yardımcı fiilini kullanırız.

29. Questions with Question Words in the Present Simple Tense

Soru Kelimesi	Yard. Fiil	Özne	Fiil	Infinitive	Nesne
		I	want	to drink	**water.**
What	**do**	you	want	to drink?	

Soru cümlelerindeki şahıs değişikliğine dikkat ediniz.

'I ➤ you', 'you ➤ I' olur.

Yine özneyi çoğul düşünürsek: 'we ➤ you ', ' you ➤ we' olur.

I want to have **a glass of beer**.
Bir bardak bira almak istiyorum.

What do you want to have?
Ne almak istersiniz?

I want to buy **a packet of biscuits**.
Bir paket bisküvit satın almak istiyorum.

What do you want to buy?
Ne satın almak istiyorsunuz?

5. Where - Nerede, nereye

I live **in Suadiye**.
Suadiye'de oturuyorum.

"**Nerede oturuyorsunuz?**" diye bir soru sormak istediğimizde yer belirten "**Suadiye'de**" kelimesinin yerine '**where**' kullanır ve soru cümlemize '**where**' ile başlar, cümlemizin öznesinden önce yine '**do**' veya üçüncü tekil şahıslarla birlikte '**does**' yardımcı fiilin kullanırız.

Soru Kelimesi	Yard. Fiil	Özne	Fiil	Yer Zarfı
		I	live	**in Suadiye.**
Where	do	you	live?	

I go **to football matches** on Sundays.
*Pazarları **futbol maçlarına** giderim.*

"**Pazarları nereye gidersin**" diye bir soru sormak istersek " **to football matches**" ı 'Where' ile sorarız.

Where do you go on Sundays?
Pazarları nereye gidersin?

I work **in a bank**.
Bir bankada çalışırım.

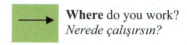

Where do you work?
Nerede çalışırsın?

6. How - Nasıl

Bir olayın **nasıl** olduğunu '**How**' soru kelimesi ile sorarız.

I go to school **by schoolbus**.
Okula, okul otobüsü (servis) ile giderim

"**Okula nasıl gidersin?**" diye bir soru sormak istediğimizde '**okul otobüsü (servis) ile**' yi soran soru kelimesi '**how**' dır.

Soru kelimesi	Y.Fiil	Özne	Fiil	Yer zarfı	Hal zarfı
		I	go	to school	**by bus**.
How	do	you	go	to school?	

Hal zarfı normalde nesneden sonra, yer zarfından önce gelir, fakat yukarıda olduğu gibi istikamet belirten cümlelerde yer zarfından sonra gelir.

I feel **very bad**.
Kendimi çok kötü hissediyorum.

"**Kendini nasıl hissediyorsun?**" diye bir soru sormak istediğimizde '**çok kötü**' yü soracak soru kelimesi yine '**how**' dır.

How do you feel?
Kendini nasıl hissediyorsun?

7. When - Ne zaman, What time - Saat kaçta

"**When**" ile olayın zamanını ve "**What time**" ile olayın saatini sorarız.

I have breakfast **at eight o'clock**.
Saat sekizde kahvaltı yaparım.

Soru cümlemize soru kelimesi ile başlar, özneden önce '**do**' yardımcı fiilini kullanırız. "**What time**" ile olayın saatini soracağımız için soru cümlemizde '**at eight o'clock**' bulunmaz.

Soru kelimesi	Y.Fiil	Özne	Fiil	Nesne	Zaman zarfı
		I	have	breakfast	**at eight o'clock**.
What time	do	you	have	breakfast?	

They arrive home **at nine o'clock** in the evenings.
Akşamları saat dokuzda eve varırlar.

What time do they arrive home in the evenings?
Akşamları saat kaçta eve varırlar?

We play basketball **on Sundays**.
Biz, pazar günleri basketbol oynarız.

When do you play basketball?
Ne zaman basketbol oynarsınız?

My son gets up **at 8:30**.
Oğlum sekiz otuzda kalkar.

What time does your son get up?
Oğlun saat kaçta kalkar?

They play football **on Sundays**.
Onlar pazarları futbol oynarlar.

When do they play football?
Ne zaman futbol oynarlar?

What time does the train leave?
Tren saat kaçta hareket eder?

When do the schools open?
Okullar ne zaman açılır?

8. How many ....? - Kaç tane .....?

"**How many**" ile sayılabilir (countable) nesnelerin sayısını sorarız. "**How many**" nesne ile birlikte söylenir; **cümlenin nesnesi** cümle başına taşınarak "**How many**" ile birlikte kullanılır.

Soru Kelimesi	Nesne	Y. Fiil	Özne	Fiil	Sayı Sıfatı	Nesne
			I	have	**four**	**brothers**.
How many	**brothers**	do	you	have?		

There are **twenty-two girls** in our class.
Sınıfımızda yirmi iki kız var.

How many girls are there in your class?
Sınıfınızda kaç kız var?

I work **ten hours** a day.
Günde on saat çalışırım.

How many hours do you work a day?
Günde kaç saat çalışırsın?

I have **two brothers** and **one sister**.
İki erkek bir kız kardeşim var.

How many brothers and **sisters** do you have?
Kaç tane erkek ve kız kardeşin var?

9. How much ....? – Ne kadar ....?

"**How much**" ile sayılamaz (uncountable) nesnelerin miktarını sorarız.
"**How much**" miktarını sorduğu **nesne ile beraber** söylenir.

Soru Kelimesi	Nesne	Yard. Fiil	Özne	Fiil	Sıfat	Nesne
			I	have	**a little**	**time.**
How much	**time**	do	you	have?		

I spend **a lot of** money.
Çok para harcarım.

How much money do you spend?
Ne kadar para harcarsın?

We have **very little** wine.
Çok az şarabımız var.

How much wine do we have?
Ne kadar şarabımız var?

I have **very little** orange juice.
Çok az portakal suyum var.

How much orange juice do you have?
Ne kadar portakal suyun var?

10. Bir şeyin fiyatını da 'how much' ile sorarız.

How much (money) is that tie?
Şu kravat kaç lira?

How much (money) does that car cost?
Şu araba ne kadar eder?

How much (money) are those apples?
Şu elmalar ne kadar?

EXERCISE 74

Aşağıdaki cümlelerde koyu yazılmış kelimeleri soran sorular sorunuz.

Example: My grandfather lives **in Alaçam**.
              Where does your grandfather live?

1. **Bill and Tom** earn a lot of money.   **earn** - *kazanmak*

....

2. Birds make their nests **in summer**.

....

3. **Their children** walk to school every morning.

....

4. You make a lot of mistakes **in your homework.**

....

5. The sun always shines **in Egypt**.

....

6. **They** think Mary may come to our party.

....

7. These shoes cost **$ 50**.

....

8. We have **two bottles of** wine.

....

9. That watch is **$ 40**.

....

10. I have **two** sisters.

....

11. The next train is **at 10:20**.

....

12. **Gülcan's** mother makes good omelettes.

....

13. My father works **in a tobacco company**.

....

14. It **often** rains in Istanbul.

....

30 Also, too, either & So do I.

1. Also, too ve as well

Also, **too** ve **as well** olumlu cümlelerde kullanılır.

Also: Aynı zamanda, hem de, üstelik, de, da, ayrıca anlamındadır.

Mr. Brown is a pilot. He's **also** a good tennis player.
Bay Brown bir pilottur. O, aynı zamanda iyi bir tenis oyuncusudur.

Peter is young and good-looking and **also** very rich.
Peter genç ve yakışıklı, üstelik çok zengindir.

Cathy speaks French, English and **also** a little Japanese.
Cathy Fransızca, İngilizce ve biraz da Japonca konuşur.

Mehmet is a hard-working student. He's **also** a good basketball player.
Mehmet çalışkan bir öğrencidir. O aynı zamanda iyi bir basketçidir.

Too, as well: de, da

Too veya **as well** aynı anlama gelir ve olumlu tekrarlarda kullanılır. Ve cümleye bir 'virgül'den sonra eklenir.

My father is a teacher. My mother is a teacher, **too**.
Babam öğretmendir. Annem de öğretmendir.

Bruce has got a car. I've got a car, **too**.
Bruce'un arabası var. Benim de arabam var.

My brother is thin. My sister is thin, **as well**.
Erkek kardeşim zayıftır. Kız kardeşim de zayıf.

İki kişi konuşuyorlar:

- I like wine.
- I like wine, **too**, veya.
- I like wine, **as well**.

Veya kısaca:

- **Me, too**.
  Ben de öyle, deriz.

- Bruce loves Elain.
  Bruce Elain'i seviyor.

- Arthur loves her, **too**.
  Arthur da onu seviyor.

So am/do/did/have/can/will I.

Olumlu tekrarları "**So + Yardımcı Fiil + Özne**" yapısı ile de verebiliriz.

Ahmet - I **like** football.
Burak – **So do I**.

Helen - My father **is** a doctor.
Mike - **So is my father**,

Brian – I **can** speak French.
Judith – **So can I**.

Melanie – I've seen this film.
Michael – **So have I**.

Either: de, da

Either, olumsuz tekrarlarda kullanılır.

> Mr. Brown isn't rich. I'm not rich, **either**.
> *Mr. Brown zengin değil. Ben de zengin değilim.*
>
> Tom isn't tall. Mary isn't tall, **either**.
> *Tom uzun boylu değil. Mary de uzun boylu değil.*
>
> Mehmet hasn't got much money. Ayla hasn't got much money, **either**.
> *Mehmet'in çok parası yok. Aylanın da çok parası yok.*

İki kişi konuşuyorlar:

- - I don't like Bruce.
  Bruce'u sevmiyorum.

- - I don't like him, **either**.
  Onu ben de sevmiyorum.

- - Sheila isn't beautiful.
  Sheila güzel değil.

- - She isn't clever, **either**.
  Akıllı da değil.

Neither + Yardımcı Fiil + Özne

Olumsuz tekrarlarda '**Neither**, o cümleyi soru yapmakta kullandığımız **yardımcı fiil** ve **cümlenin öznesini**' kullanırız.

- Mike isn't coming with us.
- **Neither is Mary.**

- I didn't buy anything.
- **Neither did I.**

- John doesn't live with his parents.
- **Neither does Sally.**

EXERCISE 75

Cümleleri **also**, **too** ve **either** veya **So/Neither ... I** kullanarak tamamlayınız.

1. Hakkari is a small city. Bitlis ....

2. Mehmet doesn't live in Eskişehir. Leyla ....

3. - I don't like coffee.

   - I...
4. A BMW is an expensive car. A Mercedes ....

5. Kemal has got a moustache. Mehmet ....

6. Peter's bike is new. Sheila's bike ....

7. Mary never comes to school late. Susan ....

8. This car isn't new. That car ....

9. Hakan is a good musician. He .... plays football very well.

10. Jack is a pilot. He's .... a good father.

English Grammar Today

31 Can

Can fiillerin sonuna '**-ebilmek**' eki katan bir kelimedir.

1. Can - Skills and ability (beceri ve yetenek)

1.1 Yapmasını bildiğimiz, veya yapmaya gücümüzün yettiği eylemleri '**can**' ile birlikte ifade ederiz.

I **can** solve this problem.
Bu problemi çözebilirim. (Çözmesini biliyorum)

I **can** lift the table.
Masayı kaldırabilirim. (Gücüm yeter)

I **can** speak French.
Fransızca konuşabilirim. (Konuşmasını biliyorum)

Fenerbahçe **can** beat Villa Real.
Fenerbahçe Villa Real'i yenebilir. (Gücü yeter)

I **can** swim.
Yüzebilirim. (Yüzmesini biliyorum)

I **can** catch the 10:15 train.
10:15 trenini yakalayabilirim. (Yetişirim)

She **can** do it herself. (Yeterli gücü veya becerisi var.)
Onu kendisi yapabilir.

I can play tennis.

I can ride a horse.

1.2 "**can't**" veya "**cannot**", "**can**"in olumsuz halidir.

Bir işi yapmasını bilmiyor veya o işi yapmaya gücümüz yetmiyorsa bunu **can't** ile ifade ederiz.

I **can't** lift this table.
Bu masayı kaldıramam. (Buna gücüm yetmez)

I **can't** speak Spanish.
Fransızca konuşamam. (Bilmiyorum)

We're late. We **can't** catch the train.
Geç kaldık. Treni yakalayamayız.

She **can't** help you.
O, sana yardımcı olamaz.

They **can't** be here by 8:00.
Sekizden önce burada olamazlar.

He **can't** repair your car.
O, senin arabanı tamir edemez.

I **can't** carry this load.
Bu yükü taşıyamam.

2. CAN: Permission -İzin

2.1 Can I............?

Bu soru kalıbı ile karşımızdaki birinden bir şeyi yapabilmek için izin isteriz.
O işi yapıp, yapamayacağımızı sorarız. Bu tür sorularda '**can**' yerine '**may**' de kullanabiliriz.

Excuse me. **Can** I use your telephone?

No, you **can't**.

Excuse me, **can I** smoke here?	**May I** park my car here?
Özür dilerim, burada sigara içebilir miyim?	*Arabamı buraya park edebilir miyim?*
Can I help you?	**May I** see you again?
Size yardımcı olabilir miyim?	*Sizi tekrar görebilir miyim?*
Can I go out tonight?	**Can I** use your telephone?
Bu gece dışarı çıkabilir miyim?	*Telefonunuzu kullanabilir miyim?*
Can I have your pen?	**Can I** sit here?
Kaleminizi alabilir miyim?	*Buraya oturabilir miyim?*
Can I take you home?	**May I** call you with your first name?
Sizi eve götürebilir miyim?	*Size ilk adınızla hitap edebilir miyim?*

2.2 Can: Permission=İzin "Can" ile karşımızdakine bir şey yapabilmesi için izin veririz. Bu tür cümlelerde de '**can**' yerine '**may**' kullanabiliriz.

You **can** take the car if you want.
İstersen arabayı alabilirsin.

You **may** park your car here.
Arabanızı buraya park edebilirsiniz.

2.3 Can't: Prohibition = Yasak Yapmanıza izin verilmeyen veya yapılması imkansız olan işler hakkında konuşurken **CAN'T** kullanılır.

You **can't** cross when the light is red.
Işık kırmızı iken karşıya geçemezsin.

You **can't** smoke in here.
Burada sigara içemezsin.

Please
No Smoking

3. CAN: Request - Rica cümlelerinde

3.1 Can you ....?

Bu soru tipleri ile karşımızdaki kişinin bir şey yapmasını isteyebiliriz.
Bu tür soru cümlelerinde **can** yerine **will**, **would** ve **could** kelimelerinden biri de kullanılabilir.
Hatta **would** ve **could** sorularımıza biraz daha incelik katar.

Can Will Could Would	**you** help me, please?

> **Can you** help me, please?

> Sure. It's a pleasure for me.

Lütfen bana yardım eder misiniz?

Can you feed the cat?
Kediyi besler misin?

Will you tell me your name?
Bana adınızı söyler misiniz?

Would you dance with me?
Benimle dans eder miydiniz?

Could you get me a drink?
Bana bir içki alabilir miydiniz?

Can you shut the door for me?
Benim için kapıyı kapatabilir misiniz?

Can you lend me $50 till Monday?
Pazartesi gününe kadar bana 50 $ ödünç verebilir misin?

4. General Possibility - Genel İhtimal Cümlelerinde

- There's someone at the door. Who **can** it be?
 Kapıda biri var. Kim olabilir?

- It **might** be the postman.
 Postacı olabilir.

Scotland **can** be very cold at this time of the year.
Yılın bu vaktinde İskoçya çok soğuk olabilir.

Smoking **can** be dangerous for your health.
Sigara içmek sağlığın için tehlikeli olabilir.

5. Can't - Olumsuz kuvvetli tahminlerimizde kulanılır.

Mary **can't** be 35. She looks younger.
Mary 35 yaşında olamaz. Dana genç gösteriyor.

EXERCISE 76

Can ve **can't** ile aşağıdaki örnek cümlede gördüğünüz gibi cümleler yapınız.

Example:
Ayşe / swim / play the piano
Ayşe can swim but she can't play the piano.

1.   My sister / cook / knit

    ....

2.   My brother / ride a bike / drive a car

    ....

3.   I / dance / sing a song

    ....

4.   I / drink a bottle of wine / a bottle of whisky

    ....

5.   Dennis / play football / basketball

    ....

6.   I / speak English / talk to animals

    ....

7.   Mr. White / drive a car / fly a plane

    ....

8.   Fred / touch the wall / the ceiling

    ....

9.   My father / buy this car / that car

....

10. You / have my pen / use my telephone

    ....

11. You / go to the cinema / to the disco

    ....

12. I / solve this problem / that problem

    ....

13. I / remember her face / her name

    ....

14. I / hear the teacher / see the blackboard

    ....

EXERCISE 76 B

Can ve **can't** ile aşağıdaki resimlere uygun cümleler yapınız.

(play)

1................................

(run fast)

2. ....

(fly)

3. ....

4. ....study.

(lift)

5. ....

EXERCISE 77

Aşağıdaki cümlelerde **can / can't / could / couldn't** ve uygun zamanda
'**be able to**' yu kullanınız.
Not: Bu testi sayfa 301 deki "61 Could-Be able to" konusunu çalıştıktıan sonra yapınız.

1. I .... usually get what I want.

2. She is sensitive. She .... (not) take criticism.

3. It was very dangerous, but John .... keep calm.

4. He easily gets angry. He .... (not) see both sides of an argument.

5. She spoke quickly. I .... understand her.

6. I looked everywhere for the telephone, but I .... find it
   anywhere.

7. She broke her leg, so she won't ....go to school for
   three weeks.

8. I .... (not) always tell people what I really think.

9. I know where she is from, but I .... (not) remember her name.

10. When I was young, I .... play football very well.

11. The door was locked, but I .... go into the house through
    the window.

12. If she wrote clearly, I .... read her hand-writing.

13. I .... (not) hear what you said.

14. The weather was good, so we .... play tennis.

15. I used to .... dance very well, but I ....
    (not) dance well last night.

16. She was very angry, but she .... keep her temper.

17. It was very late, but luckily we .... catch the last bus home.

18. Helen is very friendly, so you .... easily get on very well with her.

19. He worked very hard in Germany and .... make a lot of money.

20. I was very tired, but I .... stay awake until she came home.

32 The Present Continuous Tense

Şimdiki Zaman

A. Cümle yapısı

1. **Continuous Tense**'lerde **to be** yardımcı fiilinin **present** halleri olan **am, is, are'** ile fiilin '**-ing**' hali birlikte kullanılır.

Tam şekli	Kısaltılmış şekli
I **am** danc**ing**.	I'**m** danc**ing**.
You **are** danc**ing**.	You'**re** danc**ing**.
He **is** danc**ing**.	He'**s** danc**ing**.
She **is** danc**ing**.	She'**s** danc**ing**.
It **is** danc**ing**.	It'**s** danc**ing**.
We **are** danc**ing**.	We'**re** danc**ing**.
You **are** danc**ing**.	You'**re** danc**ing**.
They **are** danc**ing**.	They'**re** danc**ing**.

I'**m** listen**ing** to music now.
Şimdi müzik dinliyorum.

2. **Present Continuous Tense**'de cümleler olumsuz yapılırken '**am, is, are**'dan sonra cümleye '**not**' eklenir.

I'**m not** work**ing**.	*Çalışmıyorum.*
You **aren't** work**ing**.	*Çalışmıyorsun.*
He/She/It **isn't** work**ing**.	*Çalışmıyor.*
We **aren't** work**ing**.	*Çalışmıyoruz.*
You **aren't** work**ing**.	*Çalışmıyorsunuz.*
They **aren't** work**ing**.	*Çalışmıyorlar.*

3. **Present Continuous Tense**'de cümleler soru yapılırken '**am, is, are**' cümle başında kullanılır.

Am I sleep**ing**?	*Uyuyor muyum?*
Are you sleep**ing**?	*Uyuyor musun?*
Is he/she/it sleep**ing**?	*Uyuyor mu?*
Are we sleep**ing**?	*Uyuyor muyuz?*
Are you sleep**ing**?	*Uyuyor musunuz?*
Are they sleep**ing**?	*Uyuyorlar mı?*

Are you enjoy**ing** the party?
Partiden zevk alıyor musun?

He **is** play**ing** tennis.

They **are** hav**ing** a conversation.

She **isn't** work**ing**. She'**s** relax**ing**.

She'**s** shout**ing**.
Is she shout**ing** at her husband?

English Grammar Today

B. Kullanıldığı yerler

1. "**Continuous**" devam eden demektir. Şu anda devam eden olayların anlatımında "**The Present Continuous Tense**" kullanılır.

> Look! He **isn't** work**ing**. He'**s** talk**ing** to his girlfriend on the telephone.
> *Bak! Çalışmıyor. Telefonda kız arkadaşı ile konuşuyor.*
>
> You **are** watch**ing** TV. You **aren't** listen**ing** to me.
> *Televizyon seyrediyorsun. Beni dinlemiyorsun.*

He'**s** talk**ing** on the phone.

2. Bu günlerde yaptığımız bir işi anlatırken **Present Continuous Tense**'i kullanırız.

> I'**m** not work**ing** anywhere. I'**m** study**ing** mathematics at university.
> *Bir yerde çalışmıyorum. Üniversitede matematik okuyorum.*
>
> Nowadays, I'**m** learn**ing** Spanish.
> *Bugünlerde İspanyolca öğreniyorum.*
>
> What **are** you do**ing** these days?
> *Bugünlerde ne yapıyorsun?*

He **isn't** sleep**ing**. He'**s** watch**ing** TV.

3. Yakın gelecekte olacak olaylar için de "**The Present Continuous Tense**" kullanabiliriz.

> What **are** you do**ing** tonight?
> *Bu akşam ne yapıyorsun?*
>
> I'**m** go**ing** to the theatre.
> *Tiyatroya gidiyorum.*

I'**m** read**ing** an interesting article about gangs.
Çeteler hakkında ilginç bir makale okuyorum.

4. Şaşkınlık, şikayet belirten cümleler de şimdiki zamanla ifade edilirler.

'**Always**' bu cümlelerle birlikte '**sık sık**', '**çok sık**', '**hep**' anlamında kullanılır.

> She **doesn't get** on well with her friends. They **are always** critisiz**ing** her.
> *Arkadaşları ile iyi geçinmez. Sık sık onu eleştiriyorlar.*
>
> You'**re always** leav**ing** your key on the door.
> *Sen hep anahtarını kapının üzerinde bırakıyorsun.*

He'**s** ty**ing** his shoes.

EXERCISE 78	**EXERCISE 79**

Aşağıda verilen kelimelerle şimdiki zamanda cümleler yapınız.

Resimlere bakarak kişilerin şimdi ne yaptıklarını yazınız.

1. We / stay / here for a few days.

....

2. He / play / tennis now.

....

3. I /study / mathematics at university.

....

4. George / sit / in the garden.

1. _____

2. _____

5. She / not read / a book. She / write / a postcard.

....

6. They /eat / breakfast now.

....

7. Jenny / drink / a glass of orange juice.

....

3. _____

4. _____

8. I /not swim / now. Because I'm very tired.

....

9. We / have / a marvellous time here.

....

10. you / enjoy / the party?

....

11. She / go / out with a boy called Osman.

....

12. They / get ready / to go on a holiday.

....

5. _____

6. _____

13. Murat / come / with us?

....

14. He / eat / steak and / drink / wine.

....

15. Tom and Ann / talk / in a cafe.

....

7. _____

8. _____

EXERCISE 79-B

Match the sentences with the pictures.

☐ 1.

☐ 2.

☐ 3.

☐ 4.

☐ 5.

☐ 6.

☐ 7.

☐ 8.

☐ 9.

☐ 10.

☐ 11.

☐ 12.

☐ 13.

☐ 14.

☐ 15.

a. They are having a party.

b. He's windsurfing.

c. He's sitting on a bench.

d. She's reading a book.

e. He's fixing the tab.

f. She's floating on a raft.

g. He's making macaroni.

h. They are going sailing.

i. They are having a holiday.

j. He's roasting Marshmallows.

k. He's swimming with floats.

l. The backpackers are trying to find their way.

m. He's waterskiing.

n. They are having dinner.

o. They are giving presents to their mother.

33 Present Continuous or Present Simple

1. The Present Continuous Tense

1.1 Konuşma anında veya civarında olan olayların anlatımında **"The Present Continuous Tense"** kullanılır.

I'**m** do**ing** exercise now.
Şimdi egzersiz yapıyorum.

I'**m** go**ing** to bed now.
Şimdi yatmaya gidiyorum.

Don't disturb me. I'**m** do**ing** my homework now.
Beni rahatsız etme. Şimdi ödevimi yapıyorum.

My brother is in London. He'**s** learn**ing** English now.
Erkek kardeşim Londra'da. Şimdi İngilizce öğreniyor.

I'**m** writ**ing** a
letter now.

2. The Present Simple Tense

Genelde olan veya tekrarlanan olaylarla birlikte **The Present Simple Tense** kullanılır.

I often **do** exercise.
Ben sık sık egzersiz yaparım.

We usually **play** tennis at the weekends.
Biz hafta sonları genellikle tenis oynarız.

We **live** in West Street.
Biz West Street'te otururuz.

I **like** my job.
Ben işimi severim.

He's a mechanic.
He **repairs** cars.

2.1 **Düşünce, duygu** ve bir **durum** belirten cümlelerde **"The Present Simple Tense"** kullanırız. (Bakınız 50, sayfa 240)

I **know** her very well.
Onu çok iyi tanırım.

I **want** to be a doctor.
Doktor olmak isterim.

I **think** you're right.
Sanırım haklısın.

You **look** very tired today.
Bugün çok yorgun görünüyorsun.

She **seems** to be enjoying the party.
Partiden zevk alıyor görünüyor.

He **looks** puzzled.
Kafası karışmış görünüyor.

This CD **sounds** terrific.
Bu CD müthiş görünüyor.

The fish **smells** very bad.
Balık çok kötü kokuyor.

Koklamak anlamında '**smell**' şimdiki zamanda kullanılabilir.

She'**s** smell**ing** the flowers.
Çiçekleri kokluyor.

3. Kısa süreli devam eden işlerde "**The Present Continuous Tense**" kullanılır.

I'**m** read**ing** an interesting book **now**.
Şimdi ilginç bir kitap okuyorum.

I'**m** work**ing** at a hairdresser's **for a few weeks**.
Birkaç haftalığına bir kuaförde çalışıyorum.

At the moment they **are** liv**ing** in an old house.
Şu anda eski bir evde oturuyorlar.

Now, at present, at the moment, still, this, week/month/year, Look! Watch! Listen! The Present Continuous Tense'in göstergeleridir.

3.1 Kalıcı, uzun süreli işlerde "**The Present Simple Tense**" kullanılır.

I **work** at a language school.
Bir lisan okulunda çalışıyorum.

I'**m** a teacher. I **teach** English.
Ben bir öğretmenim. İngilizce öğretirim.

4. Present Continuous with always

Bu özel yapıda "**always**" çok sık anlamında kullanılır.

You'**re always** com**ing** late.
Sen sık sık geç kalıyorsun.

I'**m always** mak**ing** silly mistakes.
Ben sık sık aptalca hatalar yapıyorum.

4.1 "**Always**" The Present Simple Tense'de **daima, her zaman**
anlamında kullanılır.

He **always slams** the door after him.
O her zaman kapıyı arkasından çarpar.

She **always wears** jeans at the weekends.
O hafta sonları herzaman kot giyer.

I **always do** my best for you.
Ben her zaman senin için elimden gelinin en iyisini yaparım.

EXERCISE 80

Aşağıdaki boşluklarda verilen fiilleri uygun zamanda kullanınız.

1. I .... to my penfriend now. I .... to her every month. (write)

2. Normally I .... from 9:00 a.m to 6 p.m. But this week I .... from 8 a.m to 7 p.m. (work)

3. We can't go out. It .... outside now. It .... a lot in September. (rain)

4. Usually I .... a newspaper every day. On Sundays I .... two newspapers. Today is Sunday and I .... two newspapers today. (read)

5. My car broke down, so I ....to work on the bus this week. (go)

6. I .... you're right. She .... about her boy-friend again. (think)

7. The sun .... now. Let's go out. (shine)

8. My brother .... four languages. He .... Spanish to the Spanish tourists now. (speak)

9. Hurry up! Everybody .... to see you. (want)

10. The River Kızılırmak .... into the Black Sea. (flow)

11. We usually ....tomatoes in our garden. But this year we .... lettuce. (grow)

12. John is in Istanbul now. He .... at the Hilton Hotel. (stay)

13. Look at James! He .... very fast. (run)

14. My father is a tobacco expert. He .... for an American company. (work)

15. Most people .... smoking at early ages. (start)

16. Usually I .... to Best FM. But today I...........................to Balin's FM. (listen)

17. What .... those people .... about? (talk)

18. That car .... very new. (look)

19. What are you doing?" "I .... the cake?" (taste)

20. This soup .... wonderful. (taste)

34 Object Pronouns

Object Personal Pronouns – Nesnel Şahıs Zamirleri

İsmin yerini alan kelimelere **zamir** diğer bir deyişle **adıl** (pronoun) deriz.

1. Eğer zamir cümlemizde öznenin yerini alıyorsa kendisine **Subject Personal Pronoun** (Öznel Şahıs Zamiri) denir. Bunlar: "**I, You, He, She, It, We, You** ve **They**"dir.

2. Eğer zamir cümlemizde nesnenin yerini alıyorsa kendisine **Object Personal Pronoun** (Nesnel Şahıs Zamiri) denir. Bunlar: "**me, you, him, her, it, us, you** ve **them**"dir.

Subject Personal Pronouns		Object Personal Pronouns	
I	Ben	**me**	beni, bana
You	Sen	**you**	seni, sana
He	O (Erkek)	**him**	onu, ona
She	O (Dişi)	**her**	onu, ona
It	O (Nesne, hayvan)	**it**	onu, ona
We	Biz	**us**	bizi, bize
You	Siz	**you**	sizi, size
They	Onlar	**them**	onları, onlara

2.1 **Berna** is my friend.
Berna arkadaşımdır.

Yukarıdaki cümlede '**Berna**' cümlenin öznesidir. **Berna**'den tekrar bahsettiğimizde yerine öznel şahıs zamiri kullanırız.

She is a beautiful girl.
O, güzel bir kızdır.

2.2 I love **Mary**.
Mary'yi seviyorum.

Yukarıdaki cümlede ise **Mary** cümlenin nesnesidir. '**Onu seviyorum,**' derken **Mary**'nin yerine **Object Personal Pronoun** (Nesnel Şahıs Zamiri) kullanırız.

I love **her**.
Onu seviyorum.

2.3 This is **my mother**.
Bu benim annem.

'**Ben ona benziyorum,**' demek istediğimizde; '**Ben**' cümlemin öznesi, '**ona**' cümlemin nesnesidir. Onun için '**Ben**' yerine '**I**' kullanırız ve '**ona**' derken tekrar '**anneme**' kelimesini kullanmayız onun yerine zamirini yani '**her**' ü kullanırız.

I look like **her**.
Ben ona benzerim.

Eğer, '**O, bana benzer,**' demek istersek; bu sefer '**o**' cümlemin öznesi, '**bana**' cümlemin nesnesidir.

She looks like **me**.
O, bana benzer.

2.4 This is **my father**.
Bu benim babam.

Babamın çok yakışıklı olduğunu söylemek istersem, kısaca: '**O, çok yakışıklıdır,**' derim. Bu cümleyi İngilizce olarak yazmak istediğimde '**O**' cümlemin öznesi olduğu için yerine '**He**' kullanırız.

He's very handsome.
O, çok yakışıklıdır.

Ama, '**Herkes onu sever,**' diye bir cümle kursam bu sefer bu cümlede **babam** cümlenin nesnesidir. Onun için **onu** kelimesinin karşılığı olan **him** nesnel şahıs zamirini kullanırım.

Everybody likes **him**.
Herkes onu sever.

This is **our car**. We wash **it** everyday.
Bu bizim arabamız. Onu her gün yıkarız.

Berna and **Berrin** are coming. Do you know **them**?
Berna ve Berrin geliyorlar. Onları tanıyor musun?

This is **our cat**, Tobby. I like **her** very much.
Bu bizim kedi, Tobby. Onu çok severim.

	Subject	Object
Horse	He, She	him, her
Dog	He, She	him, her
Cat	He, She	him, her
Ship	She	her
The sun	He	him
The moon	She	her
Baby (if the sex is unknown.)	It	it
Country	She	her

Genelde hayvanların yerine **it** kullanılır ama özellikle evcil hayvanlar kendimizden biri gibi kabul edilip onlardan bahsederken özne durumunda iseler '**He** veya **She**', nesne durumunda iseler '**him** veya **her**' kullanılır. Gemilerden de '**she**' diye bahsedilir.

That's Lady Angela. **She**'s my favourite horse. **She** has won a lot of races recently.
Şu, Lady Angela. O, benim favori atımdır. Son günlerde bir çok yarış kazandı.

Titanic was the biggest transatlantic. **She** was 271 meters long. **She** struck a big iceberg and sank in 1919. Over 1500 lives were lost.
Titanik en büyük transatlantikti. 271 metre uzunluğundaydı. 1919 yılında büyük bir aysberge çarptı ve battı. 1500 ün üzerinde kişi hayatını kaybetti.

EXERCISE 81

Aşağıdaki cümlelerde koyu (bold) yazılan isimlerin yerine şahıs zamirlerini kullanınız.

Example: **Mary** likes **John**.
            She likes **him**.

1. **Bruce** loves **Tavane**.

....

2. **Mrs. Harrison** is with **Tom**.

....

3. **The glass** is on the table.

....

4. There's some water in **the glass**.

....

5. **Sarah** is a good teacher.

....

6. **The students** like **Sarah** very much.

....

7. I'm looking for **Henry** and **John**.

....

8. **Dr. and Mrs. Newton** are **Peter's** parents.

....

9. **Peter** is with **Mary** now.

....

10. **Mr. White** wants to see **Jennifer**.

....

11. **Jane** looks like **Mr. White**.

....

12. **Henry and I** like skiing.

....

13. **You and Tom** should see **the manager**
    as soon as possible.

....

14. **Mrs. White** is looking after **the children**.

....

EXERCISE 82

He, **She**, **It** ve **him**, **her**, **it**
zamirleri kullanarak boşlukları
doldurunuz.

1. ____ is a beautiful cat. I love
   _____ very much.

2. ____ Mary's baby. We all
   love ____ very much.

3. ____ is Kim's dog. Kim
   looks after ____ herself.

4. ____ is a big ship.

5. _____ a beautiful horse.
   I'd like to ride _____ very
   much.

EXERCISE 83

Aşağıdaki örneklere uygun cümleler kurunuz.

Example 1:   Here's **a good book** for **Mary**.
             Well, take **it** to **her**.

Example 2:   Here are **goo**d **books** for **Tom**.
             Well, take **them** to **him**

1. Here's a good pipe for Mr. Smith.

....

2. Here are good apples for Mrs. Brown.

....

3. Here's a good ball for the children.

....

4. Here's a good CD for Burak.

....

5. Here are some good magazines for Jennifer.

....

6. Here's a good knife for my mother.

....

7. Here's a good typewriter for my father.

....

8. Here are some good bananas for the children.

....

9. Here's a nice cat for Mrs. Symington.

....

10. Here's a small television for your brother.

....

11. Here are some clean glasses for Mrs. Scott.

....

12. Here's a nice tie for Tom.

....

13. Here's a nice cake for you.

    Well, bring ....
14. Here's a nice ring for Mrs. Parker.

....

EXERCISE 84

Aşağıdaki boşluklarda "**Object Pronoun**" lardan birini kullanınız.

1. A - Where is the newspaper?
   B - Here. I'm reading ....
   A - Give .... to .... You can read ...... later.
   B - No, I can't give .... to .... now. I'm reading an interesting article
   in ....

2. A - Hello, you two. Are you going to the theatre?
   B - Yes, David is taking .... in .... car.
   A - Can I come with ....?
   B - Of course. It's a big car. There's enough room in .... for all of ....

3. A - Have you got a drink?
   B - Yes, I've got a glass of whisky.
   A - But you aren't drinking ....
   B - Yes, it's too warm. Can you put some ice in .... for .... please?

4. A - Are these your wedding photographs?
   B - Yes, they are.
   A - Can I have a look at .... ?

5. A - Is that Mary over there?
   B - Yes, it is.
   A - Who's talking to ....?
   B - Oh, that's Mr. Brown. Don't you know .... ?

6. A - Hello Bill. Is Cathy with ....?
   A - No, she isn't with .... Perhaps Tom is talking to ....

7. A - Where's John?
   A - He's with .... I'm talking to ....
   B - Is Teresa with .... ?   A - No, she isn't with ....

8 A - Hello, Mike. Who's that?
   B - That's my girl friend Meggy.
   A - Do you love .... ?
   B - Yes, I do. I love .... very much.
   A - Does she love .... ?
   B - I don't know but I think she loves ...., too.

3. Direct and Indirect Objects - Dolaysız ve Dolaylı Nesneler

Subject (Özne)	Verb (Fiil)	Object (Nesne)
I	am writing	**a letter.**
Paul	is eating	**an apple.**
Oliver	loves	**Emma.**

Yukarıdaki tabloda gördüğünüz gibi İngilizce'de fiili takip eden kelime genellikle '**nesne**' dir.

Eğer fiili tek bir nesne takip ediyorsa bu bir '**Direct object**'tir. (Dolaysız Nesne)

Give, show, promise, send, get, tell, write, pay, lend, hand, sell, teach, owe, award, grant, allow, leave (vasiyet, miras bırakmak), **feed** gibi bazı fiiller kendilerinden sonra çift nesne alırlar.

				Indirect Object	Direct Object
	showing	**me?**		me	some stamps.
	giving	**you?**		you	some money.
What's he	sending	**him?**	He's	him	a postcard.
	telling	**her?**		writing	her	a letter.
	writing	**us?**		telling	us	a story.
	offering	**them?**		offering	them	a good salary.

kendisinden sonra çift nesne alırsa '**Ne?**' sorusunun cevabı '**Direct Object**' (Dolaysız Nesne), '**kime, kimin için**' sorusunun cevabı '**Indirect Object**'tir. (Dolaylı Nesne)

Mary's giving **Tom a book** for his birthday.
Mary, Tom'a doğum günü için bir kitap veriyor.

Yukardaki cümleye '**Ne**' sorusunu soralım.

What's Mary giving **him** for his birthday?

Alacağımız cevap:

A book, olacaktır. '**A book**' cümlemizin '**Direct Object**' (Dolaysız Nesne) sidir.

Aynı cümleye '**Kime**' sorusunu sorarsak:

Who's Mary giving a book for his birthday?
Mary, doğum günü için kime bir kitap veriyor?

Bu soruya alacağımız cevap:

Tom, olacaktır.

'**Tom**' cümlemizin '**Indirect Object**' (Dolaylı Nesne)'sidir.

A - By the way, it's **Peter**'s birthday today.
B - Yes, I know. I'm giving **him** a tie.
A - That's good because I'm giving **him** a shirt.

Direct object ile **Indirect Object** yer değiştirebilirler. Yer değiştirdiklerinde **Indirect Object** '**to**' ile birlikte kullanılır.

	Direct Object		Indirect Object	
Mary is giving	a book	to	Tom	for his birthday.

Aşağıdaki iki cümleyi dikkatle okuyalım.

1. Patrick is giving Mandy **a bunch of flowers**.
    Patrick Mandy'e bir demet çiçek veriyor.

2. Patrick is giving a bunch of flowers **to Mandy**.
    Patrick bir demet çiçeği Mandy'e veriyor.

Yukarıdaki iki cümlede anlam olarak pek bir fark yoktur ama dikkatli baktığımızda görülecektir ki birinci cümlede Patrick Mandy'e bir demet çiçek veriyor, başka bir şey değil. Burada verdiği şey ön plana çıkıyor.

İkinci cümlede de Patrick bir demet çiçeği Mandy'e veriyor. Başkasına değil. Burada da verdiği kişi ön plana çıkıyor.

Demekki vurgulanmak istenen kişi veya nesne sonra yazılıyor.

Sheila is showing her wedding photographs **to Jennifer**.
Sheila nikah fotoğraflarını Jennifer'a gösteriyor.

Sheila is showing Jennifer **her wedding photographs**.
Sheila Jennifer'a nikah fotoğraflarını gösteriyor.

They sent him **$ 1000**.
Ona bin dolar gönderdiler.

They offered company shares **to the workers**.
İşçilere şirket hisselerini teklif ettiler.

EXERCISE 85

Aşağıdaki cümlelerdeki **Direct** ve **Indirect Object'**lerin yerlerini değiştirerek tekrar yazınız.

1. Bernard is getting her a glass of whisky.

....

2. Charles is giving him some money.

....

3. Brian is showing her his new car.

....

4. Edward is sending a postcard to Ruth.

....

5. Dustin is giving some flowers to Juliet.

....

6. Jessica is lending $50 to Rosalie.

....

7. Gabriel is writing Sandra a letter.

....

8. Sophie is giving me a book.

....

9. They are offering him a good salary.

....

10. She sends him a postcard every month.

....

11. Emily is telling them a joke.

....

12. Patricia is showing the clean glasses to Mrs. Harrison.

....

13. They pay $ 100 to the workers a week.

....

14. He teaches us English.

....

15. He left a fortune to his grandson.

....

35   Was / Were

Was / Were – Past of the Verb To Be

1. Geçmiş bir durumdan (Olay değil) bahsederken "**to be**" fiilinin geçmiş zaman hali olan **was** ve **were** kullanılır.

I **was** at home last night.
Dün gece evdeydim.

She **was** ill yesterday.
Dün hastaydı.

It **was** cold yesterday.
Dün hava soğuktu.

We **were** hungry.
Açtık.

You **were** right.
Sen haklıydın.

They **were** very tired.
Çok yorgundular.

There **were** a lot of people at the party.
Partide çok kişi vardı.

It **was** cold yesterday.

2. "**To be**" fiilinden sonra **not** kullanılarak **olumsuz cümleler** elde edilir.

I **wasn't** in Istanbul last week.
Geçen hafta İstanbul'da değildim.

They **weren't** here last night.
Geçen hafta burada değillerdi.

Reagan **wasn't** a French President.
Reagan Fransız Cumhurbaşkanı değildi.

It **wasn't** very cold.
Çok soğuk değildi.

3. "**To be**" fiili cümle başında kullanılarak **soru cümleleri** elde edilir.

Were you at home last night?
Dün gece evde miydin?

Were my answers correct?
Cevaplarım doğru muydu?

Was it cold in Ankara yesterday?
Dün Ankara'da hava soğuk muydu?

EXERCISE 86

Aşağıda verilen kelimelerle geçmiş zamanda cümleler kurunuz.

1. I / at work / all day yesterday.

....

2. She / afraid of / him.

....

3. It / a sunny day yesterday.

....

4. He / very ill / last week.

....

5. We / at work / this morning.

....

6. She / in the park / this morning.

....

7. They / not at school / yesterday.

....

8. Mary / very tired / when I met her.

....

9. They / not very thirsty.

....

10. she / at school/ yesterday?

....

11. We / not at the cinema / last night.
    We / at the theatre.

....

12. the garden / small?

....

13. there / many people/ at the meeting?

....

14. My neighbours / not French.

....

15. your flight / OK?

....

16. The people / not / very friendly.

....

17. the local shops / good?

....

18. The museum / very interesting.

....

19. the streets / full of people?

....

20. you / in the south Anotolia last summer?

....

21. Jennifer / at Tom's party / last night.

....

22. your bedroom / pink ?

....

23. the city / exciting / last night?

....

24. My room / not comfortable.

....

25. the train / late /again?

....

26. you / tired / after the journey?

....

27. What / the weather / like when you / on holiday?

....

28. We / very happy.

....

29. The waiters / very polite.

....

30. There / a fire place / in the living room.

....

EXERCISE 87

Look at the pictures and answer the questions

1. Where was Tim at 10:15 yesterday?

2. Was Mr. Brown at home At 9:30 yesterday?

3. Where were Tim and Sue on Sunday afternoon?

_____

_____

_____

4. Was Tom in the kitchen at 20:30 last night?

5. Where were Paul and Sally at 11:00 o'clock?

6. Was Henry at school on Saturday morning?

_____

_____

_____

7. Where were Mr. Smith and Mr. Carter at 11:30?

8. Was Jane at home at 15:30 yesterday?

9. Where were the Newtons last week?

_____

_____

_____

36 The Past Simple Tense

The Past Simple Tense – Di'li Geçmiş Zaman

1. Geçmişte olmuş olaylardan bahsederken "**The Past Simple Tense**" kullanırız.
The Past Simple Tense'de fiillerin "**past**" halleri kullanılır.

İngilizce'de fiiller **Present, Past** ve **Past Participle** hallarde bulunurlar.
Düzenli fiiller **Past** ve **Past Participle** hallerinde '**-ed**' eki alırlar.

     walk   walk**ed**   walk**ed**

Düzensiz fiiller bir kurala bağlı değillerdir. Bu fiillerin **Past** ve **Past Participle** hallerini kitabımızın sonunda bulabilirsiniz.

> We **went** to Antalya on holiday last summer.
> *Geçen yaz Antalya'ya tatile gittik.*
>
> We **spent** a lot of money.
> *Çok para harcadık.*
>
> I **saw** this film last week.
> *Bu filmi geçen hafta gördüm.*

2. **Past Simple** cümleleri olumsuz yaparken '**do**' yardımcı fiilinin **past** hali olan '**did**' yardımcı fiili ile birlikte '**not**' olumsuzluk kelimesi birlikte kullanılır. Olumsuz cümlelerde fiilin **Present** hali kullanılır.

> I **didn't see** her yesterday.
> *Dün onu görmedim.*
>
> I **didn't have** breakfast this morning.
> *Bu sabah kahvaltı yapmadım.*
>
> He **didn't drink** tea, he drank coffee.
> *Çay içmedi kahve içti.*

3. **Past Simple** cümleler soru haline çevrilirken '**did**' cümle başında kullanılır.
Soru cümlelerinde de fiilin **Present** hali kullanılır.

> **Did** you **go** on holiday last summer?
> *Geçen yaz tatile çıktın mı?*
>
> **Did** Jane **play** tennis yesterday?
> *Jane, dün tenis oynadı mı?*
>
> **Did** Mehmet **drive** to Bursa yesterday?
> *Mehmet, dün Bursa'ya gitti mi?*
>
> **Did** you **have** breakfast this morning?
> *Bu sabah kahvaltı yaptın mı?*

         ·   English Grammar Today

EXERCISE 88

Aşağıdaki kelimelerle **The Past Simple Tense**'de cümleler yapınız.

1. I / lose / my watch yesterday.

....

2. He / not do / any homework last night.

....

3. Mary / come / home at twelve last night.

....

4. They / arrive / in London at 10:00.

....

5. She /leave/her room in a terrible mess.

....

6. I / not pass / my exams.

....

7. He / sleep / until midday yesterday.

....

8. Bill / give / Judith a present for her birthday.

....

9. you / find / your jacket?

....

10. she / come / home late again.

....

11. you / spend / much money on holiday?

....

12. He /be/ hungry. He/eat/ a loaf of bread.

....

13. Suzanne / fly / to Rome last weekend.

....

14. you / stay / at the Marmara Hotel ?

....

15. I / study / French at school.

....

16. She / not- eat / fish. She /eat / a steak.

....

EXERCISE 89

Answer the questions.

1. Did Bob eat pizza for lunch yesterday?

....

....

2. What time did Ahmet get home yesterday?

....

....

3. What did Mr. White do this morning?

....

....

4. Did Adnan go to İzmir last week?

....

....

5. Did Mehmet iron his shirt last night?

....

....

6. What did Mike do last night?

....

....

7. Did Paul play basketball on Sunday morning?

....

....

37   In/on/at (Time)

1. in:

1.1 Yıl, mevsim, ay, haftalarla birlikte '**in**' kullanılır.

> **in 1997** -1997'de
> **in the 1970s** – 1970'lerde
> **in the 17th century** – 17. yüzyılda
> **in May** – Mayıs'da
> **in the second week of June** – Haziranın ikinci haftasında
> **in the past** - geçmişte
> **in the future** - gelecekte
> **in (the) winter** - kışın

I was born **in** 1972.
1972 yılında doğdum.

1.2 Günün belli bir kısmında derken '**in**' kullanılır.

> **in the morning** - sabahleyin
> **in the afternoon** – öğleden sonra
> **in the evening** - akşamleyin
> (**in the night** olmaz)

I don't work **in** the evenings.
Akşamları çalışmam.

1.3 Belli bir süre sonra derken.

> **in a few minutes** – bir kaç dakikada, bir kaç dakika sonra
> **in an hour** – bir saatte, bir saat sonra
> **in a week** – bir haftada, bir hafta sonra
> **in a week's time** – bir haftalık süre içinde
> **in a month** – bir ayda, bir ay sonra
> **in a year** – bir yılda, bir yıl sonra
> **in two months' time** – iki aylık süre içinde
> **in a moment** – birazdan, biraz sonra
> **in two days** – iki günde, iki gün sonra
> **in the end** - sonunda
> **in a short time** – kısa sürede/zamanda
> **in a long time** – uzun sürede /zamanda

You will see her **in** a few minutes.
Bir kaç dakika sonra onu göreceksin.

They are getting married **in** two months.
İki ay sonra evlenecekler.

The train will be here **in** a moment.
Tren biraz sonra burada olacak.

1.4 **in time** : zamanında

I want to get home **in** time to see the football match on TV.
Televizyondaki futbol maçını seyretmek için eve zamanında varmak istiyorum.

2. on:

Günlerle beraber **on** kullanılır.

> **on Monday** – Pazartesi günü
> **on February the tenth** – Şubat'ın onunda
> **on 29th June** – Haziran'ın yirmi dokuzunda
> **on Saturday morning** – Cumartesi sabahı (-nda)
> **on Friday evening** – Cuma akşamı (-nda)
> **on Saturday afternoons** – Cumartesi öğleden sonraları (-nda)
> **on Christmas day** – Noel gününde
> **on Sundays** – Pazarları, Pazar günleri(-nde)
> **on my birthday** – doğum günümde
> **on time** (tarifelerde) - zamanında

The trains always leave **on** time in Germany.
Almanya'da trenler her zaman zamanında kalkar.

They arrived **on** Saturday.
Cumartesi günü geldiler.

They arrived **on** Saturday.

My father died **on** a Christmas day.
Babam bir Christmas günü öldü.

What do you do **on** Sunday evenings?
Pazar akşamları ne yaparsın?

3. at:

Saatlerle, gece yarısı, gün ortası ve **hafta sonları** ile birlikte '**at**' kullanılır.

> **at night** - geceleyin
> **at mid-day / at midnight** – gün ortasında / gece yarısı (-nda)
> **at noon** – öğlen vaktinde, öğlende
> **at 10:00 o'clock** – saat onda
> **at 08:25** – saat 08:25'te
> **at the weekend** (on weekends) – hafta sonunda /sonlarında
> **at dawn** – şafak vaktinde, gün doğarken
> **at the age of** - yaşında
> **at seventeen** - onyedisinde
> **at the beginning of the week** – hafta başında
> **at the end of the month** – ay sonunda
> **at first / at last** – önce / nihayet
> **at the end of the film** – filmin sonunda
> **at Christmas** - Noelde

at **Easter** - Paskalya Yortusunda
at **the moment** – şu anda
at **present** – şimdi, şu an/anda
at **the same time** – aynı zamanda

She got married **at the age of** thirty.
O, otuz yaşında evlendi.

I'm busy **at the moment.**
Şu an meşgulüm.

Mary and I left the class **at the same time**.
Mary ve ben sınıftan aynı anda ayrıldık.

We play football **at the weekends**.
Biz hafta sonları futbol oynarız.

4.   **today, tonight, tomorrow, yesterday** ve **last, next, this, these, that, those** ve **every**
kelimeleri ile başlayan zaman tanımları ile birlikte herhangi bir **prepozisyon**
kullanılmaz.

They came to Istanbul **last year**.
İstanbul'a geçen yıl geldiler.

I went fishing **yesterday**.
Dün balık avlamaya gittim.

Mary and Mike went to the cinema **yesterday**.

My father is in Izmir **this week**.
Babam bu hafta İzmir'de.

I'll see her **tomorrow**.
Onu yarın göreceğim.

I get up early **every day**.
Her gün erken kalkarım.

She's working hard **today**.
Bugün sıkı çalışıyor.

She's working hard **today**.

What are you doing **tonight?**
Bu gece ne yapıyorsun?

She's attending a cookery course **these days.**
Bugünlerde bir aşçılık kursuna devam ediyor.

The war lasted long. We had lots of trouble **those days.**
Savaş uzun sürdü. O günlerde bir sürü güçlük yaşadık.

Michael Jackson is visiting Istanbul **this week.**
Michael Jackson bu hafta İstanbul'u ziyaret ediyor.

EXERCISE 90

Aşağıdaki boşluklarda gerekiyorsa **in**, **on** ve **at** prepozisyonlarından birini kullanınız.

1. I first went to London .... 1989.

2. In Turkey, most people don't work .... the evenings.

3. We always go out to dinner .... our wedding anniversary.

4. I read this book .... a week.

5. The weather is nice .... today.

6. Atatürk was born .... 1881.

7. We are leaving the school .... five minutes.

8. What are you doing .... tonight?

9. I'm a good runner. I can run 100 meters .... 11 seconds.

10. We meet him .... 12 o'clock.

11. I don't go out .... night.

12. We often play football .... Friday afternoons.

13. She wants to get married .... the age of 23.

14. Jennifer isn't working .... the moment.

15. She will be here .... a moment.

16. The school starts .... 08:00 o'clock.

17. The course begins .... 10th October and ends .... 12th February.

18. What are you doing .... the weekend?

19. Are you going anywhere .... tomorrow?

20. The telephone and the doorbell rang .... the same time.

38 Adjectives & Adverbs

1. Adjectives: Sıfatlar

Sıfatlar isimleri nitelendirirler ve onlar hakkında bize bilgi verirler.

> Henry is a **rich** man.
> *Henry zengin bir adamdır.*
>
> This is a **fast** car.
> *Bu hızlı bir arabadır.*

2. Adverbs: Zarflar

Zarflar eylemi nitelendirirler ve eylemin **nasıl, nerede, ne zaman, ne sıklıkta** yapıldığı hakkında bize bilgi verirler.

Zarf Türleri	
a) Adverbs of manner	Hal zarflar: Eylemin nasıl gerçekleştirildiğini belirtirler. bravely, quickly, slowly, hard, well, beautifully, suspiciously, carefully, kindly, etc.
b) Adverbs of place	Yer zarfları : Eylemin nerede olduğunu gösterirler. by, down, here, near, under, there, away, upstairs, downstairs, in, on, abroad, somewhere, anywhere, nowhere, up, where, beside, between, from etc.
c) Adverbs of time	Zaman zarfları: Eylemin zamanını belirtirler. afterwards, eventually, lately, now, recently, soon, then, today, tomorrow etc.
d) Adverbs of frequency	Sıklık zarfları: Eylemin ne kadar sık yapıldığını gösterir. always, usually, often, occasionally, sometimes, seldom, rarely, never, once, twice etc.
e) Adverbs of sentence (certainty)	Cümle/hüküm zarfları : Bütün cümleyi nitelendirir ve genelde konuşmacının fikrini belirtir. Genellikle cümle başında kullanılırlar. certainly, definitely, luckily, surely, really, apparently, clearly, evidently, obviously, probably, perhaps, possibly, unfortunately, etc. **Unfortunately**, he failed all his exams. *Ne yazık ki bütün sınavlarından kaldı.* **Perhaps**, they've lost their way. *Belki yollarını kaybettiler.*

f) Adverbs of degree	Derece zarfları : Bir sıfatı veya başka bir zarfı nitelendirir. fairly, hardly, pretty, quite, rather, very, almost, barely, completely, entirely, absolutely, too, far, etc. You're **absolutely** right. *Tamamen haklısın.*
g) Adverbs of Relative	İlgi zarfları : **When, Where, Why, How** I don't know **where** they've gone. *Onların nereye gittiklerini bilmiyorum.*
h) Adverbs of Interrogative	Soru zarfları : **When?, Where?, Why?, How?** **How fast** can he run? *O ne kadar hızlı koşabilir?*

2.1 Cümle içinde **sıklık zarfları** dışındaki zarflar **fiilden**, varsa **nesneden** sonra gelirler.

They are learning **slowly**.
Onlar yavaş(ça) öğreniyorlar.

They are learning English **slowly**.
Onlar İngilizce'yi yavaş(ça) öğreniyorlar.

Tom drives **carefully**.
Tom dikkatli(ce) araba kullanır.

Tom drives his car **fast**.
Tom arabasını hızlı kullanır.

2.2 Eğer cümlenin nesnesi uzun ise bu sefer **zarf** (adverb) **fiilden önce** gelir.

They **carefully** picked up all the apples on the trees.
Ağaçlardaki bütün elmaları dikkatlice topladılar.

She **angrily** denied that she had stolen the money.
Parayı çaldığını kızgın bir şekilde reddetti.

2.3 Eğer nesneden önce bir **prepozisyon** var ise **zarf**(adverb) **prepozisyondan önce** veya **nesneden sonra** kullanılabilir.

She looked **angrily** at me.
Bana kızgın bir şekilde baktı.

She looked at me **sadly**.
Üzgün bir şekilde bana baktı.

2.4 Genelde hal ve derece zarfları sıfatların sonuna '-ly' eki ilave
edilerek elde edilirler.

Adjective	Adverb
slow	**slowly**
careful	**carefully**
sad	**sadly**
strong	**strongly**
weak	**weakly**
silent	**silently**
quick	**quickly**
soft	**softly**

2.5 Sıfatın sonundaki '-y' 'i' ye dönüşür.

happy	**happily**
angry	**angrily**
easy	**easily**
noisy	**noisily**

2.6 Sıfat '-e' ile bitiyorsa '-ly' eki alırkan '-e' yerinde kalır.

immediate	**immediately**
extreme	**extremely**

2.7 Sıfat '-le' ile bitiyorsa 'e' düşer sadece 'y' eklenir.

gentle	**gently**
sensible	**sensibly**
capable	**capably**

2.8 Sıfat '-l' ile bitiyorsa '-ly' eklenir.

beautiful	**beautifully**
final	**finally**

2.9 Bazı kelimelerin sıfat ve zarf halleri aynıdır.

Adjective	Adverb	Adjective	Adverb
hard	**hard**	straight	**straight**
fast	**fast**	ill	**ill**
low	**low**	far	**far**
late	**late**	enough	**enough**
early	**early**	little	**little**
long	**long**	still	**still**
first	**first**	right	**right**

Jonh is a **hard** worker.
John sıkı bir işçidir.

He works **hard.**
Sıkı(ca) çalışır.

Bill is a **fast** runner.
Bill hızlı bir koşucudur.

He runs **fast**.
Hızlı(ca) koşar.

Mary is often **late**.
Mary sık sık geç kalır.

She often comes **late**.
Sık sık geç gelir.

2.10 **Good** bir sıfattır ve zarf hali '**well**' dir.

He's a **good** worker.
O iyi bir işçidir.

He works **well**.
O iyi(ce) çalışır.

Mrs. Scott is a **good** cook.
Bayan Scott iyi bir ahçıdır.

She cooks **well.**
İyi yemek yapar.

2.11 'Well' sağlığı yerinde anlamında bir sıfat olarak da kullanılır.

- **How** is your father?
- He's **well**.

2.12 **friendly, likely, lonely** kelimeleri birer sıfattır ve bunların zarf halleri yoktur. Bu boşluğu doldurmak için benzer anlamlı zarflar veya zarf cümleciği kullanılır.

He's very **friendly**.
O çok arkadaş canlısıdır.

He behaved **in a friendly way**.
Dost bir şekilde davrandı.

2.13 Aşağıdaki kelimeler '**-ly**' ekini alarak farklı anlamlar kazanmışlardır.

hardly - hemen hemen hiç
highly - çok

lately - son günlerde
nearly - neredeyse

2.14 Bazı sıfatlar önüne "**a**" alarak zarf olurlar.

loud	- **aloud**	live	- **alive**
round	- **around**	long	- **along**

3. Sıfat ve Zarf kalıplarının karşılaştırılması:

David is a **careful** worker.
David dikkatli bir işçidir.

➡ He works **carefully**.
O dikkatli(ce) çalışır.

Gordon is a **fluent** speaker.
Gordon akıcı bir konuşmacıdır.

➡ He speaks **fluently**.
Akıcı konuşur.

Susan is a **good** swimmer.
Susan iyi bir yüzücüdür.

➡ She swims **well**.
İyi yüzer.

Jim is a **dangerous** driver.
Jim tehlikeli bir sürücüdür.

➡ He drives **dangerously**.
Tehlikeli(ce) araba kullanır.

James is very **angry**.
James çok kızgın.

➡ He's looking at you **angrily**.
Sana kızgınca bakıyor.

EXERCISE 91

Aşağıdaki örnekte gösterildiği gibi aşağıdaki cümleleri bir adverb (zarf) kullanarak cevaplayınız.

Example: Helen is a bad driver.
Yes, she drives badly.

1. Luke is a good teacher.

....

2. Beatrice is a good dancer.

....

3. Mark is a hard worker.

....

4. Roger is an aggressive speaker.

....

5. Dora is a careful driver.

....

6. Anne is an efficient worker.

....

7. Bridget is a bad actress.

....

8. Carol is a fast swimmer.

....

9. Charlene is a careless typist.

....

10. Anne is a fast learner.

....

11. Caroline is a slow reader.

....

12. Jane is a bad singer.

....

13. Edmund is a noisy eater.

....

EXERCISE 92

Boşlukları aşağıdaki **sıfat** veya **zarf**lardan biri ile tamamlayınız.

fast, hard, harder, hardly, straight, immediate, immediately, direct, directly, short, late, near, nearly

1. If I get any news, I'll let you know _____.
2. I'm a _____ worker. I do everything quickly.
3. My plane arrived _____. I'm sorry,
4. You go _____ along this street and it is on your right.
5. Jennifer will be with you _____ _____Please take a seat.
6. You can fly _____, but there's only one flight a day.
7. I live _____ Mike. Only five minutes away.
8. There will be a _____ delay as the aircraft was late.
9. I've _____ finished my work.
10. She works _____ all day without stopping.
11. He's a _____ worker. He never stops.
12. Tom is lazy. He _____ ever works.
13. You're too slow. You need to work _____.
14. I cannot do it in the _____ future. I'm very busy.
15. Is there a _____ flight, or will I have to change.
16. I like driving too _____, but it's dangerous.
17. I want a/an _____ reply to my letter.

absolute	kesin	absolutely	kesinlikle
accidental	tesadüfi	accidentally	tesadüfen
admiring	beğenilen	admiringly	hayranlıkla
aggressive	saldırgan	aggressively	saldırganca
angry	kızgın	angrily	kızgınca
anxious	endişeli	anxiously	endişelice

English Grammar Today

astonishing	şaşırtıcı	**astonishingly**	şaşırtıcı bir şekilde
attentive	dikkatli	**attentively**	dikkatlice
bad	kötü	**badly**	kötü bir şekilde
bold	cesur	**boldly**	cesurca
brilliant	görkemli	**brilliantly**	görkemlice
bright	parlak	**brightly**	parlakça
careful	dikkatli	**carefully**	dikkatlice
certain	kesin	**certainly**	kesinlikle
clumsy	beceriksiz	**clumsily**	beceriksizce
comfortable	rahat	**comfortably**	rahatça
complete	tam	**completely**	tamamen
confidential	gizli	**confidentially**	gizlice
consistent	uygun, sürekli	**consistently**	uygun bir şekilde, sürekli
cool	sakin	**coolly**	sakince
correct	doğru	**correctly**	doğru bir şekilde
courteous	nazik	**courteously**	nazikçe
dangerous	tehlikeli	**dangerously**	tehlikelice
deep	derin	**deeply**	derince
definite	kesin	**definitely**	kesin olarak
eager	istekli	**eagerly**	isteklice
easy	kolay	**easily**	kolayca
effective	etkili	**effectively**	etkilice
efficient	yeterli, etkili	**efficiently**	yeterlice, etkilice
effortless	çabasız	**effortlessly**	çaba göstermeden, güçsüzce
elegant	zarif, şık	**elegantly**	zarifçe, kibarca
enthusiastic	coşkulu	**enthusiastically**	coşkuluca
even	eşit	**evenly**	eşit olarak
exact	doğru, tam	**exactly**	doğruca, tam olarak
exclusive	hususi	**exclusively**	yalnızca
expected	beklenen	**expectedly**	beklenen bir şekilde
extensive	yaygın	**extensively**	yaygın biçimde
extreme	şiddetli	**extremely**	son derece
fair	adil	**fairly**	adil bir biçimde
favorable	olumlu, uygun	**favorably**	uygun bir şekilde
fluent	akıcı	**fluently**	akıcı bir şekilde
foolish	aptal	**foolishly**	aptalca
full	dolu	**fully**	doluca
good	iyi	**well**	iyi
hasty	aceleci	**hastily**	aceleci bir şekilde
heavy	ağır	**heavily**	ağırca
hesitant	tereddütlü	**hesitantly**	tereddütlü bir şekilde
honest	dürüst	**honestly**	dürüstce
frantic	çılgın	**frantically**	çılgınca
immediate	hemen olan	**immediately**	derhal
immense	büyük	**immensely**	son derece
impartial	tarafsız	**impartially**	tarafsızca
impressive	etkili	**impressively**	etkili biçimde
impulsive	atılgan	**impulsively**	atılganca
incorrect	yanlış	**incorrectly**	yanlış bir şekilde
incredible	inanılmaz	**incredibly**	inanılmaz bir şekilde
intelligent	akıllı	**intelligently**	akıllıca

intentinal	kasdi	intentinally	kasden
inviting	davetkar	invitingly	davetkar bir şekilde
lucky	şanslı	luckily	şanslıca
lazy	tembel	lazily	tembelce
logical	mantıklı	logically	mantıklıca
loud	yüksek sesli	loud, loudly	yüksek seslice
methodical	metodlu	methodically	metodlu bir şekilde
near	yakın	nearly	nerdeyse
nervous	sinirli	nervously	sinirlice
noisy	gürültülü	noisily	gürültülüce
normal	normal	normally	normal bir şekilde
optimistic	iyimser	optimisticly	iyimser bir şekilde
original	orijinal	originally	orijinal olarak
outrageous	rezil	outrageously	rezilce
particular	kısmi	particularly	kısmen
patient	sabırlı	patiently	sabırlıca
perfect	mükemmel	perfectly	mükemmel bir şekilde
persuasive	ikna edici	persuasively	ikna edici bir şekilde
personal	şahsi	personally	şahsen
pleasant	hoş	pleasantly	hoşça
practical	pratik	practically	pratik olarak
private	özel	privately	özel bir şekilde
proper	muntazam	properly	muntazamca
punctual	dakik	punctually	dakik bir şekilde
quick	hızlı	quickly	hızlıca
ready	hazır	readily	isteyerek
reluctant	isteksiz	reluctantly	isteksizce
regular	düzenli	regularly	düzenlice
respectful	saygılı	respectfully	saygılıca
responsible	sorumlu	responsibly	sorumluca
rough	kaba	roughly	kabaca
ruthless	merhametsiz	ruthlessly	merhametsizce
scientific	bilimsel	scientifically	bilimsel bir şekilde
scornful	küçümser	scornfully	küçümser bir şekilde
selfish	bencil	selfishly	bencilce
serious	ciddi	seriously	ciddice
silent	sessiz	silently	sessizce
slow	yavaş	slowly	yavaşça
special	özel	specially	özellikle
splendid	muhteşem	splendidly	muhteşem bir şekilde
strong	kuvvetli	strongly	kuvvetlice
successful	başarılı	successfully	başarılı olarak
sudden	ani	suddenly	aniden
surprising	şaşırtıcı	surprisingly	şaşırtıcı bir şekilde
suspicious	şüpheli	suspiciously	şüpheli bir şekilde
tactfull	ince, zarif	tactfully	ince bir şekilde
tender	nazik	tenderly	nazikçe
thorough	tam	thoroughly	iyice, adamakıllı, tamamen
tight	sıkı	tightly	sıkıca
unexpected	umulmadık	unexpectedly	umulmadık bir şekilde

38. Adverbs

unfortunate	şanssız	**unfortunately**	şanssız bir şekilde
unwitting	bilinçsiz	**unwittingly**	bilinçsizce
vague	anlaşılmaz	**vaguely**	anlaşılmaz bir şekilde
vicious	ahlaksız	**viciously**	ahlaksızca, hırçınca
vigorous	etkili	**vigorously**	etkili bir şekilde, kuvvetlice
violent	sert	**violently**	sertçe

EXERCISE 93

Aşağıdaki boşluklarda parantez içinde veriler sıfat veya zarflardan uygun olanını kullanınız.

1. She is a .... girl. (beautiful/beautifully)

2. She's dancing .... (beautiful/beautifully)

3. She's giving her the money .... (reluctant/reluctantly)

4. They left the room .... (secret/secretly)

5. Mr. Black is a .... man. (kind/kindly)

6. He behaves .... (kind/kindly)

7. I know Dr. Watson very .... (good/well)

8. My grandfather was a .... man. (generous/generously)

9. He paid us .... (generous/generously)

10. He went .... home. (straight/straightly)

11. The train went .... (fast/fastly)

12. He treated us very .... (cool/coolly)

13. John swims .... (good/well)

14. He's a .... swimmer. (good/well)

15. Paul was very .... at the exam. (successful/successfully)

16. Patrick slammed the door .... (violent/violently)

17. John is very .... at this matter. (serious/seriously)

18. Paul took the exam .... (successfully/successful)

19. Tom is a .... student. (reluctant/reluctantly)

20. This bag is very .... (heavy/heavily)

21. It was a .... attack. (sudden/suddenly)

22. A car appeared .... (sudden/suddenly)

23. You .... do the same mistake again.
(intentional/intentionally)

24. A lovely child answered the phone .... (sweet / sweetly)

39   Prepositions

Prepositions – Edatlar

1.1. Prepozisyonlar normalde isimlerden ve zamirlerden önce kullanılan ve onları cümlenin diğer öğelerine bağlayan kelimelerdir.

There is a boy **among** the cars.
Arabaların arasında bir çocuk var.

This is my wallet and I've got some money **in** it.
Bu benim cüzdanım ve içinde biraz para var.

> **Preposition**'ın Türkçe'de tam bir karşılığı olmadığı için kitabımızda kendisinden **Prepozisyon** olarak bahsedilmiştir.

1.2 Prepozisyonlar bir fiilden önce de gelebilirler o takdirde fiilin **'-ing'** (Gerund) hali kullanılır.

She succeeded **in** pass**ing** her class.
Sınıfını geçmeyi başardı.

They are talking **about** escap**ing from** the prison.
Hapishaneden kaçmak hakkında konuşuyorlar.

1.3 Bir prepozisyon bir **isim** veya bir **birleşik isimle** birleşerek **Prepositional Phrase** (Prepozisyona bağlı sözcük grubu) oluşturur. Prepozisyonla birleşen kelimeye **prepozisyonun nesnesi** (Object of Preposition) denir.

	Prepositional Phrase	
	Preposition	**Object of the Preposition**
The bottle is	**on**	the table.
They arrived	**at**	the party.
It jumped	**out of**	the grass.

1.4 Bazı **Prepositional Phrase'ler** yer ve zaman ilişkisini gösterir ve '**when, where** ve **which**' sorularının cevabı olurlar.

London train leaves **at** 10:20.
Londra treni 10:20'de hareket edecek.

1.5 Bazı **prepozisyonlar** insanlar, olaylar ve nesneler arasındaki ilişkiyi gösterir.

This cake was made **for** my birthday **by** my mother.
Bu kek annem tarafından benim doğum günüm için yapıldı.

1.6 Prepozisyonlar bir, iki veya üç kelimeden oluşabilir. Çok bilinen tek kelimeli prepozisyonlar:

above: yukarıda, daha yüksek bir noktada, veya noktaya

My bedroom is immediately **above**.
Benim yatak odam hemen yukarıda.

My address is **above**.
Adresim yukarıda.

In the **above** paragraph, it is said that cars are getting cheap.
Yukarıdaki paragrafta arabaların ucuzladığı söyleniyor.

The water came **above** our knees.
Su dizlerimizin üzerine geldi.

The temperature is **above** 28 degrees.
Isı 28 derecenin üzerinde.

There are some apples **on** the tree **above** the dog.

about: hakkında, yaklaşık, civarında

Mary is dreaming **about** her boyfriend.
Mary erkek arkadaşını düşlüyor.

That woman is **about** forty years old.
Şu kadın yaklaşık kırk yaşında.

She's **about** thirty.   He's thinking **about** money.

after: sonra

They left the house **after** six.
Saat altıdan sonra evden ayrıldılar.

The police arrived **after** the robbers had left the bank.
Soyguncular bankadan ayrıldıktan sonra polis geldi.

against: karşı

We were rowing **against** the current.
Akıntıya karşı kürek çekiyorduk.

along: boyunca

They were walking **along** the seaside.
Deniz kenarı boyunca yürüyorlardı.

among/amongst: arasında (ikiden fazla nesne arasında)

He found his school report **among** a pile of books.
Bir yığın kitabın arasında karnesini buldu.

The students sometimes argue **among** themselves.
Öğrenciler bazen kendi aralarında tartışırlar.

around: etrafında

He's walking **around** the house.
Evin etrafında dolaşıyor.

I dropped the key somewhere **around** here.
Anahtarı buralarda bir yerde düşürdüm.

at: de, da

There is someone **at** the door.
Kapıda biri var.

I got home **at** eight.
Saat sekizde eve vardım.

He's **at** the water fountain.

before: önce

Try to be at home **before** five.
Saat beşten önce evde olmaya çalış.

behind: arkasında

There is a child **behind** the car.
Arabanın arkasında bir çocuk var.

There's a cat **behind** the tree.

below: pozisyon, seviye, rütbe olarak daha aşağıda, alt tarafında

The temperature was **below** zero.
Isı sıfırın altındaydı.

Skirts must be worn **below** the knees.
Etekler dizin altında giyilmeli.

The temperature was **below**

beneath: birşeyden daha aşağıda, altında

She married **beneath** her.
Kendinden daha aşağıda biri ile evlendi.

They found the young woman buried **beneath** the leaves.
Genç kadını yaprakların altında gömülmüş buldular.

English Grammar Today

beside: yan tarafında, yanında

He's sitting **beside** his sister.
Kız kardeşinin yanında oturuyor.

The cat is **beside** the table.

between: arasında

The bank is **between** the supermarket and the post office.
Banka supermarket ile postane arasında.

beyond: ötede, ötesinde, öteye

They found him **beyond** the village.
Onu köyün ötesinde buldular.

by: yanında, kenarında

We had dinner in a restaurant **by** the river.
Akşam yemeğini nehrin yanında bir lokantada yedik.

by: ile, tarafından

The flowers were watered **by** my father.
Çiçekler babam tarafından sulandı.

I go to school **by** bus.
Ben okula otobüsle giderim.

Yayan, yürüyerek derken '**on foot**' kullanılır.

I go to school **on** foot.
Okula yayan giderim.

by: önce

We arrived home **by** eight.
Saat sekizden önce eve vardık.

down: aşağı, aşağıda

The factory is **down** the river.
Fabrika nehrin aşağısında.

He pointed **down**.

during: sırasında

My grandfather was in Paris **during** the Second World War.
Dedem İkinci Dünya Savaşı sırasında Paristeydi.

It didn't rain **during** the match.
Maç sırasında yağmur yağmadı.

for: için, (belli bir süre) dır, dir

This letter is **for** you.
Bu mektup senin için.

I've been a teacher **for** twenty years.
Yirmi yıldır öğretmenim.

from: bir yerden

He's coming **from** school.
Okuldan geliyor.

in: içinde, de, da

The fish is **in** the fridge.
Balık buzdolabında. (buzdolabının içinde)

What is there **in** the box?
Kutunun içinde ne var?

They are **in** the water.

inside: içerisinde, içerisine

Put the bird **inside** its cage.
Kuşu kafesinin içerisine koy.

They are **inside** the house.
Onlar evin içerisindeler.

into: içine

He's walking **into** Mr. Smith's room.
Mr. Smith'in odasına giriyor.

He jumped **into** the pool.
Havuzun içine atladı.

He bobbed **into** the barrel.

near: yakınında, yakın

The post office is **near** the police station.
Postane polis karakoluna yakın. (polis karakolunun yakınında)

of: isme 'nin, nın' eki ekler

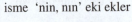

He is the captain **of** the school basketball team.
*O, okul basketbol takımı**nın** kaptanıdır.*

off: uzak, uzakta, boşlukta bir yere

The town is still five kilometers **off**.
Kasaba hala beş kilometre uzakta.

He fell **off** the ladder.
Merdivenden düştü.

They've just got **off** the schoolbus.

The cat knocked the lamp **off** the table.
Kedi lambayı masadan düşürdü.

on :   üzerinde

There are two pictures **on** the wall.
Duvarın üzerinde iki resim var.

The dictionary is **on** the table.
Sözlük masanın üzerinde.

There is a bottle and a glass **on** the barrel.

out: dışarı, dışarıda

Go **out**!
Dışarı çık.

My father is **out**.
Babam dışarıda.

outside: dışarısında

They are playing **outside** the house.
Evin dışarısında oynuyorlar.

over: üzerine, üzerinde, üzerinden, bir yandan diğer yana, bitti

She put the coat **over** the sleeping child.
Paltoyu uyuyan çocuğun üzerine koydu.

The horse jumped **over** the obstacle.
At engelin üzerinden atladı.

The holiday is **over**.
Tatil bitti.

past: geçmek, geçip gitmek

He walked **past** the restaurant where he had had a meal with Caroline.
Caroline'nla birlikte yemek yedikleri lokantayı yürüyüp geçti.

since: ...... den beri

I've been living in Istanbul **since** I was born.
Doğduğumdan beri İstanbulda yaşamaktayım.

through: bir şeyin içinden

He's looking at the boys **through** the window.
Pencereden çocuklara bakıyor.

They walked **through** the forest.
Ormanın içinden yürüdüler.

He's looking **through** the window.

till / until: .... e kadar

I waited for you **until** five o'clock yesterday.
Dün saat beşe kadar seni bekledim.

to: ..e, ... a (bir yere)

He's going **to** school.
O okula gidiyor.

Give it **to** me!
Onu bana ver!

They are going **to** school.

toward/ towards: .... e doğru

He ran **towards** his father.
Babasına doğru koştu.

They are going **towards** the river.
Nehre doğru gidiyorlar.

under: altında

The cat is sleeping **under** the table.
Kedi masanın altında uyuyor.

up: yukarı, yukarıda, ayakta

Pull your socks **up**!
Çoraplarını yukarı çek!

Lift your head **up**!
Başını yukarı kaldır!

I was **up** all night.
Bütün gece ayaktaydım.

Pull your socks **up**!

with: ile

Are you coming **with** us?
Bizimle geliyor musun?

Mary is going out **with** John.
Mary John ile çıkıyor.

without: ..... sız (bir şey olmaksızın)

Don't go out **without** an umbrella!
Şemsiyesiz dışarı çıkma!

I can't live **without** you.
Sensiz yaşayamam.

English Grammar Today

1.7 Bazı prepozisyonlar iki veya üç kelimelidir.

because of: Yüzünden (Geniş bilgi için Sayfa 342'ye bakınız)

I had an accident **because of** you.
Senin yüzünden kaza yaptım.

at the back of: arkasında

She's standing **at the back of** the picture.
Resmin arkasında duruyor.

in front of: önünde

There's someone **in front of** the door.
Kapının önünde biri var.

The dog is **in front of** the wall.

next to: bitişiğinde

The bank is **next to** the post office.
Banka postanenin bitişiğinde.

at the top of: tepesinde

He's **at the top of** his profession.
O mesleğinin zirvesinde.

on top of: tepesinde, üzerinde, üzerine

Put this book **on top of** the others!
Bu kitabı diğerlerinin üzerine koy!

The building collapsed **on top of** the people.
Bina insanların üzerine çöktü.

out of: dışına, dışarı

He took a gun **out of** his pocket.
Cebinden dışarı bir silah çıkardı.

He went **out of** the room.
Odadan dışarı çıktı.

He's coming **out of** the pool.

away from: uzak

My house is **away from** the school.
Evim okuldan uzakta.

English Grammar Today

1.8 "**Upstairs, downstairs, uptown, downtown, upstream, downstream**" gibi bünyeleninde bir prepozisyon barındıran kelimeler ile "**here**" ve "**there**" kelimeleri **bir prepozisyon almazlar.**

Direction: Yön

Tom is going **upstairs**.
Tom yukarı çıkıyor.

Mary is coming **here**.
Buraya geliyor.

Place: Yer

I'm **here**.
Buradayım.

The bridge is **upstream**.
Köprü nehrin yukarısında.

Andrew is **upstairs**.
Andrew yukarıda. (üst katta)

1.9 **arrive in /at** : bir yere varmak, **arrive on** the campus

Ülke, şehir, kasaba, köy gibi yerleşim birimleri ile birlikte varmak, "**arrive in**," **istasyon, otel, okul** gibi bina ve yerler için "**arrive at**" kullanılır.

We **arrived in** Istanbul on Sunday.
Istanbul'a Pazar günü vardık.

The train **arrived at** the station at 12:20.
Tren 12:20'de istasyona vardı.

The students **arrived on** the campus in time.
Öğrenciler kampüse zamanında vardılar.

1.10 **look in /at/for/after/through**

look in: kısa süre için uğrayıp bakmak

They **looked in on** their daughter to see if she needs anything.
Bir şeye ihtiyacı var mı diye kızlarına uğradılar.

look at: birine, bir şeye bakmak

He's **look**ing **at** a watch in the shop window.
Vitrindeki bir saate bakıyor.

look for: Aramak

He's **look**ing **for** a job.
Bir iş arıyor.

look after: bakmak, bakımını yapmak

He's **look**ing **after** his car well.
Arabasına iyi bakıyor.

She looks **after** the baby well.

look through: birşeyin içinden doğru bakmak.

 She's **look**ing **through** her hair.
Saçlarının arasından bakıyor.

Aşağıdaki boşluklarda gerekiyorsa birer prepozisyon kullanınız.

1. John is looking .... a watch .... the shop window.

2. Go .... West Street and take the third turning .... the right.

3. The car is in very good condition. I've been looking .... it myself.

4. I'm looking .... my keys. I can't find them anywhere.

5. The train arrived .... the station .... time.

6. We rowed .... upstream.

7. My office is away .... the car park.

8. He took some money out .... his wallet.

9. Look .... Jim. He's .... the top of the ladder.

10. The cat is lying .... front of the fire.

11. We missed the train because .... you.

12. Please don't leave me. I can't do .... you.

13. She saw her father and began to run .... him.

14. What do you know .... him?

15. It was very cold. She put two blankets .... the children.

16. – Is the cat inside the house?

    – No, it's .... the house.

17. The post office is next .... the supermarket.

18. They come .... Ireland. They are Irish.

19. We had dinner .... the restaurant .... the river.

20. It's very hot today. The temperature is .... 30 degrees.

40 Be going to

A. Cümle Kuruluşu:

1. Olumlu: be going to + infinitive

Be yardımcı fiilinin geniş zaman halleri olan '**am**', '**is**' ve '**are**' ile ' **going to**' fiilin '**infinitive**' (mastar) hali ile birlikte kullanılır, ve fiile '**ecek, acak**' eki ekler.

I	**am**		
He She It	**is**	**going to**	fly to Ankara tomorrow.
We You They	**are**		

> I **am going to** fly to Ankara tomorrow.
> *Yarın Ankara'ya uçacağım.*

2. Olumsuz: '**not**' olumsuzluk kelimesi '**am, is, are**' dan sonra kullanılarak olumsuz cümleler elde edilir.

I	**'m not**		
He She It	**isn't**	**going to**	work tomorrow.
We You They	**aren't**		

> I**'m not going to** work.
> *Çalışmayacağım.*

3. Soru: To be yardımcı fiili cümle başında kullanılarak soru cümleleri elde edilir.

Am	I		
Is	he she it	**going to**	work tomorrow?
Are	we you they		

> **Are** you **going to** start?
> *Başlayacak mısın?*

4. Olumlu ve olumsuz cümlelerde genellikle kısaltılmış şekiller kullanılır.

I'**m going to have** a holiday.
Tatil yapacağım.

He'**s going to** catch the train.
Treni yakalayacak.

They'**re going to** play tennis.
Tenis oynayacaklar.

I'**m not going to** see her today.
Bugün onu görmeyeceğim.

He'**s going to** throw the ball.

B.   Kullanıldığı yerler

1.   Yapmaya karar verdiğimiz işler için kullanılır.

– Have you had a bath?
– *Banyo yaptın mı?*

– No, I'**m just going to** have a bath.
– *Hayır, şimdi banyo yapacağım.* (Daha önce karar verdim.)

We'**re going to** eat in a restaurant tonight.
Bu akşam bir lokantada yemek yiyeceğiz. (Daha önce karar verdik.)

I'**m going to** do my homework tonight.
Bu akşam ödevimi yapacağım.

2.   Eğer bir şey yapmaya karar vermiş ve daha evvel hazırlık yapmışsak
'**be going to**' yerine 'The **Present Continuous Tense**' kullanırız.

I'**m** fly**ing** to London tomorrow. I've got the ticket.
Yarın Londra'ya uçuyorum. Bileti aldım.

We'**re** hav**ing** a party tonight. We've got everything ready.
Bu akşam bir parti veriyoruz. Herşeyi hazırladık.

3.   Bazan birazdan ne olacağını kestirebiliriz. Bu durumu
'**be going to**' ile anlatırız.

It's getting cold. It'**s going to** snow.
Hava soğuyor. Kar yağacak.

They are in the playing yard. They **are going to** play football.
Oyun sahasındalar. Futbol oynayacaklar.

EXERCISE 95

Örneğe bakıp ' **be going to**'lu benzer cümleler yapınız.

Example:
– Have you visited Anne in the hospital yet?
– Not yet. **I'm going to** visit her soon.

1. Have you posted the letters yet?

....

2. Have you tidied your room?

....

3. Have you read the paper yet?

....

4. Have you invited Jane to the party?

....

5. Have you had a party?

....

6. Have you had a haircut?

....

7. Have you done the washing up?

....

8. Have you seen this film?

....

9. Have you laid the table yet?

....

10. Have you done your homework?

....

11. Have you unwrapped your Christmas presents yet?

....

12. Have you locked the door yet?

....

13. Have you telephoned your father?

....

14. Have you left the hotel?

....

15. Have you paid the electricity bill?

....

EXERCISE 96

Aşağıda verilen kelimeler ile 'be going to'lu cümleler yapınız.

1. He / study / chemistry at university.

....

2. I / travel / all over the world.

....

3. They / not rent / that flat.

....

4. I / play / the piano in a cafe.

....

5. We / not stay / in a luxury hotel.

....

6. We / eat / fish and chips.

....

7. you / speak / to the boss?

....

8. She / marry / a very rich man.

....

9. They / win / the World Cup.

....

10. He / make / a phone call.

....

11. It / rain / this afternoon.

....

12. The car / break down.

....

13. It / take / a long time to fotocopy this book.

....

14. Look out! We / crash.

....

15. What / you / wear / to work tomorrow?

....

41 Will / Shall

Will / Shall

A. CÜMLE YAPISI:

Future Simple'ı '**will** /**shall** + **infinitive**' şeklinde formüle ederiz. '**Infinitive**' fiilin yalın halidir. '**Future Simple**'ın kendi dilimizdeki karşılığı '**Gelecek Zaman**'dır.

I You He She It We You They	**will**	work better.

(Ben)		çalışacağım
(Sen)		çalışacaksın.
(O)		çalışacak.
(O)	*Daha iyi*	çalışacak.
(O)		çalışacak.
(Biz)		çalışacağız.
(Siz)		çalışacaksınız.
(Onlar)		çalışacaklar.

B. Kullanıldığı yerler:

1. Yapmağa niyetlendiğimiz olaylar '**will**' ile anlatılır.

Just a minute. I'**ll** telephone my father.
Bir dakika. Babama telefon edeceğim.

I **will** wait for you.
Seni bekleyeceğim.

> will = '**ll**
>
> '**ll** **will** ve **shall**'in kısaltılmış şeklidir.

'**I**' ve '**We**' özneleri için '**shall**' de kullanılabilir.

I **shall** be 23 next month.
Gelecek ay 23'ümde olacağım.

We **shall** be in Antalya next week.
Gelecek hafta Antalya'da olacağız.

2. Resmi yazışmalarda '**shall**', konuşma dilinde ise daha çok '**will**' kullanılır.

I **shall** take the 10:15 train.
10:15 trenine bineceğim.

We **shall** meet you at the airport.
Sizi havaalanında karşılayacağız.

We **shall** answer you soon.
Kısa zamanda size cevap vereceğiz.

3. Kararlılık belirten cümlelerde 'will' yerine 'shall' kullanılır.

We **shall** study hard and we **shall** pass this exam.
Sıkı çalışacağız ve bu sınavı geçeceğiz. (Kararlıyız).

Aynı kararlılğımızı 'will' ile de anlatabiliriz.

We **will** study hard and we **will** pass this exam.

4. **'Shall'** bazen söz veriyorum anlamına da gelir ve bu anlamda **II. şahıslarla** birlikte de kullanılabilir.

You **shall** get your money on time.
Paranı vaktinde alacaksın. (Söz veriyorum.)

You **shall** be on the team list.
Sen takım listesinde olacaksın. (Söz)

Aynı cümleleri 'will' ile de yazabileceğimizi unutmayınız.

5. Konuşma anında yapmaya karar verdiğimiz işlerin anlatımında 'will' kullanılır.

- Did you phone Jane?
- *Jane'e telefon ettin mi?*

- Oh no, I forgot, **I'll** phone her right now.
- *Hayır, unuttum. Hemen şimdi ona telefon edeceğim.* (veya **ederim**)

- Do you know that Mary is in hospital?
- *Mary'nin hastanede olduğunu biliyor musun?*

- No, I don't. **I'll** go and visit her tomorrow.
- *Hayır bilmiyorum. Yarın gidip onu ziyaret ederim.*

6. Yardım tekliflerinde 'will' kullanılır.

İki kişi konuşuyor:

A- This suitcase is very heavy.
    Bu valiz çok ağır.

B- Don't worry. **I'll** help you to carry it.
    Endişelenme. Onu taşımada sana yardım ederim.

A- Oh dear! I've left the keys at home.
    Aman Allahım! Anahtarları evde unuttum.

B- Don't worry. **I'll** go and get them for you.
    Endişelenmeyin. Sizin için gidip onları alırım.

A- I haven't got time to type these letters.
    Bu mektupları daktilo etmeye vaktim yok.

B- Don't worry. **I'll** type them for you.
    Endişelenmeyin. Ben onları sizin için daktilo ederim.

7. Gelecek zamanla ilgili düşünce ve tahminlerimizi belirtirken cümleye;

I assume	- *Zannederim* ....
I'm afraid	- *Korkarım* ....
I'm sure	- *Eminim* ....
I feel sure	- *Eminim* ....
I dare say	- *Galiba, sanırım* ....
I doubt	- *Şüphe ederim* ....
I expect	- *Umarım, bekliyorum* ....
I hope	- *Ümit ederim* ....
I know	- *Biliyorum* ....
I suppose	- *Zannederim, farzederim* ....
I think	- *Sanırım* ....
I don't think	- *Sanmıyorum* ....
I wonder	- *Acaba* ....

diye başlar veya cümlelerimizde '**perhaps**- belki', '**possibly**- ihtimalen', '**probably** - muhtemelen' gibi zarfları kullanırız.

I'm sure it**'ll** cost us a lot of money.
Eminim, bize çok paraya mal olacak.

I don't think we **will** go out tonight.
Bu gece dışarı çıkacağımızı sanmıyorum.

I believe you **will** succeed it.
Onu başaracağına inanıyorum.

I suppose we **will** get the money tomorrow.
Parayı yarın alacağımızı farzediyorum.

Perhaps, you **will** find the exam very easy.
Belki, sınavı çok basit bulacaksınız.

He'll probably lose his way.
Muhtemelen yolunu kaybedecek.

I expect we**'ll** get our pays tomorrow.
Maaşlarımızı yarın alacağımızı umuyorum.

I don't think we**'ll** find them at home.
Onları evde bulacağımızı zannetmiyorum.

8. Gelecekte gerçekleşmesi muhtemel alışkanlıklarımız için '**will**' kullanırız.

She **will** sing us her best songs.
Bize en güzel şarkılarını söyleyecek.

Birds **will** fly to the south. They **will** build their new nests there.
Kuşlar güneye uçacaklar. Orada yeni yuvalarını yapacaklar.

9.   **Conditional Clause** (Şart cümleleri)' larla birlikte '**will**' kullanılırlar.

9.1   Gerçekleşmesi bir şarta bağlı olan cümlelere şart cümleleri **(Conditional Clauses)** denir.

Bunlar:

1. Olması mümkün (**probable**)

2. Olması mümkün değil (**improbable**)

3. Ve imkansız (**impossible**) şart cümleleri diye üçe ayrılırlar.

''**will**' olması mümkün (probable) şart cümlelerinde kullanılır. Bu şart cümleleri kimi kitaplarda '**If Clauses**' diye geçer.

Şart cümleleri iki ayrı cümlecikten meydana gelir. 'If' veya 'when' ile birlikte kullanılan cümleye 'If Clause' (İf Cümleciği) veya 'Conditional Clause' (Şart Cümleciği) diğer cümleye de 'Main Clause' (Asıl Cümlecik) denir.

Conditional Clause (Şart Cümleciği)	Main Clause (Asıl Cümlecik)
If I **get** my pay tomorrow,	I **will** give you some money.

Bu tür cümlelerde 'If Clause' **Present Simple Tense** (Geniş Zaman), 'Main Clause' **will future** (Gelecek Zaman) ile anlatılır.

Conditional Clause (Şart Cümleciği)	Main Clause (Asıl Cümlecik)
If I **see** her again,	I **will** tell her the truth.
Present Simple Tense	Will Future

If I **have** time, I **will** read this book first.
Vaktim olursa önce bu kitabı okuyacağım.

9.2   Genel doğrulardan bahsederken '**if**' yerine '**when**' kullanılır.

When it **gets** warmer, the snow in the mountain **will** start to melt.
Hava ısınınca dağdaki kar erimeye başlayacak.

When you **tell** me the truth, I **will** be very happy.
Bana doğruyu söylediğinde çok mutlu olacağım.

The Prime Minister **will** open a new factory tomorrow.
Başbakan yarın yeni bir fabrika açacak.

There **will** be fog in Marmara Region tomorrow.
Yarın Marmara Bölgesinde sis olacak.

The fortune teller (falcı) :

You **will** have two children.
İki çocuğun olacak.

In three weeks you **will** get a good offer.
Üç hafta sonra iyi bir teklif alacaksın.

I guess Fenerbahçe **will** beat Galatasaray 3-1 next Saturday.
Gelecek Cumartesi Fenerbahçe'nin Galatasarayı 3-1 yeneceğini tahmin ediyorum.

11. **Politikacı vaadlerini "will" ile anlatır.**

We **will** reduce the price of petrol.
Petrolün fiyatını düşüreceğiz.

We **will** abolish car tax.
Araba vergisini kaldıracağız.

We **won't** get tax from wages.
Ücretlerden vergi almayacağız.

We **will** spend more money on public transport.
Toplu taşımacılığa daha çok para harcayacağız.

12. **Rica cümlelerinde "will" kullanılır.**

Will you please shut the window?
Lütfen pencereyi kapatır mısınız?

Will you please post these letters?
Lütfen bu mektupları postalar mısın?

Yukardaki rica cümlelerinde will yerine '**can**', '**would**' veya '**could**' kelimelerinden birini de kullanabilirsiniz.

Can you help me?
Bana yardım eder misiniz? (edebilir misiniz?)

Would you get me another drink?
Bana bir içki daha alır mısın?

Could you tell me where the nearest post office is?
En yakın postanenin nerede olduğunu söyleyebilir miydiniz?

EXERCISE 97

Cümleleri aşağıda verilen fiillerden birini 'will' ile kullanarak
tamamlayınız.

turn go have play give take stay   go take show

1. I'm very tired. I don't think I .... tennis with you today.

2. Thank you for lending me some money. I .... it back to you on
   Wednesday.

3. I'm very late for work. I .... a taxi.

4. A- Are you going out tonight?

   B- No, I think I .... at home and watch TV.

5. A- We haven't got any cigarettes left.

   B- Oh. haven't we? I .... and get a packet.

6. A- What would you like to drink?

   B- I .... a glass of wine, please.

7. A- Someone has left the door open.

   B- I .... and shut it.

8. I feel dizzy. I think I .... medicine for it.

9. A- I don't know how to use this camera.

   B- I .... you how to use it.

10. A- I think the room is too dark to read.

    B- I .... on the lights for you.

C. The Future Simple Tense

Negative - Olumsuz

will not - *won't*   **shall not** - *shan't*

1. Yapmamaya karar veya söz verdiğimiz veya yapmayı reddettiğimiz işlerin, olayların anlatımında '**will not**' veya '**shall not**' kullanılır.

   '**Not**' bütün cümleleri olumsuz yapar. Burada da **will** veya **shall** ile birlikte kullanılarak cümlelerimizi olumsuz kılarlar.

The car **won't** start.
Araba çalışmıyor.

I **won't** help you any more.   (I refuse to help you.)
Artık sana yardım etmeyeceğim. (Sana yardım etmeyi reddediyorum.)

He **won't** make a speech. (He refuses to make a speech.)
Konuşma yapmayacak.   (Konuşma yapmayı reddediyor.)

They **won't** obey the rules of the camp. (They refuse to obey the rules of the camp.)
Kampın kurallarına uymayacaklar.   (Kampın kurallarına uymayı reddediyorlar.)

She **won't** come to the party.   (She refuses to come to the party.)
Partiye gelmeyecek.   (Partiye gelmeyi reddediyor.)

I have tried to convince her but she **won't** listen.
Onu ikna etmeye çalıştım fakat dinlemiyor.

I **won't** lend you that much money.
Bu kadar parayı sana ödünç vermeyeceğim.

She **won't** tell us where she is going.
Nereye gittiğini bizi söylemeyecek.

They **won't** sell their house.
Evlerini satmayacaklar.

I **won't** disturb you again.
Seni tekrar rahatsız etmeyeceğim.

I **won't** write to her any more.
Artık ona yazmayacağım.

They **won't** come back.
Onlar geri gelmeyecekler.

EXERCISE 98

Aşağıdaki cümleleri İngilizce'ye çeviriniz.

1. Gerçeği söylemeyecek.

....

2. Seni partiye götürmeyecek.

....

3. Dışarıya çıkmamıza izin vermeyecek.

....

4. Hesabı ödemeyecek.

....

5. Parayı zamanında ödemeyecek.

....

6. Yarın işe gelmeyecek.

....

7. Bulaşıkları yıkamayacağım.

....

8. Fotoğrafları sana göstermeyeceğim.

....

9. Sözünü tutmayacak.

....

10. Bu ilacı içmeyeceğim.

....

11. Çocuklar ödevlerini yapmayacaklar.

....

12. Arabamı sana satmayacağım.

....

13. Senin nerede olduğunu bilmeyecek.

....

14. Bize yemek söylemeyecek.

....

15. Ankara'ya trenle gitmeyeceğim.

....

D. The Future Simple Tense

Interrogative - Soru

1. '**Will**' yardımcı fiilini özneden önce kullanarak gelecek zamanda soru
cümleleri oluştururuz.

	I	**will**	wait for her.	*Onu bekley**eceğ**im.*
Will	you		wait for her?	*Onu bekleyecek **misin**?*

He **will** start the engine.
Motoru çalıştıracak.

Will he start the engine?
Motoru çalıştıracak mı?

Aşağıdaki tabloyu dikkatle inceleyiniz.

Will	I you he she it we you they	stay at home tonight?		*Bu gece evde **mi***	*kalacağım?* *kalacaksın?* *kalacak?* *kalacak?* *kalacak?* *kalacağız?* *kalacaksınız?* *kalacaklar?*

Yukarıdaki tablodaki soruları '**yes**' ve '**no**' ile kısaca cevaplamak istediğimizde:

Yes,	I you he she it we you they	**will.**	**No,**	I you he she it we you they	**won't.**

şeklinde olur.

- **Will** you answer the phone?
- Yes, I **will.**
- No, I **won't.**

EXERCISE 99

Aşağıdaki cümleleri İngilizce'ye çeviriniz. Sonrada 'yes' ve 'no' ile kısa cevaplar veriniz.

1. Arabanı buraya mı park edeceksin?

.... - Yes, ...

2. Bugün arabanı temizleyecek misin?

.... -No, ...

3. Gerçeği söyleyecek misin?

.... - Yes, ...

4. Taksi tutacaklar mı?

.... - No, ...

5. Hesabı ödeyecek mi?

.... - Yes, ...

6. Yarın onunla tenis oynayacak mısın?

.... - Yes, ...

7. Bir içki alacak mısın?

.... - No, ...

8. Sıkı çalışacak mısın?

.... - Yes, ...

9. Yarın işe gidecek misin?

.... - No. ....

10. Televizyonu yarın mı getirecekler?

.... - Yes, ...

11. Hiç paran kalmazsa arabanı satacak mısın?

.... if you have no money left? - No, ...

12. Alışveriş yapmakta bana yardım edecek misin?

.... with the shopping? - Yes, ...

13. Yarın yağmur yağarsa evde mi kalacaksın?

.... - No, ...

14. Bana bir içki alır mısın?

.... - Yes, ...

E. Will Future

Negative Interrogative - Olumsuz Soru

Will Future Tense'de iki türlü olumsuz soru yapılabilir.

1. **Will** özneden önce olumsuzluk kelimesi '**not**' özneden sonra kullanılarak.

Will	I you he she it we you they	**not**	work?	*Çalışmayacak mıyım?* *Çalışmayacak mısın?* *Çalışmayacak mı?* *Çalışmayacak mı?* *Çalışmayacak mı?* *Çalışmayacak mıyız?* *Çalışmayacak mısınız?* *Çalışmayacaklar mı?*

Will you **not** pay the electricity bill today?
Elektrik faturasını bugün ödemeyecek misin?

Will he **not** return the money tomorrow?
Parayı yarın iade etmeyecek mi?

Will they **not** accept our offer?
Teklifimizi kabul etmeyecekler mi?

2. Yardımcı fiil '**will**' ve olumsuzluk kelimesi '**not**' birlikte özneden önce kullanılarak:

will not ⟶ **won't**

Won't	I you he she it we you they	be here?	*Burada*	*olmayacak mıyım?* *olmayacak mısın?* *olmayacak mı?* *olmayacak mı?* *olmayacak mı?* *olmayacak mıyız?* *olmayacak mısınız?* *olmayacaklar mı?*

Won't you see her this evening?
Bu akşam onu görmeyecek misin?

Won't they play chess tomorrow?
Yarın satranç oynamayacaklar mı?

Won't you pay the bill?
Hesabı ödemeyecek misin?

Won't she type these letters?
Bu mektupları daktilo etmeyecek mi?

F. Future Time Clauses - Gelecek Zaman Cümlecikleri

will with **if, when, until, as soon as, before, after, while**

Bazen gelecek zamandaki olayların zamanı bir yan cümlecik ile verilir.

Asıl cümle **gelecek zaman** olduğu halde olayın olacağı zaman bir bağlaç ile birlikte **Present Tense**'de verilir. **Present Tense** deyince biz **Present Simple, Present Continuous** ve **Present Perfect Tense**'i kastederiz. Yerine göre **bu üç tense**'i de kullanabiliriz.

We shall go **when** you **finish** your work.   (Present Simple)
İşini bitirince gideceğiz.

We shall go **when** you **have finished** your work. (Pre. Perfect)
İşini bitirdiğinde gideceğiz.

I'll do the washing **while you're watching TV**. (Pre. Continuous)
Sen televizyon seyrediyorken ben çamaşırları yıkayacağım.

I'**ll** stay here **until** you **answer** me.
Bana cevap verene kadar burada kalacağım.

I'**ll** go to bed **as soon as** I **get** home.
Eve varır varmaz yatacağım.

I **will** go to work **before** the sun **rises** tomorrow morning.
Yarın güneş doğmadan işe gideceğim.

She **will** speak to you **after** you **have had** your lunch.
Sen yemeğini yedikten sonra seninle konuşacak.

EXERCISE 100

Aşağıdaki cümleleri **when, while, as soon as, until, before, after, if** bağlaçlarından biri ile tamamlayınız.

1. I'll help you .... I have time.

2. I will give you a new one .... you come next week.

3. We shall leave the car .... you park your car.

4. .... you bring me your homework I will check them.

5. Don't get off the bus .... it stops.

English Grammar Today

6. Don't forget to lock the door .... you go out.

7. I'm very thirsty. I will drink a glass of water .... I get home.

8. You can stay at home and watch TV .... I'm doing the cooking.

9. I' ll tell you an important thing .... the teacher goes out.

10. They will wait .... the police come.

EXERCISE 101

Aşağıdaki cümleleri 'if, when, as soon as, before ve until kullanarak tek cümle halinde yeniden yazınız.

1. I'll wait here. You'll get back.

   I'll wait here until you get back.
2. She'll give me a ring . She will hear some news.

   ....
3. I'll have a bath. I'll go to work.

   ....
4. The lesson will end. I'll go home.

   ....
5. I'm late. I'll take a taxi.

   ....
6. I'll phone you. I'll arrive.

   ....
7. He'll come to class again. I'll see him.

   ....
8. I won't go. I will know the truth.

   ....
9. You will have a car of your own. You will be eighteen.

   ....
10. You shan't leave. You will promise to come again.

   ....
11. I will see her. I will tell her the truth.

   ....
12. I will telephone you. I will arrive in London.

   ....

42   Must

1. Must: Obligation - Zorunluluk

Must, konuşmacının arzusunu belirtir. Olumlu cümlelerde '**have to**' ile "**must**" arasında pek bir fark bulunmaz.

> I haven't phoned my mother for ages. I **must** call her tonight.
> *Uzun zamandır anneme telefon etmedim. Bu akşam onu aramalıyım.*
>
> I'm out of money. I **must** go to the nearest bank.
> *Param kalmadı. En yakın bankaya gitmeliyim.*

2.   Karşımızda ki kişinin birşey yapmasını zorunlu tutarsak bunu '**must**' ile ifade ederiz.

Doctor: You aren't very well. You **must** take this medicine.
              Pek iyi değilsin. Bu ilacı almalısın.

Doctor: You **must** stay in bed for a week.
              Bir hafta yatakta kalmalısın.

3.   Konuşan, bir işi yapmanın önemli veya gerekli olduğunu düşünür ve kendi duygu ve düşüncesini belirtirken '**must**'lı cümleler kurar.

> It's a fantastic film. You **must** see it.
> *Şahane bir film. Mutlaka görmelisin.*
>
> We're in danger. You **must** do something.
> *Tehlikedeyiz. Birşey yapmalısın.*

- You **must** get up.

4.   **Must** cümle başında kullanılarak soru cümleleri oluşturulur.

-    **Must** you get up early tomorrow?
     Yarın erken kalkmak zorunda mısın? Cevabımız evetse:

-    **Yes, I must,** deriz. Ama yarın erken kalkmanıza gerek yoksa:
-    **No, I needn't**, deriz. Sadece bir işi yapmak aptalca veya tehlikeli ise olumsuz cevabımızda **mustn't** kullanırız.

-    **Must** I drink this medicine?
     Bu ilacı içmeli miyim? Eğer ilacı içmem çok tehlikeli ise:
-    No, **you mustn't**, dersiniz.

5.   Kuvvetli tahminlerimizi '**must**' ile belirtiriz.

> That man **must** be English. He's speaking fluent English.
> *Şu adam İngiliz olmalı. Akıcı İngilizce konuşuyor.*
>
> It **must** be raining cats and dogs outside. Everybody coming in is soaked to the bone.
> *Dışarıda sağanak yağmur yağıyor olmalı. İçeri gelen herkes iliklerine kadar ıslanmış.*

Bu tür cümleleri olumsuz yaparken '**must**' yerine '**can't**' kullanırız.

> She **can't** be 55 years old. She looks younger.
> *O elli beş yaşında olamaz. Daha genç gösteriyor.*
>
> She **can't** be ill. I saw her at the party last night.
> *O hasta olamaz. Dün gece onu partide gördüm.*

6.   Must have + Past Participle

Geçmişle ilgili kuvvetli tahminlerde kullanılır.

> What a nice car! You **must have paid** a fortune for it.
> *Ne güzel bir araba! Onun için bir servet ödemiş olmalısın.*

Olayın yakın zamana kadar sürdüğü düşünülürse **continuous form** kullanılır.

> She's wet. She **must have been** walking in the rain.
> *Islanmış. Yağmurda yürümüş olmalı.*

7.   Can't have + Past Participle

Olumsuz cümlelerde **can't have** + **pp** veya **couldn't have** + **pp** kullanılır.

> You **can't have seen** her in the cafe because she went to İzmir last week.
> *Kafede onu görmüş olamazsın, çünkü geçen hafta İzmir'e gitti.*

EXERCISE 102

Aşağıdaki cümleleri İngilizce'ye çeviriniz.

1. Bu kitabı okumalıyım.

....

2. Çok yorgunsun, dinlenmelisin.

You're very tired. ....

3. Bir sözlük kullanmalısın. Spelling hatalarını düzeltmekten bıktım.

.... I'm tired of correcting your spelling mistakes.

4. Sigara içmeyi bırakmalısın.

....

5. Bir kaç gün yatakta kalmalısın.

....

6. Bir ara gelmeli ve bizi görmelisin.

....

7. Bu çorba çok lezzetli olmalı.

....

8. Mr. Steel ofisinde olamaz.

....

9. Babam evde olmalı.

....

10. Ona saat sekizde burada olmak zorunda olduğunu söyle.

....

8. Must not

Mustn't yasak belirtir. Bir işi yapmak tehlikeli, saçma veya aptalca ise bu işin yapılmaması gerektiğini "**mustn't**" ile anlatırız.

You **mustn't** smoke here.
Burada sigara içmemelisin.

You **mustn't** make a noise after twelve.
Oniki'den sonra gürültü yapmamalısın.

You **mustn't** drink it. It's very dangerous.
Onu içmemelisin. Çok tehlikeli.

You mustn't blow horn here.

Mustn't 'geçmiş zaman şekli '**shouldn't have + p.p**' yapısındadır.

You **shouldn't have used** your mobile telephone on the plane.
Uçakta cep telefonunuzu kullanmamalıydın.

EXERCISE 103

Aşağıdaki cümleleri İngilizceye çeviriniz.

1. Odanda radyo çalmamalısın.

....

2. Burada hız sınırlaması var. Arabanı çok hızlı sürmemelisin.
There is speed-limit here. ....

3. Karaciğerin berbat. Çok içki içmemelisin.
Your liver is terrible. ....

4. Bana yalan söylememelisin.

....

5. Elektrik tellerine dokunmamalısın.

....

6. Eve saat 12'den sonra gelmemelisin.

....

7. Para çalmamalısın.

....

8. Arabanı oraya park etmemelisin.

....

43 Have to

A. Have to

1. Kural ve Kanunlardan kaynaklanan zorunluluklar için 'have to' kullanılır.
   He, she ve **it** öznleri ile birlikte 'has to' kullanılır.

Our bank is open on Saturdays. So I **have to** work tomorrow.
Bizim banka Cumartesileri açık. Bu yüzden yarın çalışmak zorundayım.

Car drivers **have to** wear seat belts.
Sürücüler emniyet kemeri takmak zorundadırlar.

Everyone **has to** carry identity cards.
Herkes kimlik kartı taşımak zorundadır.

2. 3. Bir şahıstan kaynaklanan zorunluluklar için **have to** kullanılır:

I **have to** take this medicine three times a day. (My doctor said)
Bu ilacı günde üç kere almalıyım. (Doktorum söyledi.)

Jennifer can't come with you. She **has to** do the washing up. (My mother asked her to do that)
Jennifer sizle gelemiyor. Bulaşıkları yıkamak zorunda. (Bunu yapmasını annem istedi.)

EXERCISE 104

Aşağıdaki cümleleri İngilizce' ye çeviriniz.

1. Doktorlar full-time çalışmak zorundalar.

   ....

2. Bugün işe gitmek zorunda olduğum için oldukça üzgünüm.

   I'm rather sad as ....

3. Babam işe saat 7'de başlıyor. Bu yüzden hergün saat 6'da kalkmak zorunda.
   My father starts work at seven, so he..................................

4. Bir kaç gün yatakta kalmak zorundayım.

   ....

5. Bütün elbiseleri ütülemek zorundayım.

   ....

6. Bütün gün çalışmak zorundayım.

   ....

B. don't have to

1. Zorunluluğun bulunmadığı, ortadan kalktığı durumlarda
    'don't have to' kullanılır.

    ' Don't have to'yu **Present** ve **Future** anlamlarda kullanabiliriz.

    It's an informal meeting. You **don't have to** wear a tie.
    Bu gayriresmi bir toplantı. Kravat takmana gerek yok.

    Tomorrow is Sunday. I **don't have to** work tomorrow.
    Yarın Pazar. Yarın çalışmak zorunda değilim.

    I **don't have to** get up early any more.
    Artık erken kalkmak zorunda değilim.

    Passengers in buses **don't have to** wear seat belts.
    Otobüslerdeki yolcular emniyet kemeri takmak zorunda değiller.

2. **He, she** ve **it** özneleri ile beraber **'doesn't have to'** kullanılır.

    My brother has got an easy job. He **doesn't have to** work hard.
    Kardeşimin kolay bir işi var. Sıkı çalışmak zorunda değil.

    My father has got a beard so he **doesn't have to shave** every day.
    Babamın sakalı var. Bu yüzden hergün traş olmak zorunda değil.

    He's got plenty of time. He **doesn't have to** hurry.
    Çok vakti var. Acele etmek zorunda değil.

3. Olumsuz cümlelerde **'don't have to'** ve **'don't need to'** veya
    kısaca **needn't** benzer anlamlıdırlar.

    I   <u>**don't have to**</u>   take my medicine today.
    İlacımı bugün almak zorunda değilim, yerine,

    I   <u>**don't need to**</u>   take my medicine today, diyebiliriz.
        <u>**needn't**</u>
    İlacımı bugün almama gerek yok.

    She   <u>**doesn't have to**</u>   tell the truth.
    She   <u>**doesn't need to**</u>   tell the truth.
              <u>**needn't**</u>

    You   <u>**don't have to**</u>   invite them to dinner.
    Onları akşam yemeğine davet etmek zorunda değilsin.

    You   <u>**don't need to**</u>   invite them to dinner.
          <u>**needn't**</u>
    Onları akşam yemeğine davet etmene gerek yok.

EXERCISE 105

Aşağıdaki cümleleri İngilizceye çeviriniz.

1. Taksi tutmak zorunda değilsin.

....

2. Hesabı sen ödemek zorunda değilsin.

....

3. Mehmet o kızla evlenmek zorunda değil.

....

4. Hergün arabayı temizlemek zorunda değilsin.

....

5. O, seni hava alanında karşılamak zorunda değil.

....

6. Hergün ayakkabılarını temizlemek zorunda değilim.

....

C. had to

1. Hem '**must**'ın hem de '**have to**'nun geçmiş (past) hali '**had to**'dur.

There were no buses so we **had to** take a taxi.
*Hiç otobüs yoktu bu yüzden taksi tutmak **zorunda kaldık**.*

I ran out of money and I **had to** borrow some from Peter.
*Param bitti ve Peter'dan biraz ödünç almak **zorunda kaldım**.*

EXERCISE 106

Aşağıdaki cümleleri İngilizce'ye çeviriniz.

1. Michael, dün eve erken gitmek zorunda kaldı.

....

2. Arabamı satmak zorunda kaldım.

....

3. Dün erken kalkmak zorundaydım.

....

4. Dün, herkes çok çalışmak zorunda kaldı.

....

5. George o kadınla evlenmek zorunda kaldı.

....

6. Babama söylemek zorundaydım.

....

2. Did .... have to.........?

Had to 'have to' nun geçmiş zaman (past) halidir. Geçmiş zamanda cümlelerin soruya çevrilişlerinde 'do' yardımcı fiilininin past hali olan '**did**'i kullanıyorduk. Bu kural burada da geçerlidir.

I **had to** lend him lots of money.
Ona bir sürü para ödünç vermek zorunda kaldım. Bu cümlenin soru şekli.

Did you **have to** lend him that much money?
O kadar parayı ona ödünç vermek zorunda mıydın?

Caroline **had to** study hard to pass her exam.
Caroline sınavını geçmek için çok çalışmak zorunda kaldı.

Did she **have to** study hard to pass her exam?
Sınavını geçmek için çok çalışmak zorunda mıydı?

EXERCISE 107

Aşağıdaki cümleleri İngilizce'ye çeviriniz.

1. Bütün paranı harcamak zorunda mıydın?

....

2. Bütün ayakkabıları boyamak zorunda mıydın?

....

3. Ona gerçeği söylemek zorunda mıydın?

....

4. Onları havaalanında karşılamak zorunda mıydın?

....

5. Telefonu cevaplamak zorunda mıydın?

....

6. Bütün temizliği sen mi yapmak zorunda kaldın?

....

7. Dün gece dışarı çıkmak zorunda mıydın?

....

8. Onu partiye davet etmek zorunda mıydın?

....

English Grammar Today

D. 'Have to' in The Present Perfect Tense

Have / has had to

I **have had to** work hard every day this week.
*Bu hafta her gün sıkı çalışmak **zorunda kaldım**.*

She **has had to** do the cleaning all day today.
*Bugün bütün gün temizlik yapmak **zorunda kaldı**.*

He **has had to** ask his girlfriend for some money.
*Kız arkadaşından biraz ödünç para istemek **zorunda kaldı**.*

E. 'Have to' in The Future – Gelecek Zamanda 'Have to'

1. Will have to

Gelecek zamanda zorunluluk belirten cümlelerde kullanılır.

I **will have to** walk the whole way.
*Bütün yolu yürü**mek zorunda kalacağım**.*

She **will have to** go back alone.
*Geriye yalnız dön**mek zorunda kalacak**.*

2. Won't have to

Gelecek zamanda zorunluluğun ortadan kalkacağı durumlarda kullanılır.

You **won't have to** see me any more.
*Artık beni gör**mek zorunda kalmayacaksın**.*

She **won't have to** live in that small flat.
*O küçük dairede yaşa**mak zorunda kalmayacak**.*

3. Will .... have to ....?

'**Have to**' nun gelecek zamanda (Future Tense) soru şekli.

Will I **have to** come back before nightfall?
*Gece olmadan geri dön**mek zorunda (kalacak) mıyım**?*

Will they **have to** get married before Christmas?
*Christmas' dan önce evlen**mek zorunda (kalacak)lar mı**?*

Will we **have to** cook ourselves tonight?
*Bu gece yemeği kendimiz mi yapmak **zorunda kalacağız**?*

EXERCISE 108

Aşağıdaki cümleleri İngilizce'ye çeviriniz.

1. İkisini de okula götürmek zorunda kalacaksın.

   ....

2. Yemeğimizi kendimiz pişirmek zorunda kalacağız.

   ....

3. Çok çalışmak zorunda kalmayacağız.

   ....

4. Sana daha fazla para vermek zorunda kalacak mıyım?

   ....

5. Yarın çalışmak zorunda kalacak mıyız?

   ....

EXERCISE 109

Aşağıdaki cümleleri olumsuz yapınız.

1. Men have to retire at 55.

   ....

2. You have to pay for the local phone calls.

   ....

3. I had to wait for a long time for the bus.

   ....

4. She had to take her son to school yesterday.

   ....

5. We will have to stand outside.

   ....

6. She has to go to the dentist's tomorrow.

   ....

7. I have to get up at 7 o'clock every morning.

   ....

8. My mum has to help my sister with her homework every day.

   ....

9. I'll have to lend him some money for the trip.

   ....

10. I have to cash this cheque today.

   ....

11. Peter has had to do all the housework.

. ...

12. We had to wait at the bus stop for a long time.

....

13. She has to go there every day.

....

EXERCISE 110

Aşağıdaki cümleleri parantez içinde verilen soru kelimeleri ile soru şekline çeviriniz.

Example: They had to go by train. (How)
                  How did they have to go?

1. We had to leave the office at six o'clock. (What time)

....

2. Peter has had to do all the housework because his wife is ill. (Why)

....

3. I had to pay $200 for the gas bill. (How much)

....

4. Mary has to go to the dentist's next week? (When)

....

5. Jennifer had to leave the party early because she was sick. (Why)

....

6. He will have to stay in hospital for a fortnight. (How long)

....

7. The students have to learn ten words a day. (How many)

....

8. He has to be at work at 8 o'clock. (What time)

....

9. She has to go to the hospital twice a month. (How often)

....

10. We will have to leave at nine. (What time)

....

11. You have to sign your name at the bottom of the page. (Where)

....

12. She has to type many business letters. (What)

....

44 Needn't

1. Needn't - Gerek yok

 - **Must** I fill in this form now?
*Bu formu şimdi doldurmalı **mıyım**?*

Böyle bir soru ile karşılaştığımızda eğer cevabımız '**evet**' ise:

 - Yes, you **must,** deriz.

Ama cevabımız "**Hayır, gerek yok. Daha sonra doldurabilirsin.**" ise:

 - No, you **needn't**. You can fill it in later, deriz.

Yukarıdaki soruya kesinlikle **mustn't** ile cevap veremeyiz. **Mustn't** ın yasak belirttiğini bir önceki konuda görmüştük. Eğer bu formu doldurmamı yasaklarsanız o zaman soruyu '**No, you mustn't,**' diye cevaplandırırsınız.

Burada yasak söz konusu değildir. Anlatılmak istenen '**bir zorunluluk olmadığı**'dır. **Zorunluluğun ortadan kalktığı** durumlarda **needn't** kullanılır.

 I feel vey bad. I **must** take these pills.
Kendimi çok kötü hissediyorum. Bu hapları almalıyım.

Yukardaki örnekte bir zorunluluk olduğu için '**must**' kullandık.

 I feel very well now. I **needn't** take these pills any more.
Kendimi çok iyi hissediyorum. Artık bu hapları almama gerek yok.

Yukarıdaki örnekte ise iyileşmem nedeni ile ilaçları almam zorunluluğu ortadan kalktığı için **needn't** kullanıldı.

2. "needn't" veya "don't need to" aynı şeylerdir.

He, She ve **It** özneleri ile birlikte **"doesn't need to"** kullanılır.

I **must** go to bed early tonight. (I will work tomorrow.)
*Bu gece erken yat**malıyım**. (Yarın çalışacağım)*

She	**needn't**	go to bed early tonight. (It's holiday tomorrow.)
She	**doesn't need to**	*go to bed early tonight.*

Bu gece erken yatmasına gerek yok. (Yarın tatil.)

We are already too late. We **needn't** hurry.
We **don't need to** hurry.

Zaten çok geç kaldık. Acele etmemize gerek yok.

Work starts at nine. I **don't need to be** at work at 8.
*İş dokuzda başlıyor. Sekizde işte olmama **gerek yok**.*

EXERCISE 111

Aşağıdaki cümleleri **'needn't**' veya **'don't need to'** , veya **'doesn't need to'** kullanarak İngilizceye çeviriniz.

1. Bu kitabı almana gerek yok.

....

2. Babana telefon etmene gerek yok.

....

3. Sözlüklerinizi getirmenize gerek yok.

....

4. Kravat takmana gerek yok.

....

5. Kardeşimin kolay bir işi var. Sıkı çalışmasına gerek yok.

My sister has got an easy job. ....
6. Yarın erken kalkmama gerek yok.

....

7. Bütün bulaşıkları şimdi yıkamana gerek yok.

....

8. Mehmet'in onları havaalanında karşılamasına gerek yok.

....

9. İngilizce kitabını okula getirmene gerek yok. Bugün İngilizce dersimiz yok.

....

10. Ona yardım etmene gerek yok. O ödevini kendi yapabilir.

...., She can do her homework herself.

3. Need ....?

Do .... need to ....? Does ....need to .....?

I **needn't** pay the electricity bills today. Bu cümlenin soru şekli
Need you pay the electricity bills today?' dir. Cevabımız olumluysa:

Yes, I **must**. Cevabımız olumsuzsa:
No, I **needn't**, deriz.

Aynı soruyu **must** ile sorsaydık da aynı cevapları alacaktık.

- **Must** you pay the electricity bills today?
- Yes, I **must.**
- No, I **needn't.**

Durum böyle olunca '**must**' veya '**need**' ile yapılan soru cümleleri eş anlamlıdır diyebiliriz.

You **don't need to** go to work today. Bu cümleyi,
- **Do** you **need to** go to work today? diye soru şekline çeviririz.

Cümleyi soruya çivirirken '**do**' yardımcı fiilini kullandığımız için cevaplarımız da '**do**' ile verilir.

- Yes, I **do.**
- No, I **don't.**

You **don't need to** come with me.

- **Do** I **need to** come with you?
- Yes, you **do.**
- No, you **don't.**

She **doesn't need to** take this medicine.

- **Does** she **need to** take this medicine?
- Yes, she **does.**
- No, she **doesn't.**

4. Didn't need to

'**Don't need to**' veya '**needn't**'nın (past) geçmiş zaman şekli '**didn't need to**' dur.

I **didn't need to** get up early yesterday, so I didn't.
*Dün erken kalkmama **gerek yoktu,** bu yüzden kalkmadım.*

I **didn't need to** get up early yesterday, but the weather was very beautiful, so I did.
*Dün erken kalkmama **gerek yoktu,** ama hava çok güzeldi bu yüzden kalktım.*

I **didn't need to** walk to work yesterday.
Dün işe yürüyerek gitmeme gerek olmadı. Bu cümleyi soru şekline çevirelim.

- **Did** you **need to** walk to work yesterday?
Dün işe yürüyerek gitmene gerek var mıydı?

- Yes, I **did.**
- No, I **didn't.**

EXERCISE 112

Aşağıdaki cümleleri soru şekline çeviriniz.

1. We don't need to go shopping today.

   ....

2. You needn't take an umbrella.

   ....

3. She doesn't need to do her homework today.

   ....

4. I didn't need to catch the 9:15 train.

   ....

5. She doesn't need to see the boss today.

   ....

6. He needn't return the book today. (return - iade etmek)

   ....

7. We don't need to spend it all.

   ....

8. I needn't do my homework again.

   ....

EXERCISE 113

Aşağıdaki cümleleri geçmiş zamanda tekrar yazınız.

Example: I must do it at once.
            I **had to** do it at once. (at once – derhal)

1. He mustn't tell me the whole story.

   ....

2. He has to lose some weight.

   ....

3. We have to leave early in the morning.

   ....

4. She mustn't go home alone.

   ....

44. Needn't

5. Do I need to read the whole book?

   ....

6. He has to give you some more information.

   ....

7. I have to light a fire.

   ....

8. You don't need to turn on the lights.

   ....

5. Needn't have (done)

Yapılmış ama yapılmasına gerek duyulmayan olaylar için kullanılır.

You **needn't have called** a taxi. There is one in front of the hotel.
Taksi çağırmana gerek yoktu. Otelin önünde bir tane var. (Sen taksi çağırdın.)

You **needn't have brought** your geography book. We haven't got any geography lessons today.
Coğrafya kitabını getirmene gerek yoktu. Bugün hiç coğrafya dersimiz yok. (Coğrafya kitabını getirdin.)

He **needn't have left** home at 6. The train doesn't leave till 7:15.
Saat altıda evden ayrılmasına gerek yoktu. Tren 7:15'den önce hareket etmez.

You **needn't have translated** the letter for him. He understands French.
Mektubu onun için tercüme etmene gerek yoktu. O Fransızca anlar.

6. Didn't need to - gerek olmadı/kalmadı

I **didn't need to** translate the letter for him because he understands French.
Mektubu onun için tercüme etmeme gerek kalmadı çünkü o Fransızca anlıyor.

I **didn't need to** get up early yesterday. It was Sunday.
Dün erken kalkmama gerek olmadı. Pazardı.

I **didn't have to** turn in the paper yesterday, because the instructer put it off.
Kağıdı dün teslim etmeme gerek kalmadı, çünkü öğretmen onu erteledi.

He **didn't need to** wear warm clothes last weekend, because the weather was warm.
Geçen haftasonu kalın giysiler giymesine gerek olmadı, çünkü hava sıcaktı.

45   The Past Continuous Tense

The Past Continuous Tense - Şimdiki Zamanın Hikayesi

1. Geçmişte bir zaman noktasında devam etmekte olan bir olayı
   "**The Past Continuous Tense**" ile anlatırız.

   At nine o'clock last night I **was** hav**ing** a bath.
   Dün gece saat dokuzda banyo yapıyordum.

   I **was** wait**ing** at the bus stop at 8 o'clock this morning.
   Bu sabah saat sekizde otobüs durağında bekliyordum.

2. Geçmişte olmuş bir olay anında devam etlmekte olan
   başka bir olay **The Past Continuous Tense** ile anlatılır.

   I **was** do**ing** my homework when the phone rang.
   Telefon çaldığında ödevimi yapıyordum.

   They **were** play**ing** football when it began to rain.
   Yağmur yağmaya başladığında onlar futbol oynuyorlardı.

3. Geçmişte gelişmekte olan bir olayı da **The Past Continuous
   Tense** ile anlatırız.

   He **was** get**ting** better.
   Gittikçe iyileşiyordu.

   The weather **was** get**ting** warmer.
   Hava ısınıyordu.

12:00
Mr. Hill **was** shopp**ing** at 12:00 yesterday.

4. Bazı fiiller **continuous** halde kullanılmazlar. Bu fiiller
   "**The Past Continuous Tense**"de de kullanılmazlar. Bu fiiller:

**agree, be, believe, belong, care, forget, hate, have (sahip olmak anlamında), hear, know,
like, love, mean, mind, notice, own, remember, seem, suppose, understand, want** ve **wish**.

   I **knew** I was wrong.
   Hatalı olduğumu biliyordum.

   When I was in Ankara I **had** a Volkswagen.
   Ankara'da iken bir Volkswagen'im vardı.

   I **understood** what you meant.
   Ne demek istediğini anladım.

   I **remembered** my appointment at 3:30.
   3:30 'daki randevumu hatırladım.

EXERCISE 114

A. Aşağıda verilen kelimelerle "**Past Continuous Tense**"de cümleler yapınız.

1. He /wait/at the bus stop when I /see/him.

   ....

2. She/live/ in Ankara when I first /meet /her

   ....

3. At this time yesterday I / have / a drink in pub.

   ....

4. At nine o'clock yesterday we /watch/a film.

   ....

5. When we / smoke / a cigarette my father / see / us.

   ....

6. I / go / to bed when the telephone/ ring .

   ....

7. The bus / start / while I / get / on.

   ....

8. Everybody / jump / into the boats because the ship / sink.

   ....

9. he / steal / the pictures / when you / see / him?

   ....

10. It / not snow / when I /leave / the house

    ....

11. you /sleep / when the bomb / explode?

    ....

12. I / have / a holiday in Antalya when I / hear / the bad news.

    ....

13. The sun /shine / when we / get to Ankara.

    ....

14. They /climb / up the mountain when it /start/ to rain.

    ....

EXERCISE 115

Resimlere bakarak soruları yanıtlayınız.

1. What was she doing at 10 o'clock yesterday?

   ....

2. What were you doing at 7 p.m yesterday?

   ....

3. What was she doing at this time yesterday?

   ....

EXERCISE 116

Aşağıdaki parçayı okuyup soruları cevaplayınız.

A party

There was a party upstairs last night. When my father came home, they were making a lot of noise. We had dinner, watched TV and went to bed. But we couldn't get to sleep because of the noise upstairs. It was 1:00 a.m. I got up and went upstairs to ask them to stop making a noise. I knocked on their door. A young girl opened the door. She was wearing a funny hat. I asked her to be quiet. She smiled and invited me in for a drink. I couldn't help following her. She said it was her birthday party. There were a lot of young people there. They were eating and drinking. Some of them were dancing. A young man was lying on the floor in the corner. He was sleeping noisily. The young girl who opened the door offered me a drink. I can't remember how many glasses I had but when my father came in I was dancing with the girl.

1. What was upstairs last night?

....

2. What was happening when my father came in?

....

3. Why did you go upstairs?

....

4. Who opened the door?

....

5. What was she wearing?

....

6. What were the people inside doing?

....

7. What was the boy in the corner doing?

....

8. Why did you go in?

....

9. How many drinks did you have?

....

10. What were you doing when your father came in?

....

WHILE &WHEN

While ve **When** bir olayın zamanı belirtilirken kullanılan iki önemli bağlaçtır.
When: Hem **Past Simple**, hem de **Past Continuous** cümlecik ile birlikte kullanılabilir.

When I saw her, She was talking to Peter.
Onu gördüğümde, Peter ile konuşuyordu.

I saw her **when she was talking to Peter.**
Onu Peter ile konuşuyor iken gördüm.

While: Daha çok **Past Continuous** cümlelerle birlikte kullanılır. Yukarıdaki cümleyi:

I saw her **while she was talking to Peter**, şeklinde söylersek daha güzel olur.

While we were arguing loudly, the director came in.

What did you do **while she was shouting at you?**

He fell asleep **while studying his Grammar Book.**

Mary twisted her **ankle while she was playing volleyball.**

While I was walking to school, I came across my old English teacher.

46 Comparisons

1. Sıfatların üç derecesi vardır.

Positive Olumlu	Comparative Üstünlük	Superlative En üstünlük
long	**longer**	the longest
cheap	**cheaper**	the cheapest
interesting	**more interesting**	the most interesting

1.1 Tek heceli sıfatların sonlarına '**-er**' ve '**-est**' eki eklenerek Üstünlük (Comparative) ve en üstünlük (Superlative) halleri elde edilir.

new	**newer**	the newest
old	**older**	the oldest
strong	**stronger**	the strongest

1.2 Eğer sıfat **tek sesli + sessiz bir harfle** bitiyorsa '**y**' ve '**w**' dışındaki sessiz harfler genellikle çift yazılır.

big	**bigger**	the biggest
hot	**hotter**	the hottest
fat	**fatter**	the fattest
sad	**sadder**	the saddest
thin	**thinner**	the thinnest

1.3 Sonu '**-e**' ile biten sıfatlar üstünlük ve en üstünlük hallerinde '**-r**' ve '**-st**' eki alırlar.

brave	**braver**	the bravest
pale	**paler**	the palest
safe	**safer**	the safest

1.4 Sonu '**-er**', '**-y**' ve '**-ly**' ile biten iki heceli sıfatlar üstünlük ve en üstünlük hallerinde sonlarına '**-er**' ve '**-est**' eki alırlar.

clever	**cleverer**	the cleverest
easy	**easier**	the easiest
pretty	**prettier**	the prettiest
early	**earlier**	the earliest
lovely	**lovelier**	the loveliest

1.5 İki heceli sıfatlar '**-le**' ile bitiyorsa üstünlük ve en üstünlük hallerinde sadece '**-r**' ve '**-st**' eki alırlar.

simple	**simpler**	**the simplest**
noble	**nobler**	**the noblest**
humble	**humbler**	**the humblest**
subtle	**subtler**	**the subtlest**

1.6 Sonu '**-er**', '**-le**', '**-ow**' ve '**some**' ile biten bazı iki heceli sıfatlar iki türlü de üstünlük ve en üstünlük derecesine çavrilebilirler.

clever	**cleverer**	**the cleverest**
	more clever	**the most clever**
tender	**tenderer**	**the tenderest**
	more tender	**the most tender**
noble	**nobler**	**the noblest**
	more noble	**the most noble**
shallow	**shallower**	**the shallowest**
	more shallow	**the most shallow**
narrow	**narrower**	**the narrowest**
	more narrow	**the most narrow**

1.7 Yukarıdaki kuralların dışında kalan iki ve daha çok heceli sıfatlar üstünlük ve en üstünlük hallerinde '**more**' ve '**most**' ile birlikte kullanılırlar.

careful	**more careful**	**the most careful**
interesting	**more interesting**	**the most interesting**
beautiful	**more beautiful**	**the most beautiful**
childish	**more childish**	**the most childish**
useful	**more useful**	**the most useful**

1.8 Bazı sıfatlar düzensizdir ve üstünlük ve en üstünlük halleri bir kurala bağlı değildir.

good	**better**	**the best**
bad	**worse**	**the worst**
far	**farther/further**	**the farthest/furthest**
little	**less**	**the least**
much/many	**more**	**the most**
old	**elder**	**the eldest**

Old'un bu hali yalnızca insanların yaşları için kullanılır.

1.9 '**less**' ve '**least**' '**more**' ve '**most**' sıfatlarının zıtları olup bazan sıfatların üstünlük ve en üstünlük hallerini oluşturmada kullanılabilirler.

important	**less important**	**the least important**
expensive	**less expensive**	**the least expensive**
terrible	**less terrible**	**the least terrible**
interesting	**less interesting**	**the least interesting**

2. Comparative – Karşılaştırma, Üstünlük Derecesi

  A   B   C   D

2.1 Yukarıdaki torbaları birbiri ile kıyaslamanın farklı şekilleri vardır.
A'nın **B** kadar büyük olduğunu veya **C** kadar büyük olmadığını
belirtmek istersek: Bu durumu '**as .... as**' kalıbı ile anlatabiliriz.

Bag A is **as big as** Bag B.
A torbası B torbası kadar büyüktür.

Bag A isn't **as big as** Bag C.
A torbası C torbası kadar büyük değildir.

2.2 **A**'nın **C**'den daha küçük veya **C**'nin **A**'dan daha büyük olduğunu
anlatmak istersek:

Bag A is **smaller than** Bag C.
A torbası C torbasından daha küçüktür.

Bag C is **bigger than** Bag A, deriz.
C torbası A torbasından daha büyüktür.

2.3 David is 25 years old. Dennise is 35 years old.

Dennise is **older than** David.
David is **younger than** Dennise.
Dennise isn't **as young as** David.

2.4 **Much** ve **even** kelimeleri anlamı kuvvetlendirirler.

The River Kızılırmak is **much longer** than the River Yeşilırmak.
Kızılırmak Yeşilırmak'tan çok daha uzundur.

My brother is **even taller** than me.
Kardeşim benden daha da uzundur.

2.5 **a bit - bir parça**

Istanbul is **a bit warmer** than Bursa.
Istanbul Bursa'dan biraz daha sıcaktır.

I'm **a bit** faster than you.

English Grammar Today

3. Superlative – En Üstünlük Hali

    A   B   C   D

3.1 **C** torbasının **en büyük** veya **D** torbasının **en küçük** olduğunu anlatmak istersek sıfatın **en üstünlük** derecesini (Superlative) kullanırız.

> Bag C is **the biggest** of all.
> *C torbası hepsinin en büyüğüdür.*

> Bag D is **the smallest** of all.
> *D torbası hepsinin en küçüğüdür.*

3.2 Sıfatların en üstünlük (**superlative**) halleri çoğunlukla '**the.................. in/on/of**' ile birlikte kullanılır.

> Jennifer is **the tallest** woman **in** her team.
> *Jennifer takımında en uzun boylu kadındır.*

> Hakan is **the tallest** footballer **in** his team.
> *Hakan takımının en uzun boylu futbolcusudur.*

> Mt. Everest is **the highest** mountain **in** the world.
> *Everest dünyada en yüksek dağdır.*

3.3 Superlatives with **Present Perfect Tense**

> He's **the most famous** man I've ever known.
> *O tanıdığım en ünlü kişidir.*

> She's **the most beautiful woman** I've ever seen.
> *O, şimdiye kadar gördüğüm en güzel kadındır.*

> This is **the most delicious** soup I've ever tasted.
> *Bu şimdiye kadar tattığım en lezzetli çorba.*

4. Double Comparison – İkili karşılaştırma

> **The more** you work, **the more** you earn.
> *Ne kadar çok çalışırsan o kadar çok kazanırsın.*

> **Do it when you can**, but **the sooner** it's done **the better**.
> *Yapabildiğin zaman yap, ama ne kadar erken yapılırsa o kadar iyi olur.*

> **The earlier** you go to bed, **the earlier** you get up.
> *Ne kadar erken yatarsan o kadar erken kalkarsın.*

EXERCISE 117

Aşağıdaki örneğe benzer cümleler yapınız.

Example: My car is fast.
            My car **isn't as** fast **as** yours.

1. My work is important.

    ....

2. The Newtons' house is big.

    ....

3. Mary's suitcases are heavy.

    ....

4. Darren's bag is full.

    ....

5. I'm very hungry. (I)

    ....

6. My chair is comfortable.

    ....

7. My father is tall.

    ....

8. Suzanne is very careful. (I)

    ....

9. My brother is hard-working.

    ....

10. My bedroom is very tidy.

    ....

11. Tom's hand-writing is legible.

    ....

12. John's pronunciation is good.

    ....

13. My father is generous.

    ....

14. My brother is strong.

    ....

Karşılaştırdığımız şey "**My work**, **Mary's suitcases**, **Daren's bag**, **The Newtons' house**, **My brother**" gibi birinin birşeyi ise **benimki, seninki, onunki, onlarınki** gibi anlamlara gelen "**mine, yours, his, hers, its, ours, yours** ve **theirs**" gibi (Possessive Pronouns) İyelik Zamirlerinden biri kullanılır.
For example:

- **My brother** is very short.
- My brother is shorter than **yours**.

Karşılaştırdığımız şey "**I, You, He, She, It, We, You, They**" gibi Öznel Zamirlerden biri ise veya **Suzanne** gibi bir isim ise bunların yerine "**me, you, him, her, it, us, you** ve **them**" gibi (Object Pronouns) Nesnel Zamirlerden biri kullanılır.

For example:

Helen is beautiful.
I'm more beautiful than **her**.

Jack is rich.
I'm richer than **him**.

English Grammar Today

EXERCISE 118

Aşağıdaki örneğe benzer cümleler yapınız.

Example: Mr. Brown is rich. (Mr. White)
            Mr. White **is** rich**er than** Mr. Brown.

1. Istanbul is big. (Tokyo)

....

2. Jennifer is happy. (Mary)

....

3. Susan is beautiful. (Terry)

....

4. The moon is far away. (Mars)

....

5. Anne is lucky. (Luke)

....

6. My English is good. (Helen's English)

....

7. This camera is expensive. (That camera)

....

8. Importing cameras is very profitable.
   (Exporting cars)

....

9. The water here is very shallow.
   (The water over there)

....

10. Jack is very handsome. (My brother)

....

11. Ahmet's English is bad. (Sibel's English)

....

12. Paul runs fast. (Michael)

....

13. My eyesight is good. (Your eyesight)

....

14. The old buildings are high.
    (The new buildings)

....

Zarfları ve isimleri de karşılaştırabiliriz.

He works **harder than** you.
O senden sıkı çalışır.

Tom runs **the fastest** in his class.
Sınıfında en hızlı Tom Koşar.

I like the red dress **better/more than** the white one.
Kırmızı elbiseyi beyazdan daha fazla seviyorum.

I like this one **the best/the most**.
En çok bunu sevdim.

İki ve daha fazla heceli zarfların ve isimlerin üstünlük hali **more** ve en üstünlük hali **the most** ile belirtilir.

Slowly – more slowly – the **most slowly**.

My father drives **more carefully** than me.
Babam benden daha dikkatli araba kullanır.

Yes, but Peter drives **the most carefully.**
Evet ama arabayı en dikkatli Peter kullanır.

You've got **more energy** than me.
Benden daha fazla enerjin var.

He spends **more money** on entertaintment than me.
Eğlenceye benden daha fazla para harcar.

He has the **most time** but he studies **the least**.
En çok onun vakti var ama en az o ders çalışıyor.

EXERCISE 119

Örnekte gördüğünüz gibi boşlukları tamamlayınız.

Example: It's a nice school.
              It's the nicest school in the town.

1. He's a very rich man.

   He .... in Turkey.
2. She's a beautiful girl.

   She .... in the town.
3. This is a nice room.

   It .... of the house.
4. This is a very old building.

   It .... in the town.
5. It was a bad experience.

   It .... in my life.
6. Istanbul is a big city.

   It .... in Turkey.
7. This is a cheap restaurant.

   It... in the town.
8. He's a very good player.

   He .... in his team.
9. This is a very valuable painting.

   It .... of the gallery.
10. He's a famous actor.

   He .... in England.
11. She's a very intelligent student.

   She .... in class.
12. Yesterday was a very hot day.

   Yes, it .... of the year.
13. This is an interesting book.

   Yes, it .... I've ever read.
14. Mr. Steele is a very kind man.

   Yes, he .... I've ever met.

47 The same & Different from

My computer is **the same as** yours. They are both Macintosh.
Benim bilgisayarım seninkinin aynısı. İkisi de Macintosh.

Tom's computer is **different from** ours. His computer is an IBM.
Tom'un bilgisayarı bizimkinden farklı. Onun bilgisayarı bir IBM.

Peter's computer is **similar to** Tom's. They are both PC compatible.
Peter'ın bilgisayarı Tom'unkine benziyor. İkisi de PC uyumlu.

Paul's computer **is like** Tom's. They both have got 40 GB memory.
Paul'ün bilgisayarı Tom'unki gibi. İkisinin de 40 GB belleği var.

Arthur's computer **looks like** Paul's. They are both black.
Arthur'un bilgisayarı Paul'ünkine benziyor. İkisi de siyah.

My computer works **like** a clock.
Benim bilgisayarım saat gibi çalışır.

Yukarıdaki örneklerde **benzerlikler** ve **farklılıklar** çeşitli kelimelerle gösterilmiştir:

1. **the same as -** aynısı

My mother's job is **the same** as my father's. They're both doctors.
Annemin işi babamınkinin aynısı. İkisi de doktor.

2. **different from** - farklı

My brother's job is **different from** my parents'. He's a lawyer.
Kardeşimin işi anne- babamınkinden farklı. O bir avukat.

3. **similar to** - benzer

My uncle's job is **similar to** my parents'. He's a dentist.
Amcamın işi anne-babamınkine benziyor. O bir dişçi.

4. **be like** – gibi

Your skirt **is like** my mother's. They are both long and black.
Senin eteğin anneminki gibi. İkisi de uzun ve siyah.

Birinin karekterini sorarken de kullanılır.

What**'s** Helen **like**?
She's very nice.

Jack **is like** his father. They are both very bold!
Jack babasına benziyor. İkisi de çok cesurlar!

5.   **look like** - dış görünüşünde benziyor

Mary **looks like** her mother. They are both tall and thin.
Mary annesine benziyor. İkisi de uzun boylu ve zayıflar.

6.   **like** - gibi, aynı şekilde

You work **like** a slave.
Köle gibi çalışıyorsun.

7.   **as** – olarak

She works there **as** a secretary.
Orada sekreter olarak çalışıyor. (İşi sekreterlik)

> Kullanılan prepozisyonlara dikkat ediniz.
>
> He's older **than** me.
> He's the tallest **in** the class.
> It's the same **as** mine.
> It's similar **to** her dress.
> It's different **from** yours.
> She looks **like** her mother.

EXERCISE 120

the same as, different from, similar to, is like, like 'ı kullanarak aşağıdaki cümleleri yeniden yazınız.

1. Mehmet runs fast. A horse runs fast.

....

2. My car is a Renault. My father's car is a Honda.

....

3. Elaine's nationality is Irish. John is Irish, too.

....

4. Sheila's friends are poor. Mary's friends are rich.

....

5. My shirt is white and long sleeved. Peter's shirt is white and long sleeved, too.

....

6. Helen is blonde and tall. Her mother is blonde and tall, too.

....

7. My present was a watch. My brother's present was a bike.

....

8. Tom is a teacher. George is a teacher, too.

....

9. This material is silk. That material is cotton.

....

10. My Honda car is 8 years old. Yours is seven years old.

....

48 Too, Enough

1. Too - sıfatlarla ve zarflarla birlikte kullanılır ve sıfata veya zarfa haddinden fazla anlamı katar.

1.1. Bir gerdanlık almak istiyorsunuz ve cebinizde 800 dolar var. Almak istediğiniz gerdanlık ise 1,000 dolar. 800 dolar oldukça iyi bir miktardır ama istediğiniz gerdanlığın fiyatının altındadır. Yani gerdanlık sizin için haddinden fazla pahalıdır. Burada had cebinizdeki para miktarıdır.

The necklace is **too** expensive.
Gerdanlık çok (haddinden fazla) pahalı.

Gerdanlığın kimin satın alamayacağı kadar pahalı olduğunu belirtmek isterseniz, o kişi 'for' ile cümleye bağlanır.

This necklace is **too** expensive **for** me to buy.
Bu gerdanlık benim satın alamayacağım kadar pahalı.

Aynı gerdanlık başkası için bu fiyata çok ucuz olabilir.

1.2 Havuzda yüzmek istiyorsunuz. Ayak parmaklarınızı suya sokuyorsunuz ve suyu çok soğuk buluyorsunuz.

The water is **too** cold.
Su haddinden fazla soğuk.

Suyun kendiniz için çok soğuk olduğunu belirtmek isterseniz:

The water is **too** cold for me to swim.
Su, benim yüzemeyeceğim kadar soğuk, dersiniz.

Başkaları aynı suyu sizin bulduğunuz kadar soğuk bulmayabilirler.

1.3 Önünüze bir bardak çay kondu. Eğer çayı çok sıcak içemiyorsanız.

It's **too** hot for me to drink.
Çay içemiyeceğim kadar sıcak.

Çayı sıcak içmesini seven biri sizin sıcak bulduğunuz çayı kendisi afiyetle içebilir. Yani 'too' kelimesini görünce '**çok çok sıcak**', '**çok çok pahalı**' gibi anlamlar içerdiğini düşünmeyiniz. '**Too**' bir şeyin bir hadde göre **fazla** veya **az, sıcak, soğuk, pahalı, ağır, zor** vs. olduğunu anlatır.

The office is **too** far for me to walk every day, so I take the bus.
Bürom hergün yürüyemiyeceğim kadar uzak, bu yüzden otobüse biniyorum.

The music is **too** loud. I can't hear anything.
Muzik haddinden fazla yüksek. Hiç birşey duyamıyorum.

1.4   too much, too many, too little, too few + noun

1.4.1   **too much** - haddinden fazla : sayılamaz isimlerle birlikte kulanılır.

She had put **too much salt** into the soup. They couldn't drink it.
Çorbaya haddinden fazla tuz koymuştu. Çorbayı içemediler.

We spent **too much money** last week.
Geçen hafta haddinden fazla para harcadık.

1.4.2   **too many** - haddinden çok sayıda : sayılabilir isimlerle kullanılır.

There are **too many people** in the room.
Odada haddinden fazla insan var.

There are **too many cars** in the car park.
Otoparkta haddinden fazla araba var.

1.4.3   **too little** - haddinden az : sayılamaz isimlerle birlikte kullanılır.

There's **too little petrol** to drive to Bursa.
Bursa'ya gitmek için haddinden az benzinimiz var.
Bursa'ya gidemeyecek kadar az benzinimiz var.

I've got **too little money** to buy this bicycle.
Bu bisikleti alamayacak kadar az param var.

1.4.4   **too few** - haddinden az sayıda: sayılabilir isimlerle birlikte kullanılır.

There are **too few players to play football.**
Futbol oynamak için çok az (haddinden az) oyuncu var.
Futbol oynayamayacak kadar az oyuncu var.

There are **too few eggs** to make an omelette.
Omlet yapmaya yetmeyecek kadar az yumurta var.

2. enough - yeterli, yeterince, ... cak kadar

2.1 Sıfatlarla beraber kullanıldığında önce **sıfat** sonra **enough** kullanılır.

The water is **warm enough**.
Su yeterince sıcak.

Bruce is **rich enough** to buy this car.
Bruce bu arabayı alacak kadar zengin.

She's **old enough** to get married.
Evlenmek için yeterince büyük. (yaşlı)

He's **good enough** to play for Fenerbahçe.
Fenerbahçe'de oynayacak kadar iyi.

The suitcase is **too heavy**.
Valiz haddinden fazla ağır.

Eğer valiz haddinden fazla ağırsa diğer bir deyişle yeterince hafif değildir.

The suitcase is**n't light enough**.
Valiz yeterince hafif değil.

Eğer valiz Mary'nin taşıması için yaterince hafif değilse.

The suitcase is**n't light enough for Mary** to carry.
Valiz, Mary'nin taşıması için yeterince hafif değil, deriz.

The room is **too dark** to read.
Oda okumak için çok karanlık.

Oda okumak için çok karanlıksa yeterince aydınlık değildir.

The room is**n't light enough** to read.
Oda okumak için yeterince aydınlık değil.

2.2   **Enough** bir isimle birlikte kullanılıyorsa önce "**enough**" sonra **isim** gelir.

We've got **enough time** to catch the train.
Trene yetişmek için yeterince vaktimiz var.

Sheila has got **enough money** to buy a new dress.
Sheila'nın yeni elbise alması için yeterince parası var.

We've got **enough wine** for the party.
Parti için yeterli şarabımız var.

Are there **enough eggs** to make an omelette?
Omlet yapmak için yeterli sayıda yumurta var mı?

2.2.1   not enough + noun

We've **got too little petrol** to drive to Ankara.
Ankara'ya gitmek için yeterinden az benzinimiz var.

Ankara'ya gitmek için yeterinden az benzinimiz var ise başka bir deyişle Ankara'ya gidecek kadar benzinimz yoktur.

We have**n't** got **enough petrol** to drive to Ankara.
Ankara'ya gidecek kadar benzinimiz yok.

There is**n't enough time** to catch the plane.
Uçağa yetişmek için yeterli vakit yok.

He does**n't** have **enough qualifications** to get the job.
İşi alması için yeterli vasfı yok.

We have**n't got enough bread for dinner.**
Akşam yemeği için yeterince ekmeğimiz yok.

There is**n't enough room for both of us in the car.**
Arabada ikimiz için yeterince yer yok.

EXERCISE 121

Aşağıdaki cümleleri hem 'too' hem de 'enough' ile tekrar yazınız.

Example: **Peter can't play basketball. He's very fat.**

    A)   Peter is **too fat** to play basketball.
    B)   Peter is**n't thin enough** to play basketball.

1.   Tim is very fat. He can't run fast.

    A) ....
    B) ....

2.   Mary and Jennifer are very late. They can't catch the school bus.

    A) ....
    B) ....

3.   This problem is very difficult. I can't solve it.

    A) ....
    B) ....

4.   The refrigerator is very heavy. You can't move it.

    A) ....
    B) ....

5.   My load is very heavy. I can't carry it.

    A) ....
    B) ....

6.   We've got very little flour. We can't make a cake.

    A) ....
    B) ....

49 Compounds of some, any, no, every

1. Compounds of some

Some kelimesinden üretilen birleşik kelimeler genellikle olumlu cümlelerde ve **evet** cevabı beklediğimiz soru cümlelerinde kullanılırlar.

somebody/someone	- biri
something	- bir şey
somewhere	- bir yer

Bu birleşik kelimeler birer **tekil** zamirdir.

There's **someone** at the door.
Kapıda biri var.

Somebody gave her a red file.
Biri ona kırmızı bir dosya verdi.

He's got **something** in his bag.
Çantasında bir şey var.

They're going **somewhere**.
Bir yere gidiyorlar.

Would you like **something** to eat?
Yiyecek bir şey ister misiniz?

Do you want **somebody** to help you?
Birinin size yardımcı olmasını ister misiniz?

2. Compounds of any

'**Any**'nin bileşkenleri **olumsuz** ve **soru** cümlelerinde kullanılır.

- Is there **anybody** in the office?
  Büroda kimse var mı?

- No, there is**n't anybody** in the office.
  Hayır büroda hiç kimse yok.

- Is there **anything** in your pocket?
  Cebinde bir şey var mı?

- No, there is**n't anything** in my pocket.
  Hayır, cebimde hiç bir şey yok.

- Are you going **anywhere** tonight?
  Bu akşam bir yere gidiyor musunuz?

- No, we are**n't** going **anywhere** tonight.
  Hayır bu akşam hiç bir yere gitmiyoruz.

> **Anybody, anything, anywhere** olumlu cümlelerde kullanıldığında **istediğinle, istediğini, istediğin yere** anlamlarını taşır.
>
> I can go out with **anybody** I like. It doesn't interest you.
> *İstediğimle çıkarım. Bu seni enterese etmez.*
> You can take **anything** you like.
> *İstediğini alabilirsin.*
> You can sit **anywhere**.
> *(İstediğin) Her hangi bir yere oturabilirsin.*

3. Compounds of 'no'

not any = no

'**Not any**,' '**no**'ya eşittir. Durum böyle olunca yukarıdaki olumsuz cümlelerdeki '**not any**' leri kaldırıp yerlerine '**no**' koyarsak cümlelerin anlamları değişmez.

not anybody/anyone	- nobody/ no-one
not anything	- nothing
not anywhere	- nowhere

There is **nobody** in the office.
Büroda hiç kimse yok.

There is **nothing** in my pocket.
Cebimde hiç bir şey yok.

I'm going **nowhere** tonight. I'm staying home.
Bu akşam hiç bir yere gitmiyorum. Evde kalıyorum.

4. Compounds of every

everybody/everyone	- herkes
everything	- her şey
everywhere	- her yer

'**Every**' nin bileşkenleri anlam olarak çoğul oldukları halde **gramer** olarak tekilmiş gibi işlem görürler.

Everybody is watching TV.
Herkes TV seyrediyor.

Everybody likes them very much.
Herkes onları çok sever.

Do you know **everybody** at the party?
Partideki herkesi tanıyor musun?

Everything is very expensive here.
Burada her şey çok pahalı.

I've got **everything** necessary to mend the washing machine.
Çamaşır makinasını tamir etmek için gerekli herşeyim var.

Have you looked at **everywhere**?
Her yere baktın mı?

Everywhere is very filthy.
Her yer çok kirli.

EXERCISE 122

Aşağıdaki boşluklarda "**some, any, no**" ve "**every**"nin bileşkenlerinden birini kullanınız.

Example: **Somebody** phoned you an hour ago.

1. Taksim is great. There's always .... to do.

2. Is there .... on TV tonight?

3. We bought .... we need for the party.

4. I looked .... for my glasses. I couldn't find them ....

5. Are you doing .... tomorrow? Perhaps we could go ....

6. The box is empty. There's .... in it.

7. Is there .... at the door?

8. Jack works .... in the centre of town.

9. Does .... know where my pen is?

10. Look! The car is empty. There's .... in it.

11. We aren't going .... tonight. We're staying at home.

12. A - Patrick is on the phone for you.
    B - I don't know .... called Patrick.

13. I'm bored. I haven't got ....to do .

14. Would you like .... cold to drink?

15. Put these plates .... in the kitchen.

16. We are hungry again. We've got .... for lunch today.

17. Are you going .... at the weekend?

18. No, I'm going ....

19. Do you know .... in Paris?

20. No, I know .... in Paris.

50   Look, seem, sound, smell, taste, feel

Verbs of Senses – Duyu Fiilleri

look, seem, sound, smell, taste, feel

Bunlar beş duyu organımızla algıladığımız fiillerdir. "**Görünmek, ... gibi gelmek**" anlamlarında '**continuous**' halde bulunmazlar.

1. Look + Adjective - görünmek

She **looks** very **beautiful** today.
Bugün çok güzel görünüyor.

He **looks healthy / pale / puzzled / sad / tired.**
Sağlıklı / solgun / şaşırmış / üzgün / yorgun görünüyor.

The town **looks deserted** on Sunday morning.
Kasaba Pazar sabahı terkedilmiş görünüyor.

They **look** very **confounded**. (confused)
Çok şaşırmış görünüyorlar.

He **looks** tired.

1.1 Seem + Adjective - görünmek

She **seems** happy.
Mutlu görünüyor.

She **seems** intelligent.
Zeki görünüyor.

1.2 Seem + to + infinitive

She **seems to be** enjoying the party.
Partiden hoşlanıyor görünüyor.

It **seems to be** the best solution.
En iyi çözüm bu görünüyor.

You **seem to be** right.
Haklı görünüyorsun.

He **seems to know** what he is doing.
Ne yaptığını biliyor görünüyor.

Noun Phrase **after look, seem** and **sound**

It **looks** a lovely evening.

Veya Amerikan İngilizce'sinde olduğu gibi:

It **looks like** a lovely evening.
İyi bir akşama benziyor.

She **seemed** a good policewoman. Veya;

She **seemed** to be a good policewoman.
İyi bir polise benziyordu.

He **seems** a good footballer. Veya;
He **seems** to be a good footballer.
İyi bir futbolcuya benziyor.

It **sounds** a good melody. Veya;
It **sounds** to be a good melody.

---

2. Sound + Adjective Kulakla algılanan duyumlar için kullanılır.

Biri size bir şey anlatıyor ve anlatılanı heyecanlı buluyorsunuz.

–   Well, it **sounds exciting.**
    Heyecanlı görünüyor.

English Grammar Today

Biri size fikrini açıklıyor ve siz bu fikri ilginç buluyorsunuz.

- It **sounds** interesting.
  İlginç görünüyor.

Müzik kulağınıza hoş geliyor.

- That music **sounds** terrific.
  Muzik müthiş. (Kulağa müthiş geliyor.)

Elamanınızın açıklamaları size mantıklı geliyor.

- His explanations **sound** reasonable.
  Açıklamaları mantıklı görünüyor.

İşyerinize alacağınız elaman için yaptığınız bir görüşme sonrası iş arkadaşınıza:

- She **sounds** okey for the job.
  İşe uygun görünüyor.

3. Smell + Adjective - kokmak

Burnumuzla algıladığımız duyumlar için.

The food **smells** bad.
Yemek kötü kokuyor.

She **smells** wonderful.
Şahane kokuyor.

He **smells** awfull.

4. Taste + Adjective - tadında olmak

The wine **tastes** good.
Şarabın tadı iyi.

The soup **tasted** horrible.
Çorbanın berbat bir lezzeti vardı.

How does it **taste**?
Tadı nasıl?

It **tastes** wonderful.

5. Feel + Adjective

Bir şeye dokunuyorsunuz, yumuşacık,
veya çok sert.

It **feels** soft.
Yumuşak.

It **feels** very hard.
Çok sert.

Feel + Noun

I **felt a fool**.
Kendimi aptal hissettim.

Veya Amerikan İngilizcesinde:

I **felt like** a fool.
Veya, I **felt foolish**.

50. Look, seem, sound, smell, taste, feel (Verbs of senses)

Aşağıdaki boşluklarda **look, seem, feel, sound, taste, smell** fiiillerinden birini kullanınız.

1. She .... happy. She's smiling.

2. The cake .... sweet.

3. The flowers .... very nice.

4. They .... to be working hard.

5. Touch this cloth. It .... very soft.

6. The singer .... as though she's got a sore throat.

7. They .... to know where they are going.

8. That man .... very tired.

9. Your breath .... of brandy.

10. Your story .... interesting.

11. His excuse .... convincing.

12. He .... healthy.

13. She .... to leave the party.

14. The meat .... of garlic.

15. We ate the meal although it .... bitter.

16. The perfume .... good.

17. What's wrong with you? You .... very pale.

18. What he said .... interesting.

19. You .... wonderful in this dress.

20. The pie .... good.

51   The Present Perfect Tense

Türkçe'de **The Present Perfect Tense'in** karşılığı bir zaman yoktur. Bu zamandaki cümleleri dilimize çevirirken yerine göre **Di'li Geçmiş Zaman** veya **Şimdiki Zaman** kullanırız. Ben bu tense'i "**Şimdi Tamamlanmış Zaman**" olarak dilimize çeviriyorum.

A. CÜMLE YAPISI

1. Affirmative - Olumlu

1.1   **Perfect Tense** denince aklımıza '**have + past participle**' gelir.

Present Perfect Tense' de **have** yardımcı fiilinin **present** hali yani kendisi '**have**', '**He, She** ve **It**' özneleri ile beraber '**has**' + fiilin '**Past Participle**' hali kullanılır.

I You We They	have	washed	the car.	*Arabayı yıkadım.* *Arabayı yıkadın.* *Arabayı yıkadık.* *Arabayı yıkadılar.*
He She It	has			*Arabayı yıkadı.* *Arabayı yıkadı.* *Arabayı yıkadı.*

1.2   Düzenli fiiler **Past** ve **Past Participle** hallerinde sonlarına '**-ed**' takısı alırlar.

1.3   Düzensiz fiillerin **Past** ve **Past Participle** halleri genellikle kitap ve sözlük sonlarında verilirler. (Bknz. Irregular Verbs Sf. 493)

> Türkçemizde bu tense'in tam karşılığı bir zaman yoktur. **Present Perfect Tense** kendi dilimizde bazen şimdiki zaman, bazen da geçmiş zaman cümlelerle ifade edilir.

I**'ve known** her for two years.
Onu iki yıldır tanıyorum.

I**'ve done** my homework**.**
Ödevimi yaptım.

I**'ve been** to Rome before.
Daha evvel Roma'da bulundum.

She **has gone** to London.
O Londraya gitti.

They **have built** a new bridge.
Yeni bir köprü inşa ettiler.

He **has ordered** some books.
Bir kaç kitap sipariş etti.

I've just **had** a bath.

2.   Negative - Olumsuz

Perfect Tense'i 'Have + Past Participle' diye formüle etmiştik. Burada '**have**' cümlemizin yardımcı fiilidir. Bünyelerinde yardımcı fiil bulunan tüm cümleler yardımcı fiilden sonra '**not**' kelimesini alarak olumsuz olurlar. Burada da '**have**' ve '**has**'e '**not**' ilave ederek olumsuz cümleler elde ederiz.

| have not | ⟶ | **haven't** |
| has not | ⟶ | **hasn't** |

I	have	seen her today.
I	have**n't**	seen her today.
The London train	has	arrived.
The London train	has**n't**	arrived yet.

She **hasn't been** here since last Friday.
Geçen Cuma'dan beri burada değil.

I **haven't eaten** anything since 10 o'clock.
Saat 10'dan beri birşey yemedim.

I **haven't drunk** anything for a long time.
Uzun zamandır bir şey içmedim.

They **haven't left** the room yet.
Hala odadan ayrılmadılar.

I have written the postcards, but I **haven't posted** them yet.
Kartları yazdım, ama henüz postalamadım.

It **hasn't rained** for months.
Aylardır yağmur yağmadı.

They **haven't published** my book yet.
Henüz kitabımı yayınlamadılar.

I **haven't had** lunch yet.
Hala öğlen yemeği yemedim.

You **haven't filled** in the form yet.
Hala formu doldurmadın.

He **hasn't polished** his shoes for a week.
Bir haftadır ayakkabılarını boyamadı.

He **hasn't brushed** his teeth today.
Bugün dişlerini fırçalamadı.

3. Interrogative - Soru

Present Perfect Tense cümlelerindeki yardımcı fiil 'have' veya 'has' özneden önce kullanılarak soru cümleleri elde edilir. Aşağıdaki tabloyu inceleyiniz.

Have	I			*bulundum mu?*
	you	ever **been** to Rome?	*Hiç Roma'da*	*bulundun mu?*
	we			*bulunduk mu?*
	they			*bulundular mı?*
Has	it			*bulundu mu?*
	he			
	she			

- **Have** you **read** 'A Tale of Two Cities'?
  'İki Şehrin Hikayesini' okudun mu?

Bu tür sorulara kısaca:

- **Yes**, I **have**.
  Evet, okudum. Veya;

- **No**, I **haven't**.
  Hayır, okumadım.

gibi cevaplar verebiliriz. Ama okuma işlemini ne zaman yaptığımızı belirtirsek bunu **'Past Simple Tense'** ile anlatırız.

- Yes, I **read** it last month.
  Evet, onu geçen hafta okudum.

- **Have** you **got** my message?
  Benim mesajımı aldın mı?

- Yes, I **have**.
  Evet, aldım.

- No, I **haven't**
  Hayır, almadım.

- Yes, I **got** it this morning.
  Evet, bu sabah aldım. (Şu an akşam)

- **Has** he **had** a haircut today?
  Bugün saç tıraşı oldu mu?

- Yes, he **has.**
- **No, he** hasn't.
- Yes, he **had** a haircut this morning. (Şu anda öğleden sonra)

Dad, **have** we **spent** all our money?

No, dear. We have still got enough money to get home.

Then, can we have an ice-cream?

4. Negative Interrogative - Olumsuz Soru

Olumsuz sorular genelde **iki türlü** olur.

4.1 "**Have** veya **has** olumsuzluk ifadesi olan '**not**' ile birlikte özneden önce kullanılarak:

	The police	**haven't**	**found** out the money yet.
Haven't	the police		**found** out the money yet?

Polis hala parayı bulmadı mı?

Haven't you **paid** the bill?
Hesabı ödemedin mi?

Hasn't your salary **risen** as much as you hoped?
Maaşın umduğun kadar yükselmedi mi?

Haven't you **heard** the rumours about Mary?
Mary hakkındaki söylentileri duymadın mı?

Haven't you **tried** to persuade her?
Onu ikna etmeye çalışmadınız mı?

Hasn't she **found** her son yet?
Hala oğlunu bulmadı mı?

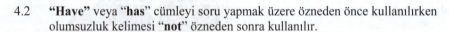

4.2 "**Have**" veya "**has**" cümleyi soru yapmak üzere özneden önce kullanılırken olumsuzluk kelimesi "**not**" özneden sonra kullanılır.

	I	**haven't**	**had** a good meal for days.
Have	you	**not**	**had** a good meal for days?

Günlerdir güzel bir yemek yemedin mi?

I **haven't spent** all my money.
Have you **not spent** all your money?
Bütün paranı harcamadın mı?

They **haven't been** here before.
Have they **not been** here before?
Daha evvel burada bulunmadılar mı?

He **hasn't failed** his exam.
Has he **not failed** his exam?
Sınavında başarısız olmadı mı?

English Grammar Today

B. Present Perfect Tense'in kullanıldığı yerler

1. **Şimdi, az önce olmuş** olaylar **Present Perfect Tense** ile ifade edilirler.
'**Just**' olayın yeni olduğunu vurgular.

I've **just had** a cup of coffee.
Şimdi bir fincan kahve içtim.

He's **just had** a bath.
Şimdi banyo yaptı.

They've **just**
started fighting.
Kavga etmeye
yeni başladılar.

Bu tür olayların sonuçları halen görünür.

Mr. Smith **has washed** his car.
Mr. Smith arabasını yıkadı.

(His car is clean now.) (Arabası şimdi temiz.)

My car **has broken down**.
Arabam bozuldu.

(It's in a garage at the moment.)
(Şu anda bir tamirhanede.)

I've **polished** my shoes.
Ayakkabılarımı boyadım.

(Look! They are shining.)
(Bak, parlıyorlar.)

I've **lost** my keys.
Anahtarlarımı kaybettim.

(I'm looking for them.)
(Onları arıyorum.)

My brother **has gone** to London.
Erkek kardeşim Londra'ya gitti.

(He's still there.)
(Hala orada.)

EXERCISE 124

Aşağıdaki sorulara örnekte gösterildiği gibi '**just**' kullanarak **Present Perfect Tense**'de cevaplar veriniz.

Example :   Is your father at home. (come)
                Yes, he's just come home.

  1. Are your children at school? (go)

  ....
  2. Are the letters ready? (Mary - type)

  ....

51. The Present Perfect Tense

3. Is Mehmet in hospital? (go)

....

4. Is Meltem in bed? (go)

....

5. Are the glasses clean? (I - wash)

....

6. Is my watch working? (I - repair)

....

7. Is Douglas at work? (go)

....

8. Your shoes are shining. (I - polish)

....

9. Your teeth look white. (I - brush)

....

10. Bruce's car is very clean. (He - wash)

....

11. Mary's hair is very short. (She - have a haircut)

....

12. The cat is happy. (It - eat a fish)

....

Not: İngilizce'de **perfect** kelimesinin bir anlamı da **tamamlanmış** demektir. Günün, haftanın, ayın, yılın ve hatta ömrümüzün tamamlanmış kısmı içinde yaptığımız işler, olaylar **Present Perfect Tense** ile ifade edilirler. Olay genellikle yenidir ve sonuçları halen görünür. Bu nedenle olayın vakti verilmez. Bu tense de geçmiş zaman bir zaman ifadesi kullanılmaz. Sadece **today**, **this week**, **this month** gibi bitmemiş zaman ifadeleri kullanılabilir.

I've had a haircut. (Saçlarım şimdi kısa)
She has phoned twice **today**.
I haven't seen her **this week**.
I've **just** finished reading this book.

2. Bir olayın olup olmadığını anlatırken veya olup olmadığını sorarken bu **tense**'i kullanırız. Olayın zamanı bizim için önemli değildir.

Have you **read** this book?
*Bu kitabı **okudun mu**?*

Yes, **I've read** it, but I **haven't** even **understood** a word.
*Evet **okudum,** ama bir kelime bile **anlamadım**.*

Have you **seen** this film?
*Bu filmi **gördün mü**?*

Have you **had** breakfast?
*Kahvaltı **yaptın mı**?*

I have never **been** here before, but I'll certainly come again.
*Daha evvel buraya hiç **gelmemiştim,** ama kesinlikle tekrar geleceğim.*

I've had lunch. I'm full now.
*Öğlen yemeğini **yedim**. Şimdi tokum.*

I've shut the window.
*Pencereyi **kapattım**.*

248

EXERCISE 125

Aşağıdaki cümleleri örnekte gösterildiği gibi soru şekline çeviriniz.

Example: I've sold my car.
                 Have you really sold it?

1. I've spoken to Demirel.

....

2. I've bought a new car.

....

3. Mary has just married to Tom.

....

4. The magazines have finished.

....

5. My parents have gone to the pub.

....

6. My brother has broken his arm.

....

7. Mehmet has given me $50.

....

8. The cat has just eaten the fish.

....

9. Michael has just had a bath.

....

10. Andrew has just won the tennis tournement.

....

11. I've seen your boy friend.

....

12. Jennifer has bought the tickets.

....

13. The police have caught the thief.

....

14. I've lost my wallet.

....

15. I've finished reading the book.

....

3. Geçmişte tekrarlanan ve halen tekrarlanma şansı bulunan olaylar için kullanılır.

Aşağıdaki zaman zarfları olayın ne kadar sık tekrarlandığını belirtmek için kullanılır.

once	always	every day	almost every day
twice	often	every week	almost every week
three times	regularly	every month	almost every month
many times	frequently	every summer	almost every summer
etc.			

I've **read** this book **twice**.
*Bu kitabı **iki kere okudum**.*

I've **seen** this film **three times**.
*Bu filmi **üç kere gördüm**.*

> I've seen this film three times.

I've **been** to Ankara **several times**.
*Bir çok kez Ankara'ya **gittim (bulundum)**.*

They **have often visited** us.
Onlar sık sık bizi ziyaret ettiler.

My father **has always given** us New Year presents.
*Babam **her zaman** bize yeni yıl hediyeleri **verdi**.*

I've **always helped** him.
Her zaman ona yardım ettim.

4. Today, this week, this month, this year gibi bitmemiş zamanlar ve lately, recently gibi zaman zarfları ile kullanılır.

Bugün, bu ay, bu yıl halen devam ettiği için bu olayların **günün, haftanın, ayın** veya **yılın** geri kalan kısmında tekrarlanma şansları vardır.

I've **met** Jennifer **today**.
Bugün Jennifer'a rastladım.

The postman **hasn't come today**.
*Postacı **bugün gelmedi**.*

I've **been** round the world **this year**.
Bu yıl, dünyayı dolaştım.

I've **had** a lot of bad luck **recently**.
*Son zamanlarda bir sürü şanssızlık **yaşadım**.*

We **haven't seen** each other **lately**.
Son zamanlarda birbirimizi görmedik.

5. How long .... ? for, since, ever since

5.1 **The Present Perfect Tense** geçmişte başlamış ve halen devam
eden olayların anlatımında kullanılır.

5.2 **How long** ile olayın ne zamandır devam ettiğini sorar, **for** veya **since**
yardımı ile de olayın **ne zamandan beri,** veya **ne kadar zamandır** devam
ettiğini, veya devam etmekte olduğunu anlatırız.

How long have you been a teacher?
Ne zamandır öğretmensiniz?

I've been a teacher for twenty years.
Yirmi yıldır öğretmenim.

5.3 Olayın başlangıç noktasını belirtirsek '**since**', (**point of time**)

... since 10:00	: saat ondan beri
... since last Friday	: geçen Cumadan beri
... since the beginning of the month	: aybaşından beri
... since the end of the year	: yıl sonundan beri
... since May	: Mayıs'tan beri
... since 1990	:1990'dan beri
... since Christmas	: Christmas'tan beri
... since I was born etc.	: doğduğumdan beri

5.4 Olayın başladığı andan şu ana kadar geçen süreyi verirsek '**for**' (**period of time**)
kullanılır.

... for a long time	: uzun zamandır
... for a short time	: kısa zamandır
... for long	: uzun zamandır
... for ten minutes	: on dakikadır
... for two hours	: iki saattir
... for three days	: üç gündür
... for several weeks	: birkaç haftadır
... for a month	: bir aydır
... for five years	: beş yıldır
... for ages	: çok uzun zamandır
... for days/weeks/months/years	: günlerdir/haftalardır/aylardır/yıllardır
... for the last two years	: son iki yıldır
... for the last four months etc.	: son dört aydır
... during the last three months	: son üç aydır

51. The Present Perfect Tense

 My father is in Ankara.
Babam Ankara'da.

Yukarıdaki cümlede babamın şu anda nerede olduğunu belirtiyorum, ve cümleyi 'The **Present Simple Tense**' de yazdım. Eğer babamın **bir haftadır**, veya **aybaşından beri** Ankara'da olduğunu anlatmak istersem "The **Present Perfect Tense**"i kullanırım.
Yukarıdaki cümlede cümlemin fiili '**is**' yani '**to be**' dir.
'**To be**' fiilinin past participle hali '**been**' dir.

 My father **has been** in Ankara **for** a week.
Babam bir haftadır Ankara'da.

My **father has been** in Ankara **since** the beginning of the month.
Babam aybaşından beri Ankara'da.

Babamın ne zamandır Ankara'da olduğunu '**How long**' ile sorarsınız.

 How long has your father **been** in Ankara?
Baban ne zamandır Ankara'da?

Jane is a nurse.
Jane bir hemşiredir.

Jane'nin ne zamandır hemşire olduğunu '**how long**' ile sorarız.

 How long has Jane **been** a nurse?
Jane ne zamandır hemşiredir?

She **has been** a nurse **for ten years.**
O, on yıldır hemşiredir.

Bir dostunuz size soruyor:

 How long have you **studied** English?
Ne zamandır İngilizce çalışmaktasın?

Cevabınız eğer sekiz aysa:

 I've studied English **for eight months.**
Sekiz aydır İngilizce çalışmaktayım.

Eğer cevabınız "**geçen Ekim'den**" beri ise:

 I've studied English **since last October.**
Geçen Ekim'den beri İngilizce çalışmaktayım.

Since ve **for** için bir açıklama da şöyledir: **Saat** ve **takvim üzerinde** gösterebildiğimiz zaman terimleri ile birlikte **since**, saat ve takvim üzerinde gösteremediğimiz zaman terimleri ile birlikte **for** kullanırız.

 I've had a car **for twelve years**.
12 yıldır bir arabam var.

I've had a car **since 1997.**
1997 yılından beri bir arabam var.

We've been married **since 1960.**
1960 yılından beri evliyiz.

We've been married **for about fifty years.**
Yaklaşık elli yıldır evliyiz.

EXERCISE 126

Aşağıdaki cümleleri **for** ve **since** kullanarak tekrar yazınız.

Example: I'm a teacher. (twelve years)
            I **have been** a teacher **for** twelve years.

1. She's a waitress. (2000)

   ....

2. They are in the fridge. (two days)

   ....

3. They live in Alaçam. (they were born)

   ....

4. I know you. (a long time)

   ....

5. I have a car. (1994)

   ....

6. She studies French. (six months)

   ....

7. He works in Germany. (twenty years)

   ....

8. I use a word processor. (the beginning of the year)

   ....

9. Jennifer is in Paris. (two weeks)

   ....

10. Susan and Bill are married. (seven years)

    ....

C. Already, yet, so far, up to now

1.   **Already** - **zaten, bile, çoktan, hali hazırda** anlamlarına gelir.

A -   Are you going to do your homework?
Ödevini yapacak mısın?

B -   No, I've **already done** it.
Hayır. **Yaptım bile**.

A -   Why don't you wash the towels?
Neden havluları yıkamıyorsun?

B -   I've **already washed** them.
Onları **yıkadım bile**.

EXERCISE 127

Aşağıdaki sorulara önce '**No**' ile kısaca yanıtlayıp sonra o olayın şimdi yapıldığını **Present Perfect Tense** ile anlatınız.

Example: Are you having a bath?
               No, I've already had a bath.

1. Are you answering the letter?

....

2. Is she washing the dishes?

....

3. Are you drinking a cup of coffee?

....

4. Is she solving the problems?

....

5. Are the children having a swim?

....

6. Are you doing your homework?

....

7. Is your mother doing the cooking?

....

8. Are you having a shave?

....

9. Is your father having a sleep?

....

10. Are your parents having a walk?

....

11. Are the boys having a meal?

....

12. Is your father reading the newspaper?

....

13. Are you going to the doctor's.

....

14. Are you going to invite the Dobsons to your wedding?

....

2. Yet - henüz, hala

'Yet' soru ve olumsuz cümlelerde kullanılır. Genellikle cümle sonunda bulunur.

Ama seyrek de olsa fiilden önce kullanılabilir.

A- **I wrote a book about Pierre Van Hooijdonk. Have you read it yet**?
Pierre Van Hooijdonk ile ilgili bir kitap yazdım. Henüz onu okudun mu?

B- No, **I haven't read** it **yet**?
Hayır, henüz okumadım.

A- **Haven't** you **finished** those letters **yet**?
Hala şu mektupları bitirmedin mi?

B- I'm sorry Mr. Smith. I **haven't yet finished** them .
Üzgünüm Bay Smith. Onları henüz bitirmedim.

3. So far, up to now, up to present - Şu ana kadar

Gönül Yazar **has had** six husbands **so far.**
Gönül Yazar şu ana kadar altı koca edindi.

I **haven't seen** any of them **so far**.
Şu ana kadar hiç birini görmedim.

The test **has been** easy **up to now**.
Test şu ana kadar çok kolaydı.

4. For ages - uzun süredir

I **haven't seen** her **for ages.**
Uzun süredir onu görmedim.

Nobody **has visited** the old woman **for ages.**
Uzun zamandır yaşlı kadını hiç kimse ziyaret etmedi.

I **haven't heard** from him **for ages.**
Uzun zamandır ondan haber almadım.

I **haven't spoken** French **for ages.**
Uzun zamandır Fransızca konuşmadım.

I **haven't been** to my home town **for ages.**
Uzun zamandır doğduğum kasabaya gitmedim.

She **hasn't written** to me **for ages.**
Uzun zamandır bana yazmadı.

EXERCISE 128

Aşağıdaki cümleleri '**just, already, yet**' ve **so far, up to now**' kullanarak tamamlayınız.

1.   A-   Would you like something to drink?
     B-   No, thanks I've **just** had one.

2.   A-   Can I speak to Jane?
     B-   I'm afraid you can't. She .... out. (just - go)

3.   A-   Do you know where the cat is?

     A-   Yes, it's in the kitchen. I .... it there. (just - see)

4.   A-   What time are you going to start to work?
     B-   I .... to work. (already -start)

5.   A-   Haven't you talked to your boss yet?
     B-   No, I ....to him .... (not - talk - yet)

6.   A-   Are you going to invite Mary and Tom to the party?
     B-   No, I .... them. (already - invite)

7.   A-   Is Mehmet here?
     B-   No, he .... (not - arrive-yet)

8.   A-   What's in the newspaper?
     B-   I don't know. I .... it .... (not – yet - read)

9.   A-   What time does the London train arrive?
     B-   It .... (already - arrive)

10.   A-   Have you paid the bill yet?
      B-   Yes, I .... it. (just - pay)

11.   A-   Is the work difficult?
      B-   No, it .... easy .... (be - so far)

12.   A-   Are you going to watch that film?
      B-   No, I .... it. (already - watch)

13.   A-   Is Mr. Smith still at work?
      B-   No, he .... home. (just - go)

14.   A-   Is your father at home?
      B-   No, he .... home from work .... (not - come - yet)

15.   A-   Are you going to take the driving test tomorrow?
      B-   No, I .... it. (already - take)

D. EVER and NEVER, EVER BEFORE and NEVER BEFORE

1. '**Ever**' hiç demektir ve soru cümlelerinde kullanılır.

2. '**Ever**' ın olumsuzu '**never**' dır ve cümleleri olumsuz yapar. Kendisi '**not ever**' ın kısaltılmış şekli olduğu; yani bünyesinde zaten bir '**not**' barındırdığı için '**never**'lı cümlelerde ayrı bir '**not**' bulunmaz.

A- **Have** you **ever seen** me with her?
Beni hiç onunla gördün mü?

B- No, I **have never seen** you with her.
Hayır seni hiç onunla görmedim.

Yukardaki soruyu kısaca:

- **No, never.**
  Hayır, hiç,

gibi de cevaplayabiliriz.

A- **Have** I **ever told** you a lie before?
Daha evvel sana hiç yalan söyledim mi?

B- No, you **have never told** me a lie before.
Hayır, daha önce bana hiç yalan söylemedin.

A- **Have** you **ever been** abroad before?
Daha önce hiç yurt dışına çıktınız mı?

B- No, I**'ve never been** abroad before.
Hayır, daha önce hiç yurt dışına çıkmadım.

E. It's the first time ....
This is the second time ....
That's the third time.................................

1. Yukarıdaki cümle kalıpları ile **The Present Perfect Tense**'in kullanıldığı görülür.

> This is the first time I've had an accident.

It's the first time she **has met** Hülya Avşar.
O, onun Hülya Avşar'a ilk rastlayışı.

This is the second time you **have told** me a lie.
Bu bana ikinci yalan söyleyişin.

That's the third time she **has come** late.
Bu onun üçüncü geç kalışı.

This is the first time she **has danced** with a boy.
Bu onun bir erkekle ilk dans edişi.

This is the second time I **have met** him today.
Bugün ona ikinci rastlayışım.

> This is the third time I've **hit** my thumb.

This is the first time I**'ve been** out with a girl.
Bu bir kızla ilk dışarı çıkışım.

F. Present Perfect Tense with Superlatives

1. Eğer **birini** veya **birşeyi** diğerleri ile kıyaslıyorsak **superlative + noun**
dan önce '**the**' kullanırız.

> **the earliest train**
> **the cleverest man**
> **the most handsome man**

This is **the furthest run** he **has ever run**.
Bu onun şimdiye kadar koştuğu en uzun koşu.

She's **the most beautiful** woman I**'ve ever seen**.
O, şimdiye kadar gördüğüm en güzel kadın.

This is **the most delicious soup** I**'ve ever tasted**.
Bu, şimdiye kadar tattığım en lezzetli çorba.

2. Birini veya birşeyi başkaları ile değil de kendisinin diğer durumları
ile kıyaslarsak o zaman "**superlative + noun**"dan önce '**the**' kullanılmaz.

He's **nicest** when he**'s had** a couple of drinks.
İki içki alınca en iyidir. (Diğer zamanlarından daha iyi)

Istanbul is **best** when autumn **has come.**
Istanbul en iyi son bahar gelincedir. (Diğer mevsimlerde o kadar iyi değildir.)

She's **most beautiful** when she **has put on** her red dress.
O, kırmızı elbisesini giyince en güzeldir.

He's **best** when he **has got** some money for a bottle of wine.
Bir şişe şarap parası olduğunda ondan iyisi yoktur.

G. Gone & Been

1. **'Gone'** sadece gidiş gibi tek yönlü bir harekettir.

He has **gone** to Izmir. (He's still there.)
O, İzmir'e gitti. (Şimdi orada, hala dönmedi.)

1.1 Eve geldiniz çocuklar evde yok. Eşinize soruyorsunuz:

- Where **have** the children **gone?**
Çocuklar nereye gittiler?

- They **have gone** to the cinema.
Sinemaya gittiler. (Hala oradalar)

1.2   Size soruyorlar:

- Where's your father?
  Babanız nerede?
- He **has gone** to Samsun.   (He's still there.)
  Samsun'a gitti.   (Hala orada.)

2. 'been' gidip geri dönmek gibi çift yönlü bir harekettir.

2.1   Gidilen yere gidilip dönülmüştür.

I **have been** to Paris twice.
Paris'e iki kere gittim. (**Şu anda buradayım.**)

2.2   Postaneden eve geldiniz ve babanız size 'neredeydin' diye sorsa:

- **Where have you been?**
  Neredeydin? Sizin cevabınız:

- **I've been to the post office.**
  Postanedeydim. Olur.

2.3   Birine yurt dışına çıkıp çıkmadığını, bir yere gidip gitmediğini '**been**' ile sorarız:

- **Have** you ever **been** abroad?
  Hiç yurt dışında bulundunuz mu?

- Yes, I've **been** abroad twice.
  Evet iki kere yurt dışına çıktım.

- **Have** you **been** to Moscow?
  Moskova'ya gittin mi?

- Yes, I **went** there **last year**.
  Evet oraya geçen yıl gittim.

3. Been bir de gelip gitme anlamında kullanılır.

3.1   Sabahleyin kapıyı açtınız, kapının önündeki boş süt şişelerinin alındığını ve dolu şişelerin bırakılmış olduğunu gördüğünüzde anlıyorsunuz ki sütçü gelmiş:

The milkman **has been.**
Sütçü gelmiş. (gelmiş ve gitmiş)

3.2   Kapının altından mektuplar atılmış, anlıyorsunuz ki postacı gelmiş:

The postman **has been.**
Postacı gelmiş.

4. Gone 1. ve 2. Tekil ve çoğul şahıslarla kullanılmaz.

4.1 Ancak alışkanlık haline getirilmiş sürekli tekrarlanan eylemlerle kullanılır.

> I have **often gone** to the cinema in the last two years.
> *Son iki yılda sık sık sinemaya gittim.*

Yukarıdaki cümlede sinemaya gitmek işlemi sık sık tekrarlandığı için **gone** kullanılmıştır.

4.2 Ve henüz gerçekleşmemiş varsayımlar için kullanılabilir.

> Tell my Mum that I**'ve gone** to the Whites."
> *Anneme White'lara gittiğimi söyle.*

Yukarıdaki cümlede de henüz eylem gerçekleşmediği için **gone** kullanılmıştır.

H. Present Perfect Tense with I think ...., I suppose ... etc.

I expect	**- umarım**
I hope	**- umarım**
I imagine	**- zannederim**
I reckon	**- zannederim**
I should think	**- sanırım**
I suppose	**- zannederim**
I take	**- zannederim**
I take it for granted	**- zannederim**
I think	**- sanırım**

I think you **have heard** the bad news.
Sanırım, kötü haberi duydunuz.

I hope she **hasn't heard** the bad news.
Umarım kötü haberi duymamıştır.

I suppose they **have received** my message.
Zannederim mesajımı aldılar.

I expect the children **have enjoyed** the film.
Umarım çocuklar filmden zevk almışlardır.

I don't reckon he **has made** a lot of money from his shares.
Hisse senetlerinden çok para kazandığını zannetmiyorum.

I shouldn't think the plane **has landed** yet.
Uçağın henüz indiğini sanmıyorum.

EXERCISE 129

Aşağıda verilen kelimelerle "**Present Perfect Tense**"de cümleler yapınız.

1. they / live / in London / ten years.

   ....

2. we / not / see / each other / a long time.

   ....

3. what / you / do ?

   ....

4. you / hear / from Tekin / recently ?

   ....

5. George / not / work / hard at school / this term.

   ....

6. you / ever / ride / a donkey ?

   ....

7. I / never / see / a whale.

   ....

8. I / not/ tell / her / anything.

   ....

9. This / exciting book / I / read.

   ....

10. Mehmet / never / see / his father / he was born.

    ....

11. This / first good meal / I / ever / have / ages.

    ....

12. She / happiest / when / she / see / her father.

    ....

13. This / first time / I hear / my mother singing.

    ....

14. How long / you / know / her ?

    ....

EXERCISE 130

Aşağıdaki cümlelerde boş bırakılan yerlerde verilen fiilleri
"Present Perfect Tense"de kullanınız.

1. I .... (make) a lot of new friends.

2. He .... (already / design) some fantastic
   night dresses.

3. I ....(add) $ 150,000 to my savings over the
   last three years.

4. I .... (not/ play) chess for years.

5. I .... (have) a good two weeks.

6. .... (you / give up) smoking?

7. He .... (just / finish) reading that book.

8. .... (you / pack) the suitcases?

9. I .... (forget) his name.

10. My uncle is lying on the floor. He .... (have) a heart attack.

11. .... (you / do) this before?

12. I .... (begin) to suspect that something illegal is going on.

13. My socks .... (already / wear out) at the heels.

14. I .... (often / see) my boss and a stranger talking in

    whispers.

15. .... (you / have) supper yet?

16. What .... (you / do) ?

17. Mary and Jim .... (just/ get) married.

18. This is the third book of Yaşar Kemal I .... (read).

19. My uncle moved to Ankara in 2006. I .... (not-see)

    him since then.

20. I .... (have) lunch . I'm full now.

EXERCISE 131

Aşağıdaki cümleleri 'How long' ile soru yapınız.

Example 1.　He's a doctor.
How long has he been a doctor?

Example 2.　He works in a hospital.
How long has he worked in a hospital?

1. She is a secretary.

....

2. My father is a tobacco expert.

....

3. His father is sick.

....

4. He's in hospital.

....

5. I live in Istanbul.

....

6. I know that couple.

....

7. She smokes cigarettes.

....

8. The traffic is very heavy.

....

9. I have a headache.

....

10. I study English.

....

11. Semih is a football player.

....

12. He plays for Fenerbahçe.

....

13. Spencer has a beard.

....

14. Our television is broken.

....

EXERCISE 132

Aşağıda bırakılan boşluklarda verilen fiilleri "**Simple Past**" veya "**Present Perfect**" hallerinde kullanınız.

1. The young man .... (never - be) to Paris, but he ....

   .... (read) a book about this city last year.

2. .... you .... (decide) where to go yet?

3. - Have some tea, please.

   - No, thank you. I .... (just - have) two cups of tea.

4. Susan .... (do) her homework before 10 o'clock but Jane

   .... (not - write) a word until now.

5. Her mother .... (buy) her a pair of new shoes yesterday.

6. The Prime Minister .... (leave) for the U.S.A an hour ago.

7. He .... (not - arrive) at Kennedy Airport until the present time.

8. .... the plane ....(land) yet?

9. Yes, it .... (land) ten minutes ago.

10. It .... (not - rain) for a long time.

11. .... you .... (see) my dog? It .... (run away) this

    morning.

12. We .... (meet) at a party a long time ago, but I ....

    (not - seen) her since then.

13. I .... (see) an interesting book in a bookshop yesterday,

    but I .... (not - buy) it.

14. My friend ....(fall) from the bicycle today, because

    .... (not- ride) one for ages.

15. I last .... (write) her last January. I ....

    (not - write) to her since then.

16. I ....(start) playing guitar when I was ten.

17. .... you .... (ever/see) a tiger before?

18. This is the fourth time you .... (phone) her today.

EXERCISE 133

Aşağıdaki örnekte gösterildiği gibi cümleyi yeniden yazınız.

Example: I haven't seen her for a long time.
            It's ages **since I saw her.**

1. I last met George two weeks ago.

   I haven't ....

2. They have been here for three months.

   They arrived ....

3. We started living in İstanbul 12 years ago.

   We have ....

4. I last saw my girl friend five days ago.

   I haven't ....

5. Is this the first time you have tasted a kiwi?

   .... (not) you .... one before?

6. I last smoked a cigarette ten years ago.

   I haven't ....

7. I last drank wine 2 weeks ago.

   It's two weeks .... wine.

8. I have lived in Istanbul since January.

   I .... (come)

9. They moved to Ankara two years ago.

   They .... two years. (be)

10. She hasn't been to Rome before.

    This is the first time ....

52 The Present Perfect Continuous Tense

A. Cümle Yapısı

1. Olumlu - Affirmative

1.1 **The Present Perfect Continuous Tense**'i iyi anlamak için önce kelime anlamı üzerinden yola çıkalım. **Perfect** denince her zaman aklımıza
'**have + past participle**', **continuous** denince de aklımıza
'**be + present participle**' gelmeli. Tekrar hatırlayalım:

Past Participle   :   Fiillerin üçüncü halleri,
Present Participle :   Fiillerin '**-ing**' durumlarıdır.

Aşağıdaki tabloda birkaç fiilin çeşitli durumlarını görelim. Biliyorsunuz düzenli fiiller '**past**' ve '**past participle**' durumlarında '**-ed**' takısı alırlar. Düzensiz fiillerin **past participle** durumları genellikle ders kitaplarının ve sözlüklerin sonlarında verilir. (Bknz.sf. 493)

Present	Past	Past Participle	Present Participle
do	did	**done**	**doing**
live	lived	**lived**	**living**
work	worked	**worked**	**working**
play	played	**played**	**playing**

The Present Perfect Continuous'un kelime anlamından çıkarabileceğimiz gibi bu zamanda cümlelerimizde hem '**have + past participle**' hem de '**be + ..ing**' bulunur. Fiillerin Past Participle (3.) hallerinin sonuna '**ing**' takısı ekleyemezsiniz. '**Have**' den sonra gelen fiil '**be**' olduğu için '**be**' Past Participle halinde yazılır ve serbest kalan asıl fiile '**ing**' eki eklenir. Durum böyle olunca bu zamanı:

have been + verb + ing' gibi formüle edebiliriz.

She **has been** learn**ing** English since May.

Yukarıdaki cümleyi dilimize:

Mayıstan beri İngilizce öğreniyor. Veya;
Mayıstan beri İngilizce öğrenmekte, diye çevirebiliriz.

It **has been** rain**ing** for two days.
İki gündür yağmur yağıyor.
Veya;
İki gündür yağmur yağmakta.

Yesterday   Today

English Grammar Today

1.2   Eğer olay yeni bitmişse bunu dilimize '**di'li geçmiş zaman**' veya
'**şimdiki zamanın hikayesi**' olarak çevirebiliriz.

The wind **has been** blow**ing** all day.
Bütün gün rüzgar esti.

I've been work**ing** all day.
Bütün gün çalıştım.

Eve yüzünüz pancar gibi kıpkırmızı geldiniz. Anneniz size bu ne hal diyor, sizin cevabınız:

We **have been** play**ing** football.
Futbol oynuyorduk.

2. Olumsuz - Negative

Olumsuzluk kelimemiz her zaman 'not'dır

"**Not**" bu zamanda da **have** veya **has** ile fiil arasında kullanılarak cümleleri olumsuz
kılarlar.

have not	⟶	haven't
has not	⟶	hasn't

Hakan **hasn't been** play**ing** football for a long time.
Hakan uzun zamandır futbol oynamıyor.

My father **hasn't been** work**ing** since June.
Babam Haziran'dan beri çalışmıyor.

He **hasn't been** smok**ing** for a long time.
Uzun zamandır sigara içmiyor.

3.   Soru – Interrogative

Bu zamanda **yardımcı fiil** olarak kullanılan '**have**' ve '**has**' kelimeleri özneden önce
kullanılarak soru cümleleri elde edilir.

	We	**have**	**been** play**ing** football.
Have	you		**been** play**ing** football?

Futbol mu oynuyordunuz? veya;
Futbol mu oynamaktaydınız? (Eğer futbol oynamaları bitmişse)

Have you **been** play**ing** chess since 2 o'clock?
Saat ikiden beri satranç mı oynuyorsunuz? veya;
Saat ikiden beri satranç mı oynamaktasınız? (Oyunları hala devam ediyor)

Has she **been** talk**ing** to her boyfriend on the phone for a long time?
Telefonda erkek arkadaşı ile uzun zamandır mı konuşmakta / konuşuyor?

What have you **been** do**ing** since you woke up?
Kalktığından beri ne yapıyorsun/yapmaktasın?

4. Olumsuz soru - Negative Interrogative

Cümlelerin olumsuz soru şekilleri iki türlüdür.

4.1 **Yardımcı fiille birlikte not kelimesi cümle başında kullanılır:**

	It	**hasn't**	**been** rain**ing**	since morning.
Hasn't	it		**been** rain**ing**	since morning?

Sabahtan beri yağmur yağmıyor mu?

They **have been** paint**ing** their house since Monday.
Pazartesiden beri evlerini boyuyorlar.

Haven't they **been** paint**ing** their house for the last two days?
Son iki gündür evlerini boyamıyorlar mı?

4.2 **Have** yardımcı fiili cümle başında, "**not**" özneden sonra kullanılır.

	You	**haven't**	**been** work**ing**	hard since Monday.
Have	I	**not**	**been** work**ing**	hard since monday?

Pazartesinden beri sıkı çalışmıyor muyum?

She **has been** sleep**ing** since noon.
Öğlenden beri uyuyor.

Has she **not been** sleep**ing** since noon?
Öğlenden beri uyumuyor mu?

I **have been** look**ing** for my keys all morning.
Bütün sabah anahtarlarımı arıyordum.

Have you **not been** look**ing** for your keys all morning?
Bütün sabah anahtarlarını aramıyor muydun?

B. Kullanıldığı Yerler

1. Şu ana kadar devam eden eylemlerin anlatımında kullanılır.

Şu anda kar yağıyorsa ve biz sadece şu anda gördüğümüz durumu ifade etmek istersek bunu **'The Present Continuous Tense'** ile anlatırız.
Continuous denince aklımıza **'be + ...ing'** gelecekti.

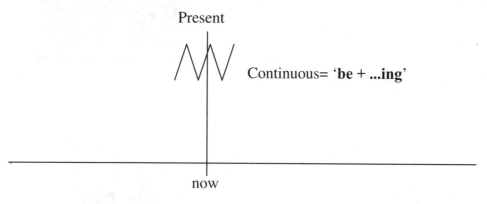

Present

Continuous= **'be + ...ing'**

now

It**'s** snow**ing** now.
Şimdi kar yağıyor.

Ama kar yağışının **üç gündür,** veya **Cuma gününden beri** devam ettiğini anlatmak istersek bunu **'The Present Perfect Continuous Tense'** ile anlatırız.

The Present Continuous Tense ile **The Present Perfect Continuous Tense'**i alt alta yazsak aralarındaki tek farkın **'Perfect'** kelimesi olduğunu görürsünüz.

Her **perfect** denildiğinde aklımıza **'have + past participle'** gelmesi gerektiğini yine önceki derslerimizde görmüştük. O halde üstteki cümleye **'have + past participle'** eklersek **'Present Perfect Continuous Tense'** de bir cümle elde etmiş oluruz.

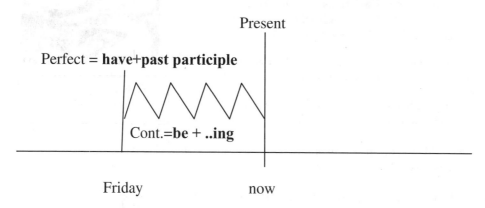

Present

Perfect = **have+past participle**

Cont.=**be + ..ing**

Friday   now

It has been snowing since Friday.
Cuma gününden beri kar yağıyor.

52. The Present Perfect Continuous Tense

Aynı şekilde şu anda ödevinizi yaptığınızı söylemek isterseniz bunu
'**Present Continuous Tense**' ile anlatırsınız.

 I'm do**ing** my homework at the moment.
Şu anda ödevimi yapıyorum.

Ama **iki saattir** ödev yaptğınızı anlatmak isterseniz bunu
'**Present Perfect Continuous Tense**' ile anlatırsınız.

 I've been do**ing** my homework for two hours.
İki saattir ödevimi yapıyorum.

2. Olayın ne zamandır devam ettiğini **for** ve **since** yardımı ile anlatırız.

2.1 For

Olayın başladığı andan şu ana kadar arada geçen '**iki saat**', '**üç gün**', '**bir hafta**', '**altı ay**',
'**iki yıl**', '**uzun bir zaman**' gibi bir süreyi verirsek bu süre ile birlikte "**for**" kullanılır.

 They **have been** talk**ing for hours**.
Saatlerdir konuşuyorlar.

I've **been** try**ing** to phone her **for a long time**.
Uzun zamandır ona telefon etmeye çalışıyorum.

2.2 Since

Since ile birlikte olayın başlangıç noktası verilir.

.... **since then**
.... **since 5 o'clock**
.... **since May**
.... **since Christmas**
.... **ever since he left school**
.... **since I last saw you,**   vs.

I've **been** wait**ing** for him **since 10 o'clock**.
Saat ondan beri onu bekliyorum.

They've **been** liv**ing** in that house **since 1985**.
1985'den beri o evde oturuyorlar.

He's **been** repair**ing** the
car **since** 10 o'clock.

3. Today, **this week**, **this summer** gibi bitmemiş zamanlarla ve **lately**,
  recently, **over the last few days** gibi zaman zarflarıyla birlikte kullanılır.

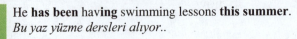

He **has been** hav**ing** swimming lessons **this summer**.
Bu yaz yüzme dersleri alıyor..

I've been work**ing** all day **today**.
Bugün bütün gün çalıştım.

English Grammar Today

4.   **İngilizce**'de bazı fiillerin süreklilik **(continuous)** durumları yoktur. Bu fiillerle **Present Perfect Continuous Tense**'de cümleler kurulmaz.
Olayın ne zamandır veya ne zamandan beri olduğunu anlatmak için bu fiillerle beraber '**Present Perfect Tense**' kullanılır. **Bu fiillerin bazıları şunlardır.**

be	like
believe	love
belong	look
contain	own
hate	remember
hear	see
know	want
look (=seem)	prefer

A-   **How long have** you **known** her?
B-   I've **known** her for two years.

5.   Bir süre davam etmiş ve az önce bitmiş ve sonuçları halen görülen olayları "**Present Perfect Continuous Tense**" ile anlatırız.

Futbol oynuyordunuz, maçınız bitti ve eve nefes nefese geldiniz annenize:

-   We've **been** play**ing** football.
    Futbol oynuyorduk.

Elleriniz yağ içinde bu durumu açıklarken:

-   I've **been** repair**ing** my car.
    Arabamı tamir ediyordum.

Babanızın üstü başı boya içinde:

-   He's **been** paint**ing** the house.
    Evi boyuyordu.

6.   "**Present Perfect Continuous Tense**" ve "**Present Perfect Tense**" genellikle birlikte kullanılırlar.

I've **been** get**ting** ready for my trip. I've **packed** my cases, I've **collected** my tickets and I've **changed** some money.
Seyahatim için hazırlanıyorum. Valizlerimi topladım, biletlerimi aldım ve biraz para bozdurdum.

7.   Geçmişte tekrarlanmış ve hala tekrarlanmakta olan olayların anlatılmasında **Present Perfect Continuous Tense** kullanılır.

My father **has been** drink**ing** every day since my mother died.
Babam, annem öldüğünden beri her gün içiyor.

I **haven't been** go**ing** to the cafe ever since I got married.
Evlendiğimden beri kahveye gitmiyorum.

EXERCISE 134

Aşağıda parantez içinde verilen fiilleri **Present Perfect Continuous Tense**'de boş bırakılan yerlerde kullanınız.

Example: I'm tired because I **have been working** very hard. (work)

1. He .... letters all morning. (write)

2. Catherine is getting fatter because she .... too much.(eat)

3. What .... you .... ? (do)

4. I .... my homework. (do)

5. What .... Mary .... ? (do)

6. She .... the cleaning. (do)

7. My mother .... the potatoes all afternoon. (peel)

8. I .... English for two years. (learn)

9. Catherine .... a cookery course since March. (attend)

10. How long .... you .... English? (teach)

11. Julia .... and .... faster than Judith. (develop - change)

12. He .... rumours about Hülya behind her back. (spread)

13. Where are my eye glasses? I .... for them for an hour. (look)

14. Charles .... from the police for years. (escape)

15. How long .... you .... a computer? (use)

16. How long ....your teacher .... you? (teach)

17. How long .... you .... this school? (attend)

18. Geraldine .... with Mike for three years. (live)

19. My father is snoring. He .... since he lay on the sofa. (snore)

20. They are waiting for the train. They .... for an hour. (wait)

EXERCISE 135

Aşağıdaki cümleleri **Present Perfect** veya **Present Perfect Continuous Tense**'de kullanınız. Yanlış kullanımının üzerini çiziniz.

1. I*'ve bought / have been buying* a new pair of shoes.

2. *Have you finished / Have you been finishing* reading that book yet?

3. They *'ve eaten / have been eating* fruit all afternoon, ever since they came

   from school.

4. I*'ve been reading / have read* this book now, so you can have it back.

5. I*'ve been writing / have written* eight pages already.

6. Your exam paper is completely blank! *What have you been*

   doing / What have you done?

7. Oh, no! There's nothing to eat. My sister *has been eating / has eaten*

   everything I left in the kitchen.

8. Oh, no! There's no wine to drink. They *have drunk / have been*

   drinking all the wine.

9. No wonder your eyes hurt. You*'ve been playing / have played*

   computer games ever since you had your breakfast.

10. I *haven't seen / haven't been seeing* you for ages.

11. God! Hakan *has scored / has been scoring* a goal.

12. They *have danced / have been dancing* for an hour.

13. I *have been waiting / I have waited* for you for ages.

14. I *'ve finished / 've been finishing* my work .

15. I*'ve been writing / have written* this letter for an hour.

16. He *has visited / has been visiting* ten museums this week.

17. I'm very tired because I *have travelled / have been travelling* around

   Istanbul all day.

18. She *has found / has been finding* a good job.

EXERCISE 136

Aşağıdaki örnekte gösterildiği gibi **"The Present Perfect Continuous Tense"**de cümleler yapınız.

Example;   The sun came out an our ago. It's still shining.
          The sun **has been** shin**ing** for an hour.

1.   It started to rain six hours ago. It's still raining.

    ....

2.   The fire on the oil ring started burning a week ago. It's still burning.

    ....

3.   The people in Etiopya started waiting for food ages ago. (They are still waiting.)

    ....

4.   He started work in 1995. He's still working.

    ....

5.   She started to live with him six months ago. She's still living with him.

    ....

6.   The demonstrators started marching through Amsterdam three days ago. They are still marching.

    ....

7.   I started learning English in 2005. I'm still learning.

    ....

8.   It started snowing two days ago. It's still snowing.

    ....

9.   They started to travel several weeks ago. They are still travelling.

    ....

10. She first tried to give up smoking twelve years ago. She's still trying to give up.

    ....

11. She started teaching English in 1997. She's still teaching.

    ....

12. He first appeared in Broadway seven years ago.

    ....

13. She started to act in 2000. She's still acting.

    ....

14. They moved to London in 2002. They are still living there.

    ....

English Grammar Today

53   So & Because

1.   **So** - bu yüzden, bundan dolayı

Cold?   Yes, very cold.

The water was very cold, **so** we didn't swim.
Su çok soğuktu bu yüzden yüzmedik.

2.   **Because** – çünkü

We didn't swim **because** the water was very cold.
Yüzmedik çünkü su çok soğuktu.

EXERCISE 137

Aşağıdaki cümleleri **so** ve **because** ile tekrar yazınız.

Example :   Peter has to wear a uniform. He's a policeman.

Peter is a policeman **so** he has to wear a uniform.
Peter has to wear a uniform **because** he's a policeman.

1. I didn't buy the watch. It was very expensive.

   ....

   ....

2. Judith is very ill. She has to stay in bed for a week.

   ....

   ....

3. My brother is very happy. My father has bought him a bicycle.

   ....

   ....

4. We needn't take our umbrellas. The sun is shining.

   ....

   ....

Therefore, as a result and consequently.

I was very late, **therefore** I called a taxi.
Çok geç kalmıştım bu nedenle bir taksi çağırdım.

Beşiktaş sold Tümer and as **a result** they began to lose more matches.
Beşiktaş Tümer'i sattı ve sonucunda daha çok maç kaybetmeye başladı.

This year's harvest was very poor. **Consequently** the price of wheat has gone up very much.
Bu yılın hasatı çok zayıftı. Bu nedenle buğday fiyatları çok fazla yükseldi.

EXERCISE 138

Aşağıdaki boşluklarda "**so**" veya "**because**" kelimelerinden birini kullanınız.

1. I couldn't answer the phone .... I was having a bath.

2. It was very cold yesterday .... we stayed at home.

3. We can't catch the train .... we are too late.

4. We didn't do our homework .... the teacher was angry with us.

5. Everybody is wearing thin clothes .... it's very hot outside.

6. She's a very nice woman .... everybody adores her.

7. The students are very sad................... they've all got bad marks.

8. I have to study hard .... I've got an exam tomorrow.

9. Berna didn't cook dinner last night .... we had to eat dinner outside.

10. The car is very expensive .... I can't afford it.

11. The policeman gave her a fine .... she parked her car on the

    double yellow lines.

12. I'm going to take some pills .... I've got a terrible headache.

13. Mary isn't eating much these days .... she's on a diet.

14. My brother has passed the university entrance exam .... he's very happy.

15. Patrick has a good sense of humour .... he's very famous at school.

16. I haven't got much money .... we can't eat in this expensive
    restaurant.

17. I went straight to bed .... I was very tired.

18. They had to make an emergency landing .... they thought there

    was a bomb on the plane.

19. I ate a loaf of bread .... I was very hungry.

20. She didn't work hard last term .... she failed all her exams.

54 Like & Would like

1. like - sevmek, hoşlanmak.

1.1   Birşeyi, birini sever veya birinden, bir şeyden hoşlanırsınız:

I **like** big cities.
Ben büyük şehirleri severim.

Everybody **likes** Mary.
Herkes Mary'i sever.

Patricia **doesn't like** me very much.
Patricia beni pek sevmez.

Sue **likes** bananas.

1.2   Bir şeyi yapmayı sever veya yapmaktan hoşlanırsınız. Bu durumda
       yapmaktan hoşlandığınız eylem genellikle '**-ing**' ile birlikte yazılır.

I **like** play**ing** tennis.
Tenis oynamayı severim.

Paul **likes** watch**ing** TV.
Paul TV seyretmekten hoşlanır

My father **likes** travel**ling**.
Babam seyahat etmeyi sever.

Tom **likes** eat**ing** fastfood.

1.2.1 "I **like** get**ting** up early." veya "I **like to get** up early." diyebilirsiniz. Ama
       İngiliz İngilizce'sinde bazen bu iki cümle arasında ufak bir fark gözetilir.

I **like** run**ning**.
Koşmasını severim. (Genel bir durum)

I **like to** run before breakfast.
Kahvaltıdan önce koşmasını severim.(Özel bir durum)

1.2.2 **Amerikan İngilizce'**sinde her iki durumda da **"I like to …"**
       kullanılır.
       I **like to run.**

like gibi **love, hate, can't bear, enjoy, dislike, mind, can't stand** fiilleri de kendilerinden
sonra genellikle bir **"gerund"** (fiilin -**ing** hali) alırlar.

I **enjoy** liv**ing** in Istanbul.
Istanbul'da oturmaktan hoşlanıyorum/zevk alıyorum.

I **can't bear** see**ing** him again.
Onu tekrar görmeğe tahammül edemem.

Would you **mind not** smok**ing** here?
Burada sigara içmemenizin bir sakıncası var mı?

2. Would like - istemek

2.1   Birşey isterseniz:

> I **would like a glass of water.**
> *Bir bardak su istiyorum.*

> I **would like some cheese.**
> *Biraz peynir istiyorum.*

2.2   **Bir şey yapmak** isterseniz bunu '**to**' ile birlikte söylersiniz:

> I **would like to play** tennis today.
> *Bugün tenis oynamak istiyorum.*

> I **would like to see** Mr. Brown.
> *Mr. Brown'u görmek istiyorum.*

I'**d like** to play golf today.

2.3   **Birinin bir şey yapmasını** isterseniz "**would like**'dan sonra **o kişiyi** yazar yapmasını istediğiniz işi de cümleye '**to**' ile eklersiniz.

> I would like **my son** to study engineering.
> *Oğlumun mühendislik okumasını isterim.*

> I would like **you** to help her.
> *Ona yardımcı olmanı isterim.*

Would like gibi **would hate, would love, would prefer** de genellikle kendinden sonra '**to + infinitive**' alır.

> I **would love to see** her again.
> *Onu tekrar görmeyi çok isterim.*

> **Would** you **prefer to have** your coffee now or later?
> *Kahvenizi şimdi mi yoksa sonra mı almayı tercih ederdiniz?*

> I **would hate to travel** in this heap of junks.
> *Bu hurda yığınında seyahat etmekten nefret ederim.*

"**Would mind**" kendisinden sonra fiilin '**-ing**' halini alır.

> **Would** you **mind** clos**ing** the door, please?
> *Kapıyı kapatır mısınız, lütfen?*

> **Would** you **mind** wait**ing** for a minute?
> *Bir dakika beklemenizin bir sakıncası var mı?*

3. Would like + to + perfect infinitive veya:

would have liked + to + infinitive

> I **would like to have seen** him again. Başka bir söylenişle;
> I **would have liked to see** him.
> *Onu tekrar görmüş olmayı isterdim.* (Ama göremedim.)

EXERCISE 139

Aşağıdaki boşluklarda parantez içinde verilen fiillerin '**-ing**' veya '**to…**' hallerini kullanınız.

1. Mandy doesn't like .... jeans. (wear)

2. Do you mind .... a little longer? (wait)

3. Would you like .... down? (sit)

4. I like .... (fly)

5. I would love .... to your wedding. (come)

6. I don't like .... cards. (play)

7. Do you like .... ? (cook)

8. When I was a child I hated .... to school. (go)

9. Tom doesn't like .... French. (study)

10. Would you like .... a doctor? (be)

11. Do you like .... alone? (be)

12. Rose likes .... photographs. (take)

13. I'd like .... some photographs. (take)

14. I can't stand .... here any more. (work)

15. I don't enjoy .... letters. (write)

16. Do you like .... on the beach all day? (lie)

17. I would like .... a teacher. (be)

18. I'd like .... to you about something. (talk)

19. I would have liked .... the answer. (know)

20. I dislike .... box. (watch)

55 Both, all, either, neither, nor, none

1. both - her ikisi de

Both iki şeyin veya iki kişinin **ikisi de** anlamına gelir ve üç türlü kullanılır.

1.1   Özneden önce:

Both Burak and **Bora** drive well.
Burak ve Bora, her ikisi de güzel araba kullanırlar.

1.2   Özneden sonra, fiilden önce varsa yardımcı fiilden sonra.

Burak and **Bora both** drive well.
Burak ve Bora, her ikisi de güzel araba kullanırlar.

1.3   **Both of us / you / them** - ikimiz de / ikiniz de / ikisi de

Both of them drive well.
Her ikisi de güzel araba kullanır.

2. Neither - iki kişi veya iki nesnenin hiçbiri anlamına gelir. Gramer olarak tekil bir ifadedir.

Neither of the rooms is comfortable.
Odaların hiç biri konforlu değil. (İki oda var)

Neither of them is comfortable.
İkisi de konforlu değil.

Neither of the rooms has got an air-condition.
Odaların hiçbirinin kliması yok. (İki oda var)

Neither of them has got an air-condition.
Hiçbirinin kliması yok.

Neither restaurant is expensive.
Neither of the restaurants is expensive.
Lokantaların hiçbiri pahalı değil. (İki tane lokanta var)

Neither of them is expensive.
Hiç biri pahalı değil.

Kısaca;

Neither is comfortable.
İkisi de rahat değil.

Neither has got an air-condition.
İkisinin de kliması yok.

Neither wants to go to University.
İkisi de Üniversiteye gitmek istemiyor, diyebiliriz.

3. Either - biri veya diğeri, ikisinden herhangi biri

We can go to **either** of the restaurants. I don't mind.
Lokantalardan herhangi birine gidebiliriz. Benim için farketmez.

Either of these plans is OK for me.
Bu planlardan herhangi biri benim için uygun. (Bu iki plandan biri)

4. Either ... or / neither ... nor

4.1   **Either... or ...** - ya... yada

Either Mehmet or Burak wants to talk to you.
Ya Mehmet yada Burak seninle konuşmak istiyor.

She's **either** Japanese **or** Chinese.
O ya Japon yada Çinli.

It's **either** $10 **or** $12.
Ya on yada on iki dolar.

Davaros, do you know the way to the post office?

I'm afraid I don't, Luke.

4.2   **Neither ... nor ...** - ne ... ne de

Neither Luke **nor** Davaros know the way to the post office.
Ne Luke ne de Davaros postaneye giden yolu biliyorlar.

Neither John **nor** Peter is here.
Ne John ne de Peter burada. (İkisi de burada değil)

Biri bize, **"Are John and Peter** there?" diye sorsa cevabımız:

No, **neither of them** is here.
Hayır, hiçbiri burada değil, deriz.

Neither Sally **nor** Susan came to school today.
Ne Sally ne de Susan bugün okula geldiler.

Öğretmen: **"Where are Sally and Susan?"** diye sorsa cevabımız:

Neither of them came to school today.
Hiçbiri bugün okula gelmedi, deriz.

5. All - hepsi

All, üç ve daha fazla nesne ve şahıslar için üç şekilde kullanılır.

5.1   Özneden önce:

All the students have passed their class.
Bütün öğrenciler sınıflarını geçtiler.

5.2   Özneden sonra, fiilden önce, varsa yardımcı fiilden sonra:

The students have **all** passed their class.
Bütün öğrenciler sınıflarını geçtiler.

We are **all** waiting.
Hepimiz bekliyoruz.

5.3 **All of us / you / them** - hepimiz / hepiniz / hepsi

All of them have passed their class.
Hepsi sınıflarını geçtiler.

veya,

All the students have passed their class.
Öğrencilerin hepsi sınıflarını geçtiler.

All of us answered the questions correctly.
Hepimiz soruları doğru cevapladık.

All of you must be at work at eight tomorrow.
Hepiniz yarın saat sekizde işte olmalısınız.

All of us understood what you meant.
Hepimiz ne demek istediğinizi anladık.

5.4 **All** sayılmaz nesnelerle birlikte de kullanılır.

We drank **all the wine**.
Bütün şarabı içtik.

We drank **all of it**.
Hepsini içtik.

Have you spent **all** your money?
Bütün paranı harcadın mı?

6. None - hiçbiri

None üç ve daha fazla nesne veya kişiden hiçbiri anlamına gelir. Gramer olarak çoğul bir ifadedir. Konuşma dilinde tekil olarak da kullanılabilir.

There are some people in the cafe, **but none of them** know him.
Kahvede birkaç kişi var, ama hiçbiri onu tanımıyor.

There are a few shops in the Street, **but none of them** are open.
Sokakta birkaç dükkan var, ama hiçbiri açık değil.

There were a few phone calls this morning, **but none of them** were for you.
Bu sabah birkaç telefon vardı, fakat hiçbiri sizin için değildi.

None of the tourists wanted to stay there.
Turistlerden hiçbiri orada kalmak istemedi.

None of them have got their identity cards with them.
Hiçbirinin yanında kimlik kartı yok.

There are lots of plates here, **but none of them** are clean.
Burada bir sürü tabak var, ama hiçbiri temiz değil.

EXERCISE 140

Aşağıdaki boşluklarda **"both, all, either , either...or..., neither, neither ... nor...ve none"** kelimelerinden birini kullanınız.

1. I bought two books last month, but I haven't read .... of them yet.

2. - Peter and John were at the party last night.

   - Really? I saw .... of them.

3. There are two men at the door, ... of them are wearing a uniform.

4. I tried both keys, but .... of them worked.

5. There are 24 students in our class, and .... of them are boys.

6. There's no wine left. They drank .... of it.

7. They are all here. .... have left the party yet.

8. .... Sophie .... Mary is ugly. They are ....

   beautiful girls.

9. Tom! Peter! You must .... help me.

10. My parents and I are going out tonight. We are .... ready.

11. They said the room was large and comfortable but it was ....

    large .... comfortable.

12. The students are in the classroom. They are .... waiting for

    their new teacher.

13. There's no answer from him. He .... wrote .... phoned.

14. There were seven tourists, but ....of them wanted to stay there.

15. - Do Tom and Susan know the way?

    - No, ... of them does.

16. Are the children at home now?

    Yes, ... of them are at home.

56 Reflexive Pronouns

Reflexive Pronouns - Dönüşümlü Zamirler

1. Reflexive Pronouns dilimizdeki **kendi** zamirinin çekimidir.

myself	- kendim, kendi kendime
yourself	- kendin, kendi kendine
himself	- kendi, kendi kendisine
herself	- kendi, kendi kendisine
itself	- kendi, kendi kendisine
ourselves	- kendimiz, kendi kendimize
yourselves	- kendiniz, kendi kendinize
themselves	- kendileri, kendi kendilerine

1.1 Cümlemizin öznesi ile nesnesi aynı kişiler olduğu durumlarda nesnenin yerine bir "Reflexive Pronoun" (dönüşümlü zamir) kullanılır.

Frank blamed	**me.**	Frank	**beni**	suçladı.
	you.		**seni**	
	her.		**onu**	
	us.		**bizi**	
	them.		**onları**	

Yukarıdaki cümlelerde gördüğünüz gibi Frank kimi suçlamışsa onun yerine nesnel zamiri (object pronoun) kullanıldı.

'Frank kendisini suçladı.' demek istediğimizde kendisi anlamında bir dönüşümlü zamir (Reflexive Pronoun) kullanılır.

Frank blamed **himself.**
Frank kendisini suçladı.

1.2 Aşağıdaki cümleye dikkat ediniz.

Mary spoke to	John.	**Mary**	John'la	**konuştu**
	him.		onunla	
	herself		**kendi kendine**	
	me		benimle	
	us		bizimle	
	you		seninle	
	them		onlarla	

Yukarıdaki örnekte de gördüğünüz gibi **cümlenin öznesi** ile **nesnesi aynı kişiler** olduklarında nesne olarak bir **dönüşümlü zamir** (Reflexive Pronoun) kullanılır. Aşağıdaki iki örneği dikkatle okuyunuz.

When the policeman tried to catch him, David shot **him.**
*Polis onu yakalamaya çalışınca David **onu** vurdu.* (Polisi vurdu)

When the policeman tried to catch him, David shot **himself.**
*Polis onu yakalamaya çalışınca David **kendini** vurdu.*

Take care of **yourselves**.
Kendinize iyi bakınız.

The car stopped **itself.**
Araba kendisi durdu.

2. **Myself, herself, himself ...** hemen özneden sonra, veya varsa nesneden sonra kullanılarak vurgulayıcı bir zamir görevi görürler.

I **myself** repaired the car.
Arabayı ben kendim tamir ettim.

The Prime Minister **himself** called me yesterday.
Bizzat Başbakan dün beni telefonla aradı.

Anne **herself** invited us to dinner.
Bizzat Anne bizi akşam yemeğine davet etti.
Anne'in kendisi bizi yemeğe davet etti.

They **themselves** wanted to talk to you.
Bizzat onlar seninle konuşmak istediler.
Onlar kendileri seninle konuşmak istediler.

2.1 Dönüşümlü zamir başka nesneyi vurguluyorsa hemen nesneden sonra gelir.

I talked to **Clinton himself.**
Bizzat Clinton ile görüştüm.

3. **By myself, himself, herself ...** tek başına, başkasının yardımı olmaksızın anlamlarına gelir.

I painted the house **by myself**.
Evi ben kendim (tek başıma) boyadım.

She was sitting at a table **by herself**.
Bir masada tek başına oturuyordu.

My brother went to Ankara **by himself**.
Kardeşim tek başına Ankara'ya gitti.

I can make a sandwich **by myself**.
Kendim bir sandviç yapabilirim.

4. Özne ile uyum sağlasa da yer edatı ve **"with, behind, next to, in front of etc."** ile birlikte nesnel zamirler **"me, him, her, etc."** kullanılır.

I haven't got any money **with me.**
Have you recognized the woman sitting **in front of you**?
She talked to a young man sitting **next to her**.
In the mirror he saw someone **behind him**.
They put the suitcase **between them**.

Yukarıdaki cümlelerde 'me' veya 'her' cümlemizin nesnesi değildir.

EXERCISE 141

Aşağıdaki boşluklarda **Reflexive** veya **Object Pronoun'**lardan birini kullanınız.

1. I caught the thief ....

2. The fridge defrosts ....

3. My sister .... made the coffee.

4. My son tidies his room by ....

5. I cut .... when I was shaving.

6. Volkan hurt .... right after the match when he was trying to throw his sportswear to the fans.

7. She looked in the mirror and laughed at ....

8. They wanted to do it ....

9. I took her to school ....

10. My father learned English by ....

11. Susan made the omelette for ....

12. I went to the cinema by .... last night.

13. She peeled the potatoes by ....

14. He .... filled in the form.

15. She ordered .... eggs and bacon.

16. My father likes to walk by ....

17. Do you know the man sitting in front of ....?

18. The dog fed .... last night.

19. I wanted to work by ....

20. They got .... a flat.

21. We amused ....

22. Tim and Peter .... sat with Ann and Elaine.

23. Sheila .... paid for the car.

24. I like to have my best friends near ....

25. She didn't see the man coming behind ....

57   Although & In spite of

1. Although – halde, ...e rağmen

Although'dan sonra en az özne + fiil'den oluşan bir cümlecik (clause) gelir.

Although it was snowing, we went out to play football.
Kar yağdığı halde biz futbol oynamaya dışarı çıktık.

Although I studied very hard, I couldn't pass the exam.
Çok çalıştığım halde sınavı geçemedim.

Although she's very young, she wants to get married.
Çok genç olmasına rağmen evlenmek istiyor.

1.1   **Though** cümle başında, ortasında ve sonunda kullanılabilir.

Bazen "**although**" yerine "**though**"kullanılır.

He didn't get the job **though** he had good qualifications.
İyi vasıfları olmasına rağmen işe alınmadı.

Though he was very tired, he went on studying.
Çok yorgun olmasına rağmen çalışmaya devam etti.

Though cümle sonunda kullanıldığında cümleye **fakat** anlamı katar.

We live in the same street. We don't see each other, **though.**
Aynı sokakta oturuyoruz ama birbirimizi görmüyoruz.

He isn't very rich. He's driving an expensive car, **though**.
Pek zengin değil. Ama pahalı arabaya biniyor.

Elizabeth is very nice. I don't like her boyfriend**, though**.
Elizabeth çok iyi. Ama erkek arkadaşını sevmiyorum.

1.2   **Even though** - **although**'un daha güçlü halidir.

Even though I needed money very much, I paid the bill.
Paraya çok ihtiyacım olduğu halde, hesabı ben ödedim.

Even though I got an umbrella, I got very wet.
Şemsiyem olduğu halde çok ıslandım.

Even though they earn a little money, they are happy at their work.
Az para kazanmalarına rağmen işlerinde mutlular.

Even though the fur was very expensive, his wife insisted on buying it.
Kürk çok pahalı olmasına rağmen, karısı onu satın almakta ısrar etti.

2. In spite of / despite - rağmen

In spite of'dan sonra isim, zamir veya fiilin '-ing' hali gelir.

> We arrived at school on time **in spite of the heavy traffic.**
> *Yoğun trafiğe rağmen okula vaktinde vardık.*

> **In spite of the rain,** we played football.
> *Yağmura rağmen futbol oynadık.*

> Her children don't like me. **In spite of this,** I will marry her.
> *Onun çocukları beni sevmiyor. Buna rağmen onunla evleneceğim.*

> **Despite being married,** she goes out with young boys.
> *Evli olmasına rağmen genç çocuklarla çıkıyor.*

> **In spite of his age,** he walks five kilometers every day.
> *Yaşına rağmen her gün beş kilometre yürür.*

3. Although ile in spite of'un karşılaştırılması:

Aynı cümleyi hem **although** ile hem de **in spite of** ile anlatabiliriz. Ancak; **although**'u bir cümlecik takip eder.

> She got the job **although she had no qualifications.**
> *Hiçbir vasfı olmamasna karşın işi aldı.*

In spite of'dan sonra **isim, zamir** veya **isimfiil** (fiilin '-ing' hali) gelir.

> **In spite of having no qualifications** she got the job.
> *Hiçbir vasfı olmamasına karşın işi aldı.*

> **Although it was windy** we swam for hours.
> *(Hava) Rüzgarlı olmasına rağmen saatlerce yüzdük.*

> **In spite of the wind,** we swam for hours.
> *Rüzgara rağmen saatlerce yüzdük.*

> **Although she is over sixty,** she goes jogging every morning.
> *Atmış yaşın üzerinde olmasına rağmen her sabah koşuya çıkar.*

> **In spite of being inexperienced,** he demanded a high salary.
> *Tecrübesiz olmasına karşın yüksek bir maaş talep etti.*

> **Although it was very dangerous,** they entered the building that was on fire.
> *Çok tehlikeli olmasına rağmen yanan eve girdiler.*

> **In spite of the danger,** they entered the building that was on fire.
> *Tehlikeye rağmen yanan eve girdiler.*

EXERCISE 142

Aşağıdaki boşluklarda "**although, though**" veya "**in spite of**" kelimelerinden birini kullanınız.

1. .... he has a lot of money, he eats in cheap restaurants.

2. .... being rich, he wears cheap clothes.

3. Linda helped me with my homework .... she was very ill.

4. My father has got two cars .... he doesn't like driving.

5. .... being old, he walks very fast.

6. .... the cold weather, we went for fishing.

7. ....the weather was very hot, the boys played football.

8. .... having an important exam, Judith got up very late.

9. .... it rained a lot, we enjoyed our holiday.

10. The car isn't very new. I liked its colour, ...

11. The hotel wasn't very comfortable. It had large rooms, ...

12. ....he didn't study very hard, he passed the exam.

13. .... eating less, I'm getting weight.

14. I was able to get to sleep .... there was a lot of noise outside.

15. .... our careful plans, everything went wrong.

16. .... the silly story, I liked the film.

17. I recognized her .... I hadn't seen her for a long time.

18. Martin isn't very tall. He plays basketball very well, ...

19. .... being short, Martin plays basketball very well.

20. .... what you said yesterday, I still love you.

58   What ... ! & How ... !

'**What a/an ...!**' ve '**How ...!**' birer hayret, şaşkınlık ifadesidir.

1. What a / an + adjective + noun (sıfat + isim)

What a beautiful girl!
Ne güzel bir kız!

What a long nose he has!
Ne uzun burnu var!

What an expensive car!
Ne pahalı bir araba!

What a nice colour!
Ne güzel bir renk!

Çoğul isimlerle birlikte sadece '**what**'
kullanılır; '**a**' kullanılmaz.

What nice trousers!
Ne güzel pantolon!

What beautiful eyes you have!
Ne güzel gözlerin var!

What big feet!
Ne büyük ayaklar!

What expensive shoes!
Ne pahalı ayakkabılar!

What big hands he has!
Ne büyük elleri var!

What a beautiful girl!
Or, **How** beautiful she is!

1.1   What (a) + noun (isim)

What a car!
Ne araba!

What boys!
Ne çocuklar!

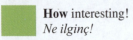

2. How + Adjective (sıfat)

'**How**' dan sonra sadece sıfat gelir isim gelmez.

How interesting!
Ne ilginç!

English Grammar Today

How + adjective'i **özne + fiil** takip edebilir.

How big his nose is!
Onun burnu ne kadar büyük!

How beautiful those girls are!
Şu kızlar ne güzel!

How intelligent your sister is!
Kız kardeşin ne kadar akıllı!

How rich that man is!
Şu adam ne kadar zengin!

EXERCISE 143

Aşağıdaki boşluklarda **What, What a**, ve **How** kelimelerinden birini kullanınız.

1. .... exciting!

2. .... nice woman!

3. .... tall that man is!

4. .... fluently she is speaking!

5. .... beautiful your eyes are!

6. .... books!

7. .... tall your boy-friend is!

8. .... exciting that film was!

9. .... dirty glass!

10. .... big potatoes!

11. .... nice she is smiling!

12. .... happy they look!

13. .... delicious cake!

14. .... intelligent girls!

15. .... worderful!

16. .... intelligent boys they are!

59   Used to & Be used to

1. **Used to** - Geçmişte yapılan ama şu anda sürdürülmeyen bir eylemi anlatmak için kullanılan bir fiildir. **'Used to'** dan sonra fiilin **mastar hali** (infinitive) gelir.

I used to smoke cigarettes, but I don't smoke now.
Eskiden sigara içerdim, ama şimdi içmiyorum.

Mary used to go out with Bruce, but she's going out with Arthur now.
Mary eskiden Bruce ile çıkardı, ama şimdi Arthur ile çıkıyor.

1.1   Geçmişte düzenli olarak yapılan bir eylemi anlatmak için de **'used to'** kullanılır. Bu anlamda **'used to'** nun yerine **'would' da** kullanılabilir.

When I was doing my military service **I used to** get up early and have a shave. I **used to** have a quick breakfast and leave home at 7:30. I **used to** meet a beautiful girl at the bus stop, and we **used to** wait for the bus together.

Ben askerliğimi yaparken sabahları erken kalkar ve traş dolurdum. Hızlı bir kahvaltı yapar ve evden saat 7:30 da ayrılırdım. Durakta güzel bir kıza rastlardım ve birlikte otobüs beklerdik.

Yukarıdaki parçayı **'used to'** yerine **'would'** u kullanarak tekrar yazalım:

When I was doing my military service I **would** get up early and have a shave. I **would** have a quick breakfast and leave home at 7:30. I **would** meet a beautiful girl at the bus stop, and we **would** wait for the bus together.

1.2   **didn't use to** : eskiden yapmadığımız ama şimdi yapmakta olduğumuz eylemler için kullanılır.

She didn't use to smoke, but she smokes a lot now.
Eskiden sigara içmezdi ama şimdi çok fazla içiyor.

He didn't use to go to bed early.
Eskiden erken yatmazdı.

She didn't use to like John, but she loves him very much now.
Eskiden John'dan hoşlanmazdı, ama şimdi onu çok seviyor.

1.2.1   Çok sık olmasa da **'used to'** yardımcı fiil olarak **'usedn't to'** şeklinde de olumsuz yapılabilir.

I **usedn't to** like Jennifer.
Eskiden Jennifer'ı sevmezdim.

English Grammar Today

1.3 **Used to**'nun **soru** şekline çevrilmesi:

I **used to** suck my thumb when I was a child.
Çocukken baş parmağımı emerdim.

1.3.1 Cümle geçmiş zaman olduğu için 'did' ile soru yapılır:

– **Did you use to** suck your thumb when you were a child?
Çocukken baş parmağını emer miydin?

– **Yes, I did.** – **No, I didn't.**

– **I didn't use to** like classical music.

– **Did you use to** like classical music?
Eskiden klasik müzik sever miydin?

– Yes, I did. – No, I didn't.

1.3.2 'Used' cümle başında kullanılarak da soru cümleleri elde edilebilir. Fakat bu kullanımı pek tercih edilmez.

– **Used you to** smoke cigarettes?
Eskiden sigara içer miydin?

– **Yes, I used.** – **No, I usedn't.**

2. to be used to / become used to / get used to

2.1 **be used to** - alışkın olmak

'be used to' dan sonra **bir isim, zamir veya fiilin '-ing' halini kullanırız.**

He's used to **drinking** a lot.
O çok içmeye alışkındır.

I'm used to **noise.**
Ben gürültüye alışkınım.

I'm used to **it.**
Ben ona alışkınım.

They aren't used to **getting** up early.
Onlar, erken kalkmaya alışkın değiller.

Are you used to **going** to bed late?
Geç yatmaya alışkın mısın?

He's used to **working** at nights.
Geceleri çalışmaya alışkındır.

2.2 Become used to / get used to - alışmak

I **became used to** work**ing** in a noisy room.
Gürültülü odada çalışmaya alıştım.

59. Used to & be used to

You will soon **get used to** the electric cuts.
Yakında elektrik kesintilerine alışacaksın.

They soon got used to living in Istanbul.
Kısa zamanda İstanbul'da yaşamaya alıştılar.

I couldn't get used to driving on the left in London.
Londra'da soldan sürmeye alışamadım.

EXERCISE 144

Aşağıdaki boşluklarda **used to, didn't use to, did .... use to, be used to, get/become used to**'dan birini kullanınız.

1. I .... live in Samsun, but I live in Istanbul now.

2. I .... drinking rakı. I drink beer. (Negative)

3. .... you .... getting up late?

4. He .... drinking wine with his meals.

5. You will soon............................ using a computer.

6. .... you .... have short hair when you were at the primary school?

7. Can you .... living in a small village?

8. She .... eat a lot of sweets when she was a child.

9. They .... live in a small town, but they live in Istanbul now.

10. .... you .... getting up early?

11. .... you .... ride a bike when you were a child?

12. .... he .... climbing mountains?

13. She .... him.

14. I .... cold climate.

15. She .... drinking coffee hot.

16. I ....(not) wearing sun glasses.

17. You will soon .... driving in Istanbul.

18. She .... electric typewriters.

19. She .... use electric typewriters.

20. He .... working in the field. He's a good labourer now.

English Grammar Today

60 Not only ... but also ...

Not only ... but also - sadece ... değil (aynı zamanda) ... da

I speak **not only** English **but also** French.
Ben yalnız İngilizce değil, aynı zamanda Fransızca da konuşurum.

Tom plays **not only** football, **but also** basketball.
Tom sadece futbol değil, aynı zamanda basketbol da oynar.

I've bought **not only** a car, **but also** a house.
Sadece bir araba değil, bir ev de satın aldım.

He killed **not only** his mother in-law, **but also** his wife.
Sadece kayınvalidesini değil, karısını da öldürdü.

Helen is **not only** beautiful, **but also** very clever.
Helen sadece güzel değil, aynı zamanda zekidir de.

EXERCISE 145

Example: I type. I use computer, too.
           I not only type, but can also use a computer.

1. I play the guitar. I sing well, too.

....

2. He repairs radios. He repairs televisions, too.

....

3. They had lunch. They drank a bottle of wine, too.

....

4. I washed the clothes. I washed the plates, too.

....

5. My father bought me a new watch. He gave me some money, too.

....

6. They painted the house. They cleaned the house, too.

....

7. I watered the flowers. I cut the grass, too.

....

8. She's very beautiful. She's very rich, too.

....

61 May & Might

1. May

May, izin isteyen, izin veren veya olasılık belirten cümlelerde "-ebilmek" anlamında kullanılır.

1.1 May I ...? – Asking for permission - izin isteme

May I smoke here?
Burada sigara içebilir miyim?

May I speak to Dr. Watson, please?
Dr. Watson'la görüşebilir miyim, lütfen?

May I talk to you for a minute?
Sizinle bir dakika konuşabilir miyim?

Bu tür sorulara:

– **Yes, you may.**
– **Of course.**
– **Of course, you may.**
– **I'm afraid, you may not.**
– **No, you can't,** gibi cevaplar verilebilir.

Bu anlamda may yerine "**can**" ve "**could**" da kullanılabilir:

Can May Could	I use your telephone?

Telefonunuzu kullanabilir miyim?

Olumsuz sorularda **can't** ve **couldn't** kullanılır.

Can't I turn right here?
Buradan sağa dönemez miyim?

Couldn't I pay by cheque?
Çek ile ödeyemem mi?

You **can't** park here.

1.2 May – Giving permission - izin verme

You **may** come with me.
Benimle gelebilirsin.

You **may** have my pen.
Kalemimi alabilirsin.

You **may** see the director now.
Müdürü şimdi görebilirsin.

You **may** park your car here.
Arabanı buraya park edebilirsin.

1.2.1   İzin cümlelerinde de **"may"** yerine **"can"** de kullanılabilir.

You **can** sit here.
Buraya oturabilirsin.

You **can** have my seat.
Benim sandalyemi alabilirsin.

You **can** smoke here.
Burada sigara içebilirsin.

You can sit here.

1.3   May & Might – Possibility - ihtimal, olasılık

May, might ve **could** hepsi de olasılık belirten cümlelerde kullanılabilirler.

May % 50, **might** % 35, **could** % 20 civarında olasılık belirtir.

They **may** visit us tonight.
Bu gece bizi ziyaret edebilirler.

She **might** phone me this afternoon.
Bu öğleden sonra bana telefon edebilir.

Fenerbahçe **could** beat Galatasaray.
Fenerbahçe Galatasaray'ı yenebilir.

John **might** know her telephone number.
John onun telefon numarasını bilebilir.

If you invited her, she **could** come.
Davet etsen, gelebilirdi.

It **may** rain today.

1.3.1 Olumsuz cümlelerde:

She **may not** tell his father.
Babasına söylemeyebilir.

He **might not** answer the phone.
Telefonu cevaplamayabilir.

He **could not** be waiting for us.
Bizi beklemiyor olabilir.

She **might not** know your telephone number.
Senin telefon numaranı bilmeyebilir.

They **may not** be Galatasaray supporters.
Onlar Galatasaray taraftarı olmayabilirler.

May not ve **might not**'ın kısaltılmış şekilleri yoktur.

1.3.2 Olasılık soru cümlelerinde daha çok:

Do you think.........?
Is it likely that.........? soru kalıpları kullanılır. "**May**" cümle başında görülmez.

Do you think the plane will be here on time?
Sence uçak zamanında burada olacak mı?

Do you think she will invite us to the party?
Bizi partiye davet edeceğini sanıyor musun?

Is it likely that he will lend us the money?
Bize parayı ödünç vermesi olası mı?

Yukarıdaki cümleyi aynı anlamda şöyle de söyleyebiliriz:

Is he likely to lend us the money?

1.3.3 **Soru cümlesi "When, What" gibi bir soru kelimesi ile başlıyorsa 'may' kullanılabilir.**

When may she come?
Ne zaman gelebilir?

What may she tell us?
Bize ne söyleyebilir?

Who may he invite to dance?
Dansa kimi davet edebilir?

Ama yine de bu tür sorularda da çoğunlukla '**Do you think ......?**' ve '**be likely**' kalıpları kullanılır.

When **are** we **likely to** get our pay?
Muhtemelen maaşımızı ne zaman alacağız?

What time **do you think** the train will arrive?
Sence tren saat kaçta gelecek?

Might seyrek de olsa cümle başında görülebilir.

Might she be waiting at the door?
Kapıda bekliyor olabilir mi?

Might she be watching us?
Bizi izliyor olabilir mi?

Might they be here in time?
Zamanında burada olabilirler mi?

2. May / Might have + Past Participle

2.1 Geçmiş zamandaki tahminlerimiz için kullanılır.

John isn't here. He **may have left** the party early.
John burada değil. Partiden erken ayrılmış olabilir.

Mary's late. She **may have missed** the train.
Mary geç kaldı. Treni kaçırmış olabilir.

Aynı cümleleri şöyle de söyleyebiliriz.

It's possible that John left the party early.
John'un partiden erken ayrılmış olması mümkün.

Perhaps she has missed the train.
Belki de treni kaçırdı.

Belirsizliğin ortadan kalktığı durumlarda **may** yerine **might** kullanılır.

Fenerbahçe played very badly. They **might have lost** the match.
Fenerbahçe çok kötü oynadı. Maçı kaybedebilirlerdi. (Ama kaybetmediler)

You were drunk. You shouldn't have driven the car. You **might have had** an accident.
Sarhoştun. Araba kullanmamalıydın. Kaza yapabilirdin. (Ama yapmadı.)

She was very beautiful. I **might have fallen** in love with her.
Çok güzeldi ona aşık olabilirdim. (Ama olmadım.)

Olumsuz cümlelerde:

She was too busy yesterday. She **might not have typed** the letters.
Dün çok meşguldü. Mektupları daktilo etmemiş olabilir.

The meeting was very crowded. He **may not have seen** her.
Toplantı çok kalabalıktı. Onu görmemiş olabilir.

It was dark. They **may not have recognized** us.
Hava karanlıktı. Bizi tanımamış olabilirler.

Soru cümlelerinde **might** veya **could** kullanılabilir.

Could he **have lost** his way?
Yolunu kaybetmiş olabilir mi?

Might they **have enjoyed** the meal?
Yemekten hoşlanmış olabilirler mi?

Could they **have reached** the top of the mountain?
Dağın tepesine ulaşmış olabilirler mi?

EXERCISE 146

Aşağıdaki boşluklarda **"may, might, could, can't, couldn't, Do you think ...?, be likely, may have, might have"** kelimelerinden birini kullanınız. Bazen birden çok kelime kullanılabilir; siz birini seçiniz.

1. .... I have a glass of water?

2. .... they be waiting outside the station?

3. .... he be alone?

4. When .... you .... to finish your work?

5. He .... (not) believe your story.

6. If you asked her he .... dance with you.

7. They are late. They .... missed the school bus.

8. That little girl came home alone. She .... got lost.

9. .... I have your pen?

10. .... he will kill her?

11. It .... that it will rain tonight.

12. It's a very slight possibility but Barbara .... know his name.

13. They .... come earlier than us.

14. When .... you see her again?

15. .... she answer all the questions correctly?

16. .... she will answer all the questions correctly?

17. There .... be an emergency button somewhere here.

18. .... she .... to come out with us tonight?

19. Peter .... (not -see) Judith yesterday.

20. If you had left it there, someone .... (steal) it.

62   Could & Be able to

1. Can & Be able to

Can ve **be able to** aynı anlama gelirler. **Gücümüzün yettiği** veya **yapmasını bildiğimiz** işlerin anlatımında kullanılır ve cümleye '- **ebilmek'** anlamı katar.

I **can** swim.
I'**m able to** swim.

Yukarıdaki iki cümle de **yüzebilirim** anlamına gelir. '**Can**' sadece şimdiki zaman ve geniş zaman cümlelerde kullanılır. '**Be able to**''yu her zamanda kullanabiliriz.

He'**s able to** walk. *Yürüyebiliyor. /Yürüyebilir*	⟹	**Present Tense**
He **hasn't been able to** walk since the accident. *Kazadan beri yürüyemiyor.*	⟹	**Pre. Perfect Tense**
He **was able to** walk a week after the accident. *Kazadan bir hafta sonra yürüyebildi.*	⟹	**Past Tense**
He **was able to** leave the car before the accident. *Kazadan önce arabayı terk edebildi.*	⟹	**Past Tense**
He **will be able to** walk without walking sticks in two weeks. *İki hafta sonra koltuk değnekleri olmadan yürüyebilecek.*	⟹	**Future Tense**

2. Could

2.1   **Could**, "**can**" kelimesinin geçmiş zaman (past) halidir. Buna rağmen çoğu zaman **geniş zaman** ve **gelecek zaman** anlamlarında kullanılır.

I **could** lend you some money.
Sana biraz ödünç para verebilirim. (Eğer istersen)

I **could** tell you her phone number.
Onun telefon numarasını sana söyleyebilirim.

Could you find the post office by yourself?
Tek başına postaneyi bulabilir misin?

Could she solve this problem?
O, bu problemi çözebilir mi?

I **could** tell you the answer.
Sana cevabı söyleyebilirim.

I **could** get another job.
Başka bir iş bulabilirim.

2.2 **Could** rica cümlelerinde kullanılır ve "**can**", "**will**" ve "**would**"dan daha kibar bir ifadedir.

Could you pass the salt, please?
Lütfen, tuzu uzatabilir miydiniz?

Could you tell me where the nearest post office is?
En yakın postanenin nerede olduğunu söyleyebilir miydiniz?

2.3 **Could** izin isterken kullanılabilir.

Could I have your name?
Adınızı alabilir miydim?

Could I use your telephone?
Telefonunuzu kullanabilir miydim?

2.4 **Could** - Olasılık cümlelerinde kullanılır.

Could you come and see me tomorrow?
Yarın gelip beni görebilir miydiniz?

Couldn't you come a bit earlier?
Biraz daha erken gelemez miydiniz?

2.5 **Could**, geçmişte yapabildiğimiz, yapmasını bildiğimiz işler için kullanılır. (Yaptığımız işler için değil.)

I **could** swim when I was eight.
Ben, sekiz yaşında iken yüzebiliyordum.

She **could** speak three languages when she was 12.
O, on iki yaşında iken üç dil konuşabiliyordu.

2.6 Geçmişte gerçekleştirilebilen işler için **be able to** kullanılır.

Although the roads were very bad, **we were able to** arrive in Datça by eight.
Yollar çok kötü olduğu halde, saat sekizden önce Datça'ya varabildik.

They **were able to** reach the top of the mountain.
Dağın tepesine ulaşabildiler.

He **was able to** pass the exam.
Sınavı geçebildi.

Bu anlamda **'managed to',** ve **'succeeded in ...... ing'** de kullanılabilir.

He **managed to** pass the exam.
Sınavı geçmeyi başardı.

He **succeeded in** pass**ing** the exam.
Sınavı geçmeyi başardı.

2.7 Gerçekleşmeyen durumlarda hem **"couldn't"** hem de
"was/were able to" kullanılabilir.

I **couldn't** see her at the party.
I **wasn't able to** see her at the party.
Onu partide göremedim.

I **couldn't** read her writing.
I **wasn't able to** read her writing.
Onun yazısını okuyamadım.

2.8 **Görmek, işitmek, koklamak, hissetmek** ve **düşünmek** fiilleri ile birlikte
gerçekleşmiş olaylarda '**could**' kullanılır.

I **could** see him in the mirror.
Aynada onu görebiliyordum.

As soon as she entered the room, she **could** smell gas.
Odaya girer girmez gaz kokusunu alabildi.

I **could** understand what was going on.
Ne olup bittiğini anlıyordum/anlayabildim.

3. Could have + past participle

Geçmişte gerçekleşmeyen, veya gerçekleştiği bilinmeyen beceriler için kullanılır.

You **could have solved** this problem. It wasn't so difficult.
Sen bu problemi çözebilirdin. Fazla zor değildi. (Ama çözmedin.)

You **could have told** me.
Bana söyleyebilirdin. (Ama söylemedin.)

You **could have lent** her that money.
O parayı ona ödünç verebilirdin. (Ama vermedin.)

You **could have phoned** me when you heard of her. (But you didn't.)
Ondan haber aldığında bana telefon edebilirdin. (Ama etmedin.)

He **could have sent** us a message.
Bize bir mesaj gönderebilirdi. (Gönderip göndermediğini bilmiyoruz.)

– Where is Mary? She isn't here?
– Peter **could have** taken her home.
Peter onu eve götürmüş olabilir. (Götürüp götürmediğini bilmiyorum.)

EXERCISE 147

Aşağıdaki cümlelerde **"can, can't, could, couldn't, could have"** ve uygun zamanda **"be able to"**yu kullanınız.

1. Here are three sticks. .... you make a triangle?

2. Susan is very bad at music. She .... play the piano well.

3. I'm attending English classes. I .... to speak English perfectly in a year.

4. Friday is very late for me. .... you come on Wednesday?

5. The door was locked, but we .... open the door with a screwdriver.

6. .... you type this report for me?

7. She .... be at the cinema. She has no money.

8. .... you open this jar for me?

9. She .... play the piano when she was six.

10. Why didn't you ask me? I .... (lend) you the money.

11. Although the pilot was badly hurt, he .... (land) the plane.

12. .... you lend me $ 20?

13. He .... talk since May.

14. Luckily everybody .... (leave) the boat

before it sank.

15. They .... find the lost child in the forest. She's at the police station now.

16. He's getting better. He .... walk in a few days.

17. - Where is Tom?
    - I don't know where he is. He .... home. (go)

18. My pen has disappeared. Who .... it? (take)

19. .... you carry this suitcase on your own?

20. ....you show me the way?

63   Should & Ought to

1. Should, Ought to

"**Should**" ve "**ought to**" fiile -**meli**, -**malı** eki getiren aynı anlamda birer yardımcı fiildir. Daha çok **gereklilik**, **öğüt**, **tavsiye** ve **öneri** cümlelerinde kullanılır.

> I **ought to** phone her today.
> *Bugün ona telefon etmem gerekiyor.*

> I **should** answer this letter today.
> *Bugün bu mektubu cevaplamalıyım.*

1.1   Baktınız arkadaşınız kilo alıyor ona öğüdünüz:

> You **should** eat less.
> *Daha az yemek yemelisin.* Veya:

> You **ought to** do more exercise.
> *Daha fazla egzersiz yapmalısın*, olur.

1.2   Arkadaşınızın öksürmesi artmaya başladı ona tavsiyeniz:

> You **should** smoke less.
> *Daha az sigara içmelisin.* Veya:

> You **ought to** go to the doctor.
> *Doktora gitmelisin*, olur.

You **should** eat less.

1.3   should/ought to be ... ing

> You **should be** do**ing** your homework now.
> *Şimdi, ödevini yapıyor olmalısın.*

> You **should be** wear**ing** your seat belts.
> *Emniyet kemerlerinizi takıyor olmalısınız.*

2. Shouldn't, oughtn't to

> I **shouldn't be** tell**ing** you this.
> *Bunu sana anlatıyor olmamalıyım.*

> There **shouldn't** be double 't' in this word.
> *Bu kelimede iki tane 't' olmamalı.*

3. Interrogative - soru

Should I help her?
Ona yardım etmeli miyim?

Yes, you **should.**
No, you **shouldn't.**

Ought I to have my hair cut?
Saçımı kestirmeli miyim?

Yes, you **ought.**
No, you **oughtn't.**

> Kısa cevaplarda sadece '**ought**' kullanılır. '**to**' kullanılmaz.

4. Should have / Ought to have + Past Participle

Geçmişte **olmasını istediğimiz ama olmamış** olaylar için kullanılır ve fiile '**-meliydin**' eki getirir. Bir **ahlanma** ve **pişmanlık** belirtir.

You **should have worked** harder.
Daha sıkı çalışmalıydın.

He **should have invited** Mary to the party.
Mary'i partiye davet etmeliydi.

She **ought to have** accepted Peter's proposal.
Peter'ın evlilik teklifini kabul etmeliydi.

> He failed the exam. He **should have studied** harder.

5. Shouldn't have / oughtn't to have + past participle

Geçmişte **olmamasını istediğimiz ama olmuş** olayların ifade edilmesinde kullanılırlar.

You **shouldn't have drunk** that much.
O kadar içki içmemeliydin.

You **oughtn't to have relied** on her.
Ona güvenmemeliydin.

I **shouldn't have invited** her to dinner.
Onu akşam yemeğine davet etmemeliydim.

He **shouldn't have had** his house painted pink.
Evini pembeye boyatmamalıydı.

> You **shouldn't have** drunk that much.

EXERCISE 148

Aşağıdaki boşluklarda **"should"** veya **"ought to"**nun uygun hallerini kullanınız.

1. You're coughing. You .... smoke less.

2. You're getting fat. You .... eat so much.

3. Look! He sat down on the wet paint. You ....(tell) him that

   the paint was wet.

4. The letter was addressed to me. You .... (open) it.

5. You aren't wearing your seat belts. You .... be wearing them.

6. You .... read this. It's marvellous.

7. They are still there. They .... (leave) the house when they

   heard the alarm bell.

8. You look tired. You .... go to bed.

9. There are lots of hotels here. It .... be very difficult to find

   somewhere to stay.

10. We had a wonderful time there. You .... (come).

11. You .... believe everything she says. She's a good liar.

12. You need a change. You .... go away for a few days.

13. Tom's salary is very low. He .... look for another job.

14. You .... be watching TV at this time. You .... be in bed.

15. The lights were red. You .... (stop) at the traffic lights.

16. It was a secret between us. You .... (tell) her about it.

17. You missed the school bus again! You .... (get) up earlier.

18. The soup is too salty. You ....(put) that much salt in it.

19. People .... smoke in restaurants.

20. He has got a very bad cold. He .... go out now.

64   The Past Perfect Tense

A. CÜMLE YAPISI

1. Affirmative -Olumlu

1.1   **Perfect** denince aklımıza hemen **'have+past participle'** gelmeli.
'Have' fiilinin geçmiş zaman hali **'had'** dir. Bunun için **The Past
Perfect Tense'** i **'Had + Past Participle'** olarak formüle edebiliriz.

1.2   **İngilizce**'de **fiilerin hallerini** tekrar anımsayalım.

Present	Past	Past Participle	Present Participle
tell	told	**told**	telling
go	went	**gone**	going
work	worked	**worked**	working

1.3   Bütün **'Perfect Tense'**lerde fiillerin **'Past Participle'** halleri kullanılır.

My father **had left** home when you telephoned.
Sen telefon ettiğinde babam evden ayrılmıştı.

My mother **had worked** in a bank for 25 years before she retired.
Emekli olmadan önce annem bir bankada 25 yıl çalışmıştı.

B. KULLANIMI

1.   **The Past Perfect Tense, 'The Present Perfect Tense'**in geçmişteki eşdeğer
halidir.

1.1   **'Dün saat iki'** veya **'Geçen Perşembe'** gibi geçmişten bir zaman noktası
alırsak bu zaman noktasından önce olmuş olaylar, veya geçmişte bir olaydan önce
olmuş başka olaylar **'The Past Perfect Tense'** ile anlatılır.

I **had** already **finished** my work at 2:00 yesterday.
Dün saat ikide işimi çoktan bitirmiştim.

Aşağıdaki grafiği inceleyiniz.

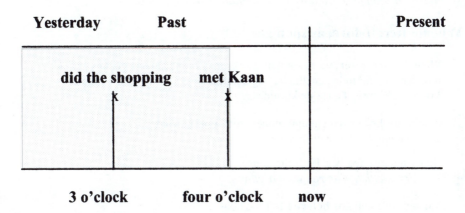

Yesterday	Past	Present
did the shopping	met Kaan	
3 o'clock	four o'clock	now

Yukarıdaki şekilde gösterildiği gibi dün saat üçte alışveriş yaptınız ve saat dörtte de Kaan ile karşılaştığınızı varsayalım. Bu iki olayı teker teker ele aldığımızda iki olayı da **"The Past Simple Tense"** olarak anlatırız.

I **did** the shopping at 3 o'clock.
Dün saat üçte alışveriş yaptım.

I **met** Kaan at 4 o'clock.
Saat dörtte Kaan'a rastladım.

Ama birinci olayın Kaan'a rastlamamdan önce, veya saat 4'ten önce olduğunu vurgulamak ve iki olayı bir birleşik cümle olarak vermek istersek; önce olan olayı **"The Past Perfect Tense"** ile anlatırız.

We **had done** the shopping by 4 o'clock yesterday.
Dün saat 4'ten önce alışverişi yapmıştık.

When we **met** Kaan yesterday, **we had done** the shopping.
Dün Kaan ile karşılaştığımızda, alışverişi yapmıştık.

1.2 Dün sabah yataktan kalktınız; baktınız ki her yer bembeyaz. Anlıyorsunuz ki bütün gece kar yağmış. Kar yağması sizin kalkmanızdan önce olduğu için **"Bütün gece kar yağmış,"** cümlesini **'The Past Perfect Tense'**de anlatırız.

When I got up yesterday morning I **saw** that everything outside was white.
It **had snowed** all night.
Dün sabah kalktığımda dışarıdaki herşey beyazdı.
Bütün gece kar yağmış.

1.3   Dün, on beş yıl aradan sonra dayınızı gördünüz ve zor tanıdınız çünkü aradan geçen
       bu sürede çok kilo almış. Dayınızın kilo alması sizin onu görmenizden önce olduğu
       için bunu **'The Past Perfect Tense'** ile anlatırız.

I hardly **recognized** my uncle after fifteen years. He **had put** on a lot
of weight.
On beş yıl aradan sonra dayımı zor tanıdım. Çok kilo almıştı.

2. When, after, before, as soon as

2.1   **When**, **before**, **after**, ve **as soon as** gibi zaman bağlaçları ile geçmiş zamanda
       cümleler yapıldığında genelde bu bağlaçların her iki tarafındaki cümleler
       'The Past Simple Tense''de kurulurlar.

As soon as they **saved** enough money, they **got** married.
Yeterli parayı biriktirir biriktirmez evlendiler.

After I **telephoned** her, I **left** the house.
Ona telefon ettikten sonra evden ayrıldım.

I **turned** off the lights **before** I **left** the house.
Evden ayrılmadan önce ışıkları kapattım.

2.2   Olayların oluş sırası yani hangisinin daha önce hangisinin daha sonra olduğunu
       belirtmek için **'when, after** ve **before'**un bağladığı cümlelerden biri **'The Past
       Perfect Tense'** olarak kurulur. Genellikle:

Before + The Past Simple Tense

Before I **did** my homework, I had written two letters.
Ödevimi yapmadan önce iki mektup yazmıştım

Before I **went to bed,** I had done my homework.
Yatmadan önce ödevimi yapmıştım.

After + The Past Perfect Tense şeklindedir.

After I **had written** two letters, I did my homework.
İki mektup yazdıktan sonra ödevimi yaptım.

After I **had done** my homework, I went to bed.
Ödevimi yaptıktan sonra yattım.

2.3 **The Past Perfect Tense'i when** ve **after** ile kullandığımızda iş tamamlanmış
    anlamına gelir.

When	Past Perfect	Past Simple
When	he **had finished** eating lunch,	he **went** out to see Jennifer.

Öğlen yemeğini yemeyi bitirdiğinde Jennifer'ı görmek için dışarı çıktı.

2.4 'When' Past Simple bir cümle ile de kullanılır.

Past Perfect	When	Past Simple
I **had** just **poured** myself a glass of wine	**when**	you **knocked** on the door.

Sen kapıyı çaldığında yeni kendime bir bardak şarap koymuştum.

Yukarıdaki örnekte 'when'li cümle daha sonra olmuştur. Önce ben bardağıma şarabı koydum sonra sen kapıyı çaldın.

The burglars **had left** the house **when** the police **arrived**.
Polis geldiğinde hırsızlar evden ayrılmışlardı.

When my father **left** Germany, **he had worked there for fifteen years.**
Babam Almanya'dan ayrıldığında, orada on beş yıl çalışmıştı.

2.5 **After**' Past Perfect bir cümle ile birlikte kullanılır.

After	Past perfect	Past Simple
After	I **had read** the letters,	I **tore** them all one by one.

Mektupları okuduktan sonra hepsini birer birer yırttım.

After I **had shaved,** I **drank** a cup of coffee.
Traş olduktan sonra bir fincan kahve içtim.

After they **had finished** their work, they **went** to the nearest pub for a drink.
İşlerini bitirdikten sonra bir içki için en yakın pub'a gittiler.

2.6 **'Before'** 'Past Simple' bir cümle ile birlikte kullanıldığında 'Past Perfect' ile anlatılan diğer cümle daha önce oldu anlamına gelir.

Before	Past Simple	Past Perfect
Before	I went to sleep,	**I had washed all the dishes.**

Yatmadan önce bütün bulaşıkları yıkadım/yıkamıştım. (Önce bulaşıkları yıkadım sonra yattım.)

Before I **came** to Istanbul, I **had done** my military service.
İstanbul'a gelmeden önce askerliğimi yapmıştım. (Önce askerliğimi yaptım sonra İstanbul'a geldim.)

Before she **left** the house, she **had locked** all the windows and doors.
Evden ayrılmadan önce bütün pencere ve kapıları kilitlemişti.

2.7 Eğer 'before' 'Past Perfect Tense' bir cümle ile kullanılırsa bu 'before' ile anlatılan cümlenin **tamamlanmadığı** anlamına gelir.Takip eden 'Past Simple' ile anlatılan cümle **daha önce** olmuştur.

Before	Past Perfect	Past Simple
Before	they **had finished** their meal,	they **left** the table.

Yemeklerini bitirmeden masayı terk ettiler.

Gördüğünüz gibi yemeği bitirmeleri gerçekleşmemiştir. Masayı terk etmeleri 'Past Simple' ile ifade edilmiş ve masayı terk etmeleri yemeği bitirmeleri işleminden daha önce olmuştur.

Before Peter **had answered** all the questions, the bell **rang**.
Peter bütün soruları cevaplamadan zil çaldı.

Yukarıdaki örnekte de **Peter**'ın soruları cevaplama işlemini bitiremediğini görüyoruz. Zilin çalması onun soruları bitirmesinden önce olmuştur. Ve soruları cevaplama işlemi yarım kalmıştır, tamamlanamamıştır.

Aşağıdaki iki ayrı cümlede **'before'**un iki farklı kullanılışına dikkat ediniz.

Before they **had painted** the kitchen, they **wanted** to have a break.
Mutfağı boyamayı bitirmeden önce mola vermek istediler.

Burada mutfağı boyama işi **tamamlanmamış**, yarım kalmış.

Before they wanted to have a break, they **had painted** the kitchen.
Mola vermek istediklerinde (-n önce) mutfağı boyamışlardı. (Burada mutfağı boyama işlemi tamamlanmış.)

Before he **had finished** drinking his coffee, he left the office.
Kahvesini içmeyi bitirmeden bürodan ayrıldı.

3. Till / Until

3.1 **"Till"** ve **"Until"** ikisi de aynı şeylerdir. '......e kadar' anlamına gelir.

Till + Past Perfect + Past Simple

düzeninde kullanıldığında **Past Simple** cümle **Past Perfect** cümleden önce olmuş olabilir.

I **waited** for him **until** he **had finished** his work.
İşini bitirene kadar onu bekledim.

He **didn't** go out **until** he **had fed** the dog and **watered** the plants.
Köpeği beslemeden ve bitkileri sulamadan dışarı çıkmadı.

My wife **didn't begin** to wash the dishes **until** she **had seen** the end of the film.
Karım filmin sonunu görmeden bulaşıkları yıkamaya başlamadı.

EXERCISE 149

Aşağıdaki cümlelerde verilen fiilleri doğru tense'lerde kullanınız.

1. I .... (worry) a lot about her before I ....

   (hear) that she was safe.

2. I didn't like the flat. It .... (be) much smaller than I ....

   (think) at first.

3. He told us he .... (shoot) a big tiger.

4. They .... (drink) tea after they .... (finish) dinner.

5. She ....just .... (fold) the pink apron and placed it in a table

   drawer when the door .... (open) and Joe .... (enter).

6. The police wanted to know why he........................ (bring) a gun to school.

7. After he .... (work) at the hospital for two years, he

   .... (decide) to give up the job.

8. When I ....(arrive) at the party, John .... already

   .... (go) home.

9. We .... (wait) until the match .... (finish).

10. They .... (leave) the room before the meeting .... (finish).

11. Our neighbours .... (call) the police because someone ....

    (break) into their house while they .... (be) on holiday.

12. As soon as I .... (hear) the news, I .... (telephone) you.

13. I .... (finish) the bottle of wine when she...................... (arrive).

14. By the time I was fifteen, I .... (spend) more than $ 20.000 on
    machines.

15. Before he .... (arrive) in New York, he ....

    (visit) some friends in Miami.

16. After I .... (pay) food and rent, I used to spend every
    penny I earned on machines.

C. Negative - Olumsuz

Perfect Tense'lerde '**have**' yardımcı fiilinden sonra '**not**' kullanılarak cümleler olumsuz yapılır. '**Past Perfect Tense**'de '**have**' in '**past**' hali olan '**had**' kullanıldığı için burada da '**had**' yardımcı fiilinden sonra '**not**' kullanılarak cümlelerimiz olumsuz yapılır.

I	**had**	**done**	my military service when I **came** to Izmir.
I	**hadn't**	**done**	my military service when I **came** to Izmir.

I **hadn't finished** writing the report **when** you **phoned**.
Sen telefon ettiğinde raporu yazmayı bitirmemiştim.

She **hadn't married** Jack yet **when** I **met** her in Paris.
Ona Paris'te rastladığımda henüz Jack ile evlenmemişti.

EXERCISE 150

Aşağıdaki cümleleri İngilizce'ye çeviriniz.

1. Yolların oldukça buzlu olduğunun farkına varmamıştık

.... that the roads were so icy.
2. John çok üzgündü çünkü kız arkadaşı telefon etmemişti.

....

3. George partiye gelmedi çünkü onu partiye davet etmemiştik.

....

4. Mary bana Fransa'da hiç çalışmadığını söyledi.

Mary told me that she ....

5. Sen geldiğinde ben çamaşırları yıkamayı bitirmemiştim.

....

6. Eve gittiğinde babasının öldüğünü bilmiyordu.

....

7. Ayrılmadan önce bana adını söylememişti.

....

8. Bürodan ayrılmadan önce işlerini bitirmemişlerdi.

....

9. George bana daha önce Paris'e gitmediğini söyledi.

....

10. Onu görmeden hiç birşey yapmadı.

....

314   English Grammar Today

D. Interrogative - Soru

Perfect cümlelerde 'have' özneden önce kullanılarak soru cümleleri elde edilir.
The Past Perfect Tense'de 'have' in geçmiş zaman (past) hali 'had' kullanıldığından,
'had' özneden önce gelerek soru cümleleri oluşturur.

	She	had left	the party when Michael arrived.
Had	she	left	the party when Michael arrived?

Had the robbers **left** the bank **when** the police **arrived**?
Polis geldiğinde soyguncular bankadan ayrılmışlar mıydı?

Had you **arrived** home **before** the electricity **went** off?
Elektrik gitmeden önce eve varmış mıydın?

Had you **known** her **before** the party?
Partiden önce onu tanıyor muydun?

Had you **left the** building **when** the fire **started**?
Yangın başladığında binadan ayrılmış mıydın?

EXERCISE 151

Aşağıdaki cümleleri İngilizce'ye çeviriniz.

1. Nikahtan önce gelini görmüş müydün? **bride** - gelin **wedding**-nikah

....

2. Liseyi bitirdiğinde Almanca öğrenmiş miydin?

....

3. Zil çaldığında soruları cevaplamayı bitirmiş miydin?

....

4. Dün eve geldiğinde baban yatmış mıydı?

....

5. Kalp krizi geçirmeden önce ilaçlarını almış mı?

....

6. Evden ayrılmadan önce pencereleri kapatmış mıydın?

....

7. Uzun zamandır mı onu tanıyormuş?

....

8. Soyguncular bankadan ayrılmadan önce polis gelmiş miydi?

....

EXERCISE 152

Aşağıda boş bırakılan yerlerde verilen fiilleri doğru zamanda kullanınız.

Example : **Had** he **known** (know) her for a long time before they got married?

1. He .... (drive) down to the hotel where they ....
   (spend) their honeymoon years ago.

2. When we .... (get) to the station, the train..
   (already - leave).

3. He .... (see) the old school house where he.................................
   (teach) English years ago.

4. He .... (sit) at a table by the window where he ....
   (have) a meal with Tavane.

5. Why .... he .... (not - ask) her to wait and think again before
   she...................... (leave) Paris?

6. He was wondering why he .... (let) her leave so easily.

7. He knew he .... (earn) that money with great difficulty.

8. He .... (look) down at the village where he ....
   (live) for twelve years.

9. Somebody .... (leave) some food and half a bottle of wine on
   the table. He .... (eat) the food but he couldn't find time to
   drink the wine.

10. After they .... (go) ,he .... (sit) down and   ....
    ....(light) a cigarette.

11. He .... (have to) go to work by bus because his car ....
    (break) down.

12. He .... (not - can) pay for the bill as he ....
    (leave) his wallet at work.

13. When the clock struck eleven, I .... (be) in the office for
    two hours.

14. She realised that she .... (forget) his name.

15. The police .... (pull) out two more bodies out of the car
    when we .... (arrive) at the scene of the accident.

16. As soon as the the thief .... (see) the police car, he .... (run) off.

65 The Past Perfect Continuous Tense

A. CÜMLE YAPISI

1. Affirmative - Olumlu

Bu zamanı " **had + been + Present Participle**" olarak formüle ederiz.
'**Present Participle**' fiillerin '**-ing**' takısı almış halidir.

Subject	had	been	Present Participle	
I				*Çalışmaktaydım/Çalışıyordum.*
You				*Çalışmaktaydın/Çalışıyordun.*
He				*Çalışmaktaydı/Çalışıyordu.*
She				*Çalışmaktaydı/Çalışıyordu.*
It	**had**	**been**	work**ing.**	*Çalışmaktaydı/Çalışıyordu.*
We				*Çalışmaktaydık/Çalışıyorduk.*
You				*Çalışmaktaydınız/Çalışıyordunuz.*
They				*Çalışmaktaydılar/Çalışıyorlardı.*

I **had been** standing at the counter when he rushed into the store.
O, mağazaya daldığında, ben tezgahta durmaktaydım/duruyordum.

2. Negative - Olumsuz

Had yardımcı fiilinden sonra '**not**' kullanılarak cümlelerimiz **olumsuz** yapılır.

had not ⟶ **hadn't**

Subject	had+not	been	Pre. Part.	
I				*Çalışmamaktaydım.*
You				*Çalışmamaktaydın.*
He				*Çalışmamaktaydı.*
She				*Çalışmamaktaydı.*
It	**hadn't**	**been**	work**ing.**	*Çalışmamaktaydı.*
We				*Çalışmamaktaydık.*
You				*Çalışmamaktaydınız.*
They				*Çalışmamaktaydılar.*

I **hadn't been** standing at the counter long when he rushed into the store.
O, mağazaya daldığında, ben uzun süredir tezgahta durmamaktaydım/durmuyordum.

She **hadn't been** working for Sabancı when she got married.
Evlendiğinde Sabancı'da çalışmıyordu.

3. Interrogative - Soru

Had özneden önce kullanılarak **soru cümleleri** oluşturulur.

Had		been	working?	
	I			*Çalışmakta mıydım?*
	you			*Çalışmakta mıydın?*
	he			*Çalışmakta mıydı?*
	she			*Çalışmakta mıydı?*
	it			*Çalışmakta mıydı?*
	we			*Çalışmakta mıydık?*
	you			*Çalışmakta mıydınız?*
	they			*Çalışmakta mıydılar?*

Had you **been standing** at the counter?
Tezgahta mı durmaktaydın/duruyordun?

Had he **been working abroad** before he came to Istanbul?
İstanbul'a gelmeden önce yurt dışında mı çalışıyordu?

4. Negative Interrogative - Olumsuz Soru

4.1 **Hadn't** özneden önce kullanılarak:

Hadn't		been working?	
	I		*Çalışmamakta mıydım?*
	you		*Çalışmamakta mıydın?*
	he		*Çalışmamakta mıydı?*
	she		*Çalışmamakta mıydı?*
	it		*Çalışmamakta mıydı?*
	we		*Çalışmamakta mıydık?*
	you		*Çalışmamakta mıydınız?*
	they		*Çalışmamakta mıydılar?*

Hadn't you **been** travelling all day?
Bütün gün yolculuk etmemekte miydiniz/etmiyor muydunuz?

4.2 **Had** özneden önce **'not'** özneden sonra kullanılarak:

Had		not	been working?		Yes,		had.
	I					I	
	you					you	
	he					he	
	she					she	
	it					it	
	we					you	
	you					we	
	they					they	

Had I **not been** typing the letters when you came?
Sen geldiğinde ben mektuplara daktilo etmekte değil miydim/etmiyor muydum?

318

5. **Like, understand, know** gibi **continuous** formlarda kullanılmayan fiiller ile bu zamanda cümleler yapılmaz. '**Want**' ve '**wish**' fiillerinin çok nadir de olsa bu zamanda kullanıldıkları görülür.

I bought him that car. He **had been** want**ing** it for a long time.
O arabayı ona aldım. Uzun zamandır onu istiyordu.

B. KULLANIMI

1. Geçmişteki bir zaman noktasından veya geçmişteki başka bir olaydan önce başlamış ve o zamana veya olaya kadar devam etmiş olayların anlatımında '**The Past Perfect Continuous Tense**' kullanılır.

He got married

He **had been** liv**ing** in İstanbul

1993   2003

He **had been** liv**ing** in Istanbul for ten years when he got married.
Evlendiğinde on yıldır İstanbulda yaşıyordu.

The orchestra **had been** play**ing** for half an hour when the electricity went out.
Elektrikler gittiğinde orkestra yarım saattir çalıyordu.

2. Geçmişte bir zaman noktasından veya geçmişteki başka bir olaydan önce başlamış, bir süre devam etmiş ve o zaman noktası veya olaydan hemen az önce bitmiş olayların anlatımında da '**The Past Perfect Continuous Tense**' kullanılır.

Mary was very tired when she got home. She **had been** work**ing** hard all day.
Mary eve ulaştığında çok yorgundu. Bütün gün sıkı çalışmıştı.

The room was very smoky. Someone **had been** smok**ing.**
Oda çok dumanlıydı. Biri sigara içmiş.

The children were breathless. They **had been** play**ing** football.
Çocuklar nefes nefeseydiler. Futbol oynamışlar.

C. Past Perfect Continuous ile Past Perfect Tense'in karşılaştırılması

1. **The Past Perfect Tense**'de belirtilen bir zamandan önce bir işin veya bir olayın tamamlandığı anlatılır.

He **had repaired** the radio by six o'clock.
Saat altıdan önce radyoyu tamir etmişti. (Radyonun tamir işi bitti.)

Past Perfect Continuous Tense ile olayın bir süre devam ettiği anlatılır. Olayın tamamlanıp tamamlanmadığı açık değildir.

He **had been** repai**ring the radio for an hour** when you arrived.
Sen geldiğinde o bir saattir radyoyu tamir ediyordu.

Radyonun tamirinin bitip bitmediği yönünde her hangi bir ip ucu yok. Bu cümle ile onun son bir saatini radyoyu tamir etmekle geçirdiği anlatılır.

She **had been** try**ing** to forget all about him.
Onu tamamiyle unutmaya çalışıyordu.

2. **The Past Perfect Continuous Tense** geçmişte söz edilen bir zamandan hemen kısa bir süre önce tamamlanmış veya o ana kadar devam etmiş olayları anlatır.

Mary **had been** hav**ing a bath** when I arrived home.
Eve vardığımda Mary banyo yapıyordu.

Yukarıdaki cümlede ben eve vardığımda **Mary'nin ya banyodan yeni çıkmış** veya **hala banyo yaptığı** anlatılır.

Mary **had had** a bath when I arrived home.
Eve vardığımda Mary banyosunu yapmıştı.

Yukarıdaki örnekte ise olay benim eve gelmemden önce tamamlanmıştır.

3. **The Past Perfect Continuous Tense**'de **passive** cümleler yapılmaz. **Passive** cümlelerde bu zaman yerine '**The Past Perfect Tense**' kullanılır.

Active - They **had been** paint**ing** the house.
Passive - The house **had been painted**.

Active - She **had been** translat**ing** the letters.
Passive - The letters **had been translated**.

EXERCISE 153

Aşağıdaki cümleleri verilen fiilleri uygun zamanda kullanarak tamamlayınız.

1. We ....(play) football for half an hour when it .... (start) to rain.

2. I .... (study) French for a short time when the electricity .... (go) out.

3. She .... (do) her homework before you came in.

4. His knees and hands were very dirty. He .... (crawl) in the garden.

5. I .... (drive) the car for five years when I sold it.

6. We were very tired. We .... (travel) for about sixteen hours.

7. The flowers .... (be / water) before we arrived.

8. They were out of breath. They .... (run) for a long time.

9. He .... (live) in London for ten years when he .... (have) an accident.

10. He was tired, because he .... (write) letters all morning.

11. We went straight to bed, because we .... (walk) for six hours.

12. I .... (take) photographs with an old camera before I went to Kuşadası.

13. The letters ....(be translated) when I arrived.

14. She .... (go) out with another man before she met Bruce.

15. I .... (steal) from my parents for ages when they found out, they .... (ask) me to leave the house.

16. I had a cup of coffee, because I .... (run) out of tea.

EXERCISE 154

Aşağıdaki cümleleri İngilizce'ye çeviriniz.

1. Polis geldiğinde adam altı saattir yerde yatıyordu.

  ....

2. Biz Ankara'dan ayrıldığımızda üç gündür yağmur yağıyordu.

  ....

3. Siz telefon ettiğinizde o iki saattir uyuyordu.

  ....

4. Babam geldiğinde kız kardeşim iki saattir telefonda erkek arkadaşı ile konuşuyordu.

  ....

5. Öldüğünde üç yıldır yatakta yatmaktaydı.

  ....

6. Gözlerim çok yorgundu çünkü uzun zamandır kitap okumaktaydım.

  ....

7. Emekli olduğunda otuz yıldır matematik öğretmekteydi.

  ....

8. Evlendiğinde üç yıldır onunla dışarı çıkmaktaydı.

  ....

9. Onun sınavda kopya çektiğinin farkına vardım.

  I noticed that she .... (cheat) in the exam.

10. Öldüğünde yıllardır yalnız yaşamaktaydı.

  ....

11. Telefon çaldığında iki saattir uyumaktaydım.

  ....

12. Onu gördüğümde erkek arkadaşı ile dans etmekteydi.

  ....

13. Babam geçen yıl sigarayı bıraktı. 20 yıldır sigara içiyormuş.

  My father gave up smoking last year

  ....

14. Yerler ıslaktı. Yağmur yağıyormuş.

  The ground was wet ....

EXERCISE 155

Aşağıdaki cümleleri 'The Past Perfect Continuous Tense'de tamamlayınız.

Example: I was tired because I **had been typing** for a long time. (**type**)

1. Her boss was very angry with her because she ....
.... to work vey late. (**come**)

2. I didn't know about the eartquake in Afganistan because I ....
.... television for a long time. (**not - watch**)

3. She was too fat because she .... her
doctor's advice. (**not- follow**)

4. His hands were dirty because he .... his car. (**mend**)

5. I took my car to the garage because the brakes ....
(**not-work**)

6. She had to go to the dentist because she ....her
teeth. (**not - clean**)

7. Mrs. Smith's clothes weren't clean because she ....
Tersil. (**not - use**)

8. He got bad marks because he .... hard. (**not –
study**)

9. She .... to forget all about him. (**try**)

10. I .... what she ....
when she wasn't with me. (**realize - do**)

11. I couldn't find her for weeks. She .... out with
another man. (**go**)

12. I thought I .... like an idiot. (**behave**)

13. He .... English very hard for the last few days. (**study**)

14. He .... up late reading and learning. (**stay**)

66 Question Tags

Cümle sonlarına eklenen kısa soru formlarına **Question Tags** (Kuyruk sorusu - dilimizde '... değil mi?' sorusu) denir. **"Tag Questions"**, **"Tail Questions"**, **"Attached Questions"** şeklinde de karşımıza çıkabilir.

Sentence	Question Tag
You're English,	aren't you?

Siz İngiliz'siniz, değil mi?

1.1   Eğer karşımızdaki kişiden **'evet'** cevabı bekliyorsak cümleyi **olumlu** kuyruk sorusunu **olumsuz** yaparız ve kuyruk sorusunu yükselen **bir ses tonu** ile söyleriz.

– You're a doctor, **aren't you**?
  Siz bir doktorsunuz, değil mi?

– Yes, I am.

> Cümlenin öznesi **"somebody, anybody, nobody, everybody"** ise kuyruk sorusunda **"they"** Kullanırız.
>
> **Somebody** has left a message for her, haven't **they**?
> **Nobody** wants to see him, do **they**?

– I'm coming with you, **aren't I**? *
  Sizinle geliyorum, değil mi?

– Yes, you are.

  *****Am not**'ın kısaltılmış şekli olmadığı için olumsuz sorularda **'aren't I'** kullanılır.

– You love Mary, **don't you**?
  Mary'i seviyorsun, değil mi?
– Yes, I do.

> Cümlenin öznesi **"Something, anything, nothing** veya **everything"** ise kuyruk sorusunda **"it'** kullanırız.
>
> Everything is here, **isn't it**?
> Nothing bad has happened here, **has it**?
> Something is giving you a big trouble, **isn't it**?

– John speaks French fluently, **doesn't he**?
  John Fransızca'yı akıcı konuşur, değil mi?
– Yes, he does.

– You have seen that film, **haven't you**?
  Şu filmi gördün, değil mi?
– Yes, I have.

– They were exported from Germany, **weren't they**?
  Almanya'dan ithal edildiler, değil mi?
– Yes, they were.

Tabii önsezilerimizde yanılmış olabilir ve bu sorulara verilen cevaplar **'no'** ile de olabilir.

English Grammar Today

1.2 Eğer karşımızdaki kişiden **'hayır'** cevabı bekliyorsak; cümleyi **olumsuz,** kuyruk sorusunu **olumlu** yaparız**.**

– You haven't seen Mary today, **have you**?
   Bugün Mary'yi görmedin, değil mi?

– **No**, I **haven't.**

– You didn't understand what he said, **did you**?
   Onun ne dediğini anlamadın, değil mi?

– **No,** I **didn't.**

– You don't like tea, **do you**?
   Çay sevmiyorsun, değil mi?

– **No**, I **don't**. I like coffee.

– He wasn't at home, **was he**?
   Evde değil, değil mi?

– **No, he wasn't**.

– He needn't go home, **need he**?
   Eve gitmesine gerek yok, değil mi?

– **No, he needn't.**

1.3 Eğer cevabın ne olacağını biliyorsak kuyruk sorusunu yine aynı şekilde oluşturur ama söylerken **düşen bir ses tonu** ile söyleriz.
Bu tür sorulara ya hiç cevap verilmez ya da tasdik edilir.

– It's going to rain, **isn't it**?
   Yağmur yağacak, değil mi?

– **Yes, it is.** (cevap vermesek de olur)

– Mary has got beautiful eyes, **hasn't she**?
   Mary'nin güzel gözleri var, değil mi?

– **Yes, she has.** (cevap vermesek de olur)

– It's a beautiful day today, **isn't it**?
   Bugün güzel bir gün, değil mi?

– **Yes, it is.**

Üzerine bastırarak yaptığımız emir cümlelerinin kuyruk sorusunda **"won't you**? Olumsuz emir cümlelerinden sonra da **"will you/could you/can you**? kullanılır.

Do clean your shoes, **won't you**?
Ayakkabılarını temizle, olur mu?
Don't touch it, **will you**?
Ona dokunma, olur mu?
"Let's" ile başlayan cümlelerde **"shall we?"** kullanırız.

Let's help her, **shall we**?
Haydi ona yardım edelim, olur mu?

| EXERCISE 156 | Aşağıdaki cümlelere kuyruk sorusu ekleyiniz. |

1. I must shave, ...

2. Jane is at home, ...

3. They were at the cinema, ...

4. You aren't afraid of dogs, ...

5. You are free tonight, ...

6. I'm right, ...

7. You haven't read this book, ...

8. John passed his exams, ...

9. You couldn't see your doctor yesterday, ...

10. I make lots of mistakes when speaking English, ...

11. That's a good restaurant, ...

12. There are some children coming, ...

13. There's some wine for dinner, ...

14. You know all the answers, ...

15. Mandy didn't come to the party, ...

16. David doesn't live in Istanbul, ...

17. Your father doesn't smoke very much, ...

18. Tom wants to have a holiday, ...

19. You used to live in a small town, ...

20. Your brother will leave tomorrow, ...

21. Everything was different, ...

22. Something is very strange, ...

23. Everybody adores her, ...

24. Someone is standing in front of the door, ...

25. Nobody wants to dance with her, ...

67   Wish

1.   Wish - dilemek, istemek

I wish to see the director.
Müdürü görmek istiyorum.

I don't wish to speak to you.
Seninle konuşmak istemiyorum.

2.   Wish - dilek ve temenni cümlelerinde:

I wish you good luck.
Sana iyi şanslar dilerim.

I wish you a good holiday.
Sana iyi bir tatil dilerim.

I wish you success.
Sana başarılar dilerim.

I wish you a happy New Year.
Mutlu bir yeni yıl dilerim.

3   Mektubumuzu bitirirken veya yeni yıl kartlarında:

With all good wishes, yours, Murat.
Tüm iyi dileklerimle, Murat.

Best wishes for the New Year.
Yeni yıl için en iyi dileklerimle.

4.   Yukardaki örneklerin dışında **pişmanlık belirten** cümlelerde kullanılır.

4.1   Şu andaki bir durumdan duyulan üzüntü belirtiliyorsa **wish** den sonra gelen cümle **geçmiş zamanda** (Past Simple) yazılır. **To be** fiilinin **geçmiş zaman hali** genellikle bütün şahıslarla birlikte hep '**were**' olarak yazılır.

Same Subject		
I wish I	**+ Past Tense**	**State (Durum)**
	+ could + infinitive	**Action (Hareket)**

I wish I had a car.
Keşke bir arabam olsa.

I wish I had green eyes.
Keşke yeşil gözlerim olsa.

I wish I were ten years younger.
Keşke on yaş daha genç olsam.

I wish I were in London now.
Keşke şimdi Londra'da olsam.

I wish I could go to the concert.
Keşke konsere gidebilsem.

Different Subject Farklı özne		
I wish she	**Past Simple**	State (Durum)
	would + infinitive	Action (Hareket)

I wish they weren't here.
Keşke burada olmasalar.

I wish my father would come.
Keşke babam gelse.

I wish she would call me.
Keşke beni arasa.

I wish they would go away.
Keşke gitseler.

I wish they would change the menu.
Keşke menüyü değiştirseler.

4.2 Geçmişte yapılan bir iş için duyulan pişmanlıklar dile getirilirken **'wish'**den sonra **The Past Perfect Tense'**de bir cümle kullanılır.

I wish I hadn't lost my money.
Keşke paramı kaybetmeseydim.

I wish I hadn't telephoned her.
Keşke ona telefon etmeseydim.

I wish you had taken her home.
Keşke onu evine götürseydin.

I wish I had studied harder.
Keşke daha sıkı çalışsaydım.

I wish I had taken my father's advice.
Keşke babamın öğüdünü tutsaydım.

4.3 Beklentiler için *"**wish + özne + would**"* düzeninde cümleler kurulur.

I wish she would write to me.
Keşke bana yazsa.

I wish it would stop raining.
Keşke yağmur dinse.

I wish he would wear a coat.
Keşke bir palto giyse.

I wish my son would visit us more often.
Keşke oğlum bizi daha sık ziyaret etse.

4.4 **Wish** geçmişte kalan bir dilek için veya **"wish"** geçmiş zamanda kullanıldığında kendisini takip eden cümle '**Past Perfect Tense**'de olur.

I wish you had told me about the theft.
Keşke bana hırsızlıktan bahsetseydin.

He wished he hadn't spent all his money.
Bütün parasını harcamamış olmayı diledi.

She wished she hadn't married to him.
Onunla evlenmemiş olmayı diledi.

She wished she had been in Tokyo.
Tokyo'da olmuş olmayı arzuladı.

Would have geçmiş zaman için kullanılmaz. **Could have** kullanılır.

I wish I **could have been** at the wedding.
Keşke nikahta bulunabilseydim.

I wish I **could have passed** the exam.
Keşke sınavımı geçebilseydim.

5. **If only – wish** ile aynı anlama sahiptir.

If only I **knew** where he had put the money.
Parayı nereye koymuş olduğunu bir bilsem.

If only she **would** call me.
Ah bana bir telefon etse.

If only we **knew** where he is now.
Şimdi onun nerede olduğunu bir bilsek.

If only we **hadn't had** an accident, we would have arrived in time.
Keşke kaza yapmasaydık, zamanında varmış olacaktık.

> **If only + Past Simple**
> (Şu anki umutlarımız için)
> **If only** I had something to read now. *Keşke şimdi okuyacak bir şeyim olsaydı.*
> **If only + Past Perfect**
> (Geçmişte kalan umutlarımız için)
> **If only** I had brought something to read when I came here.
> *Keşke buraya geldiğimde okuyacak*

EXERCISE 157

Örnekleri inceleyerek benzer cümleler yapınız.

| Example 1 | I haven't got much money.
I wish I had a lot of money. |

| Example 2 | I didn't meet her at the party.
I wish I had met her at the party. |

| Example 3 | She won't come to the party.
I wish she would come to the party. |

1. I don't like tea.

....

2. She didn't answer my letter.

....

3. She won't write to me.

....

4. I don't know French.

....

5. I spent all my money.

....

6. I've broken my arm.

....

7. Burak isn't a good footballer.

He wishes ....

8. The plane won't be here on time.

....

9. It isn't raining.

....

10. Elaine married Paul.

....

11. I can't catch the train.

....

12. You spent all your money.

....

13. It's a pity we didn't invite the Newtons to dinner.

....

68 Make & Do

He **did** his homework and **made** his teacher happy.
Ödevini yaptı ve öğretmenini mutlu etti.

Make ve **Do** fiilleri benzer anlamlara sahiptirler. Ama birbirlerinin yerine kullanılamazlar.

1. Make

1.1 **Make** - birşey üretmek, yaratmak, inşa etmek anlamında kullanılır.

God **made** man.
Tanrı insanı yarattı.

She **makes** her own clothes.
Kendi elbiselerini kendi diker.

My mother **made** a nice cake.
Annem güzel bir pasta yaptı.

These cars **are made** in Bursa.
Bu arabalar Bursa'da yapılır.

1. 2 **Make -** parçaları bir araya koymak anlamında kullanılır.

I **make** my bed myself.
Yatağımı ben kendim yaparım.

They **made** 4 films this year.
Bu yıl dört film yaptılar.

Fenerbahçe **made** a good transfer.
Fenerbahçe iyi bir transfer yaptı.

---

be made **for** do**ing** something/**to do** something – bir şey için yaratılmış olmak

Everybody says that Tülin and Caner **were made of** each other.
Herkes Tülin ile Caner'in birbirleri için yaratıldıklarını söylüyor.

I **wasn't made for** getting up early.
Ben erken kalkmak için yaratılmadım.

I **wasn't made to** marry a poor man like you.
Senin gibi fakir biri ile evlenmek için yaratılmadım.

What someone is made of = What someone can achieve or what they are really like

Let's see what you **are** really **made of**.
Görelim bakalım nasıl birisin. (Ne başarabilirsin.)

---

1. 3 **Make someone do something** - birine bir şey yaptırmak

The news **made** me **feel** happy.
Haber beni mutlu etti.

They **made** me **repeat** the story.
Hikayeyi bana tekrar ettirdiler.

The robbers **made** us **lie** on the ground.
Soyguncular bizi yere yatırdılar.

Onions **make** your eyes **water.**
Soğan gözlerinizi yaşartır.

The robber **made** the cashier **hold** his hands **up**.

Her jokes **make** us **laugh.**
Onun şakaları bizi güldürür.

1.4 **Make** - birşey olmak

You'll **make a good footballer.**
Senden iyi bir futbolcu olur.

Single people **do not make good parents.**
Bekar insandan iyi anne-baba olmaz.

Young people **make better parents.**
Genç insanlar daha iyi anne-baba olurlar.

He'll never **make an actor.**
Asla bir aktör olamaz.

This hall would **make an excellent theatre.**
Bu salon şahane bir tiyatro olur.

Turkish made car.	
Türk yapımı araba.	
Italian made piano.	
İtalyan yapımı piyano.	
Russian made pistol.	
Rus yapımı tabanca.	
Home made meal.	
Ev yapımı yemek.	
Hand made carpet.	
El yapımı halı.	

1.5 **Make** - Kazanmak, yapmak

She **makes** $20,000 a year.
Yılda 20,000 dolar kazanıyor.

He **made** a fortune on Stock Market.
Borsada bir servet kazandı.

We've **made** 650 kilometers today.
Bugün 650 km. yaptık.

She **has made** her will.
Vasiyetini yaptı.

be made of money – be rich

Her husband **is made of money**.
Onun kocası çok zengin.

I can't afford to buy this necklace. Do
you think I'**m made of money**?
Bu gerdanlığı almaya gücüm yetmez.
Sen benim çok zengin olduğumu mu
sanıyorsun.

1.6 **Bunların dışında :**

make an agreement	- anlaşma yapmak
make an announcement	- duyuru yapmak
make an attempt	- bir teşebbüste bulunmak
make a bargain	- pazarlık yapmak
make a bed	- yatak yapmak
make a change	- değişiklik yapmak
make a decision	- karar vermek
make certain	- emin olmak
make dinner	- akşam yemeğini yapmak
make a discovery	- bir keşif yapmak
make an effort	- çaba göstermek
make money	- para yapmak/kazanmak
make a noise	- gürültü yapmak
make an error	- yanlış yapmak
make a mistake	- hata yapmak
make an offer	- teklif yapmak
make a phone call	- telefon etmek

make a profit	- kar yapmak
make progress	- gelişme kaydetmek
make a promise	- söz vermek
make a search	- araştırma yapmak
make a speech	- konuşma yapmak
make a start	- başlangıç yapmak
make a statement	- söz etmek
make a left turn	- sola dönüş yapmak
make a request	- ricada bulunmak
make sense	- akla uygun gelmek
make fun of someone	- biriyle alay etmek
make one's mind	- karar vermek
make friends	- arkadaş edinmek

He **made a** long
speech.
*Uzun bir konuşma
yaptı.*

2. Do

2.1 **Do** -gerçekleştirmek, tamamlamak, yapmak, bitirmek anlamlarında daha çok rutin
hareketler için kullanılır.

I **do my best** to help her.
Ona yardımcı olmak için elimden geleni yaparım.

My mother **did the housework.**
Annem ev işlerini yaptı.

She **did the laundry** in the morning. And in the afternoon she **did the
ironing** and **cleaning.**
Çamaşırları sabahleyin yıkadı. Ve öğleden sonra ütü işlerini ve temizliği yaptı.

You're getting fat. You should **do more exercise.**
Şişmanlıyorsun. Daha fazla egzersiz yapmalısın.

do one's best	- elinden geleni yapmak
do business	- iş yapmak
do one's duty	- görevini yapmak
do exercises	- egzersiz yapmak
do good	- iyilik yapmak
do harm	- zarar vermek
do justice	- tam olarak göstermek
do oneself justice	- kendini göstermek
do research	- gözlem yapmak
do work	- iş yapmak
do homework	- ev ödevini yapmak
do the housework	- ev işlerini yapmak
do the dishes	- bulaşıkları yıkamak
do the vegetables	- sebzeleri ayıklamak
do the laundry	- çamaşır yıkamak
do someone a favour	- birine bir iyilik yapmak

She's **do**ing her
homework.

She's **do**ing a
research.

68. Make & do

2.2   do the .... ing

do the shopping	- alışveriş yapmak
do the cleaning	- temizlik yapmak
do the washing up	- bulaşıkları yıkamak
do the washing	- çamaşırları yıkamak
do the ironing	- ütü (işlerini) yapmak
do the dusting	- toz almak
do the sweeping	- süpürmek
do the gardening	- bahçe işlerini yapmak

I'm **doing the washing up**.

EXERCISE 158

Boşluklarda **do** veya **make**'in uygun hallerini kullanınız.

1. They .... an important discovery last week.

2. I'll .... a quick phone call.

3. I always .... my work.

4. Dr. Newton .... a long speech at the meeting yesterday.

5. I'll .... the ironing tomorrow.

6. He didn't .... himself justice in the race.

7. You must .... a left turn at the traffic lights.

8. Have you .... your homework?

9. You should .... a decision soon.

10. Sorry, I have .... a mistake.

11. He .... a lot of money in Germany.

12. I .... my bed before I leave the house.

13. Have you got anything to .... tonight?

14. Please, don't .... a noise after 12.

15. She .... an attempt to see Tarkan at the concert.

16. The dinner .... everybody sleepy last night.

17. He .... his job well.

18. They .... costum jewelry for department stores.

19. We .... a number of things today.

20. I have to .... up my mind by tomorrow.

21. Why are you .... fun of me?

22. You always .... the right thing.

23. Will you .... me a favour?

24. He .... a lot of good for mankind.

25. I .... the dishes in a hurry an hour ago.

26. She's .... an arrangements for the party.

27. Kenan Evren .... the paintings when he was in Marmaris.

28. I would like to .... a request.

29. George always .... his best.

30. I hope I didn't .... too many mistakes in the exam.

31. My father .... the salad while my mother broiled the steaks.

32. You always .... the right thing, but I always seem to .... the wrong thing.

33. Your suggestion .... sense. (is sensible or practicle)

34. The maid .... the bed every day.

35. The company .... steady progress towards their goals.

36. I .... all this furniture in this room myself.

37. I'll .... up some excuse.

38. Please .... certain that you haven't forgotten anything.

39. I .... my homework last night.

40. They are .... a lot of money in the stock market.

69 Would rather & Had better

1. Would rather - tercih etmek, yeğ tutmak

1.1 **Would rather** yerine **"would sooner"** da kullanılabilir.

– **Would** you **like** a cup of coffee?
Bir fincan kahve alır mıydınız?

– I **would rather** have a cup of tea.
Bir fincan çay almayı tercih ederim / yeğ tutarım.

Çayı kahveye yeğ tuttuğumuzu belirtirken **'would rather'**dan sonra fiilin **mastar** hali kullanılır ve seçim yapılan iki şey arasına **'than'** konur.

I **would rather** drink tea **than** coffee.
Çayı içmeyi kahve içmeye yeğ tutarım.

Aynı şeyi **'prefer'** ile de anlatabiliriz.

I **prefer** tea **to** coffee. Veya fiili kullanmak istersek:
Çayı kahveye yeğ tutarım.

I prefer **drinking** tea **to** coffee.
Çay içmeyi kahve içmeye tercih ederim.

Bu sefer iki seçimimiz arasında **prefer**'den sonra yapılması yeğ tutulan için **gerund** (-ing) halinin ve seçim yapılan şıklar arasında **'to'** kullanıldığına dikkat ediniz.

I **would rather** walk **than** run.
Yürümeyi koşmaya tercih ederim.

I **prefer** walking **to** running.
Yürümeyi koşmaya tercih ederim.

Would rather'ın geçmiş zaman hali yoktur. Yürümeyi koşmaya tercih ettim demek istersek bunu **'prefer'**ün geçmiş zaman hali ile anlatırız.

I **preferred** walking **to** running.
Yürümeyi koşmaya tercih ettim.

1.2 **Would rather + Past Simple**

I'd rather he **didn't park** his car in front of our shop.
Arabasını dükkanımızın önüne park etmese iyi olur.

I**'d prefer** him **to park** his car in front of his shop.
Arabasını kendi dükkanının önüne park etmesini yeğlerim.

English Grammar Today

1.3 **Would rather + someone + past simple** (**Wish** yapısı ile eş anlamlıdır.)

I **would rather** you **didn't smoke**. (**Present Meaning**)
I **wish** you **didn't smoke**.
Sigara içmemeni yeğlerim. (Keşke sigara içmesen.)
I **would rather** they **had slept** early yesterday. (**Past meaning**)
I **wish** they **had slept** early yesterday.
Dün erken uyusalardı iyi olurdu. (Keşke dün erken uyusalardı.)

2. Had better - .... iyi olur

It's cold. You'**d better** put on your coat.
Hava soğuk. Paltonu giysen iyi olur.

The manager is coming. You'**d better not** talk.
Müdür geliyor. Konuşmasanız iyi olur.

Had better üçüncü şahıslarla da kullanılabilir.

 He'**d better** not wait any longer.
Daha fazla beklemese iyi olur.

 She'**d better** be very careful.
Çok dikkatli olsa iyi olur.

EXERCISE 159

Would rather kullanarak aşağıdaki soruları cevaplayınız.

1. Would you like to have lunch in the Chinese Restaurant? (Italian)
   ....

2. Would you like to go to the cinema tonight? (stay at home)
   ....

3. Would you like to drive to Ankara? (go by bus)
   ....

4. Would you like to drink wine? (whisky)
   ....

5. Would you like to smoke a cigarette? (a cigar)
   ....

6. Would you like to visit the museum? (the art gallery)
   ....

7. Would you like to stay in a tent?(a hotel)
   ....

8. Would you like to go to the cinema? (watch TV)
   ....

9. Would you like to read a book? (listen to music)
   ....

10. Would you like to eat fish? (a steak)
    ....

EXERCISE 160

Aşağıdaki cümleleri örnekte gördüğünüz gibi **had better** kullanarak tekrar yazınız

Example 1:	My hair is very long. **You'd better cut your hair.**
Example 2:	There is a no parking sign here. **You'd better not park here.**

1. I cough a lot. (stop smoking)

....

2. I'm very tired. (go to bed)

....

3. Peter has got a headache. (take an aspirin)

....

4. The restaurant is too expensive for us. (not/eat here)

....

5. Your room is very messy. (tidy)

....

6. They have invited us to dinner. (accept the invitation)

....

7. The children are sleeping. (not/make a noise)

....

8. It's getting too late. (go home)

....

9. Mary isn't telling the truth. (tell the truth)

....

10. It's getting cloudy. (take your umbrella)

....

11. I've got two exams tomorrow. (go to bed early)

....

12. The milk smells bad. (not drink)

....

13. The workers are very tired. (have a break)

....

14. My shoes are very dirty. (polish)

....

WOULD RATHER + CONT.

I'd rather be lying on the beach than **walking** in the forest.
Plajda yatıyor olmayı ormanda yürüyor olmaya yeğlerim.

WOULD RATHER + HAVE + V3

Geçmişte yapılmış, ama hoşnut olmadığımız işlerin anlatımında kullanılır.

We went to the cinema, although I **would rather have stayed** at home.
Evde kalmak istememe rağmen sinemaya gittik.

I'd rather have stayed at home than went to the cinema.
Sinemaya gitmektense evde kalmayı yeğlerdim. (Ama sinemaya gittik.)

My son became an actor. **I'd rather he had become** a doctor.
Oğlum bir oyuncu oldu. Ben onun doktor olmasını yeğlerdim.

My boyfriend took me to the opera last night. **I'd rather he had taken** me to the cinema instead.
Erkek arkadaşım dün gece beni operaya götürdü. Ben opera yerine sinemaya götürmesini yeğlerdim.

HAD BETTER + NOT
You'd better not breathe a word about this to mum.
Bundan anneme tek bir kelime bile etmesen iyi olur.

- Can I borrow your car?
  Arabanı ödünç alabilir miyim?
- **You'd better not.**
  Almasan iyi olur.

70   In case

In case - ... diye, olasılığına karşın

I'll take my umbrella **in case** it rains.
Yağmur yağar diye şemsiyemi alacağım.

In case'li cümle normalde ana cümlecikten sonra kullanılır.

I don't want to go out **in case** Jane comes to see me.
Jane beni görmeye gelir diye dışarı çıkmıyorum.

Close the windows **in case** it rains.
Yağmur yağma olasılığına karşın pencereleri kapa.

They closed the windows **in case** it rained.
Yağmur yağar diye pencereleri kapattılar.

I slept by the phone **just in case** she telephoned.
Sadece o telefon eder diye telefonun yanında uyudum.

He put on his coat **in
case** it is cold outside.
*Dışarıda hava soğuktur
diye paltosunu giydi.*

in case of + isim

In case of fire, call 110.
Yangın durumunda 110'u arayınız.

in case + should + infinitive

I've bought fish **in case your mother should stay to dinner.**
Annen akşam yemeğine kalır diye balık aldım.

Example: I'll give you my mobile number . You might not find the house.
I'll give you my mobile number in case you don't find the house.

1. I will get up early. I might miss the train.
   ....
2. I'll take some water with me. I might get thirsty on the way.
   ....
3. Tom telephoned home. His wife might have wanted something.
   ....
4. I wrote my name on the suitcase. I might lose it.
   ....
5. I'll take Susan's address with me. I may have time to visit her.
   ....
6. Take warm clothes. It may be cold.
   ....

71   So ... that & Such ... that

1. So ... that

So...that   bir şeyin sonucu hakkında konuşurken bir sıfat veya bir zarfla beraber
kullanılır.

He's **so fat that** he can't run very fast.
O kadar şişman ki çok hızlı koşamaz.

The car was **so expensive that** I couldn't afford it.
Araba o kadar pahalıydı ki almaya gücüm yetmedi.

She's **so clever that** she understands everything.
O kadar zeki ki her şeyi anlıyor.

The speech went on **so long that** the people began to leave the meeting.
Konuşma o kadar uzun sürdü ki insanlar toplantıyı terk etmeye başladılar.

2. Such ... that

Such... that   bir **sıfat+isim**'le birlikte kullanılır.

It was **such a fierce dog** that no-one could go near the house.
O kadar vahşi bir köpekti ki kimse eve yaklaşamadı.

She's **such a beautiful girl that** everybody adores her.
O kadar güzel bir kız ki herkes ona tapıyor.

It was **such a good film that** everybody enjoyed it very much.
O kadar güzel bir filmdi ki herkes çok hoşlandı.

John is **such an intelligent boy** that he speaks four languages.
John o kadar akıllı bir çocuk ki dört dil konuşuyor.

It was **such good weather** that we all went out for a walk.
Hava o kadar güzeldi ki hepimiz dışarı yürüyüşe çıktık.

"Such" hiç bir zaman **"many"** ve **"much"** ile birlikte kullanılamaz. **"Many"** ve
'**much**'dan sonra bir isim gelse de **"such"** yerine '**so**' kullanılır.

There was **so much** noise **that** we **couldn't** hear each other.
O kadar çok gürültü var dı ki birbirimizi duyamadık.

There were **so many** people **that** we **couldn't** find a seat to sit.
O kadar insan vardı ki oturacak bir yer bulamadık.

There was **so much** snow **that** we **couldn't** go out.
O kadar çok kar vardı ki dışarı çıkamadık.

EXERCISE 162

Aşağıdaki cümleleri **so... that** ve **such ... that** ile tekrar yazınız.

Example: It's very hot. Everybody is going to the beaches.
             It's so hot that everybody is going to the beaches.

1. The exam was very difficult. Nobody passed it.

....

2. The film was very exciting. I want to see it again.

....

3. Tom is a good boy. Everybody likes him.

....

4. Marmaris is very beautiful. Thousands of tourists visit it every year.

....

5. Margaret is very talkative. I can't stand listening to her.

....

6. Norma is a very attractive girl. Everbody wants to go out with her.

....

7. Climbing Mount Everest is very dangerous. Only a few people were

able to reach the peak.

....

8. I'm very tired. I can't work any more.

....

9. It was an exciting party. Everybody enjoyed it.

....

10. It was very hot. We couldn't sleep.

....

11. The house was very expensive. We couldn't buy it.

....

12. Tamer is a very tall boy. He doesn't need to jump to touch the ceiling.

....

13. I was very tired. I fell asleep in the taxi.

....

14. It was a lovely day. We had to go out somewhere.

....

72   Because of

because of - yüzünden

Because of bir şeyin nedenini belirtir. Kendisinden sonra bir isimle birlikte kullanılır.

We got lost **because of** the fog.
Sis yüzünden kaybolduk.

I can't go to the cinema **because of** the exam I have got tomorrow.
Yarın olacağım sınav yüzünden sinemaya gidemem.

They couldn't get home by eight o'clock **because of** the heavy traffic.
Yoğun trafik yüzünden sekizden önce eve varamadılar.

They cancelled playing golf **because of** the rain.
Golf oynamayı yağmur yüzünden iptal ettiler.

I've lost lots of money **because of** the fall in the Stock Market shares.
Hisse senetlerinin düşmesi yüzünden çok para kaybettim.

EXERCISE 163

Aşağıdaki cümleleri **because of** ile birleştirerek tekrar yazınız.

1. I couldn't sleep well. The children were making a lot of noise.

    ....

2. We couldn't play football. The weather was very cold.

    ....

3. I can't buy this champagne. Look at the price!

    ....

4. I ran into a tree this morning. There was a cat in front of me.

    ....

5. My parents broke up. You and Lisa were the reason.

    ....

6. I couldn't hear anything. The music was very loud.

    ....

7. We couldn't go skiing. There was a lack of snow.

    ....

8.   I can't walk. My leg is broken.

    ....

73   Conditional Sentences (If Clauses)

Conditional Sentences - Koşul Cümleleri

Gerçekleşmesi bir koşula bağlı olan eylemlerin anlatılmasında kullanılan cümlelere **Conditional Sentences** (Koşul Cümleleri) denir. Koşul cümleleri, **If Clause** (Koşul Cümleciği) ve **Main Clause** (Ana Cümlecik) olmak üzere iki ayrı cümlecikten oluşur. Bu cümlelerden hangisinin önce yazılacağı önemli değildir. **Main Clause** önce yazılırsa iki cümlecik arasına **virgül** konmaz.

If Clause	Main Clause
Koşul Cümleciği	Ana Cümlecik
If I go to England,	I will visit the Science Museum.

Londra'ya gidersem Science Müzesini ziyaret edeceğim.

İngilizce'de **'if'** ile üç önemli düşünce ifade edilir:

1. She **will** recover rapidly **if** she **takes** this medicine.
    Bu ilacı alırsa çabuk iyileşir. Eğer ilacı alırsa çabuk iyileşmesi mümkün.

2. She **would** recover rapidly **if** she **took** this medicine.
    Bu ilacı alsa çabuk iyileşirdi. Ama o bu ilacı almıyor. Onun için çabuk iyileşmesi mümkün değil.

3. She **would have** recovered rapidly **if** she **had taken** this medicine.
    Bu ilacı almış olsaydı çabuk iyileşmiş olacaktı.

    Bu ilacı almadı ve çabuk iyileşmedi. Artık olan olmuş. Bu ilaçları kullanması artık söz konusu değil.

Yukarıdaki bu üç ifade şekli İngilzce'de çeşitli adlarla anılırlar.

1. Conditional Sentences Type 1,
    The First Conditional,
    The Probable Conditional or Future Possibility (1. Tür, Olası Şart Cümleleri)

2. Conditional Sentences Type 2,
    The Second Conditional,
    The Improbable (Imaginary) Conditional or Present Unreal
    (2. Tür, Mümkün Olmayan Şart Cümleleri)

3. Conditional Sentences Type 3,
    The Third Conditional,
    The Impossible Conditional or Past Unreal
    (3. Tür, İmkansız Şart Cümleleri)

Bu koşul cümlelerini şimdi sırası ile inceleyelim.

1. Conditional Sentences Type 1:

Birinci tip koşul cümleleri kendi içinde "**The General Conditional** & **The Probable Conditional**" diye iki gruba ayrılırlar.

1.1 The General Conditional:

Bir koşul oluştuğunda her zaman aynı sonucu veriyorsa bu tür durumlar "**The General Conditional**" (Genel Koşul) cümleleriyle ifade edilirler. Değişmeyen doğa yasaları, bilimsel deneyler bu kalıpla anlatılırlar. Bu tür cümlelerde hem "**If Clause**" (Koşul Cümleciği) hem de "**Main Clause**" (Ana Cümlecik) '**Present Tense**'de kurulurlar ve yaygın olarak "**if**" yerine "**when**" kullanılır.

Conditional (if) Clause Koşul Cümleciği	Main Clause Ana Cümlecik
When you **heat** water at 100 degrees C,	it **boils**.
When there **is** a shortage of any product,	the price of that product **goes** up.
When the sun **shines**,	the weather **gets** warmer.
Present Tense	**Present Tense**

If you **work** harder, you **get** better marks.
Daha sıkı çalışırsan daha iyi notlar alırsın.

When she **comes** to work late, her boss **gets** angry with her.
İşe geç kaldığında patronu ona kızar.

1.2 The Probable Conditional

Probable mümkün demektir. Bir koşul oluştuğunda olması mümkün olaylar bu kalıpta anlatılırlar. Bu tür cümlelerde If Clause '**Present**', Main Clause '**Will Future**' ile anlatılır. **Will** yerine '**can, may, must** ve **might**' kullanılabilir.

Conditional (If) Clause Koşul Cümleciği	Main Clause Ana Cümlecik
If you **break** the window,	they **will** punish you.
Present Tense	**Will Future**

Bu tür cümleler öğüt vermek, vaat etmek, tahmin yürütmek ve uyarmak gibi değişik anlamlar taşıyabilirler.

1.2.1 Öğüt:

If you **study** hard, you'll pass your class.
Sıkı çalışırsan sınıfını geçersin.

If you **are** careful, you **won't** have an accident.
Dikkatli olursan kaza yapmazsın.

1.2.2   **Uyarı:**

They **may** put you in prison if you **don't pay** your dept.
Borcunu ödemezsen seni hapise atabilirler.

If you **don't hurry,** you **will** miss the train.
Acele etmezsen treni kaçıracaksın.

1.2.3   **Vaat**:

I **will** help you **if** you **want.**
İstersen sana yardım edeceğim.

If you **need** money, **I'll** lend you some.
Paraya ihtiyacın varsa sana biraz ödünç veririm.

1.2.4   **Korkutma**:

If you **come** to work late again, I **will** sack you.
Eğer tekrar işe geç gelirsen seni atacağım.

You **won't** recover if you **don't take** these pills.
Bu hapları almazsan iyileşmeyeceksin.

1.2.5   Tahmin, ihtimal cümlelerinde **will** yerine **can, may, might** kullanılabilir.

If they **have** time, they **may** play tennis after work.
Eğer vakitleri olursa işten sonra tenis oynayabilirler.

If it **snows,** they **can't** go out.
Kar yağarsa dışarı çıkamazlar.

1.2.6   **İzin veya beceri:**

If you **are** tired, you **may** stop working.
Yorgunsan çalışmayı bırakabilirsin.

If it **stops** raining, we **can** play football.
Yağmur durursa futbol oynayabiliriz.

1.2.7   **Emir, rica, tavsiye cümlelerinde:**

If you are coughing, you should smoke less.
Öksürüyorsan daha az sigara içmelisin.

If you **don't want** to gain weight, you **had better eat** less bread.
Kilo almak istemiyorsan daha az ekmek yemelisin.

1.2.8 **If Clause 'Present Tense'** olacak derken biz sadece **The Present Simple Tense**'i kast etmeyiz. **The Present Continuous Tense, The Present Perfect Tense** ve hatta **The Present Perfect Continuous Tense** de kullanılabilir.

The Present Continuous Tense

If you**'re** stay**ing** for another night, we **will** give you a room with a sea view.
Eğer bir gece daha kalıyorsanız size deniz manzaralı bir oda vereceğiz.

If you**'re** wait**ing** for the manager, you **will** see him in five minutes.
Eğer müdürü bekliyorsanız beş dakika sonra onu göreceksiniz.

The Present Perfect Tense

If you **have finished** your homework, you **can** go out with your friends.
Eğer ödevini bitirdiysen arkadaşlarınla dışarı çıkabilirsin.

If you **have finished** your meal, **I'll ask** the waiter to bring the bill.
Yemeğinizi bitirdiyseniz garsondan hesabı getirmesini isteyeceğim.

The Present Perfect Continuous Tense

If she **has been** wait**ing** for a long time, **ask** her to see me.
Eğer uzun zamandır bekliyorsa söyle beni görsün.

If you **have been** driv**ing** for a long time, you **should** have a break.
Uzun zamandır araba kullanıyorsan bir mola vermelisin.

Even if, whether … or …, as long as, providing that, provided that, supposing that

Even if you **leave** now, you **can't** catch the train.
Şimdi ayrılsan bile treni yakalayamazsın.

You **have to do** the job **whether** we **like** it or not.
İster sevelim ister sevmeyelim sen işini yapmalısın.

I **don't mind** working overtime **providing that** I**'m paid** for it.
Eğer onun için bana ödeme yapılırsa fazla mesai yapmaya aldırmam.

Take an umbrella **in case** it **rains.**
Yağmur yağar diye bir şemsiye al.

You **can** borrow this book **as long as** you **give** it back.
Geri verdiğin sürece bu kitabı ödünç alabilirsin.

We**'ll** be there at about 8:00, **provided that** there**'s** a suitable train.
Uygun bir tren olduğu takdirde 8:00 civarında orada olacağız.

Financers are prepared to be generous, **providing that** it is not their own money they are spending.
Finans sahipleri, harcadıkları kendi paraları olmadığı takdirde, cömert olmaya hazırdırlar.

EXERCISE 164

A bölümündeki boşlukları B grubundaki cümlelerle tamamlayınız.

A.

1. You'll get tired ....

2. If you go to a football match, ...

3. You can't hear the teacher ....

4. I'll help you with your lesson, ...

5. If the soup is too hot, ...

6. If it rains, ...

7. His family may go on holiday ....

8. A man can't buy what he needs ....

9. If you're on a crowded bus, ...

10. We'll come to visit you ....

11. If they haven't seen Topkapı Palace, ...

12. If I get a driving licence, ...

B.

a) you can't eat it.

b) If the students make a lot of noise.

c) You must take your umbrella with you.

d) If you stand up for a long time.

e) If you're at home tonight.

f) If you want to study.

g) You won't find a seat.

h) If they save enough money.

i) If he doesn't have enough money.

j) I'll buy a car.

k) We'd better go there this afternoon.

l) I'll come with you.

EXERCISE 165

Aşağıdaki cümleleri uygun şekilde tamamlayınız.

1. If you write me from England, ...

2. She can learn English if ....

3. We can catch the bus if ....

4. If it doesn't rain this afternoon, ...

5. His family will be hungry if ....

6. You will have an accident if ....

7. A baby cries if ....

8. If my girl friend comes early, ...

9. If he doesn't smoke, ...

10. You can't sleep well if...

EXERCISE 166

Aşağıdaki parantez içinde verilen fiilleri uygun zamanda kullanınız.

1. My father .... (buy) me a computer if I ....(pass) my class.

2. If you .... (write) the letters, I .... (post) them.

3. If you .... (not - leave) immediately, I ....(call)

    the police.

4. If he ....(not- arrive) soon, we ....

    (have to) have dinner without him.

5. I..(not- have to) borrow any money from you

    if I................. (get) my salary tomorrow.

6. If you ....(invite) her to the dance, she ....(be) very
    pleased.

7. If you .... (retire) soon, you .... (make) yourself ill.

8. If you .... (write) him a letter, he .... (know)
    our address.

English Grammar Today

1.2.9 Unless

Unless, 'if ..... not....' a eşittir ve cümlemizin fiiline **'........mezse', '......medikçe', '......madıkça'** anlamı katar. "Unless" kendisi olumsuzluk içerdiği için "unless" li cümle olumsuz olmaz.

> **If** he does**n't** work hard, he can't pass his class.
> **Unless** he works hard, he can't pass his class.
> *Çalışmazsa/çalışmadıkça sınıfını geçemez.*
>
> You won't catch the bus **if** you do**n't** leave immediately.
> You won't catch the bus **unless** you leave immediately.
> *Hemen ayrılmazsan otobüsü yakalayamayacaksın.*

EXERCISE 167

Aşağıdaki cümleleri '**unless**' ile tekrar yazınız.

1. If you don't go to Venice, you will never ride in a gondola.

   ....

2. If it doesn't rain, we will go to the cinema.

   ....

3. If you don't go to a Chinese restaurant, you'll never taste a Peking Duck.

   ....

4. If you don't go to Bursa, you'll never climb Uludağ.

   ....

5. If you don't go to India, you'll never see the Taj Mahal.

   ....

6. If you don't answer my questions, I won't go anywhere.

   ....

7. I won't let you go, if you don't give me my money back.

   ....

8. I'll call the police, if you don't go away.

   ....

9. If you don't complain to the manager, you'll always get bad service.

   ....

10. If you don't have enough money, you can't buy this car.

    ....

2. The Second Conditional - The Improbable Conditional

Koşul Cümleleri - Olması mümkün olmayan koşul cümleleri

2.1 **Cümle Yapısı: Koşul Cümleciğinin (If clause)** fiili **Di'li Geçmiş** (Past Simple) Zamanda, **Ana cümleciğin** (Main Clause) zamanı **Conditional Tense**'dir. Conditional Tense **would, could, should,** veya **might**'ın fiilin **infinitive** (yalın) haliyle birlikte kullanılmasıdır.

Conditional (If) Clause Koşul (Şart) Cümleciği	Main Clause Ana cümlecik
If my friend **had** enough time,	he **would** help us.
Past Simple	**Would**

Arkadaşımın vakti olsa bize yardım ederdi.

Ama hiç vakti yok ve bize yardım etmesi mümkün değil.

If you **invited** Mary to the party, she **could** come.
Mary'i partiye davet etseydin gelebilirdi..

If they **didn't watch** TV now, they **might** play cards with us.
Şu anda televizyon seyretmeselerdi bizimle kağıt oynayabilirlerdi.

Gördüğünüz gibi olayın zamanı kesinlikle geçmiş zaman değildir. **"Present"** veya **"Future"**dır. **"Past Simple"** bu cümlelerde dilek kipi olarak kullanılır.

If I were you	-	Senin yerinde olsaydım
If I were in your shoes	-	Yerinde olsaydım
If I had time	-	Vaktim olsaydı, gibi.

Bu tür cümlelerde **I, he, she** ve **it** özneleri ile **'to be'** fiilini kullanmamız gerekirse **'was'** yerine **were** kullanılır.

If I **were** you, I **would** help her.
Senin yerinde olsaydım ona yardım ederdim.

If she **were** rich, she **would** wear expensive clothes.
Eğer zengin olsaydı pahalı elbiseler giyerdi.

2.2 Kullanıldığı yerler

2.2.1 Olması istenen şey gerçeklere aykırı, olması mümkün değil ise:

If she **had** a husband, she **would**n't need to work.
Kocası olsaydı çalışmak zorunda kalmazdı.

If I **were** you, I **would** be more polite to her.
Yerinde olsaydım ona karşı daha kibar olurdum.

2.2.2 **If Clause**'daki hareketin, eylemin gerçekleşmeyeceğini biliyor, olmayacağını umuyorsak.

Ayla **would** be very pleased **if** you **invited** her to dinner.
Onu akşam yemeğine davet etseydin Ayla çok memnun olurdu.

If there **were** a mouse in the room, she **would**n't stay here a second.
Odada fare olsaydı burada bir saniye kalamazdı.

2.2.3 **The Imaginary Conditional** - **Hayali koşul cümlelerinde**

If I **were** a woman, I **would**n't marry you.
Kadın olsaydım seninle evlenmezdim.

If I **were** a bird, I **would** fly.
Kuş olsaydım uçardım.

2.2.4 **Dilek Cümlelerinde:**

If I **had** a car, I **would** drive all day.
Arabam olsaydı bütün gün sürerdim.

If I **were** in Antalya now, I **would** lie in the sun.
Antalya'da olsaydım güneşte yatardım.

2.2.5 **Tavsiye cümlelerinde:**

If I **were** you, I **would** go to bed early.
Yerinde olsaydım erken yatardım.

If I **were** her, I **wouldn't** go out without a coat.
Onun yerinde olsaydım paltosuz dışarı çıkmazdım.

2.2.6 **Uyarı, tehdit cümlelerinde**

If you **didn't work** hard, the boss **would** sack you.
Eğer sıkı çalışmasaydın patron seni işten atardı.

If you **didn't tell** me the truth, I **would** never forgive you.
Bana gerçeği söylemeseydin seni asla affetmezdim.

If you **kept** on interrupting them, they **would** be angry with you.
Onların sözünü kesmeye devam etseydin sana kızarlardı.

If you **woke** her up, she **would** be very angry with you.
Eğer onu uyandırsaydın sana çok kızardı.

2.2.7   Doubt   - Şüphe gösteren cümlelerde

If we **left** home half an hour earlier, perhaps we **would** catch the train.
Evden yarım saat önce çıksaydık belki treni yakalayabilirdik.

Would she **say** yes **if** I **proposed** to her?
Ona evlilik teklif etseydim kabul eder miydi?

2.2.8   Varsayım cümlelerinde 'if' yerine 'Supposing that' kullanılabilir.

Supposing that the war **broke out,** what **would** you do?
Varsayalım savaş çıktı, ne yaparsın?

Supposing that you **lost** your job, what **would** you do?
Varsayalım işini kaybettin, ne yaparsın?

EXERCISE 168

Aşağıdaki örneğe benzer cümleler kurunuz.

Example: Shall I buy the green one or the **red one**?
  If I were you, I would buy the red one.

1. Shall I eat fish or **a steak**?

   ....

2. Who shall I invite to the dance? **Jill** or Helen?

   ....

3. Shall I do my homework or **watch television**?

   ....

4. Shall I put my money on **Bold Pilot** or Speedy Gonzales?

   ....

5. Shall I put my money in a bank or **invest on shares**?

   ....

6. Shall I drive to Ankara or **go by bus**?

   ....

7. Shall I **say I'm ill** or go to work?

   ....

8. Shall I eat at home or **in a restaurant**?

   ....

EXERCISE 169   Aşağıdaki örneğe bakarak benzer cümleler oluşturunuz.

Example: That's a very nice fur - but I haven't got enough money.
             Would you buy it if you had enough money?

1. Spanish is an interesting language but I haven't got time to learn it.

....

2. I don't often read books. I have a television.

....

3. Selda hasn't got a boyfriend so she doesn't go to dances.

....

4. I'm not going to London so I won't visit Arthur.

....

5. I won't give you $10 because I haven't got any money.

....

6. Mary doesn't live in France. She doesn't speak French.

....

7. Ali can't pass his class because he doesn't study hard.

....

8. You can't catch the plane because you don't hurry.

....

EXERCISE 170 Aşağıdaki örneğe uygun cümleler yapınız.

Example: Why are you so worried? Your son is at home, isn't he?
             If he were at home I wouldn't be worried.

1. Why are you in bed? You aren't ill, are you?

....

2. Why are you running? You aren't late, are you?

....

3. Why are you taking a taxi? You have a car, haven't you?

....

4. Why are you ringing the bell? You have a key, don't you?

....

5. Why are you eating in cheap restaurants? You have a lot of money, don't you?

....

6. Why are you silent? You know the answer, don't you?

....

7. Why don't you help me? You have time, don't you?

....

8. Why can't he pass his class? He studies hard, doesn't he?

....

2.3 Past Real Condition

2.3.1   Geçmişte belli bir koşul oluştuğunda gerçekleştirdiğimiz veya gerçekleştirmediğimiz eylemlerin anlatımında bu yapı kullanılır. Bu tür cümlelerde hem **"If Clause"** hem de **"Main Clause"** **'Past Simple'** olarak söylenir ve yazılır.

Why **did** you **buy** these apples **if** they **were** bad?
Eğer kötü idiyse niye bu elmaları satın aldın?

Why **did** you **come** to school **if** you **felt** dizzy?
Eğer başın dönüyorsa niye okula geldin?

Why **did** you **buy** all these things **if** you **didn't have** much money?
Eğer fazla paran yoktuysa bütün bunları niye satın aldın?

2.3.2   Geçmişte belli bir koşul oluştuğunda sık sık tekrarlanan eylemleri dile getirdiğimizde Ana Cümleciğin fiili **'would'** veya **'used to'** ile birlikte kullanılır. **"If"** yerine de çoğunlukla **'when'** kullanılır.

When the weather **was** fine, we **would** often have a picnic.
Hava güzel olduğunda biz sık sık piknik yapardık.

When we **had** time, we **used to** have a drink after work.
Vaktimiz olunca işten sonra bir içki alırdık.

EXERCISE 171   Aşağıdaki örneğe uygun cümleler kurunuz.

Example: The weather was very bad but we went out.
             If the weather was very bad why did you go out?

1. The book wasn't interesting but I read it.

   ....

2. The water was very cold but I drank it.

   ....

3. The pills made me feel bad but I went on taking them.

   ....

4. It was dark but I didn't turn on the light.

   ....

5. It was very hot but I wore my coat.

   ....

6. I wasn't late but I took a taxi.

   ....

7. I didn't have any money but I ordered an expensive meal.

   ....

8. He had his key but he tried to go in through the window.

....

9. I knew her phone number but I didn't phone her.

....

10. She was afraid of flying but she took a plane.

....

3. The Third Conditional The Impossible Conditional

Koşul Cümleleri -İmkansız Koşul Cümleleri

3.1 Cümle Kuruluşu

3.1.1   Bu tür koşul Cümlelerinde **"If Clause"** (Koşul Cümleciği) **Past Perfect Tense,**
"Main Clause" (Ana Cümlecik) **Perfect Conditional Tense**'dir.
"Perfect Conditional Tense" derken;

> would
> could
> should   have + past participle
> might
> may
> must

kalıbındaki cümleler aklımıza gelir.

Conditional Clause Koşul Cümleciği	Main Clause Ana Cümlecik
If he **had been** rich,	Sheila **would have married** him.
If the policeman **had seen** the thief,	he **might have arrested** him.
Past Perfect Tense	Perfect Conditional

If Kennedy **hadn't gone** to Dallas, he **wouldn't have been killed. But he went
there and was killed.**
*Eğer Kennedy Dallas'a gitmemiş olsaydı öldürülmemiş olacaktı.
Ama oraya gitti ve öldürüldü.*

The history of Turkey **would have been** different **if** Atatürk **hadn't been born.**
Atatürk doğmamış olsaydı Türkiye'nin tarihi farklı olurdu.

3.1.2   **If Clause'da 'The Past Perfect Continuous Tense'** kullanılabilir.

If she **hadn't been wearing** a seat belt, she **would have been** seriously **injured.**
Emniyet kemerini takmıyor olsaydı ciddi bir şekilde yaralanabilirdi.

If she **had been working** very hard, she **would have passed** her class.
Eğer sıkı çalışıyor olmuş olsaydı sınıfını geçmiş olurdu.

3.1.3   Ana cümlecik'**de** (Main Clause'da) The Perfect Conditional'**ın** Continuous **hali kullanılabilir.**

If you **hadn't warned** me, I **would have been driving** in the wrong direction.
Beni uyarmamış olsaydın yanlış yöne doğru sürüyor olmuş olurdum.

3.2 Kullanıldığı yerler:

Geçmişte kalmış artık olması mümkün olmayan eylemlerin anlatılmasında bu tür cümleler kullanılır.

Bu cümlelerde **"If Clause"** gerçeğe aykırı bir koşulu gösterir.

If Hülya Avşar **had been** a man, she **would have** already **joined** the army.
Eğer Hülya Avşar erkek olsaydı çoktan askere gitmiş olurdu.

Yukarıdaki cümlede gördüğünüz gibi Hülya Avşar bir erkek değildir. Türkiye'de kadınları askere almadıklarına göre Hülya Avşar kadın doğmakla bu olasılık ortadan kalkmıştır.

If the United States **had been** a poor country, it **wouldn't have managed** to put the first man on the moon.
Eğer Amerika zayıf bir ülke olsaydı, aya ilk insanı indirmeyi başaramazdı.

If we **had known** that it **was** dangerous, we **wouldn't have done** that.
Tehlikeli olduğunu bilseydik bunu yapmazdık.

3.2.2   Eğer geçmişte olan bir olayın sonuçları günümüzde halen görünüyorsa "**Main Clause** (Ana Cümlecik) **would + infinitive**" (fiilin yalın hali) olarak kurulur.

If the Berlin Wall **hadn't come** down, today Germany **would** still be two countries.
Eğer Berlin Duvarı yıkılmamış olsaydı Almanya bugün hala iki ülke olurdu.

If Lee Harvey Oswald **hadn't been killed,** we **might** know for certain who killed John Kennedy.
Eğer Harvey Oswald öldürülmemiş olsaydı John Kennedy'i kimin öldürdüğünü kesin olarak bilebilirdik.

3.2.3   '**Had**' cümle başında kullanılarak '**if**' cümleden düşürülebilir.

If you **had driven** more carefully, you **wouldn't have had** this accident.
Had you **driven** more carefully, you **wouldn't have had** this accident.
Eğer daha dikkatli sürseydin bu kazayı yapmamış olurdun.

If you **had obeyed** the rules, you **wouldn't have been** put in prison.
Had you **obeyed** the rules, you **wouldn't have been put** in prison.
Kurallara uymuş olsaydın hapse atılmamış olurdun.

If I **had known**, I **would not have done** it.
Had I **known,** I **would not have done** it.
Bilseydim yapmazdım.

3.2.4   **"If"** yerine **"should"** kullanılarak da 1. Tip koşul cümleleri yapılabilir.

If ministers **decide** to hold on an inquiry, we **will** welcome it.
Should ministers **decide** to hold on an inquiry, we **will** welcome it.
Bakanlar soruşturma yapmaya karar verirlerse memnun kalırız.

If it **rains**, we **will** have to cancel the meeting.
Should it **rain**, we **will** have to cancel the meeting.
Yağmur yağarsa mitingi iptal etmek zorunda kalacağız.

EXERCISE 172

Parantez içinde verilen fiilleri doğru zamanda kullanarak tamamlayınız.

1. If the policeman had seen the thief, he ....(arrest) him.

2. If the workers had not wanted, they ....(not-finish) the work.

3. The buildings wouldn't have burned to ashes, if the firemen ....
    .... (come) in time.

4. People wouldn't cross the Bosphorus, if they ....
    (not - build) those bridges.

5. If the family could have saved enough money, they ....
    .... (be able to) buy a new flat now.

6. If I had known that he was sleeping, I .... (not-disturb) him.

7. If I had lost all my money, I ....(be) very unhappy.

8. If you had phoned me before you came, you ....
    (find) me at home.

9. Michael .... (not – wake) up late if he had
    remembered to set the alarm clock.

10. If I .... (not–drive) so fast, I might have not
    had an accident.

11. If he had calmed down before getting to work, he...
    .... (not–forget) his appointment.

12. He might still have had his job if he .... (not–lose) the
    business for his company.

13. If Cliff hadn't missed the plane, he .... (be killed)

14. If I .... (stay) at school, I could have been a lawyer.

15. If you had told me about your needs, I .... (might - be) able to
    help you.

EXERCISE 173

Aşağıdaki A grubundaki cümleleri B grubundan uygun bir cümle ile tamamlayınız.

A.

1. Everyone on board the plane would have died ....

2. If the officials had not stopped the poor man, ...

3. If the climbers had found an easy way, ...

4. I would be in a hospital now ....

5. We would have got wet ....

6. If he had had enough time last summer, ...

7. I might have come to your help ....

8. If the driver had not slept, ...

9. The young boy would have been very happy ....

10. If her father had been rich, ...

B.

a. If I had not been to a doctor.

b. if you had taken him to the fun-fair.

c. if the plane had crashed.

d. she could have bought some expensive clothes.

e. so many people wouldn't have been killed.

f. he could have built his small house in two days.

g. if we hadn't taken our umbrellas.

h. they could have reached the top easily.

i. he would have gone on a holiday.

k. if I had had time last Sunday.

EXERCISE 174

Aşağıda **A grubunda** her üç türde verilen Koşul Cümlelerini **B grubundan** uygun bir cümle ile tamamlayınız.

A.

1. We could have heard about it ....

2. The farmers could have harvested a good crop ....

3. I will turn on the heater ....

4. If you didn't eat too much, ...

5. He may earn a lot of money ....

6. If he didn't wear dark glasses, ...

7. We would go swimming now ....

8. You wouldn't feel cold ....

9. If they hurry, ...

10. He could have finished his book ....

B.

a. they may catch the train

b. if he works very hard

c. if you put on your coat

d. if there had been an accident

e. if he had lived in a quiet place

f. if it were summer

g. if I feel cold

h. you wouldn't be sick.

i. if it had rained enough.

j. I could recognize him.

EXERCISE 175

Aşağıdaki cümleleri kendi kelimeleriniz ile tamamlayınız.

1. If he hadn't lost his temper, ...

2. The boy would have gone to prison if...

3. He would have had a shock if ....

4. If he had remembered to set the alarm clock, ...

5. If my father had not driven carefully, ...

6. I might have liked the film if ....

7. The child would have drowned if..

8. If the child had taken some music lessons, ...

9. We could have seen Evliya Çelebi if...

10. If the man had really robbed the bank, ...

EXERCISE 176

Aşağıdaki cümleleri kendi kelimeleriniz ile cevaplayınız.

1. What would you do if a thief took your wallet?

....

2. What would you do if you broke one of your teeth?

....

3. What would you do if you won a lot of money?

....

4. What would you do if you saw a child in the river?

....

5. What would you do if your teacher asked you out for a drink?

....

6. What would you do if you were the best football player of your country?

....

EXERCISE 177

Aşağıda verilen cümlelerdeki boşlukları önerilen a, b, c, d şıklarından uygun olanı ile tamamlayınız.

1. I .... very unhappy if my friends didn't come to my party.

    a) would have been b) will be   c) would d) would be

2. If the old man .... some money, he would hire a taxi.

    a) have   b) had   c) would have   d) had had

3. If you had come in time, you .... the lesson.

    a) wouldn't miss   b) would miss
    c) would have missed   d) wouldn't have missed

4. I could have heard the telephone if I .... so deeply.

    a) didn't sleep   b) hadn't been sleeping
    c) wouldn't sleep   d) wouldn't have slept

5. If he doesn't pay the bill, he .... into trouble.

    a) won't get b) will get   c) would get   d) would have got

6. If the weather .... good, we would go swimming.

    a) was   b) would be   c) were   d) is

7. Your brother wouldn't have found such a nice job if he ....
    a university diploma.

    a) didn't have   b) doesn't have
    c) hadn't   d) hadn't had

8. You would have some money in your pocket if you ....
    it so generously.

    a) hadn't spent b) didn't spend   c) don't spend d) couldn't spend

9. If you don't succeed in the test, you .... the job.

    a) won't get   b) wouldn't get   c) were not going to get d) didn't get

10. We wouldn't be here now if we ....in that airplane crash.

    a) were   b) had been   c) are   d) had to be

74 The Passive Voice

A. Yapısı

Sedefkar Mehmet Ağa **built** | the Blue Mosque | in 1616. (Active)

| The Blue Mosque | **was built** by Sedefkar Mehmet Ağa in 1616. (Passive)

Yukarıdaki 1. örnekte gördüğünüz gibi **öznenin ne yaptığını** anlatırken **etken** (active) cümleler kullanırız. 2. örnekte gördüğünüz gibi **özneye ne yapıldığını** anlatırken de **edilgen** (passive) cümleler kullanırız.

> The police **have arrested** Tom. (Active)
> *Polis Tom'u tutukladı.*
>
> Tom **has been arrested.** (Passive)
> *Tom tutuklandı.*

B. Kullanıldığı yerler

1. Eylemi kimin yaptığı bilinmeyen veya önemli olmayan cümlelerde **edilgen (passive)** yapı kullanılır.

   My office **is cleaned** every day.
   Büromuz her gün temizlenir.

Olayın kimin tarafından yapıldığı belirtilmek istenirse cümleye **'by'** ile ilave edilir.

   Telephone was invented **by Graham Bell.**
   Telefon Graham Bell tarafından icat edildi.

2. Eylemi gerçekleştiren kişiden çok **eylemle** ilgileniyorsak;

   My car **has been repaired.**
   Arabam tamir edildi.

3. Cümlemizin öznesi **someone, one** veya **people** ise **passive** cümleler kullanılır. Ve **passive** cümlelerde olayı yapan **biri** veya **birileri** olacağı için onlar belirtilmez.

   People grow tea in Rize.
   Tea **is grown** in Rize. / *Çay Rize'de yetiştirilir.*

   One can see this sort of car everywhere.
   This sort of car **can be seen** everywhere.
   Bu tür bir araba her yerde görülebilir.

   Someone stole my bag.
   My bag **was stolen.**
   Çantam çalındı.

C. Çeşitli zamanlarda Passive Voice

Passive denince aklımıza '**to be + Past Participle**' gelmeli. **Passive** cümlelerde her zaman **fiilin üçüncü hali** kullanıldığı için cümlenin zamanını anlamak için '**to be**' filine bakmalıyız. "**To be**" fiili hangi zamanda kullanılmışsa cümlemiz o zamandadır.

PASSIVE VOICE	
Simple Tenses	**To be**
The Present Simple	**am, is, are**
The Past Simple	**was, were**
The Present Perfect	have **been**
The Past Perfect	had **been**
The Future Tense	will/shall **be**
	be going to **be**
The Future Perfect Tense	**will have been**
Ability/Capacity	
can	can **be**
be able to	be able to **be**
Moral Obligation	
should	should **be**
ought to	ought to **be**
Conditional	
may	may **be**
might	might **be**
would	would **be**
could	could **be**
Conditional Perfect	
may have	may have **been**
might have	might have **been**
would have	would have **been**
could have	could have **been**
should have	should have **been**
ought to have	ought to have **been**
must have	must have **been**
Present Participle	**being**
Perfect Participle	**having been**

Yukarıdaki Tense'lerin bir de **continuous** halleri vardır. **Continuous** denince aklımıza **'be + ing'** gelir. Yani cümlelerin **"Simple"** ve **"Continuous"** halleri arasındaki fark **'be + …ing'**dir.

Passive cümlelerin **continuous** hallerinde **'to be'** yardımcı fiilinin yukarıda gördüğünüz hallerine **'be'** nin **continuous** hali olan **'being'** eklenir.

PASSIVE VOICE	
Continuous Tenses	**To be**
The Present Continuous	**am, is, are + being**
The Past Continuous	**was, were + being**
The Pre. Perf. Continuous	**have been + being**

1. Present Simple Passive

Geniş Zaman edilgen cümlelerde **'to be'** fiilinin **Present** halleri olan 'am, is, are' ile birlikte fiilin **Past Participle** hali kullanılır.

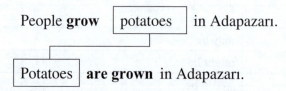

People **grow** | potatoes | in Adapazarı.

| Potatoes | **are grown** in Adapazarı.

Patates Adapazarı'nda yetiştirilir.

2. Past Simple Passive

Di'li Geçmiş Zaman Passive (edilgen) cümlelerde **'to be'** fiilinin **Past (Geçmiş Zaman)** hali ile fiilin **Past Participle (3.)** hali kullanılır.

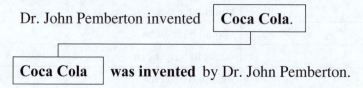

Dr. John Pemberton invented | **Coca Cola**.

| **Coca Cola** | **was invented** by Dr. John Pemberton.

Coca Cola Dr. John Pemberton tarafından icat edildi.

EXERCISE 178

Boş bırakılan yerlerde fiili **present** veya **past passive** olarak kullanınız.

Tea (1) .... (grow) in countries where the climate is warm

and wet. It (2) .... (first - grow) in China. It (3) ....

(introduce) to Europe in the 17th century. Today it (4) ....

(grow) in India, China, Sri Lanka and Turkey. In Turkey it (5) ....

.... (drink) with breakfast and after meal.

Coffee (6) .... (first - grow) in South America. It (7) ....

(introduce) to Europe in the 17th century. It (8) .... (now - grow)

in South America and eastern Africa. Half a billion cups of coffee (9) ....

.... (drink) in the world everyday. First it (10) ....

(enjoy) by rich people. Usually, it (11) .... (drink) at

breakfast and after each meal in the western countries.

In Turkey **tobacco** (12) .... (grow) in Izmir, Aydın and

Samsun. It (13) .... (first consume) by native people in

Latin America. It (14)... (introduce) to Europe in the

16th century. It (15) .... (introduce) to the Ottoman Empire

in the 17th century. Smoking (16) .... (forbid) by Murat 4th

during his reign. It (17) .... (well-know) that tobacco is bad

for your health but people continue to smoke it. In many countries it (18)

.... (not - consume) in public places and it (19) ....

.... (forbid) to sell it to children. Today, it (20) .... (grow)

in America, Spain and Turkey.

3. Present Perfect Passive

They **have made** | **Diet Cola** | since 1982.

Diet Cola | **has been made** since 1982.

They **have built** | **four new factories** | this year.

Four new factories | **have been built** this year.

Someone **has found** | **my bicycle**.

My bicycle | **has been found**.

4. Future Passive

Arçelik will manufacture | **a new washing machine** | in two months' time.

A new washing machine | **will be manifactured** in two months' time.

He **will write** | **the postcards** | tomorrow.

The postcards | **will be written** tomorrow.

'**Will**' de olduğu gibi **can, may, might, must, have to, should, would** ve **could** gibi **modal**larla birlikte '**be + past participle**' kullanılır.

5. Past Perfect Passive

Nobody **had told** | **me** | about the dangerous bandits.

I | **hadn't been told** about the dangerous bandits.

They **hadn't repaired** | **the bridge** | when we arrived there.

The bridge | **hadn't been repaired** when we arrived there.

EXERCISE 179

Aşağıdaki cümleleri edilgen hale (**Passive**) çeviriniz.

1. They haven't caught the robbers yet.

....

2. They had left the wounded bandits behind.

....

3. The manager hasn't signed the paper.

....

4. Politicians will always fool people.

....

5. The maid will clean our house next Friday.

....

6. They haven't installed the central heating yet.

....

7. Has anybody seen my umbrella?

....

8. The conductor hasn't collected the fares yet.

....

9. Somebody had taken the books from the drawer secretly.

....

10. We saw that a storm had destroyed our house.

....

11. The company will open a chain of stores.

....

12. Nobody will change the regulations without my knowledge.

....

13. They haven't sent the new books yet.

....

14. They hadn't taken the injured people to hospital when we arrived there.

....

15. Where have they put my hat?

....

6. Present Continuous Passive

Continuous denince aklımıza '**be + ing**', **passive** denince de aklımıza '**be + Past Participle**' gelir.

Continuous Passive cümlelerde '**to be**' ve '**Past Participle**' arasında '**being**' kullanılır.

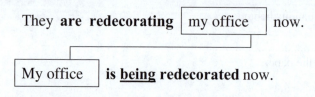

They **are redecorating** | my office | now.

| My office | **is <u>being</u> redecorated** now.

BüROM şimdi yeniden dekore ediliyor.

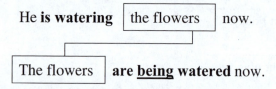

He **is watering** | the flowers | now.

| The flowers | **are <u>being</u> watered** now.

Çiçekler şimdi sulanıyor.

7. Past Continuous Passive

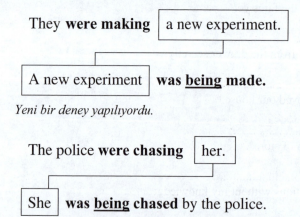

They **were making** | a new experiment.

| A new experiment | **was <u>being</u> made.**

Yeni bir deney yapılıyordu.

The police **were chasing** | her.

| She | **was <u>being</u> chased** by the police.

Polis tarafından izleniyordu.

Passive Voice'de **Present Perfect Continuous, Past Perfect Continuous, Future Simple Continuous** ve **Future Perfect Continuous Tense**'lerle cümle kurulduğuna pek rastlanmaz. Onların yerine **continuous** olmayan halleri tercih edilir.

He **has been** watering the flowers.
The flowers **have been watered.**

They **had been** mending the car.
The car **had been mended.**

EXERCISE 180

Aşağıdaki cümleleri edilgen (passive) yapınız.

1. Turkey is exporting a lot of spare parts to other countries.

....

2. The students are doing the exercises correctly.

....

3. They were throwing stones at us.

....

4. They were cutting the young trees in the forest.

....

5. She was cleaning the kitchen this morning.

....

6. She's making some tea for you.

....

7. They are putting the clean plates away.

....

8. She was throwing out the old magazines.

....

9. What were they writing on the wall?

....

10. Where were they keeping the crop?

....

11. People are watching the parliament these days.

....

12. People were building small houses outside the city.

....

13. She isn't baking the cake for you.

....

14. He's locking the doors and the windows.

....

15. They are translating the letters into Italian now.

....

8. **Give, tell, offer, lend, send, show, promise** gibi fiiler kendilerinden sonra **iki nesne** alırlar. Bunlar **Irdirect Object** (Dolaylı Nesne) ve **Direct Object** (Dolaysız Nesne)'dir.

	Ind. Ob.	Direct Object
She showed	**me**	her wedding photographs.
He gave	**her**	lovely flowers
She lent	**him**	$100.
They offered	**me**	a good job.
He told	**us**	a silly joke.

Genelde nesnelerin sıralanışı yukarıdaki gibidir, ama 'Direct Object'le 'Indirect Object 'yer değiştirebilirler.

	Direct Object	to	Ind.Ob.
She showed	her wedding photographs		**me**
He gave	lovely flowers		**her**
She lent	$100	to	**him**
They offered	a good job		**me**
He told	a silly joke		**us**

Bu tür cümleler Passive'e çevrilirken fiilden sonra gelen **ilk nesne** "passive" cümlemizin **öznesi** olur.

a. They gave 　**her**　 lovely flowers.

She　was given lovely flowers.

b. They gave 　**lovely flowers**　 to her.

Lovely flowers　were given to her.

c. They sent 　**him**　 hundreds of postcards.

He　was sent　hundreds of postcards.

d. They sent 　**hundreds of postcards**　 to him.

Hundreds of postcards　were sent to him.

EXERCISE 181

Aşağıdaki cümleleri edilgen (passive) yapınız.

1. Rebecca's friends gave her lovely presents at her birthday.

....

2. One of his relatives left him a lot of money.

....

3. They didn't give her the money.

....

4. They offered her a good job.

....

5. Nobody told me that it was dangerous.

....

6. Has anybody told you what to do?

....

7. They have lent $100,000 to him.

....

8. They showed us their wedding photographs.

....

9. The government promised high wages to the workers.

....

10. She wrote him a lot of postcards.

....

11. They will send a secret message to the Minister.

....

12. They told her a lot of lies.

....

13. Someone told me a lot of things about her.

....

14. They served delicious food to the guests.

....

15. They showed her the way to the post office.

....

9. It's said that ... He's said to ...

9.1   –   Do you know where Tezmen lives?

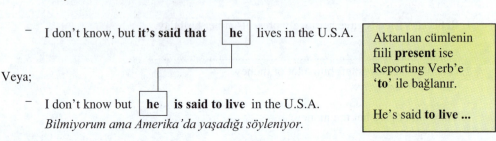

     ‾   I don't know, but **it's said that** | he | lives in the U.S.A.

Veya;

     ‾   I don't know but | he | **is said to live** in the U.S.A.
         Bilmiyorum ama Amerika'da yaşadığı söyleniyor.

> Aktarılan cümlenin fiili **present** ise Reporting Verb'e **'to'** ile bağlanır.
>
> He's said **to live** ...

Yukarıdaki cümle '**say**' fiili ile bize aktarıldı. Bu tür fiillere İngilizce'de '**Reporting Verbs**' (Aktarıcı Fiiller) denir.

Believe, consider, expect, know, report, think, understand bu tür fiillerden sık kullanılan birkaçıdır.

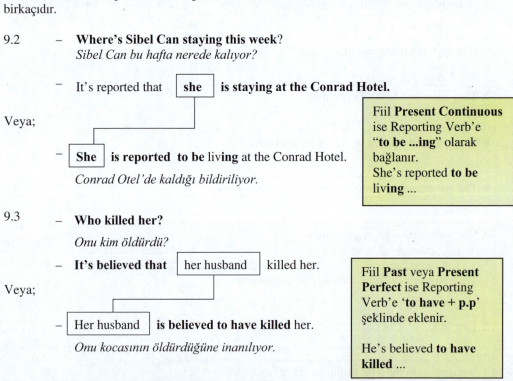

9.2   –   **Where's Sibel Can staying this week**?
         Sibel Can bu hafta nerede kalıyor?

     ‾   It's reported that | she | is staying at the Conrad Hotel.

Veya;

     ‾ | She | **is reported to be** living at the Conrad Hotel.
         Conrad Otel'de kaldığı bildiriliyor.

> Fiil **Present Continuous** ise Reporting Verb'e "**to be ...ing**" olarak bağlanır.
> She's reported **to be** liv**ing** ...

9.3   –   **Who killed her?**
         Onu kim öldürdü?

     ‾   **It's believed that** | her husband | killed her.

Veya;

     – | Her husband | **is believed to have killed** her.
         Onu kocasının öldürdüğüne inanılıyor.

> Fiil **Past** veya **Present Perfect** ise Reporting Verb'e '**to have + p.p**' şeklinde eklenir.
>
> He's believed **to have killed** ...

9.4   –   **Where were they going?**
         Nereye gidiyorlardı?

     –   **It was said that** | they | were going to France.

Veya;

     – | They | **were said to have been** going to France.
         Fransa'ya gidiyor oldukları söylendi.

> Fiil **Past Continuous** veya **Perfect Continuous** ise Reporting verb'e "**to have been + ...ing**" halinde bağlanır.
> They were said **to have been** going ...

EXERCISE 182

Aşağıdaki cümleleri örnekte gösterildiği gibi iki türlü **passive (edilgen)** yapınız.

Example: Everybody says that Arda is a good footballer.
   a)   **It's said that** Arda is a good footballer.
   b)   Arda **is said to be** a good footballer.

1. People expect that the ambulance will be here soon.

   ....

   ....

2. They believe that he was killed at the accident.

   ....

   ....

3. They say that Hülya's mother has lost a lot of money on gambling.

   ....

   ....

4. People say that she's spending a lot of money.

   ....

   ....

5. They reported that prisoners escaped through the tunnel.

   ....

   ....

6. They think that she was killed by her husband.

   ....

   ....

7. They estimate that thousands square kilometers of rainforests are cut every year.

   ....

   ....

8. People hope that the third bridge won't be built over the Bosphorus Strait.

   ....

   ....

10. Passive Infinitive – to be done

10.1 Edilgen Mastar

to clean	- temizlemek, **active** bir mastardır.	
to be cleaned	- temizlenmek, **passive** bir mastardır. Aynı şekilde;	

to take	- götürmek	**to be taken**	- götürülmek
to offer	- önermek	**to be offered**	- önerilmek

She'd like **to be offered** this job very much.
Bu işin ona önerilmesini çok istiyor.

I'm very pleased **to have been promoted.**
Terfi ettirildiğim için çok memnunum.

I'm going to the doctor **to be checked up.**
Kontrol olmak için doktora gidiyorum.

10.2 verb + object + passive infinitive

I'd like **the tyres to be checked up**.
Lastiklerin kontrol edilmesini istiyorum.

I have **some letters to be translated.**
Tercüme ettirilecek birkaç mektubum var.

11. Passive Gerund – being done

Gerund	Passive Gerund
taking	**being taken**
eating	**being eaten**
cooking	**being cooked**

Before being eaten, fruit and vegetables **must be washed.**
Yenilmeden önce meyve ve sebzeler yıkanmalı.

I don't like **being kept waiting.**
Bekletilmekten hoşlanmam.

Why are you going out at midnight? Aren't you afraid of **being attacked?**
Niye gece yarısı dışarıya çıkıyorsun? Saldırıya uğramaktan kokmuyor musun?

Nobody likes **being asked stupid questions.**
Hiç kimse saçma sorular sorulmasından hoşlanmaz.

They entered the building without **being seen.**
Görünmeden eve girdiler.

I remember **having been beaten** at the car park by a stranger.
Otoparkta bir yabancı tarafından dövüldüğümü hatırlıyorum.

EXERISE 183

Aşağıda boş bırakılan yerlerde Passive **Gerund** veya **Passive Infinitive** kullanınız.

1. I don't like .... (tell) lies.

2. She likes .... (take) to the cinema.

3. After .... (cook), the potatoes are served hot.

4. She expects .... (promote)

5. After .... (paint), the house was sold at a good price.

6. I don't want .... (eat) by a lion.

7. The letters are supposed .... (translate) into English. (Perfect Infinitive)

8. They expect .... (invite) to the party.

9. Before .... (declare), the report was sent to the Prime Minister.

10. I'd like these tables .... (clean) by five o'clock.

11. He's thought .... (eat) by an alligator.

12. After .... (poach), the pandas are killed for their skin.

13. They are believed .... (send) to the U.S.A. (Perfect infinitive)

14. I want my eyes .... (test)

15. I'd like .... (offer) this job very much.

16. I can't remember .... (take) to hospital.

17. He would like .... (look after - well)

18. I have some letters .... (write) before Monday.

19. After .... (catch), he was sent to prison. (Passive Perfect Gerund)

20. After .... (pack), the books were carried out.

12. Need to be done, need doing

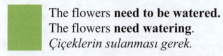

The flowers **need to be watered.**
The flowers **need watering**.
Çiçeklerin sulanması gerek.

Yukarıdaki örneklerde gördüğünüz gibi **'need + to be done'** veya
'need + ... ing' kalıpları aynı anlama gelir.

The car **needs washing.**
The car **needs to be washed**.
Arabanın yıkanması gerek.

The switch **needs mending.**
The switch **needs to be mended.**
Elektrik düğmesinin tamir edilmesi gerek.

EXERCISE 184

Bir nikah için hazırlık yapıyorsunuz. Hazırlıkların yapılıp yapılmadığını örnekteki gibi takip ediniz.

Example: **Have** the glasses **been washed** yet?
             No, they still **need to be washed**.

1. Have the invitations been written yet?

....

2. Have the drinks been ordered yet?

....

3. Have the glasses been borrowed yet?

....

4. Has a photographer been hired yet?

....

5. Have the flowers been arranged yet?

....

6. Have the presents been bought yet?

....

7. Have the invitations been sent out yet?

....

8. Has the vicar been invited to the wedding yet?

....

Aynı soruları bir de   **'need + ... ing'**   kalıbı ile cevaplayınız.

D. Get ve Have Yapıları

1. **Konuşma dilinde edilgen (passive) cümleler yapılırken 'to be' yerine 'get' de kullanıldığı görülebilir.**

The report **was typed**.
 Rapor daktilo edildi.

The report **got typed**.
Rapor daktilo edildi.

The potatoes **are being peeled now**.
Şimdi, patatesler soyuluyor.

The potatoes **are getting** peeled now.
Şimdi, patatesler soyuluyor.

We'**re lost**.
Kaybolduk.

We **got lost**.
Kaybolduk.

> **Yırtıktı** ve **yırtıldı** gibi benzer durumda iki ifade şeklini birbirinden ayırt etmek için geçmişteki eylemler, '**be**' yerine, özellikle konuşma dilinde, '**get**' ile ifade edilirler.
>
> My shirt **was torn**.
> *Gömleğim yırtıktı /yırtıldı.*
>
> My shirt **got torn**.
> *Gömleğim yırtıldı.*
>
> She **got treated very well** when she was arrested.
> *Tutuklu iken kendisine çok iyi muamele edildi.*

2. Causatives – Ettirgen Fiiller

2.1 Active – have/get + object + (to) infinitive

Üçüncü şahıslara yaptırttığımız işler için bu kalıbı kullanırız. Cümlemizin fiili '**have**' veya '**get**' olacağı için cümlemizi hangi zamanda kurmak istersek '**have**' veya '**get**' fiilinin **o zamandaki halini** kullanırız.

2.1.1 **'Have + infinitive without 'to' ('to'** olmadan yalın mastar**)** ile birlikte kullanılır.

I'**ve had the gardener plant** new rose trees in the garden.
Bahçıvana bahçeye yeni gül ağaçları diktirdim.

I **will have the painters repaint** my room.
Boyacılara odamı tekrar boyattıracağım.

2.1.2 **'Have'** yerine '**get**' kullanırsak **infinitive with 'to'** (mastarı 'to' ile birlikte) kullanırız.

I'**ve got the gardener to plant** new rose trees in the garden.
Bahçıvana bahçeye yeni gül ağaçları diktirdim.

I **will get the painters to repaint** my room.
Boyacılara odamı yeniden boyattıracağım.

The teacher **got the students to clean** the classroom.
Öğretmen, öğrencilere sınıfı temizlettirdi.

2.2 Passive – have /get + object + passive participle

Yine üçüncü şahıslara yaptırdığımız ama yapan kişinin önemli olmadığı veya belirtilmediği durumlarda bu yapıyı kullanırız.

Have you **had your form filled** in yet?
Formunu doldurttun mu?

I've **had the old fireplace removed**.
Eski şömineyi kaldırttım.

She **has had a new carpet fit** on the stairs.
Merdivenlere yeni halı döşettirdi.

We **get our shoes repaired** at the shoe repairer's.
Ayakkabılarımızı ayakkabı tamircisinde tamir ettiririz.

We **get our hair done** at the hair dresser's.
Saçımızı kuaförde yaptırırız.

We **get our eyes tested** at the optician's.
Gözlerimizi gözlükçüde test ettiririz.

They'**ve had a new telephone** put in.
Yeni bir telefon koydurttular.

They **have had the garden path reconcreted.**
Bahçe yolunu beton yaptırttılar.

Where **did** you **have your hair cut?**
Saçımı nerede kestirdin?

Where **did** you **have your car serviced?**
Arabanın bakımını nerede yaptırdın?

She'**s having the slippers mended.**
Terliklerini tamir ettiriyor.

They **are having their car washed.**
Arabalarını yıkattırıyorlar.

You **must have this radio mended.**
Bu radyoyu tamir ettirmelisin.

I **must have my eyes tested.**
Gözlerimi kontrol ettirmeliyim.

3. Causative Orders – Ettirgen Emir Cümleleri

get/have + object + passive participle

3. 1 Üçüncü şahıslara yaptırılmasını istediğimiz işleri bu yapı ile buyurabiliriz.

Get these letters typed, please!
Lütfen, bu mektupları daktilo ettir!

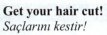

Get your hair cut!
Saçlarını kestir!

Have your shirt ironed!
Gömleğini ütülettir!

EXERCISE 185

Aşağıdaki cümleleri İngilizceye çeviriniz.

1. Gömleklerimi ütülettireceğim.

....

2. Arabalarımızı tamirhanede tamir ettiririz.

....

3. Dişlerimizi dişçide doldurturuz.

....

4. Elbiselerimizi kuru temizlemecide temizletiriz.

....

5. Dişimi Hürkan Kımıloğluna çektireceğim.

....

6. Bu pencereleri temizlettir!

....

7. Saatimi tamir ettireceğim.

....

8. Bu mektupları geçen hafta tercüme ettirdim.

....

9. Saçını Selma'ya kestirtmişti.

....

10. Müzik setimi yeni tamir ettirdim.

....

11. Arabamı dün yıkattım.

....

12. Ayakkabılarını boyattır!

....

13. Bu televizyonu tamir ettir!

....

E. Passive Fiillerin Edatlarla (Prepositions) birlikte kullanılması

1. Daha önce gördüğümüz gibi eğer cümlemizde olayı yapan kişi bizim için önemli ise cümle sonunda **'by'** ile birlikte belirtilir.

    Martin broke the vase.
    The vase was broken **by Martin.**

    The wind broke the minaret.
    The minaret was broken **by the wind.**

2. Ama **passive** cümlemizin fiili biri veya birşey tarafından değil, bir şey ile etkilenmişse bu durumlarda **'by'** yerine **'with'** veya **'in'** kullanılır.

    The door had been opened **with a key.**
    Kapı bir anahtar ile açılmıştı.

2.1 **Elinizdeki yağ şişesini yere düşürdünüz. Mutfağın tabanı yağ ile kaplandı.**

Active   –   Olive oil covered the floor of the kitchen.
Passive –   The floor of the kitchen was covered **with olive oil.**
              Mutfağın tabanı zeytin yağı ile kaplandı.

2.2 **Perdeler tutuşmuş, mutfağı duman doldurmuş:**

Active   –   Smoke filled the kitchen.
Passive –   The kitchen was filled **with smoke.**
              Mutfak dumanla dolmuştu.

2.3 **Boya yapıyordunuz, boya kilidi kapladı:**

Active   –   Paint has covered the lock.
Passive –   The lock has been covered **with paint.**
              Kilit boya ile kaplandı.

2.4 **Sabahleyin kalktınız her yer kar ile kaplanmış:**

Active   –   Snow has covered everywhere.
Passive –   Everywhere has been covered **in snow.**
              Heryer kar ile kaplandı.

2.5 **Su barajı doldurdu:**

Active   –   Water has filled the dam.
Passive –   The dam has been filled **with water.**
              Baraj su ile doldu.

3. Edilgen yapılan fiilin bir edatı(preposition) var ise edat fiilden sonraki yerinde kalır.

Active   –   She put the clean glasses away.
Passive –   The clean glasses were **put away.**
              Temiz bardaklar kaldırıldı.

English Grammar Today

75   Noun Clauses

1. Noun Clauses – İsim Cümlecikleri

Cümle içindeki cümlecikler işlevlerine göre adlandırılırlar. Cümlecik cümle içinde **bir isim** gibi görev yapıyorsa **İsim Cümleciği** (Noun Clause), **bir sıfat** gibi görev yapıyorsa **Sıfat Cümleciği** (Adjective Clause), **bir zarf** gibi görev yapıyorsa **Zarf Cümleciği** (Adverb Clause) adını alır.

İsim Cümlecikleri "**who, what, which, whose, whoever, whatever, when, where, why, whether, how**" ve çoğunlukla "**that**" ile birlikte kurulurlar ve cümlenin **öznesi** veya **nesnesi** durumunda bulunurlar.

> **My handwriting** is not legible.
> *Benim el yazım okunaklı değildir.*

1.1   Yukarıdaki cümledeki '**My handwriting**' bir isimdir ve cümlenin **öznesi** durumundadır. **My handwriting**'i kaldırıp yerine '**What he wrote**' gibi bir cümlecik yazarsak bu cümlecik ismin görevini göreceği için **"Noun Clause"** (isim cümleciği) olarak adlandırılır.

> **What he wrote** is not legible.
> *Yazdıkları okunaklı değil.*
>
> **The place** is not known.
> *Yer bilinmiyor.*

Yukarıdaki cümlede de özne '**the place**' dir. Aşağıdaki cümlede öznenin yerini alan cümlecik bir **isim cümleciği** (noun clause)'dur.

> **Where she lives** is not known.
> *Nerede oturduğu bilinmiyor.*

1.2   I know **his name**.
Onun adını biliyorum.

Yukarıdaki cümlede '**his name**' bir isimdir ve cümlemizin nesnesi durumundadır.
'**His name**' in yerine bir cümlecik kullanırsak bu cümlecik isim görevinde olacağı için **isim cümleciği** (Noun Clause) olarak adlandırılır.

> I know **what his name is**.
> *Onun adının ne olduğunu biliyorum.*
>
> I noticed **where he was going**.
> *Nereye gittiğini farkettim.*
>
> I forgot **where I put the keys.**
> *Anahtarları nereye koyduğumu unuttum.*
>
> Do you remember **where you parked your car?**
> *Arabanı nereye park ettiğini hatırlıyor musun?*

2. It + be/seem + sıfat + that + isim cümleciği

It's strange **that there is nobody in the house.**
İçeride kimsenin olmaması garip.

It's disappointing **that Mary isn't coming to dinner.**
Mary'nin akşam yemeğine gelmemesi düş kırıcı.

It's **essential** that she (should) **attend** all the meetings.
Onun bütün toplantılara katılması gerekli.

> **Essential** ve **Vital** sıfatları ile isim cümleciği 'should' ile birlikte kullanılır.
> **Should** kullanılmadığında fiil should ile kullanılıyormuş gibi **infinitive** halindedir.

2.1 It + be/seem a + isim + isim cümleciği

Burada **mercy, miracle, nuisance, pity, shame, relief, wonder, a good thing** gibi isimler kullanılabilir.

It's a good thing **that you were insured.**
Sigortalı olman iyi bir şey.

It's a great pity **that both of them were killed at the accident.**
Çok yazık ki ikisi de kazada öldüler.

2.2 **Admit, advise, announce, ask, beg, believe, decide, demand, expect, know, hope, imagine, inform, insist, order, remember, remind, say, tell, seem, show, suggest, think, threaten, understand, warn, wish, wonder** gibi birçok fiilden sonra **that** cümleciği kullanılabilir.

I don't remember **where I left my bag.**
Çantamı nerede bıraktığımı hatırlamıyorum.

I can't tell you **how many books I've got.**
Kaç tane kitabım olduğunu sana söyleyemem.

The doctor suggests **that she (should) be careful.**
I **recommend** that she (should) **take** a long vacation.

> **Suggest, recommend, order** ve **request** fiillerinden sonra **that cümleciği** genellikle 'should' ile birlikte kullanılır.
>
> 'Should' olmasa da varmış gibi işlem görür. 'is' yerine 'be', ve fiilin yalın hali kullanılır. Yandaki örnekte 'takes' yerine 'take' kullanıldığına dikkat edin..

3. That cümleciğini temsilen **so** ve **not**

believe, expect, suppose, think, it appears /seems'den sonra:

"Is **Mary coming to the party?**" Bu soruya:

"**I think she's coming to the party,**" diyebileceğimiz gibi;

"**She's coming to the party,**" yerine kısaca 'so' kullanarak:

'**I think so**', diyebiliriz.

Is it going to rain?
Yağmur yağacak mı?

I expect not.
Umarım yağmaz.

Does she know who I am?
Benim kim olduğumu biliyor mu?

She seems so.
Öyle görünüyor.

4.   That Clause + Verb

That cümleciği bir cümlenin öznesi olabilir ve fiilden önce kullanılır.

That thousands of people have lost their work is not secret anymore.
Binlerce insanın işini kaybettiği artık sır değil.

EXERCISE 186

Aşağıdaki cümleleri birbirine bağlayınız.

Example: Where is Mary? I don't know.
              I don't know where Mary is.

1. When did he leave? Can you tell me?

....

 2. When did he come? It's still a mystery.

....

 3. I'm sure. She'll be here in time.

....

 4. I don't know. What is she wearing?

....

 5. How old are you? I don't know.

....

 6. Do you remember? What did you eat last night?

....

 7. What is she doing? It isn't known.

....

 8. What did he say? It wasn't heard.

....

 9. Do you know? How long will they stay in Izmir?

....

10. What kind of drink is this? I don't know.

....

11. I'm surprised. She knows you very well.

....

12. I didn't hear. What did he say?

....

13. Who is he? I don't know.

....

14. Does she make a lot of money? I don't believe.

....

15. Will there be a pay increase? The government announced it.

....

EXERCISE 187

Aşağıdaki cümleleri It .... that kalıbı ile tekrar yazınız.

Example:	That you are late is a pity.
	It's pity that you are late.

1. That you passed your exam is splendid.

....

2. That there are no lights on is strange.

....

3. That everybody knows what to do is essential.

....

4. That we should leave without paying is out of the question.

....

5. What you look like is not important.

....

6. How he found her is a mystery .

....

7. That they have divorced is a great pity.

....

8. That she survived is a wonder.

....

9. Where he came from is a mystery.

....

10. That we haven't met somewhere seems strange.

....

11. That you lost your bicycle is unfortunate.

....

12. That we got lost is quite clear.

....

13. That nobody called me today is strange.

....

14. That we found the children safe is a great relief.

....

15. That nobody was injured at the accident is a miracle.

....

76   The Future Continuous Tense

A. Cümle Yapısı

1. Affirmative - Olumlu

> **Gelecekte Devam Eden Zaman**
>
> Türkçe'de biz bu zamanı '**–yor olacak**' eki ile anlatırız.

Subject	Shall /Will	be + ...ing (be present participle)
I	will	**be** driv**ing** to Ankara at this time tomorrow.

Yarın bu vakitler araba ile Ankara'ya gidiyor olacağım.

1.1   Her **"continuous"** denildiğinde aklımıza **"to be + present participle"**gelir. **"To be"** fiilinin **Future Tense hali "shall / will be"**dir.

Böyle olunca, **"Future Continuous Tense"** denince hemen aklımıza:

    "**Shall / will + present participle**" gelmeli.

Daha önceki konularımızda fiillerin, sonlarına '**-ing**' takısı almış hallerine o fiilin '**Present Participle**' hali denildiğini öğrenmiştik.

            Present Participle = verb + ing

1.2   "**I work**" cümlesini "**Future Continuous Tense**" e çevirmek için cümleye "**will be**" ve fiile "**-ing**" ekleriz.

Özne (subject)	will+be	Fiil+ing (Present Participle)
I	**will be**	work**ing**.

     Çalışıyor olacağım.

1.3   **Future Tense'de** bütün şahıslarla birlikte genelde "**will**" kullanılır. Sadece 1. Tekil ve 1. çoğul şahıslar yani '**I**' ve '**We**' özneleri ile beraber '**shall**' de kullanılabilir. **Shall** daha çok '**I**' ve '**We**' şahısları ile birlikte soru formlarında kullanılır.
Amerikan İngilizce'sinde '**shall**' pek kullanılmaz.

I **shall be** fly**ing** to London at this time tomorrow.
Yarın bu saatlerde Londra'ya uçuyor olacağım.

We **shall be** stand**ing** at the bus stop at eight o'clock tomorrow.
Yarın saat sekizde otobüs durağında duruyor olacağım.

2. Negative

2.1 İngilizce'de bütün cümleleri olumsuz yapan kelime '**not**' dır.
The **Future Continuous Tense'de** '**Will** veya **shall**' yardımcı fiilinden sonra '**not**' kullanılarak cümlelerimiz olumsuz yapılır.

I		
You		
He		
She	**won't**	**be** fly**ing** at this time tomorrow.
It		
We		
You		
They		

You **won't be** fly**ing** at this time tomorrow.
Yarın bu saatler uçmuyor olacaksın.

2.2 **'I'** ve **'We'** özneleri ile beraber **'Shall not'** veya kısaltılmış şekli olan **'shan't'** kullanılabilir.

I **shan't be** fly**ing** at this time tomorrow.
Yarın bu vakitler uçmuyor olacağım.

We **shan't be** fly**ing** at this time tomorrow.
Yarın bu vakitler uçmuyor olacağız.

2.3 Eğer **'söz veriyorum'** anlamına gelirse **'you'** öznesi ile beraber de olumsuz yapılırken **shall not** veya kısaca **shan't** kullanılabilir.

You **shan't be** fly**ing** at this time tomorrow.
Söz, yarın bu vakitlerde uçmuyor olacaksın.

You **shan't be** work**ing** at this time next week.
Söz, gelecek hafta bu vakitler çalışmıyor olacaksın.

3. Interrogative

3.1 **'Will'** veya **'shall'** özneden önce kullanılarak soru cümleleri oluşturulur.

	I		*Çalışıyor olacak mıyım?*
	you		*Çalışıyor olacak mısın?*
	he		*Çalışıyor olacak mı?*
Will	she	**be working?**	*Çalışıyor olacak mı?*
	it		*Çalışıyor olacak mı?*
	we		*Çalışıyor olacak mıyız?*
	you		*Çalışıyor olacak mısınız?*
	they		*Çalışıyor olacaklar mı?*

What **will** you **be** do**ing** at this time tomorrow?
Yarın bu vakitler ne yapıyor olacaksın?

4. Future Continuous Tense - Negative Interrogative - Olumsuz Soru

4.1 'Won't' veya 'Shan't' cümle başına gelerek:

Won't	I	be working?	Çalışıyor olmayacak mıyım?
	you		Çalışıyor olmayacak mısın?
	he		Çalışıyor olmayacak mı?
	she		Çalışıyor olmayacak mı?
	it		Çalışıyor olmayacak mı?
	we		Çalışıyor olmayacak mıyız?
	you		Çalışıyor olmayacak mısınız?
	they		Çalışıyor olmayacaklar mı?

'I' ve 'We' özneleri ile beraber 'Shall' kullanılabilir.

Shan't I **be** fly**ing** to Paris?
Parise uçuyor olmayacak mıyım?

4.2   **"Will"** veya **"Shall"**cümle başında '**not**' özneden sonra kullanılarak.

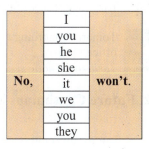

Will	I	not be flying?
	you	
	he	
	she	
	it	
	we	
	you	
	they	

Yes,	I	will
	you	
	he	
	she	
	it	
	we	
	you	
	they	

No,	I	won't.
	you	
	he	
	she	
	it	
	we	
	you	
	they	

"Shall I not be flying?"   **"Yes, you will."**   **"No, you won't."**

B. Kullanım Yerleri

1.   Diğer **'continuous'** zamanlar gibi verilen bir zaman noktası ile birlikte kullanılır. **'Gelecek yıl bu vakitler, yarın sabah 7'de, bu akşam, saat 11**'de vs.'

Gelecekte belirtilen bir zamandan önce başlamış, ve o zamandan sonra da devam edecek olan olayların anlatımında '**The Future Continuous Tense**' kullanılır. Bu anlatıma örneklerle açıklık getirmeye çalışalım.

1.1   Gelin sizinle birlikte hayal kuralım. Bu akşam saat 8'de uçağınız Londra'ya hareket edecek olsun. İstanbul, Londra arası uçak ile tam üç saat sürüyor. Durum böyle olunca bu akşam 8 ile 11 arası ne yapıyor olacağınızı kesin kestirebilirsiniz. Tabiki **Londra'ya uçuyor olacaksınız.**

Size:

What are you doing at 9 o'clock this evening?
Bu akşam 9'da ne yapıyorsun? diye sorulduğunda cevabınız:
I **will be** fly**ing** to London.
Londra'ya uçuyor olacağım, olur.

1.2 Bu akşam için sinemaya iki biletiniz var. Sinema saat 9'da başlayacak ve tam 1.5 saat sürüyor. Size:

What are you doing at 10 o'clock this evening?
Bu akşam saat 10'da ne yapıyorsun? diye sorulsa cevabınız:

I'**ll be** watch**ing** a film at the cinema.
Sinemada bir film seyrediyor olacağım, olur.

1.3 Ismarladığınız ve sabırsızlıkla beklediğiniz Mercedes arabanıza yarın kavuşuyorsunuz. Sevinçle:

I'**ll be** driv**ing a Mercedes tomorrow**.
Yarın bir Mercedes sürüyor olacağım.

1.4 Kız/erkek arkadaşınıza:

- Tomorrow morning at the same time I **will be** wait**ing** for you in front of the post office.
Yarın aynı saatte seni postanenin önünde bekliyor olacağım.

2. Future Continuous Tense'de kullanılan zaman terimleri:

Tomorrow morning/evening/afternoon/night

Next week/month/year/Christmas/summer/winter, etc.

In an hour/an hour's time/two days' time/a year, etc.

At ten o'clock tomorrow/this time next week/this time tomorrow, etc.

By this time tomorrow/next week/next month/next year, etc.

By this time tomorrow I'**ll be** sleep**ing**.
Yarın bu saatler uyuyor olacağım.

I'**ll be** liv**ing** in a new flat **in two weeks' time**.
İki hafta sonra yeni bir dairede oturuyor olacağım.

We **will be** leav**ing** the country **in an hour's time.**
Bir saat içinde ülkeden ayrılıyor olacağız.

At this time tomorrow I **will be** stay**ing** in a hotel.
Yarın bu saatler bir otelde kalıyor olacağım.

EXERCISE 188

Aşağıdaki cümleleri İngilizce'ye çevirmeye çalışınız.

1. Müzik dinliyor olacağım.   listen to music- müzik dinlemek

....

2. Annem yemek pişiriyor olacak.   do the cooking - yemek pişirmek

....

3. Yarın bu vakitler direksiyon sınavı oluyor olacağım.
take a driving test- direksiyon sınavı olmak

At this time tomorrow..

4. Gelecek yıl bu vakitler büyük bir şehirde yaşıyor olacağım.

At this time next year .... in a big city.

5. Bu akşam saat 8'de Ann ve Elaine ile birlikte akşam yemeği yiyiyor olacağım.

At eight o'clock this evening .... with Ann and Elaine.

6. Yarın bu vakitler Antalya'ya gidiyor olacağım.   drive- araba ile gitmek

....

7. Yarın akşam bu saatler yemek pişirmede anneme yardım ediyor olacağım.

At this time tomorrow evening ....my mother with the cooking.

8. Yarın bu vakitler plajda yatıyor olacağım.
lie on the beach- plajda uzanmak, yatmak   **lie + ing = lying**

....

9. Gelecek yıl bu vakitler tatil yapıyor olacağım.
have a holiday - tatil yapmak

....

10. Bu akşam saat sekizde Jennifer ile içki içiyor olacağım.
have a drink- içki içmek

....

11. Bu akşam beni arama, Amerika'ya uçuyor olacağım.

Don't call me tonight ....

12. Gelecek yıl bu vakitler oğlum üniversiteye gidiyor olacak.

....

EXERCISE 189

Aşağıdaki cümleleri parentez içinde verilen zaman terimlerini kullanarak Future Continuous Tense'e çeviriniz.

Example: I'm playing tennis now. (This afternoon)
I'll be playing tennis this afternoon.

1. He is sleeping now. (at eleven o'clock)

....

2. We're working very hard. (at this time next month)

....

3. They are travelling. (all night)

....

4. She's doing the washing up. (in an hour's time)

....

5. He's still mending his car. (at dinner time)

....

6. I am driving a Rolls Royce. (in two years' time)

....

7. I'm studying French. (from 8 to 10)

....

8. We're swimming in the sea. (at this time next week)

....

9. I'm having an interview now. (at two o'clock this afternoon)

....

10. We are having dinner. (in an hour's time)

....

11. It's snowing. (very soon)

....

12. We're listening to Sibel Can at the concert. (at this time tomorrow)

....

13. We're having a holiday. (at this time next year)

....

14. I'm having a bath. (in an hour's time)

....

EXERCISE 190

Aşağıdaki cümleleri İngilizce'ye çeviriniz.

1. Yarın bu gözlükleri takmıyor olacaksın.

   Tomorrow ....

2. Gelecek hafta bu vakitler babam çalışmıyor olacak.

   At this time next week ....

3. Gelecek ay bu vakitler palto giymiyor olacağız.

   At this time next month..

4. Yarın bu vakitler bu hurda yığınını sürmüyor olacağım.
   heap of junk- hurda yığını

   At this time tomorrow ....

5. Gelecek yıl bu vakitler İstanbul'da oturmuyor olacağım.

   At this time next year ....

6. Yarın bu vakitler seni düşünmüyor olacağım.   think **about/of** you

   ....

7. Yarın bu vakitler uyumuyor olacaksın.

   ....

8. Gelecek hafta bu vakitler artık orada çalışmıyor olacaksın.

   ....

9. Cumartesi günü bu sırada oturmuyor olacağım.

   ....

10. Yarın bu vakitler bu otelde kalmıyor olacağım.

    ....

11. Ekonomik durumumuz kötüye gitmiyor olacak.

    ....

12. Bir saat sonra bu kitabı okumuyor olacağım.

    ....

13. Yarın bu vakitler ödev yapmıyor olacağım.

    ....

EXERCISE 191

Aşağıda verilen soru cümleleri İngilizce'ye çeviriniz ve aynı soruları cevaplayınız

1. Yarın bu saatler nereye gidiyor olacaksın?

   A- ....

   B - .... (drive) to school.

2. Bu gece saat 9' da ne yapıyor olacaksın?

   A- ....

   B- .... (have) a meal with Jane.

3. Kocanız yarın bu vakitler ne yapıyor olacak?

   A-...

   B- .... (shop) at Carrefour.

4. Bu akşam saat 10'da ne yapıyor olacaksın?

   A- ....

   B- .... (dance) with a beautiful girl at the disco.

5. Baban yarın bu vakitler ne yapıyor olacak?

   A- ....

   B- .... (water) the flowers in the garden.

6. Gelecek pazar, saat ikide ne yapıyor olacaksınız?

   A- ....

   B- .... (play) football in the playing yard.

7. Yarın akşam bu vakitler ne yapıyor olacaksın?

   A- ....

   B- .... (do) my English homework.

77   Indirect Speech (Reported Speech)

A. Direct Speech ve Indirect Speech nedir?

Birinin söylediği bir sözün başka birine aktarılmasının iki türlü yolu vardır. Bunlar

İngilizce'de **'Direct Speech - Indirect Speech',** dilimizde de
'**Dolaysız Anlatım - Dolaylı Anlatım** diye geçer.

1. Direct Speech - Dolaysız Anlatım

Direct Speech konuşmacının söylediklerinin konuşmacının kelimeleri ile tırnak
(" ") içinde değiştirilmeden aktarılmasıdır.
> He said, **"I love Mary."**
> *"Mary'i seviyorum", dedi.*

1.1   **Direct Speech**, hikaye, roman ve tiyatro eserlerinde yaygın kullanılır.

1.2   Yukarıdaki cümlede konuşmacının sözlerini bize aktaran kelime '**said**' dir.
Bu tür kelimelere İngilizce'de '**Reporting Verbs**' (Aktarıcı Fiiller) denir.

1.3   **Direct Speech**'de **aktarıcı fiil** (Reporting Verb) den sonra **virgül**
konur. Ve aktarılan sözler **tırnak içinde** verilir.

> She said, **"I'm very happy."**
> *"Çok mutluyum', dedi.*

> He said, **"I'm coming".**
> *"Geliyorum", dedi.*

1.4   Direct Speech'de "**Reporting Verb**" cümle sonunda kullanılabilir.

> "I'm going to Ankara tonight", **Tom said.**
> *"Bu akşam Ankara'ya gidiyorum", dedi Tom.*

> "I enjoyed the party", **Helen said.**
> *"Helen, "Partiden zevk aldım" dedi.*

1.5   Bu durumda "**Özne**" ile "**Reporting Verb**" yer değiştirebilirler.

> "I'm going to Ankara tonight", **said Tom.**
> *"Ankara'ya gidiyorum", dedi Tom.*

> "I enjoyed the party", **said Helen.**
> *"Partiden zevk aldım", dedi Helen.*

> "I don't remember what I did last night", **said Maggie.**
> *"Dün gece ne yaptığımı hatırlamıyorum", dedi Maggie.*

1.6   Reporting Verbs - Aktarıcı Fiiller

say	- söylemek
tell	- söylemek, anlatmak
whisper	- fısıldamak
report	- bildirmek, rapor etmek
wonder	- merak etmek
ask	- sormak, istemek
want to know	- öğrenmek istemek
order	- emretmek
complain	- şikayet etmek
explain	- açıklamak
object	- itiraz etmek
add	- eklemek
admit	- kabul etmek
announce	- anons etmek, duyurmak
assure	- temin etmek
boast	- övünmek
deny	- inkar etmek
grumble	- homurdanmak
observe	- gözlemlemek
promise	- söz vermek
remark	- belirtmek
remind	- hatırlatmak
reply	- cevap vermek
murmur	- mırıldanmak, söylenmek
mutter	- söylenmek
point out	- belirtmek, açıklamak
protest	- protesto etmek
shout	- bağırmak
stammer	- kekelemek

Yukarıdaki Aktarıcı Fiillerden (Reporting Verbs) en fazla kullanılanı '**say, tell & ask**' dır.

Emir cümlelerinde **tell & order**

Düz cümlelerde **say, tell & ask**,

Soru cümlelerinde "**ask, want to know** ve **wonder**" diğer **Aktarıcı Fiillere** (Reporting Verbs) göre daha sık kullanılırlar.

He **says**, "I'm very clever."
"*Çok zekiyim", diyor.*

"Don't move!" he **told** us.
'Kıpırdamayın!' dedi bize.

"Where's the nearest post office?" he **asked** me.
"*En yakın postahane nerede?" Bana sordu.*

English Grammar Today

2. Indirect Speech - Dolaylı Anlatım

2.1   **Indirect Speech**'de birinin söylediklerinin doğru anlamı konuşmacının kelimeleri ile diğer şahıslara iletilir.

> Mary said, "**I'm hungry**".   (Direct Speech)
> Mary said that **she was hungry.**   (Indirect Speech)

2.2   Indirect Speech'de 'Reporting Verb'den sonra virgül gelmez.

2.3   Tırnak (" ") işaretleri kullanılmaz.

2.4   **Direct Speech'i Indirect Speech'e** çevrilirken sözü söyleyen ile sözü aktaran kişiler farklı olduklarından şahıs zamirlerinde zorunlu değişiklikler gözlenir.
Bu değişiklikleri doğru yapmamız için aşağıdaki tablodaki şahıs zamirlerini iyi bilmemiz gerekir.

Subject Pronouns	Object Pronouns	Adjective Possessive	Possessive Pronouns	Reflexive Pronouns
I	me	my	mine	myself
You	you	your	yours	yourself
He	him	his	his	himself
She	her	her	hers	herself
It	it	its	its	itself
We	us	our	ours	ourselves
You	you	your	yours	yourselves
They	them	their	theirs	themselves

John	-	**I** love **my job.**
Tim (to us)	-	**Tim** says that **he** loves **his job.**

Susan	-	**I** cut **myself**.
Bill (to us)	-	**Susan** said that **she** cut **herself**.

Mary	-	**We**'re going to the cinema.
Tom (to us)	-	Mary said that **they** were going to the cinema.

Jeremy	-	Tom, **my** father can swim well.
Tom (to us)	-	**Jeremy** said that **his** father could swim well.

Nicolas	-	Helen, **I** will meet **my** uncle at the airport.
Suzy (to us)	-	Nicolas told Helen that **he** would meet **his** uncle at the airport.

2.5   Yukarıdaki örneklerde gördüğünüz gibi **1. şahıs zamirleri** sözü kim söylemişse **o kişinin şahıs zamirleri** haline dönüşürler.

> Paul – **I** teach English, Liz.
> **Paul** tells her **he** teaches English.
>
> Helen – **I** like my teacher very much.
> **Helen** says **she** likes **her** teacher very much.

2.6 Kişinin ağzından çıkan cümledeki **ikinci şahıs zamirleri** söz kime söylenmişse **o kişinin şahıs zamirleri** haline dönüşürler.

| Oktay | - | I know **your** name. |
| Can (to you) | - | Oktay told **Leyla** that he knew **her** name. |

| George | - | You can do it **yourself**, Mary. |
| Michael (to us) | - | George told **Mary** that she could do it **herself**. |

| Mary | - | You can bring **your** brother. |
| I | - | Mary told **me** that I could take **my** brother. |

2.7 Eğer sözü söyleyen ve aktaran kişiler aynı kişi olursa şahıs zamirlerinde bir değişiklik olmaz.

Murat	-	**I** love **you**.
Sibel	-	What?
Murat	-	**I** say **I** love **you**.
Dennis	-	I don't like **my** car.
Jennifer	-	What did you say?
Dennis	-	I said **I** didn't like **my** car.

B. Direct Speech'in Indirect Speech'e çevrilmesi

Direct veya **Indirect Speech**'de cümleleri yapılarına göre dört ana başlık altında toplayabiliriz. Bunlar:

1.	**Imperatives**	- Emir cümleleri
2.	**Statements**	- Düz cümleler
3.	**Yes/No Questions**	- Evet/Hayır Soruları
4.	**Questions with Question Words**	- Soru Kelimeleriyle sorular

1. IMPERATIVES - Emir cümleleri

1.1 **Gel!**, **Git!**, **Otur!**, **Kalk!**, **Çalış!**, **Kapıyı kapat!**, **Radyoyu aç!**, **Ellerini kaldır!** gibi karşımızdaki kişiden birşey yapmasını istediğimizde kullandığımız cümlelere emir cümleleri (Imperatives) denir. İngilizce'de emir cümleleri her zaman bir 'fiil'le başlar.

- **Get away!**
  Defol!

- **Sit down!**
  Otur!

- **Hold up your hands!**
  Ellerini kaldır.

Bu tür cümleleri aktarırken genellikle '**tell, order, command**' gibi aktarıcı fiiller (**reporting verbs**) kullanılır. Emir cümleleri '**Indirect Speech**'te cümleye '**to**' ile bağlanır.

The policeman - **Stop!**
The policeman told us **to stop**.

The policeman - **Show me your licence!**

The policeman asked | **me**
 you
 him
 her | to show him | **my**
 your
 his
 her | licence.

The teacher - **Give me your exam paper.**

The teacher told | **me**
 you
 him
 her | to give him | **my**
 your
 his
 her | exam paper.

EXERCISE 192

Aşağıdaki imperative cümleleri Indirect Speech'e çeviriniz.

Example: **Run away!**
              He told me **to run away**.

1. Eat your meal!

   She told him ....

2. Have some chocolate!

   He asked me ....

3. Clean your shoes!

   She told them ....

4. Hold up your hands!

   He told us ....

5. Get me a drink, please!

   She asked him ....

6. Shut the door after you!

   He asked him ....

1.2 **Yapma!, Gitme!, Oturma!, Koşma!, Arabanı buraya park etme!, Burada sigara içme!** gibi cümleler olumsuz emir cümleleridir. İngilizce'de **olumsuz emir** cümleleri (Negative Imperatives) '**Don't**' ile başlar:

–   **Don't** sit on my chair!
   Sandalyeme oturma!

–   **Don't** smoke cigarettes here!
   Burada sigara içme!

–   **Don't** kiss me!
   Beni öpme!

Bu tür emir cümlelerini '**Indirect Speech**'e çevirirken '**not to**' (Negative Infinitive) ile cümleye bağlarız.

–   **Don't** use my telephone!
   Benim telefonumu kullanma!

–   He told me **not to** use his telephone.
   Bana, onun telefonunu kullanmamamı söyledi.

EXERCISE 193

Aşağıdaki olumsuz emir cümlelerini **Indirect Speech**'e çeviriniz.

Example –   **Don't** spend all your money!
          She told me **not to** spend all my money.

1. - Don't drive too fast!

   She told him ....

2. - Don't tell lies to me!

   He told her ....

3. - Don't wear that funny skirt!

   My mother told me ....

4. - Don't put your elbows on the table!

   My mother always tells us ....

5. - Don't make a noise!

   She told him ....

6. - Don't ask me stupid questions!

   She told him ....

2. Statements - Düz cümleler

2.1 Eğer;

a.   Bir konuşma hala devam ediyorsa,
b.   Bir mektubu, bir metni okuyor ve ne söylediğini aktarıyorsak,
c.   Bir talimatı, açıklamayı veya tarifi okuyup aktarıyorsak,
d.   Birine sıksık tekrarladığı bir şeyi söylüyorsak aktarıcı fiili (Reporting Verb)
present tense'de kullanırız. "**Present**" derken aklımıza:

Present Simple
Present Continuous
Present Perfect
Present Perfect Continuous Tense'ler gelir.

2.2   Reporting verb **Present Tense**'lerden birinde veya **Future Tense** olarak
kullanılırsa **aktarılan cümlenin zamanında bir değişiklik olmaz.**

- **I'm very ill.**

He **says** (that) **he's very ill.**	(**Present** Simple)
He's **saying** (that) **he's very ill.**	(**Present** Continuous)
He **has said** (that) **he's very ill.**	(**Present** Perfect)
He's **been** saying (that) **he's very ill.**	(**Present** Perf. Cont.)
He'**ll say** (that) **he's very ill.**	(**Future Tense**)

Indirect Speech cümlelerde '**that**' bağlacı kullanılmasa da olur.

- **We're very late.**
  They say they're very late.
  They're saying they're very late.
  They've said they're very late.
  They've been saying they are very late.
  They'll say they're very late.

– **I'm very sorry.**

He **will tell** her that **he's very sorry.**
Ona, çok üzgün olduğunu söyleyecek.

– **I didn't have time to do my homework.**

She's **going to say** (that) **she** didn't have time to do her homework.
Ödev yapmak için vakti olmadığını söyleyecek.

– **I'm going to Ankara this evening.**

He **says** (that) **he**'s going to Ankara this evening.
Bu akşam Ankara'ya gideceğini söylüyor.

EXERCISE 194

Aşağıdaki cümleleri Indirect Speech'e çeviriniz.

Example: I know that man.
              She says she knows that man.

1. - I'm very hungry.

   He says ....

2. - I want to see the doctor.

   She says ....

3. - I don't like football.

   She says ....

4. - You're very beautiful.

   She says to me ....

5. - I know where you live.

   She tells me ....

6. - I never eat meat.

   He says ....

7. - I've never been to Rome.

   She says ....

8. - We're bored.

   They say ....

9. - My mother cooks well.

   She says ....

10. - I myself do my homework.

   She says ....

2.3   **Indirect Speech** çoğunlukla geçmiş zamanda bir **aktarıcı fiil** (Reporting Verb) ile birlikte aktarılır. Bu durumda aktarılan cümlenin zamanı genellikle değişir. Bu olayı kısaca cümlenin zamanı **"Present"** ise **Past, Past** ise **Past Perfect** olur diye özetleyebiliriz.

2.4	Direct Speech	Indirect Speech

Present Tenses ⟶ **Past Tenses**

Present Continuous	**Past Continuous**
Present Simple	**Past Simple**
Present Perfect	**Past Perfect**
Pre. Perf. Cont.	**Past Perf. Cont.**

Past Simple	**Past Perfect**
Past Continuous	**No change** - Değişmez
Past Perfect	**No change** – Değişmez

Bunların dışında:

will/shall	**would**
can	**could**
may	**might**
must	**had to** or **no change**
used to	**No change**
ought to	**No change**
should	**No change**
had better	**No change**

İşaret sıfatları:

this	**that / the**
these	**those / the**

This ve that zamir olarak kullanıldıklarında:

this	**it**
these	**they/them**

Olayın yeri ve yönü değişmişse:

here	**there**
go	**come**
come	**go**
ahead	**ahead of him / her**
bring	**take**

Olayın zamanı değişmişse:

Direct Speech	Indirect Speech
now	then
today	that day
this week	that week
yesterday	the day before
the day before yesterday	two days before
last week	the previous week/ the week before
last month	the previous month/ the month before
two years ago	two years before
tomorrow	the next day/the following day
the day after tomorrow	in two days' time
next	the following
next week	the following week

You haven't signed your cheque.
She told him **he hadn't signed his** cheque.

I was playing football.
He said **he was playing** football.

I live in Kadıköy.
She said she **lived** in Kadıköy.

I will meet him **tomorrow.**
He said he **would** meet him **the following day.**

I've seen this film.
He said **he had seen that** film.

You should buy a copy of Headway today.
She told me **I should buy a copy of Headway that day.**

I **bought this** car **the day before yesterday.**
He said **he had bought that** car **two days before.**

There **were** a lot of battleships in the harbour **yesterday.**
He said that there **had been** a lot of battleships in the harbour **the day before.**

I **can't** pay the bill **now.**
He said **he couldn't** pay the bill **then.**

These are your new friends.
He said **they were** our new friends.

This is my last penny.
He said **it was his** last penny.

EXERCISE 195

Aşağıdaki Direct Speech'teki cümleleri Indirect Speech'e çeviriniz.

Example: The students– **We love our teacher.**
The students said **they loved their teacher.**

1. Graham - I'm tired.

   ....

2. Julia - I've only just started talking.

   ....

3. Mary - It's still early.

   ....

4. My brother said, "I have to get up early in the morning."

   ....

5. Jack said, "I'll just have one more before I go."

   ....

6. "I'm sorry, Lisa, I haven't written to you for a long time" , said Jennifer.

   ....

7. Tom said, "I'm having a party next Saturday."

   ....

8. "You can swim in a big pool if I am with you."

   Peter told Francis that ....

9. The booking clerk said, "You must pay a deposit when you make a reservation."

   ....

10. "I won't go to big hotels", said Mr. Parkinson.

    ....

11. He said, "You should take your family to Manavgat."

    ....

12. I passed our old school yesterday and I couldn't help thinking of you.

    He told me ....
13. There is nothing to be afraid of.

    He said ....
14. I'm nervous of being alone at home.

    She said ....

3. YES / NO QUESTIONS

3.1   Yardımcı bir fiil başa getirilerek yapılan sorulara verilen cevaplar her
       zaman "**Yes**" veya "**No**" ile başlayacağı için bu tür sorulara 'Yes/No Questions'
       denir.

- Are you a doctor?
- **Yes, I am.**

- Do you like tea?
- **No, I don't.**

- Does your father smoke?
- **Yes, he does.**

- Can you play the piano?
- **No, I can't.**

3.2   **Bu tür soru cümleleri Indirect Speech'e çevrilirken:**

a)   Aktarılan cümlenin başına '**if**' veya '**whether**' gelir.
b)   Cümle soru şeklinden kurtarılır, tekrar düz cümle olarak yazılır.
c)   Şahıs zamirlerinde gerekli değişiklikler yapılır.
d)   **Reporting verb** (Aktarıcı fiil) "**Present**" ise cümlenin zamanında bir
       değişiklik olmaz. Aktarıcı fiil "**Past**" ise cümlenin zamanında daha önce
       gördüğümüz değişiklikler yapılır. Cümlenin zamanı "**Present**" ise "**Past**,"
       "**Past**" ise "**Past Perfect**" olur.
e)   **Reporting Verb** olarak daha çok '**ask, want to know** ve **wonder**'
       gibi kelimeler kullanılır. Cümle sonundaki soru işareti kalkar.

She's asking you, "**Do you hear me?**"
She's asking you **if you hear her.**
Sana, onu duyup duymadığını soruyor.

Geraldine **- Do you know my phone number?**, Jack.
Geraldine **wants** to know **whether Jack knows her phone number.**
Geraldine, Jack'in onun telefon numarasını bilip bilmediğini öğrenmek istiyor.

Mary asked Tom, "**Do you want a cup of tea?**".
Mary **asked** Tom **if he wanted a cup of tea.**
Mary, Tom'a bir fincan çay isteyip istemediğini sordu.

The woman - **Are you married?**
The woman **wondered whether he was married**.
Kadın onun evli olup olmadığını merak etti.

Mehmet – **Is everybody ready**? Serap.
Mehmet **asked** Serap **if everybody was ready.**
Mehmet Serap'a herşeyin hazır olup olmadığını sordu.

English Grammar Today

EXERCISE 196

Aşağıdaki cümleleri **'Indirect Speech'**e çeviriniz.

Example :   - **Have you sold your car?**".
              - What did you say?
              - I asked you **if you had sold your car.**

1.   - **Do you want a cup of coffee?**
      - What did you say?

      - ....

2.   - **Can you lend me your mobile telephone?**
      - What did he say?

      - He asked me if ....

3.   - **Can you speak French?**
      - What did she say?

      - She asked me ....

4.   - **Can you get me a drink?**
      - What did she say?

      - She asked me ....

5.   - **Do you have a computer?**
      - What did he say?

      - He asked Jennifer ....

6.   - **Do you live with your family, Bill?**
      - What did she say?

      - She wanted to know ....

7.   - **Do you know that man?**
      - What did she say?

      - She asked me whether ....

8.   - **Have you tidied your room?**
      - What did your mother tell you?

      - ....

9,   - **Do you have a car?**
      - What did she ask you?

      - ....

10.   - **Have you done your homework?**
       - What did he ask us?

       - ....

11.   - **Did you enjoy the film?**
       - What did you say?

       - ....

12.   - **Did you see my cousin at the party?**
       - What did she ask you?

       - ....

13.   - **Did you tell her the date of the party?**
       - What did you tell him?

       - ....

14.   - **Do you like playing football?**
       - What did she say to you?

       - ....

15.   - **Are you coming with us?**
       - What did she say?

       - She asked me ....

16.   - **Have you bought your books?**
       - What did the teacher say?

       - She asked me ....

17.   - **Have you sold your car?**
       - What did she say?

       - She asked Jack ....

18.   - **Does your husband make a lot of money?**
       - What did she say?

       - She asked me ....

4. QUESTIONS WITH QUESTION WORDS

Soru kelimeleri ile sorular:

4.1 **Who, what, where** gibi soru kelimeleri ile yapılan sorular '**Indirect Speech'e** çevrilirken:

a) Cümle **"ask, want to know, wonder"** gibi bir **aktarıcı fiil** ile aktarılır.
b) Gerekli şahıs değişiklikleri yapılır.
c) Soru kelimesi yazıldıktan sonra cümle soru şeklinden kurtarılır, **düz cümle** haline getirilir. Cümle sonundaki **soru işareti kalkar.**
d) **Reporting Verb** (Aktarıcı Fiil) **present** ise aktarılan cümlenin zamanında bir değişiklik olmaz.

"What's your name?"

He asks | **me** | what | **my** | name **is**.
you		**your**	
him		**his**	
her		**her**	

"Where do you live?"

He asks | **me** | where | **I** | live.
you		**you**	
him		**he**	
her		**she**	
us		**we**	
them		**they**	

4.2 **Reporting Verb past ise cümlenin zamanı değiştirilir.**

"What's your name?"

He **asked** | **me** | what | **my** | name **was**.
you		**your**	
him		**his**	
her		**her**	

"Where do you live?"

He **asked** | **me** | where | **I** | lived.
you		**you**	
him		**he**	
her		**she**	
us		**we**	
them		**they**	

EXERCISE 197

Aşağıdaki cümleleri Indirect Speech' e çeviriniz.

Example: **What does Kevin do?**
             I don't know what he does.

1. Where does Kevin live?

   I don't know ....

2. When did the Americans land on the moon?

   I don't know ....

3. What did the boss say yesterday?

   I don't know ....

4. Where did your mother go?

   I don't know ....

5. How much money did he pay?

   I don't know ....

6. How many books have you got?

   I don't know ....

7. How does your mother make a chocolate cake?

   I don't know ....

8. How much time have we got?

   I don't know ....

9. What time did they leave work yesterday?

   I don't know ....

10. How did they open the safe?

    I don't know ....

11. Where were your parents born?

    I don't know ....

12. Where did you leave your bag?

    I don't know ....

EXERCISE 198

Aşağıdaki soru cümlelerini 'Indirect'e çeviriniz.

Example: **Where's the nearest post office?**
She wants to know **where the nearest post office is**.

1. What's the time?

   She wants to know ....

2. Who's that woman?

   She wants to know ....

3. What's the capital of Nigeria?

   She wants to know ....

4. What books have you read?

   She asks me ....

5. Where did you park your car?

   She asks him ....

6. Where are my eye-glasses?

   He wants to know ....

7. Why are you crying?

   He's asking her ....

8. What do you want to know?

   She asks him ....

9. How did they go to work?

   She wants to know ....

10. Where's Joe?

    He wants to know ....

11. Where did the children go?

    She wants to know ....

12. Who were you talking to?

    He wants to know ....

EXERCISE 199

Aşağıdaki soru cümlelerini Indirect'e çeviriniz.

Example: **What are you going to have?**
She asked him **what he was going to have.**

1. How do you feel about a small whisky?

   She asked him ....

2. How did you do that?

   She asked her ....

3. What is your phone number?

   He asked her ....

4. Where do you live?

   She asked him ....

5. How can I go to Taksim?

   He wanted to know ....

6. Where have you put my dictionary?

   She asked me ....

7. What time will it start?

   She wanted to know ....

8. Where can I park my car?

   She asked him ....

9. When are you going to start eating your meal?

   My mother asked you ....

10. Why is she singing so loudly?

    He wanted to know ....

11. Why don't you like the sight of the blood?

    He asked her ....

12. What have you done?

    She asked him ....

EXERCISE 200

Aşağıdaki karışık cümleleri **Indirect Speech**'e çeviriniz.

1. I read A Tale of Two Cities.

   He said ....
2. I'm on a keep fit course.

   She said ....
3. Can you tell me the time?

    She asked me ....
4. Is your course interesting?

   He asked me ....

5. I won't be late tomorrow.

    He said ....
6. Are you serious?

   She asked him ....
7. I'm sorry.

   She said ....
8. Would you like another cup of coffee?

   She asked me ....
9. I'm getting married soon.

   She said ....
10. Have you lost your wedding ring?

    He asked her ....
11. What do you want to drink?

     He asked her ....
12. I'll have a cherry juice, please.

     She said ....
13. Do you want any sauce on your spaghetti?

    He asked her ....
14. Is there anything the matter between you two?

    He asked us ....

15. You look a bit miserable.

    She told me ....

16. I'm going to save as much money as possible.

    He said ....

17. He isn't a very nice type of man.

    She said ....

18. Have I told you this before?

    She asked him ....

19. What have you done?

    She asked me ....

20. I can't pay you any money today.

    He told me ....

21. Why are you so sad?

    He asked her ....

22. I saw your car parked outside the school.

    He told her ....

23. I've understood everything you told me.

    She told him ....

24. Who lives next door?

    He wanted to know ....

25. I'm leaving at once.

    He said ....

26. I'll pay you back next week.

    He told me ....

27. I'm leaving the day after tomorrow.

    He said ....

28. If I pay my fine, I can walk out of prison today.

    He said ....

29. The children had better go to bed early.

    She said ....

30. I know the place well because I used to live there.

    He said ....

78   The Gerund

Gerund fiilin **'- ing'** eki almış halidir. İsim görevi görürler ve dilimizde **fiilimsi** olarak bilinirler.

1. Kullanıldığı yerler

Be + adjective + preposition+ ing	
Afraid of	Accustomed to
Amazed at	Grateful for
Angry about/at	Guilty for
Annoyed about	Happy about/with
Anxious about	In charge of
Ashamed of	Interested in
Aware of	Keen on
Bad/good at	Nervous of
Bored with	Pleased about/with
Capable of	Responsible for
Content with	Ready for
Dependent on	Satisfied with
Different from/to	Successful in
Exited about	Surprised at
Famous for	Used to
Fed up with	Worried about
Fond of	Wrong with

1.1   Cümlenin öznesi olarak:

Skiing is an exciting sport.
Kayak yapmak heyacanlı bir spordur.

1.2   Bir fiilin tamamlayıcısı olarak:

My favorite sport **is swimming**.
Benim en sevdiğim spor yüzmedir.

1.3   Edatlardan sonra:

I'm thinking **of inviting** her to dinner.
Onu akşam yemeğine davet etmeyi düşünüyorum.

I'm sure she has a good reason **for** not **being** here.
Eminim burada olmadığı için iyi bir nedeni vardır.

Sue is responsible **for accepting** applications.
Sue başvuruların kabulünden sorumludur.

1.4   Birleşik isimlerde:

Boarding School	- Yatılı okul	Sleeping **bag**	- Uyku tulumu
Wedding day	- Nikah günü	Driving **licence**	- Sürücü ehliyeti

1.5   Bazı fiillerden sonra:

Bu fiillerin bir kısmı aşağıdadır.

admit (to)	– kabul etmek	**can't help**	– yapmadan edememek
appreciate	– beğenmek	**go on**	– devam etmek
avoid	– kaçınmak	**keep on**	– devam etmek
consider	– dikkate almak	**leave off**	– bırakmak, kesmek
delay	– ertelemek	**mention**	– söz etmek
deny	– inkar etmek	**mind**	– aldırmak
detest	– nefret etmek	**miss**	– özlemek
dislike	– hoşlanmamak	**notice**	– farkına varmak
enjoy	– hoşlanmak	**pardon**	– affetmek
escape	– kaçmak	**practice**	– uygulamak, yapmak
excuse	– affetmek	**put off**	– ertelemek
fancy	– hoşlanmak	**recollect**	– hatırlamak
feel	– hissetmek	**regret**	– pişmanlık duymak
finish	– bitirmek	**stop**	– bırakmak, durdurmak
give up	– bırakmak	**suggest**	– önermek
can't resist	– dayanamamak	**can't stand**	- dayanamamak

Çoğunlukla **olmuş** veya **olagelen** olayların anlatımında **GERUND** kullanılır.

She loves **swimming** in the sea.
Denizde yüzmeyi çok sever.

Yüzmeyi sevmeniz olagelen bir olay. Dün de seviyordunuz bugün de. Yarın da sevmeye devam edeceksiniz.

He admitted to **stealing** the money. (Mahkemede)
Parayı çaldığını kabul etti.

Parayı çalması olmuş bir olay.

She stopped **watching** TV, and went into the kitchen.
Televizyon seyretmeyi bıraktı ve mutfağa gitti.

Televizyon seyretmesi süregelen bir olaydı. Süregelen olaylar **GERUND** olarak ifade edilir. Bu örnekleri çoğaltabiliriz.

Don't keep **on shouting** like that. We must avoid **disturbing** our neighbours.
Böyle bağırmaya devam etme. Komşularımızı rahatsız etmekten kaçınmalıyız.

I can't understand him **forgetting** to answer my letter.
Mektubuma cevap vermeyi unutmasını anlayamıyorum.

I couldn't resist **buying** this book.
Bu kitabı almadan edemedim.

She couldn't resist **making** jokes about his baldness.
Onun kelliği hakkında şaka yapmadan duramadı.

She's fond of **singing** pop songs.
Pop şarkıları söylemeye düşkündür.

Do you mind **closing** the window?
Pencereyi kapamanızın bir sakıncası var mı?

I don't mind you **talking** to Bruce.
Senin Bruce ile konuşman umurumda değil.

Our teacher won't like us **coming** late to school.
Öğretmenimiz okula geç gelmemizden hoşlanmayacak.

Please excuse me **calling** you by your first name.
Size ilk adınızla hitap ettiğim için lütfen beni bağışlayınız.

I like **listening** to music.
Müzik dinlemekten hoşlanırım.

We thanked them for **driving** us home after the football match.
Maçtan sonra bizi araba ile eve bıraktıkları için onlara teşekkür ettik.

79   The Infinitive

The Infinitive: Mastar fiilin çoğunlukla 'to' ile birlikte kullanılan yalın halidir.

I would like **to drink** some water.
Biraz su içmek istiyorum.

Bazı fiiller kendilerinden sonra **mastarı 'to' olmadan** alırlar.

You had better **go** home now.
Şimdi eve gitsen iyi olur.

1.   Mastarın kullanımları:

1.1   Cümlenin öznesi olarak.

To see him seems impossible.
Onu görmek imkansız görünüyor.

1.2   Bir fiilin tamamlayıcısı olarak:

His aim is **to save** some money.
Onun amacı biraz para biriktirmek.

1.3   Bazı fiillerden sonra:

agree	- razı olmak	**learn**	- öğrenmek
aim	- hedeflemek	**long**	- arzulamak
appear	- görünmek	**manage**	- başarmak
arrange	- ayarlamak	**neglect**	- ihmal etmek
ask	- rica etmek	**offer**	- önermek
attempt	- teşebbüs et	**plan**	- planlamak
bother	- zahmet et	**prepare**	- hazırlanmak
care	- aldırmak	**pretend**	- ...gibi davranmak
choose	- seçmek	**proceed**	- başlamak
claim	- iddia etmek	**promise**	- söz vermek
condescend	- tenezzül et	**prove**	- ...dığı ortaya çıkmak
consent	- razı olmak	**refuse**	- reddetmek
decide	- karar vermek	**remember**	- anımsamak
demand	- talep etmek	**resolve**	- kararlı olmak
determine	- kararlı olmak	**seem**	- görünmek
endevour	- çabalamak	**swear**	- yemin etmek
fail	- başaramamak	**tend**	- eğiliminde olmak
forget	- unutmak	**threaten**	- tehdit etmek
guarantee	- garanti etmek	**don't trouble**	- zahmet etme
happen	- tesadüfen ... mek	**try**	- çalışmak,çabalamak
hesitate	- tereddüt etmek	**undertake**	- üstlenmek
hope	- ummak	**Volunteer**	- gönüllü olmak

TO' her zaman gelecek gösterir. Olacak olaylar için fiilin **infinitive** hali kullanılır.

I want **to see** the manager.
Müdürü görmek istiyorum.

Yukarıdaki örnekte gördüğünüz gibi daha müdürü görmedim. Müdürü görmem, istediğim ana göre, **gelecekte** olacak birşeydir.

I forgot **to lock** the door.
Kapıyı kilitlemeyi unuttum.

Kapıyı kilitlemem aklıma geldiği anda gerçekleşmemiş bir olaydır. Hatırladığım anda **gelecekte olacak** bir eylemdir. Bu örnekleri çoğaltabiliriz.

I decided **to buy** a new car.
Yeni bir araba almaya karar verdim.

I promise **to help** you.
Sana yardım etmeye söz veriyorum.

Please, don't bother **to get** up.
Lütfen kalkmak zahmetinde bulunmayınız.

what to do/where to go/how to say etc.

I don't know	what to say.		Ne söyleyeceğimi	bilmiyorum.
	where to go.		Nereye gideceğimi	
	how to find him.		Onu nasıl bulacağımı	
	which to buy.		Hangisini alacağımı	

Bazı fiiler kendilerinden sonra hem **"infinitive"** hem de **"gerund"** alabilirler.

advise	like	regret
attempt	love	remember
begin	mean	start
forget	need	stop
hate	permit	study
intend	prefer	try

Bir anlam değişikliği olmayabilir;

It started **raining**
Veya, It started **to rain.**

Veya aşağıda göreceğiniz gibi bir anlam değişikliği olabilir;

I remembered **locking** the door.
Kapıyı kilitlediğimi hatırladım.

I remembered **to lock** the door.
Kapıyı kilitlemeyi hatırladım.

416   English Grammar Today

'**-ing**'den sonra '**–ing**' kullanılmaz.

He's starting **to pack** his suitcase.

EXERCISE 201

Aşağıdaki boşluklarda fiilin **Infinitive** veya **Gerund** hallerini kullanınız.

1. My father has given up .... (smoke)

2. She hopes .... (find) a job in two weeks.

3. He asked her .... (leave) the room.

4. I enjoy .... (rest) in the afternoon.

5. This coffee is too hot for me .... (drink)

6. Do you like .... (smoke) a pipe?

7. Do you know how .... (drive) a lorry?

8. He tried .... (catch) the 10:15 train but he couldn't.

9. Don't start .... (watch) TV before you have finished

   .... (do) your homework.

10. Remember ....(buy) a bottle of wine on your way home tonight.

11. Don't pretend ....(listen) to jazz. I know you hate it really.

12. Jennifer hasn't got a car. Would you mind .... (give) her a lift?

13. He suggested................... (take) a taxi to the station.

14. I must remember .... (phone) him tonight.

15. Have you ever watched people .... (try) ....(catch) fish?

16. I advise you .... (think) before .... (decide) ....
    (accept) the job.

17. I dislike ....(peel) onions.

18. Peter is interested in .... (learn) English.

19. I would love .... (have) an opportunity of ....(meet)
    you again.

20. I couldn't resist ....(ask) him why he was crying.

English Grammar Today

80 Relative Clauses (Adjective Clauses)

Relative Clauses - İlgi cümlecikleri

Cümlenin **öznesi, nesnesi, yeri** veya **zamanı** hakkında bize bilgi veren, onları tanımlayan cümleciklere "**Relative Clause**" (İlgi Cümleciği) denir. Bu cümlecikler "**Adjective Clause**" (Sıfat Cümleciği) olarak da adlandırılırlar.

İlgi cümlecikleri "**Defining Relative Clause**" (Tanımlayan İlgi Cümleciği) ve "**Non-defining Relative Clause**" (Tanımlamayan İlgi Cümleciği) diye ikiye ayrılırlar.

Cümlenin öznesi veya nesnesi hakkında bize **tanıtıcı bilgi** veren cümleciğe "**Defining Relative Clause**" (Tanımlayan İlgi Cümleciği), cümlenin öznesi veya nesnesi hakkında bize **ek bilgi** veren cümleciğe "**Non-Defining Relative Clause**" (Tanımlamayan İlgi Cümleciği) denir. "Non-Defining Relative Clause" **iki virgül** arasında verilir.

1. Defining Relative Clauses - Tanımlayan İlgi Cümlecikleri

İlgi cümlecikleri who, whom, which, that, where. when & whose ilgi zamirleri ile başlarlar ve tanımladıkları özne veya zamirden hemen sonra kullanılırlar.

The book **which I'm reading** is very interesting.
Okuduğum kitap çok ilginç.

The man **who you met at the party** lives next door.
Partide rastladığın adam bitişikte oturuyor.

They accepted every suggestion **that we made**.
Yaptığımız her öneriyi kabul ettiler.

I've lost the book **which I borrowed from Mary**.
Mary'den ödünç aldığım kitabı kaybettim.

Yukarıdaki örneklerde gördüğünüz gibi '**who**' şahıslar, '**which**' nesneler için kullanılır. '**That**' her ikisi için de kullanılabilir.

1.1 Cümlenin öznesi **Relative Clause**'un da öznesi olursa Relative Clause **who, that, which, whom, whose** ve **where** gibi bir **Relative Pronoun** (ilgi zamiri) ile başlar.

The man **who bought this house** is an American.
Bu evi satın alan adam bir Amerikalı.

The book **which is on the table** is about the CIA.
Masanın üzerindeki kitap CIA hakkında.

The girl **who works in the office** is my sister.
Büroda çalışan kız benim kız kardeşim.

The woman **who lived here before us** was an actress.
Bizden önce burada oturan kadın bir aktristi.

418   English Grammar Today

1.2 Cümlenin nesnesi **Relative Clause'un öznesi** olursa **Relative Clause** yine bir **Relative Pronoun** ile başlar.

Have you seen <u>the girl</u> **who's dancing with John?**
John'la dans eden kızı gördün mü?

Arthur is driving <u>a car</u> **which belongs to his father.**
Arthur babasına ait bir araba sürüyor.

Peter goes out with <u>a girl</u> **who has beautiful eyes**.
Peter güzel gözlü bir kızla çıkıyor.

Cümlenin **öznesi "Relative Clause"un nesnesi** durumunda olursa **ilgi cümleciği** (Relative Clause) ile birlikte "**who, which, that**" gibi bir **ilgi zamiri** (Relative Pronoun) kullanılmasa da olur. "**Who**" yerine **whom** kullanıldığı da görülebilir.

The man **whom you saw at the door** is Mary's father.
who you saw at the door
you saw at the door

Kapıda gördüğün adam Mary'nin babasıdır.

The knife (which) **I'm cutting the melon with** is very sharp.
Kavunu kestiğim bıçak çok keskin.

The man (who) **I sold my car to** has died.
Arabamı sattığım adam öldü.

1.3 Cümlenin nesnesi "**Relative Clause**"un nesnesi durumunda ise "**Relative Clause**" bir "**Relative Pronoun**" olmadan da kullanılabilir.

Is this the letter (which) **you want me to post**?
Postalamamı istediğin mektup bu mu?

This is the woman (who) **Bruce married**.
Bruce'un evlendiği kadın bu.

She tried to remember the rule (which) **she learned last week**.
Geçen hafta öğrendiği kuralı hatırlamaya çalıştı.

The children **(who) she's looking after** are very healthy.
Onun baktığı çocuklar çok sağlıklı.

The grapes **(which) I picked up with my fingers** are very delicious.
Parmaklarımla topladığım üzümler çok lezzetli.

1.4 to / for / with whom, about / for / in / of which

Cümlenin fiilinin bir edatı (prepozisyonu) var ise ve **prepozisyon** ilgi zamirinden (Relative Pronoun) önce kullanılırsa ilgi zamiri '**who**' yerine '**whom**' kullanılır.

The girl **who** I danced **with** at the party yesterday isn't here.
The girl **with whom** I danced at the party isn't here.

The person **who** you spoke **to** this morning wants to see you.
The person **to whom** you spoke this morning wants to see you.

The film **which** they are talking **about** is on at the Cinema Atlantic.
The film **about which** they are talking is on at the Cinema Atlantic.

The house **which** they paid a fortune **for** burnt into ashes last night.
The house **for which** they paid a fortune burnt to ashes last night.

That's the shop. The owner **of the shop** was killed yesterday.
That's the shop the owner **of which** was killed yesterday.

Not: **look after, look forword to, get on with** gibi birleşik fiiller bir bütün olarak ele alınır.
Bu fiillerin prepozisyonları İlgi zamiri ile birlikte başta kullanılmazlar.

1.5 | **Relative Clauses without a pronoun**- Zamirsiz ilgi cümlecikleri

Etken (Active) cümlelerde **'-ing'** (Present Participle) yapıları görülür.

People **who want to apply for the post** should fill in these forms.
People **wanting to apply for the post** should fill in these form.
İş için başvuran kişiler bu formları doldurmalılar.

The man **who was painting the house** fell off the ladder.
The man **painting the house** fell off the ladder.
Evi boyayan adam merdivenden düştü.

Edilgen (passive) cümlelerde '-ed' (Past Participle) yapıları görülür.

The new houses **were sold** very quickly. They **were offered** for sale last week.

Yukarıdaki açıklayıcı olarak verilen 2. cümle edilgen (passive) yapıdadır. Aşağıda bu cümlelerin önce İlgi cümleciği (Relative Clause) olarak sonra da **ilgi zamiri** olmadan yazılışını göreceksiniz.

The new houses **which were offered for sale last week** were sold very quickly.
The houses **offered for sale last week** were sold very quickly.

A house is worth much more today. It **was bought** ten years ago.

A house **which was bought ten years ago** is worth much more today.
A house **bought ten years ago** is worth much more today.

1.6 İyelik - Whose

Cümlenin **öznesi** veya **nesnesi** ile Relative Clause'daki **my, your, his, her,** etc. gibi bir iyelik sıfatı ile bağ kurulabiliyorsa iyelik sıfatı kalkar, Relative Clause **'whose'** ile başlar.

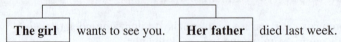

| **The girl** | wants to see you. | **Her father** | died last week. |

The girl **whose father died last week** wants to see you.
Geçen hafta babası ölen kız seni görmek istiyor.

This is the lady **whose purse has been stolen**.
Çantası çalınan kadın bu.

The girl **whose mother I was talking to** has left the room.
Annesiyle konuştuğum kız odadan ayrıldı.

The boy **whose sister you go out with** is coming here.
Kız kardeşi ile çıktığın çocuk buraya geliyor.

The man **whose car was stolen** had to walk home.
Arabası çalınan adam eve yürümek zorunda kaldı.

This is the woman **whose only son was killed while doing his military service.**
Askerliğini yaparken biricik oğlu öldürülen kadın bu.

1.7 Where – Relative Clauses of Place

Cümlenin öznesi veya nesnesi 'here' ve 'there' in karşılığı bir yer ise **İlgi Cümleciği** (Relative Clause) 'where' ile başlar.

He went back to the restaurant **where he had left his bag**.
Çantasını bıraktığı lokantaya geri gitti.

This is the hotel **where we stayed last year.**
Geçen yıl kaldığımız otel bu.

The house **where I live** is very old.
Oturduğum ev çok eski.

The place **where I was born** is a small town.
Doğduğum yer ufak bir kasabadır.

Stratford is the town **where Shakespeare was born.**
Stratford Shakespeare'in doğduğu kasabadır.

I can't remember the place **where I parked my car.**
Arabamı park ettiğim yeri hatırlıyamıyorum.

1.8 When - Relative Clauses of Time

September is the month **when school starts**.
Eylül okulun başladığı aydır.

August is the month **when we go on holiday**.
Ağustos bizim tatile çıktığımız aydır.

November 14th is the day **when I got married**.
14 Kasım benim evlendiğim gündür.

Fall is the season **when trees change color.**
Sonbahar ağaçların renk değiştirdiği mevsimdir.

EXERCISE 202

Aşağıdaki cümleleri relative clause olarak tekrar yazınız.

Example: A woman has been arrested. She killed her husband.
             The woman **who killed her husband** has been arrested.

1. A little girl has been found safe and well. She had been missing since Wednesday.

   ....

2. A scientist has won the Nobel Prize. He invented a new medicine for cancer.

   ....

3. A dog has been shot. It bit two children.

   ....

4. A bomb caused a lot of damage. It exploded this morning.

   ....

5. A footballer has been banned from playing again. He took drugs.

   ....

6. A strike is over. It closed the Bosphorus Bridge.

   ....

7. A woman has brought the parcel. You met her at the door.

   ....

8. Burglar alarms are a real nuisance. They ring for no reason.

   ....

9. Peter couldn't find the notebook. He wrote new words in it.

   ....

10. I'm sure I know the person. He served us.

    ....

11. What's the name of the man? You're working for him.

    ....

12. The jacket was really nice. You wore it at the party.

    ....

13. The car began to slide backwards. Its brakes were very bad.

    ....

14. The students were disappointed when it began to rain. They wanted to have a picnic.

    ....

15. Valentines Day is a day. People give presents to the ones they love that day.

    ....

16. Holloween is a day. Kids in the United States dress up in masks and costumes.

    ....

EXERCISE 203

Aşağıdaki kelimeleri boş bırakılan yerlerde kullanınınz.

green grocer, artist, atheist, electrician, lodger, burglar, doctor, dentist, plumber, mechanic, nurse, hair-dresser, restaurant, architect, landlady, tenant, shoplifter, electrician, baker, banker, barn, actor, hammer, butcher, engineer, pensioner

Example: **A green grocer** is someone who sells vegetables and fruit.

1. ....is someone who breaks into a house to steal things.

2. .... is someone who paints or draws pictures, or produces sculptures.

3. .... is a person who pays to live in part of someone's house.

4. ....is a place where meals are prepared, served and eaten.

5. .... is someone who doesn't believe in God.

6. .... is someone who steals from a shop.

7. .... is someone who has been trained in Medical Science.

8. .... is someone whose job is to fit and repair pipes, tanks, etc.

9. .... is someone who has been trained to look after sick and injured people.

10. .... is a small place where you store grain, hay etc.

11. .... is someone whose job is baking and selling bread.

12. .... is someone whose job is to connect and repair electrical equipments.

13. ....is someone who acts on the stage, on TV or in films.

14.................................. is someone who repairs cars.

15. .... is a tool with a heavy metal head which is used for hitting nails or breaking things.

16 .... is someone who owns or manages a bank.

17. .... is someone who sells meat.

18. .... is someone whose job is to cut or arrange hair.

19. .... is a person who has been trained to treat and look after people's teeth.

20. .... is someone who pays rent to live in a house.

21. .... is someone who takes in lodgers.

22. .... is someone who no longer works and gets money from the state.

23. ....is someone who designs buildings or maintains engines, machines, bridges, railways etc.

2. Non-Defining Relative Clauses - Tanımlamayan ilgi cümlecikleri

Cümlenin **öznesi** veya **nesnesi** hakkında bize ek bilgi veren cümleciklere Tanımlamayan İlgi Cümlecikleri (**Non-Defining Relative Clause**) denir. Bize ek bilgi veren bu cümlecikler **iki virgül** arasında yazılır. Bu cümlelerde kullanılan "**who**" ve "**which**" ilgi zamirleri cümleden atılamaz ve bunların yerine '**that**' kullanılamaz.

> Martin, **who served us**, is the owner of the restaurant.
> *Martin, bize servis yapan kişi, bu lokantanın sahibidir.*
>
> Bill Clinton, **who is accused of some sex scandals**, is coming to Turkey next month.
> *Bazı sex skandalları ile suçlanan, Bill Clinton, gelecek ay Türkiye'ye geliyor.*
>
> Stratford, **which attracts many tourists**, is the place where Shakespeare was born.
> *Çok sayıda turist çeken Stratford Shakespeare'in doğduğu yerdir.*
>
> Mr. Steele, **for whom Arthur works**, is a very strange man.
> *Mr, Steele, Arthur'un emrinde çalıştığı adam, çok acaip bir adamdır.*

EXERCISE 204

Aşağıdaki cümleleri **Non-Defining Clause** olarak tekrar yazınız.

1. The Newtons haven't come yet. We invited them to dinner.

....

2. Jeff is my neighbour. He's an architect.

....

3. Mr. Brown had to stay the night. His car was stolen.

....

4. Atatürk was a great leader. He saved Turkey from enemies.

....

5. The Eifel Tower is the highest building in Paris. It's the symbol of France.

....

6. Ms. Stone is a generous woman. Her husband died last week.

....

7. My wife's uncle is a nice man. He's a good pilot.

....

8. My uncle suggested stopping at the next gas station. He had been driving all day.

....

81   The Future Perfect Tense

A. KULLANILDIĞI YERLER

Gelecek bir zaman noktasından önce tamamlanmış olacak olan olayların anlatımında **"The Future Perfect Tense" kullanılır.**

The meeting **will have finished** at this time tomorrow.
*Yarın bu vakitlerde miting **bitmiş olacak.***

I **will have typed** the report when you come.
*Sen geldiğinde ben raporu **daktilo etmiş olacağım**.*

B. CÜMLE YAPISI

Perfect denince her zaman aklımıza **"have+past participle"** gelmeli. **Future**'u sembolize eden kelime **'will'** ve **'shall'** dir. **Future Perfect Tense'i ;**

    will + have + past participle

olarak formüle ederiz.

We **will have started** our dinner when you arrive.
*Sen vardığında biz akşam yemeğine **başlamış olacağız**.*

I **shall have had** breakfast before I leave home.
*Evden ayrılmadan önce kahvaltı **yapmış olacağım**.*

1.   **'by that time'**, **'by then'**, **'by the end of the week'**, **'by the beginning of the month'**, **'by June'**, **'by half past seven'**, **'by Christmas'** gibi **'by'** la başlayan zaman tanımları ile sıkça kullanılır.

By the end of the week we **will have left** the hotel.
Haftasonundan önce otelden ayrılmış olacağız.

I **will have received** the parcel **by five tomorrow.**
Yarın beşten önce koliyi almış olacağım.

They **will have got** married **by June.**
Hazirandan önce evlenmiş olacaklar.

I **will have graduated** from university **at this time next month.**
Gelecek ay bu vakitler üniversiteden mezun olmuş olacağım.

The train **will have left when we reach the station.**
Istasyona vardığımızda tren ayrılmış olacak.

By the time we arrive in New York, we **will have flown** for 12 hours.
New York'a vardığımızda 12 saat uçmuş olacağız.

2. Interrogative and Negative Forms: Soru ve olumsuz halleri

Yardımcı fiil bulunan cümleleri **soru** ve **olumsuz** yapmak çok kolaydır. Bu cümlelerde 'will' veya 'shall' özneden önce kullanılarak soru:

> I **will have finished** my work **by seven.**
> *Saat yediden önce işimi **bitirmiş olacağım.***

> **Will** you **have finished** your work **by seven**?
> *Saat yediden önce işini **bitirmiş olacak mısın**?*

'**Will**' den sonra '**not**' kullanılarak olumsuz cümleler elde edilir.

will not   - won't
shall not   - shan't

> I **won't have finished** my work **by seven.**
> *Saat yediden önce işimi **bitirmemiş olacağım.***

> We **won't have visited** all these places **after the trip.**
> *Geziden sonra bütün bu yerleri **ziyaret etmemiş olacağız.***

EXERCISE 205

Aşağıdaki cümlelerdeki fiilleri **Future Perfect Tense'de** kullanınız.

1. By next February I .... (write) my third book.

2. I hope you .... (not/ forget) my name by tomorrow.

3. By next week we .... (redecorate) the house.

4. Next July she .... (be) dead for ten years.

5. I hope I .... (not / make) a lot of mistakes in

   this exam when I finish it.

6. By the end of this year I .... (drive) more than

   one hundred thousand kilometers with this car.

7. I hope it .... (stop) raining before the match starts.

8. I .... (have) an operation when you turn back.

9. By this time next week, I .... (marry).

10. Before the police arrest him, he .... (leave) the country.

11. If nothing is done, one million species that are alive today ....

.... (become) extinct in twenty years.

12. The tropical rain forests .... (disappear)

in thirty years.

EXERCISE 206

Aşağıdaki cümleleri İngilizce'ye çeviriniz.

1. Hazirandan önce bütün sınavlarımı olmuş olacağım.

....

2. O geldiğinde oyun başlamış olacak.

....

3. Yıl sonundan önce Yaşar Kemal'in üç kitabını okumuş olacağım.

....

4. Haziranın sonunda üç yıldır bu büroda çalışmış olacağım.

....

5. Gelecek yıl anne ve babam 20 yıldır evli olmuş olacaklar.

....

6. Eğer böyle yürümeye devam edersen istasyona vardığımızda treni

kaçırmış olacağız.

If you go on walking like this we ....

when we arrive at the station.

7. Kalktığımda babam evden ayrılmış olacak.

....

8. Bu seyahatin sonunda 10 yeri ziyaret etmiş olacağız.

....

9. Sen geldiğinde banyo yapmış olacağım.

....

10. 2090 yılında ölmüş olacağım.

....

82 The Future Perfect Continuous Tense

A. CÜMLE YAPISI

1. Affirmative - Olumlu

1.1 **Perfect** denince aklımıza '**have + past participle**', **continuous** denince '**be + ... ing**', **future** denince de aklımıza '**will**' veya '**shall**' gelir. **The Future Perfect Continuous Tense** adından da anlaşılacağı gibi yukarıda saydığımız bütün özellikleri bünyesinde taşır. Yani hem '**will**', hem '**have + past participle**' hem de '**be + ...ing**' cümle yapısında bulunur. Aşağıdaki örnekte bu özellikleri teker teker görelim.

Will

* I **will** have been studying English here for three months by the end of the month.

Have + Past Participle

* I will **have been** studying English here for three months by the end of the month.

be + ing

* I will have **b**een study**ing** English here for three months by the end of the month.
  Bu ay sonunda üç aydır burada İngilizce çalışıyor olacağım.

I You He She It We You They	**will have been**	sleep**ing**.	*Uyumakta olacağım.* *Uyumakta olacaksın.* *Uyumakta olacak.* *Uyumakta olacak.* *Uyumakta olacak.* *Uyumakta olacağız.* *Uyumakta olacaksınız.* *Uyumakta olacaklar.*

1.2 'I' ve '**we**' özneleri ile beraber '**shall**' kullanılabilir.

I **shall have been** work**ing** here for one year **at this time next week.**
Gelecek hafta bu vakitler bir yıldır burada çalışmakta olacağım.

We **shall have been** learn**ing** English for six months **at the end of** this month.
Bu ayın sonunda altı aydır İngilizce öğrenmekte olacağız.

English Grammar Today

2. Negative Olumsuz

"**Will**" veya '**shall**'den sonra '**not**' kullanılarak cümlelerimiz olumsuz yapılır.

Subject	shall/will	not	have been	Present Participle
I	shall/will			
You				
He				
She	will	not	have been	travelling.
It				
We	shall/will			
You	will			
They				

Olumsuz cümlelerde de bütün şahıslarla birlikte '**will**' kullanılır. Ama sık olmasa da '**shall**' kullanıldığı da görülür.

We **won't have been** sleep**ing** for a long time **when you come.**
*Sen geldiğinde uzun zamandır **uyumakta** olmayacağız. Veya:*
*Sen geldiğinde uzun zamandır **uyuyor** olmayacağız.*

3. Interrogative – Soru

"**Will**" veya "**shall**" özneden önce kullanılarak soru cümleleri oluşturulur.

	I		*Çalışmakta mı olacağım?*
	you		*Çalışmakta mı olacaksın?*
	he		*Çalışmakta mı olacak?*
	she		*Çalışmakta mı olacak?*
Will	it	**have been** work**ing**?	*Çalışmakta mı olacak?*
	we		*Çalışmakta mı olacağız?*
	you		*Çalışmakta mı olacaksınız?*
	they		*Çalışmakta mı olacaklar?*

Soru cümleleri yaparken de **birinci tekil** ve **birinci çoğul** şahıslarla birlikte '**shall**' kullanılabilir.

Shall I **have been** wait**ing** in the rain?
Yağmurda mı beklemekte olacağım?

Shall we **have been** fly**ing** to Istanbul?
İstanbul'a mı uçmakta olacağız?

4. Negative Interrogative - Olumsuz Soru

4.1 **"Won't"** veya **"Shan't"** özneden önce kullanılarak:

Won't	I	**have been** sleep**ing**?	*Uyumakta olmayacak mıyım?*
	you		*Uyumakta olmayacak mısın?*
	he		*Uyumakta olmayacak mı?*
	she		*Uyumakta olmayacak mı?*
	it		*Uyumakta olmayacak mı?*
	we		*Uyumakta olmayacak mıyız?*
	you		*Uyumakta olmayacak mısınız?*
	they		*Uyumakta olmayacaklar mı?*

'I' ve **'we'** özneleri ile beraber **'shan't'** kullanılabilir.

Shan't I **have been** answer**ing** the questions for two hours **at this time tomorrow?**
Yarın bu vakitler iki saattir soruları cevaplamakta olmayacak mıyım?

Shan't we **have been** danc**ing** for hours **at this time tomorrow?**
Yarın bu vakitler saatlerdir dans ediyor olmayacak mıyız?

4.2 **'Will'** veya **'shall'** özneden önce, **'not'** özneden sonra kullanılarak:

Will	I	**not have been** work**ing** for hours?	
	you		
	he		
	she		
	it		
	we		
	you		
	they		

Shall I **not have been** help**ing** you?
Sana yardım etmekte olmayacak mıyım?

Will I **not have been** travel**ling** all day tomorrow?
Yarın bütün gün yolculuk etmiş olmayacak mıyım?

Will they **not have been** sleep**ing** all night?
Bütün gece uyumuş olmayacaklar mı?

The boss will be here in an hour. **Will** you **not** have been waiting for him when he comes?
Patron bir saat sonra burada olacak. Geldiğinde onu bekliyor olmayacak mısın?

Yukarıdaki sorulara **"Yes"** ve **"No"** ile kısa cevaplar verebiliriz.

Kısa olumlu cevaplarımız:		
	I	
	you	
	he	
Yes,	she	**will.**
	it	
	we	
	you	
	they	

Kısa olumsuz cevaplarımız:		
	I	
	you	
	he	
No,	she	won't.
	it	
	we	
	you	
	they	

B. Kullanıldığı Yerler

Gelecek bir zaman noktasında **bir süredir devam etmekte olacak olan olaylar** için kullanılır. Çok sık kullanılan bir zaman değildir.

I **will have been living** in this flat for 13 years.

past   now   June   July

By the end of June, I **will have been** living in this flat for thirteen years.
*Haziran sonunda, on üç yıldır bu dairede **oturuyor olacağım**.*

I **will have been** flying to London for an hour at this time tomorrow.
*Yarın bu vakitler **bir saattir** Londra'ya **uçuyor olacağım**.*

At this time next week, I **will have been** working for this company for 20 years.
*Gelecek ay bu vakitler **20 yıldır** bu şirkette **çalışıyor olacağım**.*

When the bell rings, I**'ll have been** teaching for eight hours today.
Zil çaldığında bugün sekiz saattir ders veriyor olacağım.

I **will have been** wearing these glasses for five years next week.
Gelecek hafta bu gözlükleri beş yıldır takıyor olacağım.

Tim had a serious operation. Tomorrow, he **will have been** staying in bed for two weeks.
Tim ciddi bir ameliyat oldu. Yarın iki haftadır yatakta yatıyor olacak.

EXERCISE 207

Aşağıdaki cümlelerde verilen fiilleri **Future Perfect Continuous Tense'de** kullanınız.

1. At this time tomorrow, I .... (**take**) a test for an hour.

2. At this time next year, I .... (**have**) a holiday in Antalya for a week.

3. At this time next year, I .... (**live**) in İstanbul for 10 years.

4. At ten o'clock this evening, I .... (**fly**) to London for two hours.

5. By the end of the year, Mehmet ....(**play**) for Beşiktaş for eight years.

6. Next month, I .... (**climb**) mountains for twelve years.

7. By the time we get home, they .... (**play**) football for half an hour.

8. She .... (**dance**) for an hour at nine o'clock.

9. It .... (**rain**) for five days by then.

10. I ....(**wait**) here for an hour when the clock strikes 12.

11. She ....(**teach**) mathematics here for twelve years by this time next week.

12. They .... (**sleep**) for twelve hours when the clock strikes 11.

13. They .... (**travel**) for two days when they get to Erzurum.

14. I ....(**learn**) for seven years by the end of this year.

EXERCISE 208

Aşağıdaki cümleleri İngilizce'ye çeviriniz.

1. Bu ay sonunda yedi yıldır İngilizce öğreniyor olacağım.

   ....

2. Gelecek hafta altı aydır iş arıyor olacağım.

   ....

3. Gelecek ay 10 yıldır sigara içiyor olacağım.

   ....

4. Bu ayın sonunda Metin Akpınar 40 yıldır rol yapıyor olacak. act– rol yapmak

   ....

5. Bu ayın sonunda sekiz yıldır bu şirkette çalışıyor olacağım.

   ....

6. Yarın bu saatte iki saattir Ankara'ya direksiyon sallıyor olacağım.

   ....

7. Gelecek ay 10 yıldır kitap yazıyor olacağım.

   ....

8. Gelecek hafta dört yıldır Kadıköy'de oturuyor olacağım.

   ....

9. Gelecek yıl bu vakitler Hakan onbeş yıldır futbol oynuyor olacak.

   ....

10. On dakika sonra, tam 10 saattir uyuyor olacak.

   ....

83   The (2)

1. School, university, hospital, prison, church

Öğrenci-okul, hasta-hastane, mahkum-hapishane, ibadet eden-kilise, uyuyan-yatak gibi kişi ile yer arasında organik bir bağ var ise, **o yerde** veya **oraya** anlamlarında kullanılırken **'the'** kullanılmaz.

My brother is a student. He's **at school** now. He goes **to school** every day.

John was arrested last week. He's **in prison** now.

My father had an accident yesterday. He was taken **to hospital**. He's in hospital now.

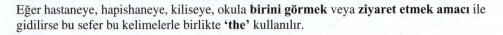

Mr. Brown is a religous man. He goes **to church** every Sunday. Today is Sunday so he's **at church** now.

When Bora finishes high school, he wants to go **to university**.

Eğer hastaneye, hapishaneye, kiliseye, okula **birini görmek** veya **ziyaret etmek amacı** ile gidilirse bu sefer bu kelimelerle birlikte **'the'** kullanılır.

My father went to **the** school to see my brother's English teacher.
Babam kardeşimin İngilizce öğretmenini görmek için okula gitti.

Mary went to **the** prison to visit her boy-friend.
Mary erkek arkadaşını ziyaret etmek için hapishaneye gitti.

I'm going to **the** hospital to visit my father.
Babamı ziyaret etmek için hastaneye gidiyorum.

2. bed, work, home

Bed, work ve **home** kelimeleri ile birlikte **'the'** kullanılmaz.

It's very late. I'm going to **bed**.

Ama belli bir yataktan, üniversiteden bahsederken **'the'** kullanılır.

He's sitting on **the** bed.

We got **home** at seven yesterday.

Mike is at **work** now.

Mary has gone **home**. She must be at **home** now.

English Grammar Today

EXERCISE 209

Aşağıdaki boşluklarda gerekiyorsa 'the' kullanınız.

1. After the accident, the drivers were taken to .... hospital.

2. Jennifer is in........... hospital. I'm going to .... hospital to visit her.

3. Are your children at .... school today?

4. Jack's father is a regular churchgoer. He goes to ...... church every Sunday.

5. I'm feeling tired. I'm going to .... bed.

6. Can you tell me where .... university is?

7. My father has always been very healthy. Believe me he has never

   been in .... hospital yet.

8. I didn't go out last night. I was at .... home.

9. When I was going to .... work this morning I met Suzanne.

10. A lot of people are in .... prison because of their political opinions.

11. I will go to .... prison to visit one of my friends tomorrow.

12. My sister works at a hospital as a secretary. She goes to ...... hospital every day.

13. I start .... work at eight every morning.

14. A lot of people go to .... church on Sundays in the western countries.

15. This is .... university I graduated from.

16. What time do you usually go to .... bed?

17. There are two pillows on .... bed.

18. My brother wants to study engineering at .... university.

19. What time do you usually finish .... work?

20. Arthur and Mary went to .... church to see the vicar.

3. The whale, the guitar, the bicycle

Bir hayvan veya bir araç türünden bahsederken 'the' kullanılır.

The whale is the biggest of all animals.
The plane is the fastest means of transport.
I play **the guitar.**

4. The + Adjective

'**The**' bir sıfat ile birlikte kullanıldığında bir **insan grubunu** ifade eder.

the young	– gençler	**the old**	– yaşlılar
the poor	– fakirler	**the disabled**	– sakatlar
the rich	– zenginler	**the homeless**	– evsizler
the injured	– yaralılar	**the dead**	– ölüler

We should build more pensions for **the old**.
Yaşlılar için daha fazla bakımevi açmalıyız.

The injured were taken to hospital.
Yaralılar hastaneye götürüldü.

5. The + Nationality

the French	**the British**	**the Chinese**	**the Dutch**	**the Irish**
the Spanish	**the Americans**	**the Russians**	**the Italians**	**the Japanese**

The Chinese invented paper.
Kağıdı Çinliler icat etti.

Yukarıdaki milliyetler tekil yazıldıkları halde çoğul anlam taşırlar.
Bazı milliyetler çoğul yazılır.

The Turks, the Americans, the Scots, the Mexicans, the Italians

The Americans like travelling.
Amerikalılar seyahat etmesini sever.

6. Names

Kıta, ülke, eyalet, bölge, şehir kasaba, köy ve dağ, ada ve **göl** adları '**the**'sız kullanılır.

Asia, England, Mt. Ararat gibi.

6.1 Cumhuriyet (Republic), Krallık (Kingdom), Devletler (States), Birlik (Union)
derken '**the**' kullanılır.

the United States, the Turkish Republic, the United Kingdom gibi.

6.2 Okyanus, deniz, ırmak isimleri ile beraber 'the' kullanılır.

the Atlantic Ocean, the Blacksea, the Mediterranean Sea, the Nile, the Rhine

6.3 Dağ isimleri ile beraber 'the' kullanılmaz dedik ama sıra dağlarla birlikte 'the' kullanılır.

The Alps, The Urals, the Himalayas, the Rocky Mountains, the Taurus

Aynı şekilde **çoğul isimlerle** (Aile adı), **çoğul ülke** ve **takım adalar** ile birlikte **'the'** kullanılır.

the Newtons, the Whites, the Browns, the Canaries, the Bahamas, the Princess Islands

the east of Turkey   eastern Turkey
the south-west of England   south-western England

Erzurum is in **the east of Turkey**.
Samsun is in **northern Turkey**.

South Africa   North America   South Europe

6.4 Sokak, meydan, alan ve **park** isimleri ile birlikte 'the' kullanılmaz.

Taksim Square, Istiklal Street, Piccadilly Circus, Yıldız Park

6.5 İlk kelimesi özel isim olan iki kelimeli yer adları ile beraber 'the' kullanılmaz.

Atatürk Airport, Haydarpaşa Station, Beylerbeyi Palace

Çoğu diğer otel, lokanta, bina, tiyatro, sinema, müze, galeri, gazete ve **organizasyon** adları ile birlikte **'the'** kullanılır.

the Marmara Hotel, the Red Dragon Restaurant, the Hürriyet, the IBM

6.6 Mağaza, banka, otel, lokanta, kilise kuran ve **başlatan kişilerin adları** ile anılan yer isimlerinde **'the'** kullanılmaz. **İyelik halleri ('s) 'the'** almaz.

McDonalds, Yaşarbank, Harrods, St.Pierre Church, Durrant's (hotel) gibi.

6.7 ......of ...... şeklindeki yer isimleri ile beraber **'the'** kullanılır.

The Houses of Parliement, the Tower of London, the Gulf of Mexico

6.8 Work and office

work = place of work (iş yeri) anlamında 'the' olmadan kullanılır.

He's gone to work. He's at work now.

Office 'the' ile birlikte kullanılır. He's in the office now.

EXERCISE 210

Aşağıdaki boşluklarda eğer gerekiyorsa 'the' kullanınız.

1. They are staying at .... Station Hotel.

2. Do you know where .... Atlantic Ocean is?

3. I've been to .... Hyde park twice.

4. John is a reporter. He works for .... Times.

5. My brother is a student at .... Istanbul University.

6. ....Atlantic Ocean is between ....Europe and ...... America.

7. We are going to .... Kent Cinema tonight.

8. If you're looking for a hotel, I would recommend .... Holiday Inn.

9. .... Canaries are a group of islands in .... Atlantic Ocean.

10. .... south of Türkiye is warmer than .... north.

11. ....Mt. Everest is on .... Himalayas.

12. .... River Kızılırmak flows into .... Blacksea.

13. Last year we went skiing on .... Alps.

14. .... Passific Ocean is between .... Asia and .... America.

15. .... Japan is a country in .... Passific Ocean.

16. ....Ankara is the capital of ....Turkey.

17. They sent him to .... USA.

18. We arrived at .... Gatwick Airport at 11 p.m. on Sunday.

19. ....Great Wall of China is the longest wall in the world.

20. You should go to .... Tate Gallery. There are great paintings there.

21. He's on the way to .... work.

22. The restaurant is next to .... St. Pierre Church.

23. I met her in .... Taksim Square.

84   in / on / at (3)

1. in / on / at the corner

1.1 in the corner of the room

Mehmet is standing **in the corner of the classroom.**
Mehmet sınıfın köşesinde ayakta duruyor.

There is a small table **in the corner of the room.**
Odanın köşesinde küçük bir masa var.

1.2   at / on the corner of a street

There is a white house **at the corner of the street.**
Sokağın köşesinde küçük bir ev var.

Jack is standing **on the corner of the street.**
Jack sokağın köşesinde duruyor.

2. in / at the back

2.1   in the back of a car

Children should sit **in the back of the car.**
Çocuklar arabanın arkasında oturmalı.

She injured very badly because she was sitting **in the front of the car.**
Çok kötü yaralandı, çünkü arabanın önünde oturuyordu.

2.2   at the back of a building / cinema / group of people

There was a ladder in the garden **at the back of** the house.
Evin arkasındaki bahçede bir merdiven vardı.

I was sitting **at the back** so I couldn't see very well.
Arkada oturuyordum bu yüzden iyi göremedim.

Why are you sitting **at the back**? You can't hear the teacher very well.
Niye arkada oturuyorsun? Öğretmeni iyi duyamazsın.

Tim is standing **at the front of the group**.
Tim grubun önünde duruyor.

Liz is **at the back of the group.**
Liz grubun arkasında.

2.3   **in the back / front row**

I don't like sitting **in the front row.**
Ön sırada oturmaktan hoşlanmam.

I used to sit **in the back row** when I was at school.
Ben okuldayken arka sırada otururdum.

3. on the back / on the front of an envelope / a piece of paper

You should write the address **on the front of the envelope.**
Adresi zarfın önüne yazmalısın.

He wrote my phone number **on the back of a small paper.**
Telefon numaramı küçük bir kağıdın arkasına yazdı.

4. on a map / a menu / a farm

There are two small lakes **on the map.**
Haritada iki küçük göl var.

What's **on the menu**?
Menüde ne var?

There are some houses and a lot of sheep **on the farm.**
Çiftlikte bir kaç ev ve bir sürü koyun var.

5. on a river / a road / the coast

Samsun is a beautiful city **on the Black Sea coast.**
Samsun Karadeniz sahilinde güzel bir şehirdir.

There is a heavy traffic **on the road.**
Yolda yoğun bir trafik var.

There are some small islands **on the river.**
Irmak üzerinde birkaç küçük ada var.

6. in a queue / in a mirror

John has been standing **in the queue for an hour.**
John bir saattir kuyrukta dikiliyor.

Liz is looking at herself **in the mirror.**
Liz aynada kendisine bakıyor.

EXERCISES 211

Aşağıdaki boşluklarda **"in, on** ve **at"** edatlarından birini kullanınız.

1. George is standing .... the ticket queue.

2. Darren lives .... the second floor.

3. Tom works .... a farm.

4. The post office is .... the right of the street.

5. The lamp is .... the corner of the street.

6. Mike is looking at himself .... the mirror.

7. I saw Jane sitting .... the front row of the cinema.

8. The oldman who is standing .... the corner of the street is Jane's

   grandfather.

9. I don't let my children sit .... the front of the car.

10. It's a lovely day. There are no clouds ...... the sky.

11. You should write your name and address .... the envelope.

12. Adana is .... the south coast of Turkey.

13. Children shouldn't play .... the street.

14. Can you recognize me .... the photograph?

15. My office is .... the left as you come out of the lift.

16. Why are you sitting .... the back? You can't see the blackboard well.

17. Is there another exit .... the back of the building?

18. He wrote my telephone number .... a piece of paper.

19. Mary and Arthur are sitting .... the dark corner of the cafe.

20. Who's that sitting .... the middle .... the front of the group?

85   Conjunctions

Conjunctions – Bağlaçlar

Bağlaçları anlam ve görevlerine göre aşağıdaki gibi sınıflandırabiliriz.

Time	after, before, when, while, as soon as, until, since, once
Addition	and, as well as, in addition to, besides, what's more, morever
Contrast	but, although, while, whereas, even though, if, in spite of, despite
Reason & result	because, as, since, so, therefore, consequently
Purpose	in order to, so that
Condition	if, unless, in case, so, as long as, provided that, providing

and– Ve (Paralel anlam)

It was snowing heavily **and** it was very cold.
Yogun kar yağıyordu ve hava çok soğuktu.

The room was very comfortable **and** (it was) very clean.
Oda çok konforlu ve çok temizdi.

but – ama, fakat (Zıt anlam taşır ve kendisinden önce virgül kullanılır.)

The car was beautiful, but it was too expensive for me to buy,
Araba çok güzeldi ama satın almam için haddinden fazla pahalıydı.

Climate change may alter the genetic composition of species, **but** assessment of any shift in this respect requires genetic data sampled over time. **(KPDS Kasım / 2007)**
İklim değişikliği türlerin genetik yapısını değiştirebilir, ama takdir olunan her değişiklik zaman içinde örneklendirilmiş genetik veri gerektirir.

or – yada, yoksa, eğer yapmazsak (kendinden önce virgül alır)

You must hurry, or you will miss the first lesson.
Acele etmelisin, yoksa ilk dersi kaçıracaksın.

yet – fakat, ama (virgülden sonra gelir)

Hybrid cars are certainly a step in the right direction, yet it is not possible to go much further without any breakthrough in battery technology. **(KPDS Kasım / 2007)**
Hybrid arabalar kesinlikle doğru istikamette bir adımdır, ama pil teknolojisinde bir atılım yapmadan daha ileri gitmek mümkün değildir.

They didn't play well, **yet** they won the match.
İyi oynamadılar, ama maçı kazandılar.

as a result – sonuç olarak

As a result of the crisis in the far east, unemployment is increasing.
Uzak Doğudaki krizin sonucu olarak işsizlik yükseliyor.

She died **as a result** of her injuries.
Yaralarının sonucu olarak öldü.

as long as – sürece

As long as it doesn't rain, we can play.
Yağmur yağmadığı sürece oynayabiliriz.

My parents don't care what job I do **as long as** I'm happy.
Anne-babam mutlu olduğum sürece ne iş yaptığıma aldırmazlar.

as well as – kadarıyla, yanısıra

As well as I know, they aren't married.
Bildiğim kadarıyla evli değiller.

She's a talented musician **as well as** being a photoghrapher.
Bir fotoğrafçı olmasının yanısıra usta bir müzisyendir

besides – yanısıra, üstelik

Besides losing my job, my wife has left me recently.
İşimi kaybetmemin yanısıra karım geçenlerde beni terketti.

I don't like that car; **besides**, it's too expensive.
Şu arabayı beğenmiyorum; üstelik çok pahalı.

consequently – bunun sonucu olarak, bu nedenle

My car broke down and **consequently** I arrived home rather late.
Arabam bozuldu bu nedenle eve oldukça geç vardım.

furthermore – dahası, üstelik, bundan başka

I lost my job, **furthermore** my car was stolen.
İşimi kaybettim, dahası arabam çalındı.

for – çünkü (paralel anlam)

I don't want to leave Helen, for I love her very much.
Helen'ı bırakmak istemiyorum çünkü onu çok seviyorum.

for that reason – bu nedenle

There's an economic crisis in the country, **for that reason** I'm idle all week.
Ülkede ekonomik kriz var bu nedenle bütün hafta işsiz dolaşıyorum.

so – bu nedenle

Comets are thought to have changed very little over the last four billion years, **so** their composition should hold clues to the origin of the solar system. (ÜDS 2007)
Gök taşlarının son dört milyar yıldır değişmediği düşünülüyor, bu nedenle yapıları güneş sisteminin oluşumuna ait ip ucları taşımalı.

however – buna rağmen, bununla birlikte, yine de

The conditions on the back home were very bad, **however**, they arrived home by seven o'clock.
Eve dönüşte koşullar çok kötüydü buna rağman saat yediden önce eve vardılar.

in addition – üstelik, bundan başka

I'm going to have my car repaired. **In addition** I'm going to have it painted.
Arabamı tamir ettireceğim. Bundan başka onu boyatacağım.

in addition to – ek olarak

In addition to doing the washing up, I did the ironing.
Çamaşırları yıkamaya ek olarak ütüyü de yaptım.

In addition to these arrangements, 300 hundred policemen will be on duty till morning.
Bu düzenlemelere ek olarak 300 polis sabaha kadar nöbette olacak.

in fact / as a matter of fact – gerçekte, aslında

I admit I don't work very hard. **In fact** I work less than the others.
Çok fazla çalışmadığımı kabul ediyorum. Gerçekte diğerlerinden daha az çalışıyorum.

instead of – yerine

Instead of going to the doctor, she visited a faith healer.
Bir doktora gideceğine bir hocaya gitti.

instead – yerine

I wanted to go to Edinburg, but **instead** I went to Glasgow.
Edinburg'a gitmek istiyordum ama onun yerine Glasgow'a gittim.

morever – bundan başka, üstelik, dahası

I've been in bed for two weeks, **morever**, I've been suffering from recurrent bouts of malaria.
İki haftadır yataktayım üstelik yeniden sıtma nöbeti geçiriyorum.

It's too late to go for a walk, **morever**, it's beginning to rain.
Yürüyüşe çıkmak için çok geç üstelik yağmur yağmaya başlıyor.

on the other hand – diğer yanda

It's cheap, but **on the otherhand** the quality is poor.
Ucuz ama öte yanda kalitesi düşük.

otherwise – aksi takdirde

Do what you have been told; **otherwise** you will be punished.
Sana söyleneni yap aksi takdirde cezalandırılacaksın.

Take a taxi; **otherwise** you will be late for the meeting.
Taksi tut; aksi takdirde toplantıya geç kalacaksın.

providing / provided that – eğer, şu şartla ki, şartıyla

Providing you uphold your end of bargain, I will sign your contract.
Pazarlığın sonunu onaylarsan kontratını imzalayacağım.

I will agree to your terms and conditions **provided that** the money is lodged in my account.
Paranın hesabıma yatırılması şartıyla şartlarını kabul edeceğim.

therefore– bu yüzden

My new boots are lighter and softer, and **therefore** they are more comfortable to wear.
Yeni botlarım daha hafif ve daha yumuşak, ve bu yüzden giymesi daha rahat.

She was ill, **therefore** she couldn't attend the party.
Hastaydı bu yüzden partiye katılamadı.

what's more – dahası, üstelik

He's very dirty, **what's more** he smells very bad.
Çok kirli, üstelik çok kötü kokuyor.

whereas – halbuki

I earn $ 10,000 a year, **whereas** my wife earns at least $ 20,000.
Ben yılda 10,000 dolar kazanıyorum, halbuki karım en az 20,000 dolar kazanıyor.

We thought she was very arrogant, **whereas** in fact she was very shy.
Kendini beğenmişin biri olduğunu sandık, halbuki gerçekte çok utangaçtı.

that's why – bu nedenle

Tom had to work all week. **That's why**, he couldn't go camping with the others.
Tom bütün hafta sıkı çalışmak zorunda kaldı. Bu nedenle diğerleriyle kampa gidemedi.

similarly, correspondingly, in the same way – aynı şekilde

Long vehicles must slow down in the city center. **Similarly**, other vehicles must also keep slow.
Uzun araçlar şehir merkezinde yavaşlamalı, aynı şekilde diğer araçlar da yavaş gitmeli.

86 Adverbs of degree

Adverbs of Degree – Derece Zarfları

1. A lot, a bit, much, so much, as much, more, most, better, best

1.1 **A lot, a bit, much, very much, so much** ve **as much** kendi başlarına birer zarf olarak kullanılabilirler.

> I love her **a lot.**
> *Onu çok seviyorum.*
>
> I don't like tea **very much.**
> *Çayı pek fazla sevmem.*

1.2 **Very much** olumlu ve olumsuz,
"**much**" sadece olumsuz cümlelerde kullanılır.

> She **likes** working **very much**.
> *Çalışmayı çok fazla sever.*
>
> I **don't** drink coffee **much.**
> *Fazla kahve içmem.*

1.3 **A lot, a bit, a little, much, very much, so much** sıfatlar veya zarfların üstünlük halleri ile birlikte kullanılabilirler.

> She's **a lot fatter** now.
> *Şimdi çok daha şişman.*
>
> Can you speak **a bit more** slowly?
> *Biraz daha yavaş konuşabilir misiniz?*

1.4 **A bit, a little** sadece sıfatlarla birlikte kullanılabilir.

> The sleeves of the jacket are **a bit long**.
> *Ceketin kolları biraz uzun.*
>
> My father is **a bit nervous** today.
> *Babam bugün biraz sinirli.*

1.5 **More, less, better, worse** gibi sıfatların üstünlük dereceleri kendi başlarına derece zarfı olarak kullanılabilirler.

> I sleep **more** these days.
> *Bugünlerde daha fazla uyuyorum.*
>
> You're gaining weight. You should eat **less**.
> *Kilo alıyorsun. Daha az yemelisin.*

1.6   **A lot, a bit, much, very much, so much** zarfları **more, less, better** ve **worse**'dan önce kullanılabilirler.

I'm **much worse** today.
Bugün daha kötüyüm.

Today, the weather's **a bit better** than yesterday.
Bugün hava dünkünden biraz daha iyi.

1.7   **Most, least, best** ve **worst** fiillerin **Past Participle** hallerinden oluşmuş **sıfatlarla** birlikte kullanılabilirler.

She's **the best paid** top model.
O, en çok ücret alan top modeldir.

He's **the least known** politician.
O, en az tanınan politikacıdır.

EXERCISE 212

Boşluklarda "**a bit, a lot, much, very much, less, more, least**" ve "**most**" gibi derece zarflarından birini kullanınız.

1. I don't watch TV .... and nowadays I watch ....

2. Nowadays people don't read .... instead they watch TV

....

3. Sometimes I get .... bored.

4. I don't like tea but I like coffee ....

5. I like living in Istanbul ....

6. I used to sleep ....

7. I get on with him .... than the others.

8. The weather was .... colder than we expected.

9. I like this colour the ....

10. He earns .... less than his wife.

87   Order of Adjectives

1. Adjective – Sıfat

İsimleri tanımlayan, anlamlarına bir şey katan kelimelere **sıfat** denir.
Sıfatlar türlerine göre altıya ayrılırlar.

1. Demonstrative Adjectives – İşaret Sıfatları

This, that, these, those

2. Distributive Adjectives - Üleştirme Sıfatları

Each, every, either, neither

3. Quantitiy Adjectives – Nicelik Sıfatları

One, two, some, any, no, a little, a few, many, much, a lot of, lots of

4. Interrogative Adjectives – Soru Sıfatları

Which, what, whose

5. Possessive Adjectives – İyelik Sıfatları

My, your, his, her, its, our, their

6. Defining Adjectives – Nitelik Sıfatları

Hot, cold, intelligent, beautiful, comfortable etc.

1.1 İşaret sıfatları dışında sıfatların çoğul veya tekil şekilleri yoktur.

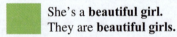
She's a **beautiful girl.**
They are **beautiful girls.**

1.2   İşaret sıfatlarında **THIS**'in çoğul hali **THESE**, **THAT**'in çoğul hali **THOSE** olur.

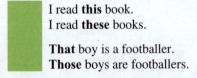
I read **this** book.
I read **these** books.

That boy is a footballer.
Those boys are footballers.

1.3   Nitelik Sıfatlarının dışındaki sıfatlar sadece isimden önce kullanılırlar.

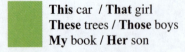
This car / **That** girl
These trees / **Those** boys
My book / **Her** son

1.4 Nitelik Sıfatları isimlerden önce:

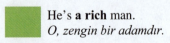
He's **a rich** man.
O, zengin bir adamdır.

She's **a clever girl.**
O, zeki bir kızdır.

Veya **be, become, seem, get, grow, appear, make, keep, smell, sound, feel, touch, turn** gibi fiillerden sonra kullanılabilirler.

This car **is new**.
Bu araba yeni.

She **looks happy**.
Mutlu görünüyor.

I **feel cold**.
Üşüyorum.

It **smells awful**.   It smells awful.
Berbat kokuyor.

Her excuse **sounds reasonable**.
Onun mazereti mantıklı görünüyc

This soup **tastes wonderful.**
Bu çorbanın tadı şahane.

My hair has **turned grey**.
Saçlarım kırlaştı. (Grileşti)

2. Sıfatların sıralanışı

Aşağıdaki sıfat tamlamalarında sıfatların kullanılış sırasını inceleyiniz.

A handy small computer.
Kullanışlı, küçük bir bilgisayar.

An old brown carpet.
Eski, kahverengi bir halı.

A cheap little Russian Restaurant.
Ucuz, küçük bir Rus lokantası.

A lovely warm Italian house.
Sevimli, sıcak bir İtalyan evi.

A nice strong Turkish coffee.
İyi, sert bir Türk kahvesi.

An ambitious young French man.
Hırslı, genç bir Fransız adam.

Our last few wonderful vacation days.
Son birkaç şahane tatil günlerimiz.

İngilizce'de sıfatlar genellikle aşağıdaki tabloda gösterildiği dizilişte sıralanırlar.

No Sayı	Opinion Fikir	Size/age/shape Ebat/yaş/şekil	Colour Renk	Origin Menşei	Material Maddesi	Purpose Amaç	Noun İsim
A Two Some Many	lovely smart charming comfortable fine cheap valuable pretty	large square antique rectangular new young round big/small modern middle-aged	red brown white yellow black orange beige gray	Chinese German French Japanese French	silver wool wooden plastic leather gold cotton woman	fountain sports dining running coffee beach	pen cups table bag frames vase armchair cat medal shoes umbrellas

EXERCISE 213

1. plastic / narrow / long / rulers / two

....

2. handsome / young / a / man / tall

....

3. historical / an / exciting / French / film

....

4. square / large / garden / green / a

....

5. watch / silver / antique / Swiss / an

....

6. yellow / paper / large / bags

....

7. iron / long / wide / bars / Russian

....

8. lovely / young / Turkish / girl / a

....

9. leather / an / wallet / old / ordinary

....

10. new / a / red / shirt / wool

....

11. first / balls / two / big / the / plastic / red

....

12. wool / scarf / new / long / my / blue

....

English Grammar Today

88   Knowing & Having known

Fiillerin '–ing' halleri cümle içinde çeşitli görevlerde bulunurlar.

1. 'Be' yardımcı fiili ile birlikte kullanılarak 'continuous' cümleler oluştururlar.

She**'s having** a bath now.
Şimdi banyo yapıyor.

2. Fiillerin '-ing' halleri **sıfat** olarak kullanılırlar.

shopping list	– alışveriş listesi
reading room	– okuma odası
sitting room	– oturma odası
boiling water	– kaynar su
freezing cold	– dondurucu soğuk
leaking pipes	– akıtan borular
dripping taps	– damlayan musluklar
booking office	– bilet gişesi

3. '–ing', see /hear / smell / listen to / notice ve watch fiilleri ile birlikte, o an için, olayın devam ettiğini gösterir.

I saw her **walking** across the street.
Onu sokağı geçerken gördüm. (Gördüğümde sokağı geçiyordu.)

I heard her **singing**.
Şarkı söylediğini duydum.

I smelt something **burning**.
Bir yanık kokusu aldım.

Eylem tamamlanmışsa fiilin "**infinitive**" (yalın) hali kullanılır.

I saw her **cross** the street.
Sokaktan karşıya geçtiğini gördüm.

I watched them **play** tennis.
Onların tenis oynamalarını seyrettim. (Baştan sona.)

4.   Catch / find ve **leave** fiilleri ile beraber:

I **found** him sleep**ing** on the floor.
Onu yerde uyuyor buldum.

She **caught** me looking at her photographs.
Beni fotoğraflarına bakarken yakaladı.

I **left** them **watching** television.
Onları televizyon seyrediyor bıraktım.

5. Go / come / spend / waste / be busy fiilleri ile birlikte:

She **was busy doing** her homework.
Ödevini yapmakla meşguldü.

He **spent** a lot of time **taking** photographs.
Fotoğraf çekerek çok vakit harcadı.

She **spent** whole afternoon **waiting** for her boyfriend.
Bütün öğleden sonrasını erkek arkadaşını bekleyerek geçirdi.

6. As / since / because cümleciğinin yerine '**–ing**'.

As he feared that the police would recognize him, he didn't go out in the daylight.
Fearing that the police would recognize him he didn't go out in the daylight.
Having feared that ...
Polisin onu tanımasından koktuğu için gündüzleri dışarı çıkmadı.

As he didn't know the language and had no friends, he found it difficult to get a job.
Not knowing the language and **having** no friends, he found it difficult to get a job.
Not having known ...
Dil bilmediği ve hiç arkadaşı olmadığı için bir iş edinmeyi zor buldu.

As he was an architect, he was interested in old buildings.

Being an architect, he was interested in old buildings.
Having been …
Mimar olduğu için eski binalarla ilgilendi.

Since he realized that he didn't have enough money to buy the house, he decided to sell his car.

Realizing that he didn't have enough money to buy the house, he decided to sell his car.
Having realized that …
Evi almak için yeterli parası olmadığını anladığı için arabasını satmaya karar verdi.

7. Aynı öznenin iki eylemi aynı anda gerçekleştirdiği durumlarda iki eylemden biri '**–ing**' olarak ifade edilir.

He left the room. He smiled as he left the room.

He left the room **smiling**.
Gülerek odadan ayrıldı.

He opened the drawer and took out a piece of paper.

Opening the drawer, he took out a piece of paper.
Having opened ...
Çekmeceyi açarak bir kağıt çıkardı.

8. The man **who's sitting in the waiting room** wants to see you.

Yukarıdaki cümle bir **Relative Clause**'dur. Bu cümlede Relative Clause'un öznesi düşerek aynı cümle aşağıdaki gibi yazılabilir.

The man **sitting in the waiting room** wants to see you.
Bekleme odasında oturan adam seni görmek istiyor.

The secretary **who's dictating the letter** looks tired.
The secretary **dictating the letter** looks tired.
Mektubu dikte eden sekreter yorgun görünüyor.

9. İkinci eylem birincisinin sonucu olduğu durumlarda ikinci eylem '**–ing**' (Gerund) olarak yazılır.

He went out. He slammed the door after him.
He went out **slamming** the door after him.
Kapıyı arkasından çarparak dışarı çıktı.

He fell down. He stroke his head against the wall.
He fell down **striking** his head against the door.
Kafasını duvara çarparak yere düştü.

10. **After + '–ing', After + having + Past Participle**

After I had shaved, I drank a cup of coffee.

After shaving, I drank a cup of coffee.
After having shaved, I had a cup of coffee.
Traş olduktan sonra bir fincan kahve içtim.

After they had finished their work, they went to the nearest pub to have a drink.

After finishing their work, they went to the nearest pub to have a drink.
After having finished their work, they went to the nearest pub to have a drink.
İşlerini bitirdikten sonra bir içki içmek için en yakın pub'a gittiler.

11. **Having been + past participle (passive yapılarda)**

He **was caught** and put in prison.
Having been caught, he was put in prison.
Yakalanarak hapse kondu.

After the house **had been painted** it was sold.
After having been painted, the house was sold.
Boyandıktan sonra ev satıldı.

The plates **were washed** and put away.
Having been washed, the plates were put away.
Yıkandıktan sonra tabaklar kaldırıldı.

He **was promoted** and sent to the U.S.A.
Having been promoted, he was sent to the U.S.A.
Terfi ettirilerek Amerikaya gönderildi.

All the letters **were read** and torn out.
Having been read, all the letters were torn out.
Okunduktan sonra bütün mektuplar yırtıldı.

12   Before + ing

Mrs. White swept the floor. Mr. Smith dusted the shelves. Mrs. White turned out the lights. Then she left the building.

Mrs. White swept the floor, dusted the shelves, and turned out the lights **before leaving** the building.

Before leaving the building, Mrs. White swept the floor, dusted the shelves, and turned out the lights.
Evden ayrılmadan önce, Bayan White yerleri süpürdü, rafların tozunu aldı ve ışıkları kapattı.

EXERCISE 214

Aşağıdaki fiilleri '**–ing**' halinde kullanarak sıfat tamlaması elde ediniz.

Example: board – iron = **ironing board**

1. well – wish   ....
2. device – record   ....
3. child – laugh   ....
4. play – excite   ....
5. clean – fluid   ....
6. needle – darn   ....
7. place – meet   ....
8. paper – write   ....
9. utensil – cook   ....
10. machine – weigh   ....
11. machine – wash   ....
12. machine – sew   ....

13. pool – swim   ....
14. costume – swim   ....
15. gloves – drive   ....
16. weather – freeze   ....
17. stick – walk   ....
18. implement – garden   ....
19. person – charm   ....
20. needle – knit   ....

EXERCISE 215

Örneğe benzer cümleler kurunuz.

Example 1:   I saw Paul. He was parking his car in front of his shop.
I saw Paul **parking** his car in front of his shop.

Example 2:   I saw Paul. He parked his car in front of his shop.
I saw Paul **park** his car in front of his shop.

1. The doctor examined his patient. I watched him.

   ....

2. I burnt the cake. I smelt it.

   ....

3. Dr. Newton examined my foot. I felt it.

   ....

4. The crowd were waiting to get into the hall. I saw them.

   ....

5. The students were leaving the classroom. The headmaster saw them.

   ....

6. Hülya Avşar was rehearsing for the show. I heard her.

   ....

7. The boat left the bay. I saw it.

   ....

8. Sally broke the vase. I noticed it.

   ....

9. They were having a party next door last night. I heard them.

   ....

10. George skated yesterday. I watched him.

   ....

11. My mother came down the stairs. I heard her.

   ....

12. The robbers were being taken to the police station. I saw them.

   ....

13. I caught him. He was trying to steal my car.

   ....

14. I found her. She was lying on the beach.

   ....

EXERCISE 216

Örneklere benzer cümleler kurunuz.

Example 1:   He worked in London. He made a lot of money.
Working in London, he made a lot of money.
Having worked in London, he made a lot of money.

Example 2:   I was very hungry. I ate a loaf of bread.
Being hungry, I ate a loaf of bread.
Having been hungry, I ate a loaf of bread.

1. Tom was in the bathroom. He couldn't hear the bell.

....

2. My father is a doctor. He is very often called out late at night.

....

3. Suzanne heard the bad news. She telephoned Darren.

....

4. Mary hasn't met Dr. Newton before. She wouldn't be able to recognize him.

....

5. Ms. Brown did the shopping in the morning. She was able to play cards with her friends for most of the afternoon.

....

6. The dog was frightened. It ran away.

....

7. Terry isn't a teacher. She can't answer these questions.

....

8. Spencer was at the counter. He was able to serve us.

....

9. I've had breakfast. I'm not hungry.

....

10. I didn't read the book. I didn't know what it was about.

....

11. Mum finished preparing the meal. She called us into the dining room.

....

12. I read the Stock Exchange page in the newspaper. I noticed that I had lost a great deal of money.

....

89 Adverbial Clauses

Cümlelerimizde **zaman, yer, davranış, karşılaştırma, neden, amaç, ayrıcalık** ve **derece** belirten cümleciklere **Zarf Cümlecikleri** (Adverbial Clauses) denir.

1. Adverbial Clauses of Time – Zaman Zarfı Cümlecikleri

After, before, till, until, as, as soon as, as long as, so long as, while, when, whenever, every time, immediately, the sooner, no sooner … than, since, once, the first time, the next time, the last time, hardly … when gibi zaman bağlaçları ile yapılan yan cümleciklerdir.

Main Clause	Subordinate Clause Adverbial Clause of Time
I will have a bath	when I get home.

Eve gidince banyo yapacağım.

I phoned her **as soon as I heard the news.**
Haberi duyar duymaz ona telefon ettim.

I was there **when they were fighting**.
Onlar kavga ediyorlarken ben oradaydım.

You can go **immediately you have finished.**
Bitirir bitirmez gidebilirsin.

I will love you **as long as** I live. / I will love you **so long as** I live.
Yaşadığım sürece seni seveceğim.

The first time I saw her, I loved her very much.
Onu ilk gördüğümde çok sevdim.

The last time I saw Jane she seemed very unhappy.
Jane'i son gördüğümde çok mutsuz görünüyordu.

The next time I see Hillary, **I'll** talk to her about you.
Hillary'i bir dahaki görüşümde, ona senden bahsedeceğim.

I visit the Newtons **every time** I go to London.
Her Londra'ya gidişimde Newton'ları ziyaret ederim.

I would visit the Newtons whenever I **went** to London.
Ne zaman Londra'ya gitsem Newton'ları ziyaret ederdim.

No sooner had he finished his meal **than** he left the restaurant.
Yemeğini bitirir bitirmez lokantadan ayrıldı.

Hardly had she finished her work **when** she left her office.
Ofisinden ayrıldığında işini ancak bitirmişti. / İşini bitirir bitirmez bürosundan ayrıldı.

> **The first time** ve **The last time** geçmiş anılarımızı anlatırken kullanıldığından takip eden cümle **geçmiş zaman** olur. **The next time** *bir daha ki sefer* anlamı taşıdığı için takip eden cümle gelecek zamanda kullanılır.

> **Whenever** ve **every time** genellikle geniş zaman cümlelerde kullanılır. Geçmiş zaman bir cümlede kullanıldıklarında ana cümlede **would** veya **used to** kullanılır.

2. Adverbial Clauses of Place – Yer Zarfı Cümlecikleri

Where, Wherever

Main Clause	Subordinate Clause Adverbial Clause of Time
I'll sleep	where I feel comfortable.

Rahat bulduğum yerde uyuyacağım.

We had a rest **where we found water.**
Su bulduğumuz yerde mola verdik.

You can live **wherever you like.**
İstediğin yerde yaşayabilirsin.

3. Adverbial Clauses of Manner – Hal Zarfı Cümlecikleri

as, how, as if, in the way

Main Clause	Subordinate Clause Adverbial Clause of Manner
She didn't answer me	as I expected.

Beklediğim gibi beni cevaplamadı. (Cevap vermedi, ben de öyle umuyordum.)

She didn't answer me **in the way I expected.**
Beni beklediğim şekilde cevaplamadı. (Umduğumdan farklı cevapladı.)

He's walking **as if he's in a lot of pain.**
Çok ağrısı varmış gibi yürüyor.

You can do it **how you like.**
İstediğin gibi yapabilirsin.

4. Adverbial Clauses of Comparison – Karşılaştırma Zarfı Cümlecikleri

Sıfat ve **zarflarla** beraber yapılan karşılaştırma cümleleridir.

Main Clause	Subordinate Clause Adverbial Clause of Comparison
My husband treats me	more kindly than your husband treats you.

Benim kocam bana senin kocanın sana davrandığından daha nazik davranır.

She doesn't work **as much as I do.**
O, benim çalıştığım kadar çalışmaz.

You work **less than I did at your age.**
Sen, ben senin yaşında iken çalıştığımdan daha az çalışıyorsun.

5. Adverbial Clauses of Reason – Neden Zarfı Cümlecikleri

as, because, since

Main Clause	Subordinate Clause Adverbial Clause of Reason
He ate all the food	because he was very hungry.

Bütün yiyecekleri yedi çünkü çok açtı.

She failed **because she hadn't worked hard enough.**
Kaldı çünkü yeterince sıkı çalışmamıştı.

I took my umbrella with me **because it was raining.**
Şemsiyemi yanıma aldım çünkü yağmur yağıyordu.

As, since, seeing that

As / Since / Seeing that you speak English well, you'd better meet them at the airport.
Madem İngilizceyi iyi konuşuyorsun onları havaalanında sen karşılasan iyi olur.

As/Since/Seeing that you love Mary why don't you propose to her?
Madem Mary'yi seviyorsun neden ona evlilik teklif etmiyorsun?

and that's why / and that's the reason

Mary doesn't like Bill **and that's why she doesn't want to go out with him.**
Mary Bill'den hoşlanmıyor ve bu nedenle onunla çıkmak istemiyor.

I haven't got much money and **that's the reason I don't want to stay here.**
Fazla param yok ve bu sebeple burada kalmak istemiyorum.

6. Adverbial Clauses of Purpose – Amaç Zarfı Cümlecikleri

so that, in order that, in case

Main Clause	Subordinate Clause Adverbial Clause of Purpose
He grew a beard	so that we couldn't recognize him.

Onu tanıyamayalım diye sakal bıraktı.

I'll take a taxi **so that we don't get wet.**
Islanmayalım diye taksi tutacağım. / Taksi tutacağım böylece ıslanmayız.

She learnt English **so that she could find a better job.**
Daha iyi bir iş bulabilmek için İngilizce öğrendi.

Her father has bought a piano **in order that Mary can learn how to play.**
Mary nasıl çalınacağını öğrensin diye babası ona bir piyano aldı.

She is not allowed to go to the town-centre alone **in case she gets lost.**
Kaybolur diye şehir merkezine yalnız gitmesine izin verilmiyor.

He often goes to different pubs **so that he can make new friends.**
Yeni arkadaşlar edinebilsin diye sık sık değişik pub'lara gider.

7. Adverbial Clause of Result – Sonuç Zarfı Cümlecikleri

so, with the result that

Main Clause	Subordinate Clause Adverbial Clause of Result
It was very expensive	**so we couldn't afford it.**

Çok pahalıydı bu yüzden almaya gücümüz yetmedi.

We got up late with **the result that we couldn't catch the train.**
Geç kalktık, sonuçta treni yakalayamadık.

such / so... that

I was **so** busy **that** I couldn't find time to have a meal.
O kadar yorgundum ki yemek yemeğe vakit bulamadım.

We had **such** a lot of guests **that** we couldn't serve the food and drinks properly.
O kadar çok misafirimiz vardı ki yiyecek ve içecekleri düzgün bir şekilde servis yapamadık.

8. Adverbial Clauses of Concession – Ayrıcalık Zarfı Cümlecikleri

Although, though, even though, however, even if, no matter, whatever gibi bağlaçlarla yapılan yan cümleciklerdir.

Subordinate Clause Adverbial Clause of Concession	Main Clause
Although it was raining,	they went out to play football.

Yağmur yağdığı halde futbol oynamak için dışarı çıktılar.

Despite the fact that he was over eighty, he was very active.
Sekseninin üzerinde olması gerçeğine karşın çok aktifti.

Even though he has a lot of money, he won't give you a penny.
Çok parası olsa bile sana bir kuruş vermez.

However careful you are, you will make a mistake somehow.
Ne kadar dikkatli olursan ol bir şekilde hata yaparsın.

You can not convince her **however** hard you try.
Ne kadar uğraşırsan uğraş onu ikna edemezsin.

Even though I didn't have the right qualifications, I managed to find a job as a secretary.
Uygun vasıflarım olmadığı halde sekreter olarak bir iş bulmayı başardım.

9. Adverbial Clauses of Condition – Koşul Zarfı Cümlecikleri

If, only if, as/so long as, provided/providing, on condition that, even if, unless, whether gibi bağlaçlarla yapılan yan cümleciklerdir.

Main Clause	Subordinate Clause Adverbial Clause of Condition
We will have a picnic	if the weather is fine tomorrow.

Yarın hava güzel olursa piknik yapacağız.

I will come **even if I'm not invited.**
Davet edilmesem bile geleceğim.

Unless you work hard, you can't pass your class.
Sıkı çalışmadıkça sınıfını geçemezsin.

10. Adverbial Clauses of Degree – Derece Zarfı Cümlecikleri

According to, as/so far as, the more ... the more

Main Clause	Subordinate Clause Adverbial Clause of Degree
You'll be judged	according to how you speak.

Nasıl konuştuğuna göre hakkında karar verilecek.

They don't earn much **as far as** I know.
Bildiğim kadarı ile fazla kazanmıyorlar.

The more difficult the puzzle is, **the more** I like it.
Bilmece ne kadar zor olursa o kadar çok severim.

EXERCISE 217

Aşağıdaki cümlelerdeki **Adverbial Clause**'ların altlarını çiziniz ve ne tür bir **Adverbial Clause** olduğunu yazınız.

1. Although he was very ill, he went to work.

....

2. Anelka didn't play as well as we expected.

....

3. Few birds remain throughout the year where food is hard to find.

....

4. Put it where we can see it.

....

5. We had to sack the manager because so many people begin to complain.

....

6. I went to bed after I had a bath.

....

7. We stopped to play football because it was too dark to go on.

....

8. He pretended as if he was listening to her.

....

9. I'll go to England when I have enough money.

....

10. We nearly had an accident because there was so much dust.

....

11. I'll buy the camera although it is expensive.

....

12. They will have a break where they find some water.

....

13. Before I left the house, I had turned off the lights.

....

14. Although it was very cold, we went out to have a walk.

....

15. I will come on condition that you call for me.

....

16. I love Suzanne, that's why I'm going to marry her.

....

17. I didn't go out because it was snowing.

....

18. Peter came to the party although he wasn't invited.

....

19. Put the television wherever you can find a place.

....

20. If I had more money, I would buy a sports car.

....

90   Prepositional & Phrasal Verbs

Bazı fiiler bir **edat** (preposition) veya bir **zarf** (adverb) ile birlikte kullanılarak iki veya üç kelimeli fiiller oluştururlar. Bunlara İngilizce'de **edat** veya **zarf** ile birlikte kullanılışlarına göre "**Prepositional Verbs**" veya "**Phrasal Verbs**" denir.

A. Prepositional Verbs

1. Bir **fiil + about, after, at, in, for, from, into, like, of, off, on, to** ve **with** gibi bir **edat** (prepozisyon) ile oluşturulan iki kelimeli fiillere İngilizce'de **Prepositional Verbs** denir.

	Fiil	Edat	
We finally	**decided**	**on**	a holiday in Antalya.

Nihayet Antalya'da tatile karar verdik.

We had to **wait for** the train.
Treni beklemek zorunda kaldık.

Can I **look at** your wedding photographs?
Nikah fotoğraflarına bakabilir miyim?

2. **Prepositional Verb**'lerde nesne her zaman edattan sonra gelir. Başka bir deyişle edat her zaman nesneden önce gelir.

After school he **headed for** the cinema.
Okuldan sonra sinemaya yöneldi.

Bunun istisnaları:

put on,
take off,
turn on ve
turn off'dur.

3. Soru cümlelerinde edat (preposition) genellikle cümle sonunda kalır.

Who's she **looking at?**
Kime bakıyor?

Who does that house **belong to**?
Şu ev kime ait?

What are you **thinking about**?
Ne düşünüyorsun?

4. Bazı fiiller değişik edatlarla değişik anlamlar oluşturabilirler.

She looked **in** on Helen to see if she needed anything from the market.
Marketten bir şeye ihtiyacı olup olmadığını öğrenmek için Helen'a uğradı.

She's **look**ing **at** a watch in the shop window.
Vitrinde bir saate bakıyor.

She's **look**ing **for** a present for her husband.
Kocası için bir hediye arıyor.

She's **look**ing **through the window.**
Pencereden bakıyor.

She's **look**ing **into** the matter.
Meseleyi inceliyor.

5. Çok kullanılan bazı Prepositional Verb'ler. (Fiil + Edat)

I've **paid for** the taxi.
Taksinin ücretini ödedim.

Hundreds of people **applied for** the job.
Yüzlerce insan iş için başvurdu.

Do you **believe in** God?
Tanrıya inanıyor musun?

I don't **laugh at** the silly jokes.
Saçma sapan şakalara gülmüyorum.

I've been **suffering from** backaches for a long time.
Uzun zamandır sırt ağrıları çekiyorum.

She **asked for** help.
Yardım istedi.

I don't **care about** the money we will **spend on** this project.
Bu projeye harcayacağımız paraya aldırmıyorum.

– Are you going to the football match tomorrow?
Yarın futbol maçına gidiyor musun?

– It **depends on** the weather.
Havaya bağlı.

I'm very tired. I can't **concentrate on** my work.
Çok yorgunum. İşime konsantre olamıyorum.

She didn't **care for** the play. (She didn't like it.)
Oyunu beğenmedi.

My family **consists of** six people.
Ailem altı kişiden oluşur.

She doesn't want to **care for** her parents.
Anne-babasına bakmak istemiyor.

Sorry, I **apologise for** my rudeness.
Üzgünüm, kabalığım için özür dilerim.

I'll **deal with** the matter.
Mesele ile ilgileneceğim.

6. **About, of** ve **to** en çok kullanılan edatlardır.

About, wonder, enquire, ask, speak, talk, complain, protest, dream, think, learn, know, hear gibi birçok fiille birlikte kullanılır.

I'll **complain to** the manager about your rudeness.
Kabalığın hakkında müdüre şikayette bulunacağım.

I haven't **heard about** the accident.
Kazayı duymadım.

What do you **think of** Mary?
Mary'i nasıl buluyorsun?

I haven't **written to** Helen for a long time.
Uzun zamandır Helen'e yazmadım.

7. Bazı Prepositional Verb'ler;

Verb + Object + Preposition düzeninde kullanılırlar.

I've **put** all my money **on** shares.
Bütün paramı hisse senetlerine yatırdım.

He **pointed** the gun **at** us.
Silahını bize doğrulttu.

You should have **thanked** Tom **for** his help.
Yardımı için Tom'a teşekkür etmeliydin.

I **share** my room **with** a friend.
Odamı bir arkadaş ile paylaşıyorum.

You should **inform** everyone **about** the danger.
Tehlike hakkında herkesi haberdar etmelisin.

The police **accused** him **of** the murdery.
Polis onu cinayetle suçladı.

Bazı **Prepositional Verb'ler** "Verb + adverb + preposition" formunda **bir fiil, bir zarf** ve **bir edattan** meydana gelirler. Bu tür fiiller bölünemez fiillerdir. Yani nesne her zaman edattan sonra gelir.

Fiil	Zarf	Edat
read	**up**	**on**

I'll [Fiil: **read**] [Zarf: **up**] [Edat: **on**] Turkish History during the vacation.

Tatilde Türk Tarihi üzerine okuma yapacağım.

 We **looked out over** a beautiful valley.
Güzel bir vadiye yukarıdan baktık.

B. Phrasal Verbs

1. Bir **fiil + away, back, down, up, off, through, across, along, against, around** gibi bir zarf ile oluşturulan iki kelimeli fiillere İngilizce'de **Phrasal Verbs** denir.

Fiil	Zarf
went	**away**

He [Fiil: **went**] [Zarf: **away**] for two weeks.

İki haftalığına uzağa gitti.

Have you **written down** the address?
Adresi not ettin mi?

Yes, I have, but I think I **threw away** the piece of paper I'd written the address on.
Evet yazdım, fakat sanırım adresi üzerine yazdığım kağıt parçasını attım.

I **gave up** smoking.
Sigara içmeyi bıraktım.

2. Çoğu **Prasal Verb'**leri anlamak kolaydır.

She **turned back** and **stared at** me.
Geri dönüp bana baktı.

She **threw out** the old magazines.
Eski dergileri attı.

She **turned round** the corner and disappeared.
Köşeyi dönüp gözden kayboldu.

3. Bazı "**Phrasal Verb**'ler" kendilerinden sonra **bir nesne** alırlar.
Eğer '**Phrasal Verb**'ün nesnesi **bir isim** ise "**zarf**" (adverb):

3.1 Nesneden önce;

Fiil	Zarf	Nesne
picked	**up**	the receiver.

He [Fiil: **picked**] [Zarf: **up**] Nesne: the receiver.

3.2 Nesneden sonra;

Fiil	Nesne	Zarf
He picked	the receiver	up.

3.3   Nesne yerine **me, you, him, her, it, us, you, them** gibi bir nesnel zamir (object pronoun) kullanılırsa **nesnel zamir** (object pronoun) Phrasal Verb'ler de her zaman **zarftan önce** gelir.

Fiil	N. Zamir	Zarf
He picked	it	up.

He picked up it, diyemeyiz.

Nesnenin yerine nesnel zamir kullanılırsa **zarf** her zaman **nesnel zamirden sonra** gelir.

Aşağıdaki örneklerde göreceğiniz gibi **'Phrasal Verb'**lü bir cümleyi üç türlü yazabiliriz.

She **put away** the clean glasses.
She **put** the clean glasses **away.**
She **put** them **away.**

He **turned on** the television.
He **turned** the television **on.**
He **turned** it **on.**

4.   Eğer **nesne çok uzunsa** zarf (adverb) nesneden önce kullanılır.

Fiil	Zarf	Nesne
He **picked**	**up**	**the receiver which was on the table.**

5.   Çoğu **'Phrasal Verb'**ler bir nesne almazlar.

My father has **gone out.**
Babam dışarı çıktı.

The robbers **got away.**
Soyguncular uzaklaştılar.

She **turned round** and asked me the time.
Geri döndü ve bana saati sordu.

6. Bazı 'Phrasal Verb'ler bir deyim oluştururlar ve özel anlamları vardır.

EXERCISE 218

Aşağıdaki çok kelimeli fiilleri bırakılan boşluklarda uygun zamanda kullanınız.

Cut out = stop, bring up = educate, fall off = decrease, be back = return, get on = be friendly, go round = suffice, hold on = wait, make up = understand, drop in = visit, come off = succeed, catch up = reach, break down = fail, clear up = improve, do up = decorate, look out = be careful, get over = recover, let down = disaappoint, look after = protect, look forward to = expect, back up = support

1. I need your support. Will you .... me .... at the meeting?

2. I'm trying to sleep. Please .... that awful noise.

3. His car .... miles away from the town.

4. If you go to Paris today, when will you ....?

5. Tom is walking very fast. I can't .... with him.

6. Most parents don't know how to .... their children.

7. I think we can have a picnic tomorrow. The weather is beginning to ....

8. If you want to have a drink with us, you can .... any time.

9. I wish your plans would ....

10. Because of the economic crisis, sales have begun to .... now.

11. The flat is in a bad position. To .... this flat will cost us a lot.

12. They don't .... well. They often have a row.

13. I loved Suzanne very much. She .... me .... by marrying Tim.

14. She got cold but I'm sure she will soon .... it.

15. There are a lot of people at the party. We haven't got enough whisky to ....

16. Will you please .... a minute while I call Mary to the phone?

17. .... ! A lorry is coming straight at you.

18. Did you .... what he meant? I myself couldn't understand anything.

19. She's very poor. Besides she .... six children.

20. I'm .... welcoming you here.

EXERCISE 219

Aşağıdaki çok kelimeli fiilleri bırakılan boşluklarda uygun zamanda kullanınız.

take off = leave, take out = extract, work out = calculate, run out of = finish,
put off = postpone, put up with = tolerate, run away = flee, sell out = all sold,
turn up = arrive, take up = begin, try out = test, overlook = miss, rub out = erase,
worn out = get old, take in = deceive, ring up = telephone, pick up = collect, take back =
return, stay up = go to bed late, put up = accommodate

1. The flights were .... because of this fog.

2. I should go to the shop. We are .... sugar.

3. The plane will .... from runway two.

4. There are no newspapers left. They were ....

5. He .... at the office at ten o'clock this morning.

6. The thief .... from the police.

7. The students will .... to use computer next week.

8. Did you .... the television before you bought it?

9. The dentist .... two of her teeth.

10. I haven't .... how much I've earned this year.

11. I made a mistake but luckily the teacher .... it and I got five.

12. My shoes are .... I need new ones.

13. Be careful! Don't be .... by her tricks.

14. We're going to the theatre tonight. Peter will .... me .... from home.

15. As the sleeves of the shirt was too short, I .... it ....

16. Look! You've made a mistake. Why don't you .... it .... ?

17. Can you .... me .... for two nights?

18. You can't .... my landlady. She's dreadful.

19. You should .... me .... before you come.

20. There was a good film. The children asked to ....

91   Let, Allow & Make

1. Let

to let someone do something – Birinin bir şey yapmasına izin vermek

Let me help you.
Size yardım edeyim.

Let me carry your case.
Valizinizi taşıyayım.

Her parents wouldn't **let** her go out in the evenings.
Anne–babası akşamları dışarı çıkmasına izin vermez.

Let me pay for the bill this time. It's my turn.
Bu kez hesabı ödememe izin ver. Sıra benim.

2. Allow

to allow doing something – bir şey yapılmasına izin vermek

My mother **doesn't allow** smok**ing** in the house.
Annem evde sigara içilmesine izin vermez.

They **don't allow** fish**ing** here.
Burada balık tutulmasına izin vermiyorlar.

to allow someone to do something – birinin bir şey yapmasına izin vermek

They **don't allow** people **to swim** here.
İnsanların burada yüzmelerine izin vermiyorlar.

The teacher **allowed** us **to see** our exam papers.
Öğretmen sınav kağıtlarımızı görmemize izin verdi.

3. Be allowed to

to be allowed to do something – bir şey yapılmasına izin verilmek

I'm not **allowed to go** out alone.   **Present Tense**
Yalnız dışarı çıkmama izin verilmiyor.
We **weren't allowed to record** the interview.   **Past Tense**
Görüşmeyi kaydetmemize izin verilmedi.
Will we **be allowed to take** photographs in the museum?   **Future Tense**
Müzede fotoğraf çekmemize izin verilecek mi?

Are we **allowed to smoke** here?
Burada sigara içmemize izin veriliyor mu?

Are we **allowed to cross** the road here?
Buradan karşıya geçmemize izin veriliyor mu?

We didn't used to **be allowed to take** money out of the country.
Eskiden yurt dışına para çıkarmamıza izin verilmezdi.

She **isn't allowed to eat** chocolate.
Çikolata yemesine izin verilmiyor.

4. Make

4.1 **to make someone do something** – birine bir şey yaptırtmak

Etken (active) cümlelerde make'den sonra fiil 'to' almadan yazılır.

The film was very sad. It **made me cry.**
Film çok acıklıydı. Beni ağlattı.

The joke was very funny. It **made all of us laugh**.
Fıkra çok komikti. Hepimizi güldürdü.

The customs officer **made me open my cases.**
Gümrük memuru çantalarımı açtırdı.

The weather was very hot. It **made me feel tired.**
Hava çok sıcaktı. Beni yorgun hissettirdi.

4.2 be made to

Edilgen (passive) cümlelerde **make** fiilinin **"past participle"** halinden sonra **fiil 'to'** ile birlikte yazılır.

I **was made to** sweep the floor.
Yerler bana süpürtüldü.

The hostages **were made to** lie on the floor.
Rehineler yere yatırıldı.

She **was made to** open her case.
Çantası ona açtırıldı.

The manager **was made to** open the safe.
Müdüre kasa açtırıldı.

The students **were made to** clean the classroom.
Öğrencilere sınıf temizlettirildi.

We **were made to** clean the classroom.
Sınıf bize temizlettirildi.

Diğer Kullanımları

I **wasn't made of** money.
Ben zengin değilim.

I **wasn't made for** working like a slave.
Bir köle gibi çalışmak için yaratılmadım.

I **wasn't made to** entertain you.
Seni eğlendirmek için yaratılmadım.

You'll see what I'm really **made of**.
Nasıl biri olduğumu göreceksiniz.

This is a **hand made** pistol.
Bu el yapımı bir silah.

I bought a **French made** piano.
Fransız yapımı bir piano aldım.

EXERCISE 220

Boşluklarda let, allow ve make fiillerinin uygun hallerini kullanınız.

1. The soup was very salty. It .... me thirsty.

2. Am I .... to put my bag here?

3. The workers were not .... to have a meeting in Taksim Square.

4. Please, ... me kiss you.

5. Her father doesn't .... her to wear mini skirt.

6. The kidnappers .... the hostages lie on the floor.

7. My landlady was a real dictator. She wouldn't .... me to play the radio

   in the house.

8. The boss .... everybody go home early.

9. She didn't .... me to kiss her.

10. The police .... me hold up my hands.

11. Am I .... to join the party?

12. The teacher didn't .... the students to leave the class before the bell rang.

13. They don't .... fishing here.

14. Hot weather .... us feel thirsty.

15. She was .... to wash the dishes. That's why she was very angry.

16. He read for a long time. It .... him feel sleepy.

17. The police didn't .... me park there.

18. Please, ... me sleep. I'm very tired.

19. The lights were very strange. They .... me feel dizzy.

20. The doctors don't .... her to walk.

EXERCISE 221

Aşağıdaki cümleleri İngilizce'ye çeviriniz.

1. Annem dondurma yememe izin vermiyor.

....

2. Dondurma yememe izin verilmiyor.

....

3. Onu görmeme izin verilmiyor.

....

4. Babam arabayı bana yıkattı.

....

5. Arabanı buraya park etmene izin veriliyor mu?

....

6. Lütfen, size yardım etmeme izin veriniz.

....

7. Burada beklememize izin vermiyorlar.

....

8. Burada futbol oynanmasına izin vermiyorlar.

....

9. 18 yaşından küçük insanların içki ve sigara almalarına izin verilmez.

....

10. O kadın beni delirtti.

....

11. Beni çok mutlu ettin.

....

12. Anne-baban araba sürmene izin veriyorlar mı?

....

13. Araba sürmeme izin verilmiyor.

....

14. Doktorlar onun sigara içmesine izin vermiyorlar.

....

15. Sigara içmeme izin var mı?

....

16. Onu görmeme izin verilecek mi?

....

92   Shall I ...? & Shall we ...?

1. Shall I …?

Bu soru tipindeki cümleleri bir işi yapmak için karşımızdaki kişinin fikrini almakta kullanırız. Bunlar bir izin cümlesi değildir. Karşımızdaki kişi isterse yapılacak işlerdir. Bunlara birer öneri cümlesi diyebiliriz.

Örnek 1.   Kardeşinizin ders çalıştığı odaya girdiniz. Hava kararmaya başlamış ve odası biraz karanlık. Ona:

"Shall I turn on the light for you?"
"Senin için ışığı açayım mı?"

O da size:

"Yes, please."
"Evet, lütfen," veya;

"No, thank you."
"Hayır, teşekkür ederim," diyecektir.

Örnek 2.   Yeni bir televizyon aldınız ve televizyonunuzu içeri taşıyan adam televizyonu koyacak bir yer aramaktadır, size:

"Where **shall I** put the television? **Shall I** put it on the table?"
"Televizyonu nereye koyayım? Masanın üzerine koyayım mı?"

Siz de ona:

"Yes, please."
"Evet, lütfen," veya;

"No, please put it here."
"Hayır, lütfen buraya koyunuz," diyerek ona televizyonu koyacak bir yer gösterirsiniz.

Tam karşılığı değildir ama bu tip öneri cümlelerimizi **"Can I …?"** ve **"Can we … ?"** ile de yapabiliriz.

Shall I get you another drink? veya
Size bir içki daha getireyim mi?

Can I get you another drink?
Size bir içki daha getirebilir miyim?

İki soruya da cevabımız **"Yes, please,"** veya **"No, thank you,"** olacaktır.

Shall we pay you the money now? veya
Parayı size şimdi mi ödeyelim?

Can we pay you the money now?
Parayı size şimdi ödeyebilir miyiz?

Bu sorulara cevabımız

"Yes, please," veya
"Oh, there's no hurry. You can pay it later," şeklinde olabilir.

EXERCISE 222

Aşağıdaki cümleleri İngilizce'ye
çeviriniz.

1. Sizi tiyatroya götüreyim mi?

   ....

2. Size başka bir kitap vereyim mi?

   ....

3. Gelecek ders sizi göreyim mi?

   ....

4. Sana bir içki alayım mı?

   ....

5. Kapıyı kapatayım mı?

   ....

6. Çiçekleri sulayım mı?

   ....

7. Bulaşıkları yıkamakta sana yardım
   edeyim mi?

   ....

8. Sizin için bir taksi çağırayım mı?

   ....

9. Arabanızı yıkayalım mı?

   ....

10. Sizi hava alanında karşılayalım mı?

    ....

11. Tahtayı temizleyim mi?

    ....

12. Yemek pişirmede sana yardım
    edeyim mi?

    ....

13. Bu mektupları postalayım mı?

    ....

14. Burada olduğunu ona söyleyim mi?

    ....

15. Bisikletini tamir edeyim mi?

    ....

EXERCISE 223

Aşağıdaki fiillerden birini kullanarak;

Shall I .... for you? tipinde
öneri cümleleri yapınız.

take, carry, open , open, call, wash, translate,
solve, get, post, mend, turn on, help, bring

1. My car is very dirty.

   ....

2. This table is falling to pieces.

   ....

3. These cases are very heavy.

   ....

4. I've finished writing the postcards.

   ....

5. This letter is in French. I don't speak
   French.

   ....

6. It's a bit dark here. I can't read the paper.

   ....

7. It's very hot here. The window is closed.

   ....

8. Oh dear, I'm late. I need a taxi.

   ....

9. I can't get the the top off this bottle.

   ....

10. I can't solve this problem.

    ....

11. I haven't got time to take the children to
    school.

    ....

12. I'm very thirsty.

    ....

13. I've got a headache.

    ....

14. I've got a lot of work. I have to type all
    these letters.

    ....

2. Shall we ... ?

Shall we ..? gerçek bir soru cümlesi değildir. Öneri ve teklif cümlelerinde kullanılır.

Soru:
- What **shall we** do tonight?
  Bu akşam ne yapalım?

Cevap:
- **Shall we** go to the cinema?
  Sinemaya gidelim mi?

Yukarıdaki örnekte olduğu gibi "**Shall we …?**"
ile karşı tarafa bir öneri götürüyoruz.

Kaan, Bora ve Burak aralarında konuşuyorlar.

Kaan -   What shall we do tomorrow?
          Yarın ne yapalım?
Burak -   **Shall we** go fishing?
          Balık tutmaya gidelim mi?
Bora -   That's a good idea but we went fishing last Sunday.
          İyi bir fikir ama geçen Pazar balığa gittik.
Burak -   **Shall we** go to the football match?
          Futbol maçına gidelim mi?
Kaan -   No, I don't like football very much.
          Hayır. Futbolu pek sevmem.
Burak -   **Shall we** have a party at our house then?
          Öyleyse evimizde bir parti verelim mi?
Bora and Kaan-   Okay. Let's have a party tomorrow.
          Tamam, yarın bir parti verelim.

Yukarıdaki cümlelerden '**Shall we**' yerine '**Let's**' koysak anlam bozulmaz.

"**Let's**" "**Let us**' ın kısaltılmış şekli ve **haydi** anlamına gelen bir teşvik sözüdür.

Let's stay at home and watch television.
Haydi evde oturup televizyon seyredelim.

Let's have another drink.
Haydi bir içki daha alalım.

Let's go for a walk.
Haydi yürüyüşe çıkalım.

Let's watch the comedy on TV tonight.
Haydi bu gece televizyonda komediyi seyredelim.

Let's play cards.
Haydi kağıt oynayalım.

Let's go to the Italian Restaurant.
Haydi İtalyan Lokantasına gidelim.

> Benzer önerileri
>
> **Why don't we ....?** ve
> **What/ about .... ing?** Kalıpları ile
> de yapabiliriz.
>
> **Why don't we** go out to dinner tonight?
> *Niye bu gece akşam yemeğine dışarı çıkmıyoruz?*
>
> **What about** go**ing** to the nearest pub for a drink?
> *Bir içki için en yakın pub'a gitmeye ne dersin?*

EXERCISE 224

Aşağıdaki soruları 'Shall ' … ?' veya 'Let's' ile cevaplayınız.

1. What shall we do tonight?

....

2. What shall we have for lunch?

....

3. Where shall we spend our holiday?

....

4. What time shall we leave the party?

....

5. Where shall we stay tonight?

....

6. What shall we do tonight?

....

7. What shall we give Helen as a Christmas present?

....

8. How shall we go there?

....

9. Where shall we have dinner tonight?

....

10. What shall we buy Mary for her birthday?

....

11. What shall we have for dinner?

....

12. Shall we go to the cinema or the theatre tonight?

....

13. Where shall we meet her?

....

14. What shall we have wine or beer?

....

15. Who shall we invite to dinner?

....

93   Future in the Past

Future in the Past - Geçmişte Gelecek Zaman

A. CÜMLE YAPISI

'Was/were going to' 'be going to' yardımcı fiilinin geçmiş zaman halidir.
"Was/ were + going to + Infinitive"
şeklinde formüle edilir.

	was/were	going to	Infinitive	
I	**was**	**going to**	meet	them at the airport but I forgot.

Onları hava alanında karşılayacaktım ama unuttum.

'**I**, **He**, **She**, ve **It**' özneleri ile beraber '**was going to**',
'**We**, **You** ve **They**' özneleri ile beraber '**were going to**' kullanılır.

They **were going to** play football in the school yard but the director
didn't let them play.
Okul bahçesinde futbol oynayacaklardı ama müdür izin vermedi.

B. KULLANILDIĞI YERLER

Geçmişte belli bir noktaya göre gelecekte kalan olayların anlatımında kullanılır.

I was in a hurry because I **was going** to meet a friend at the station.
Acelem vardı çünkü istasyonda bir arkadaşım ile buluşacaktık.

They got up early on Sunday morning because they **were going to** move to a new
house that day.
Pazar günü erken kalktılar çünkü o gün yeni bir eve taşınacaklardı.

Tom was very happy because he **was going to** take his girl friend to disco that night.
Tom çok mutluydu çünkü o gece kız arkadaşını diskoya götürecekti.

I **was going to** fly to Antalya that day so that I got up very early.
O gün Antalya'ya uçacaktım bu yüzden çok erken kalktım.

He **was going to** escape from the country. The police caught him at the airport.
Ülkeden kaçacaktı. Polis onu havaalanında yakaladı.

       English Grammar Today

94 The Participles

-ing & -ed adjectives

(Sonuna –ing veya -ed takısı alarak fiillerden türemiş sıfatlar)

Amuse *(eğlendirmek)*, **amaze** *(hayran bırakmak, şaşırtmak)*, **interest** *(ilgilendirmek)*, **excite** *(heyecanlandırmak)*, **worry** *(endişelendirmek)*, **please** *(memnun etmek)*, **astonish** *(şaşırtmak)*, **exhaust** *(yormak, bitirmek)*, **bore** *(canını sıkmak)*, **scare** *(korkutmak)*, **frighten** *(korkutmak)*, **tire** *(yormak)*, **annoy** *(kızdırmak)*, **confuse** *(kafasını karıştırmak)*, **disappoint** *(hayal kırıklığına uğratmak)*, **surprise** *(şaşırtmak)*, **terrify** *(dehşete düşürmek)*, **delight** *(memnun etmek)*, **relax** *(gevşetmek, rahatlatmak)*, **trouble** *(güçlük vermek, üzmek)*, **embarrass** *(utandırmak, mahçup etmek)*, **charm** (cezbetmek, büyülemek), **entertain** *(eğlendirmek)*, **shock** *(sarsmak, çarpmak)*, **thrill** *(heyecan vermek, heyecanlandırmak)*, **convince** *(ikna etmek)*, **satisfy** *(tatmin etmek)*, **petrify** *(sersemleştirmek, aklını başından almak)*, **fascinate** *(büyülemek, hayran bırakmak)*, **disturb** *(rahatsız etmek, taciz etmek)* ve **impress** *(etkilemek)* aktif fiillerin bazılarıdır.

- Your money doesn't **interest** me.
  Senin paran beni ilgilendirmez.

- That little girl **amuses** us very much.
  Şu küçük kız bizi çok eğlendiriyor.

- I'm sure this subject will **bore** the students.
  Eminim bu konu öğrencilerin canını sıkacak.

Bu fiillerin -ing and **–ed** şekilleri sıfat olarak kullanılırlar.

Verb	The Present Participle -ing adjective	The Past Participle -ed adjective
confuse *(aklını karıştırmak)*	**confusing** *(akıl karıştırıcı, şaşırtıcı)*	**confused** *(aklı karışmış, şaşırmış)*
amuse *(eğlendirmek)*	**amusing** *(eğlendirici, hoş)*	**amused** *(eğlenmiş, hoşnut)*
amaze *(şaşırtmak)*	**amazing** *(hayret verici, şaşırtıcı)*	**amazed** *(şaşkın, hayrete düşmüş)*
interest *(ilgilendirmek)*	**interesting** *(ilginç)*	**interested** *(ilgili)*
excite *(heyecanlandırmak)*	**exciting** *(heyecan verici)*	**excited** *(heyecanlı, heyecanlanmış)*
worry *(endişelendirmek)*	**worrying** *(endişe verici)*	**worried** *(endişeli)*
surprise *(şaşırtmak)*	**surprising** *(şaşırtıcı)*	**surprised** *(şaşırmış, hayrete düşmüş)*
satisfy *(tatmin etmek)*	**satisfying** *(tatmin edici)*	**satisfied** *(tatmin olmuş)*

a) **The Present Participles (-ing adjectives) : Sonuna "-ing" eki alarak oluşan sıfatlar bir durumu, kişiyi veya nesneyi tanımlarlar.**

- The lesson was really **boring**. I almost fell asleep.
  Ders gerçekten sıkıcıydı. Nerdeyse uyuyacaktım.
- There are a lot of road signs. It's all very **confusing**.
  Bir sürü yol işareti var. Bu çok şaşırtıcı.
- We saw a film last night. It was very **exciting**.
  Dün gece bir film izledik. Çok heyecan vericiydi.
- He was **frightening** in that black suit.
  O siyah elbisenin içinde ürkütücüydü.
- I heard some very **depressing** news. I'm going to lose my job. I feel terrible
  Bazı rahatsız edici haberler duydum. İşimi kaybedeceğim. Kendimi berbat hissediyorum.
- I heard a very **amusing** story. It will make you laugh.
  Çok eğlendirici bir hikaye duydum. Seni güldürecek.

b) **The Past Participles (-ed adjectives)**
- ed sıfatlar kişilerin ne hissettiklerini ifade ederler.

- I'm very **interested** in science fiction films. I don't miss any of them.
  Bilim kurgu filmleri ile çok (ilgiliyim) ilgilenirim. Hiç birini kaçırmam.
- I have nothing to do. I'm **bored**.
  Yapacak hiçbir şeyim yok. Çok sıkılıyorum. (canım sıkkın)
- I'm very **worried**. I haven't heard from her for 36 hours.
  Çok endişeliyim. 36 saattir ondan haber alamadım.
- We were very **disappointed**. The film was awful.
  Çok hayal kırıklığına uğradık. Film berbattı.
- When the students did badly, the teacher became really **depressed** and didn't smile for weeks.
  Öğrenciler kötü yaptıklarında, öğretmen gerçekten üzüldü ve haftalarca gülmüyor.

Past Participles, - **ed** sıfatlar genellikle edilgen bir anlama sahiptirler. Bu cümlelerin sonuna **by** ile cümlenin öznesini etkileyen kişi veya şeyleri ekleyebiliriz.

- I was **frightened by** his wild look.
  Onun vahşi görüntüsünden korktum.
- I'm very **disappointed by** the cancellation of my trip to Paris. I really wanted to go.
  Paris yolculuğumun iptali ile çok hayal kırıklığına uğradım. Gerçekten gitmek istiyordum.
- I'm very **confused by** this exercise. I don't understand it.
  Bu alıştırma kafamı çok karıştırdı (tarafından kafam çok karışık). Onu anlamıyorum.
- I was **amused by** her behaviour. It was very funny.
  Onun tavrı beni çok eğlendirdi. (tarafından eğlendim.) Çok komikti.

EXERCISE 225

Circle the correct word in italics. (Doğru italik kelimeyi daire içine al.)

1. They are *worrying/worried* that the guns may be used against the police.
2. The most *worrying/worried* trend is the sharp decline in young readers.
3. I got lost last Sunday. I asked the way to a man. The directions he gave were *confusing/confused*.
4. I was *confused/confusing* about his directions.
5. Some visitors find the visit to the haunted house *terrifying/terrified*.
6. I was *amazed/amazing* when I walked into the huge room.
7. The most *amusing/amused* part of the show was the clowns.
8. The big wheel in London was very *exciting/excited*.
9. Yılmaz Erdoğan's epic was very *entertaining/entertained*. We laughed a lot.
10. The play was *disappointing/disappointed*. The costumes were awful and the actors were very bad.
11. The most *interesting/interested* part of the exhibition was the section on Ottoman art.
12. The Sultans of Dance was a *thrilling/thrilled* performance. The dancers were the best I've ever seen.
13. We had a *tiring/tired* trip and went straight to bed.
14. We walked all the way. We were very *tiring/tired*.
15. Your brother is *an interesting/interested* person. I'm sure he'll be successful in his life.
16. He seems *interested/interesting* in our project.
17. The film was so *exciting/excited* that I was exciting/excited very much.
18. Cheer up. Don't feel so *depressing/depressed*. There are plenty of other jobs.
19. It was an *exhausting/exhausted* day, I was glad when it finished.
20. He's a good storyteller. Children are *fascinating/fascinated* by his stories.
21. I failed the test. It was a *depressing/depressed* experience for me.
22. First of all you must make sure that the customers are all *satisfying/satisfied*.
23. The shop assistant was *annoying/annoyed* when I tried 20 pairs of shoes on and didn't buy any of them.
24. We were all very *surprising/surprised* by their sudden marriage.
25. The children were very *frightening/frightened* when they came out of the fear room.
26. Climbing up the mountain was *exhausting/exhausted*.
27. I was *frightening/frightened* when I saw him in a black suit.
28. The film was very *boring/bored*. Everybody was *boring/bored*.
29. I am *interesting/interested* in this subject. I find it fascinating.
30. I was *disgusting/disgusted* by his behaviour. It was outrageous.
31. The lesson was really *boring/bored*. I almost fell asleep.
32. I was *surprised/surprising* by the news. I didn't expect it.

95 Parallelism / Paralellik

Paralellik, bir cümlede ikişerli veya gruplar halinde kullanılan kelimelerin aynı gramer yapısı içinde bulunmasıdır. (Fiillerle fiiller, isimlerle isimler, fiilimsilerle fiilimsiler, fiillerin mastar halleri ile mastar halleri vs. kullanılır)

Kelimelerin veya kelime gruplarının **and**, **but** veya **or** gibi bağlaçlarla (Coordinating Conjunctions) veya dizi olarak kullanırken aynı gramer yapısını takip ettiklerinden emin olunuz.

Örneğin,

Peter likes <u>swimming</u> and <u>to dive</u>.   (Incorrect: not parallel)
       Gerund   Infinitive   Yanlış , Paralel değil

Terry likes <u>swimming</u> and <u>diving</u>.   (Correct)
       Gerund   Gerund   Doğru

Peter likes <u>to swim</u> and <u>(to) dive</u>.   (Correct)
       Infinitive   Infinitive   Doğru

I'm taking <u>history</u>, <u>math</u>, and <u>chemical</u>.   (Incorrect)
       Noun   Noun   Adjective   Yanlış

I'm taking **history**, **math**, and **chemistry**.   (Correct)
       Noun   Noun   Noun   Doğru

Bazen **have**, **has**, **am**, **is**, **are**, **was**, **were** gibi yardımcı fiiller (Auxiliary Verbs) paralel yapıda yer almayabilirler.

I **<u>have been</u>** to Paris and **<u>saw</u>** the Eiffel Tower.   (Incorrect)
  Present Perfect   Past Simple   Yanlış

I **<u>have been</u>** to Paris and **<u>have seen</u>** the Eiffel Tower.   (Okay)
  Present Perfect   Present Perfect   Doğru

I **<u>have been</u>** to Paris and **<u>seen</u>** the Eiffel Tower.   (Better)
 (İkinci cümledeki have düşebilir.)   Daha iyi

Is she **coming** to the party or **go** to a movie?   (Incorrect)
  -ing form   simple form   Yanlış

Is she **coming** to the party or **going** to a movie?   (Correct)
  -ing form   -ing form   Doğru

He **<u>is working</u>** hard when I **<u>saw</u>** him.   (Incorrect)
  Present Cont.   Past Simple   Yanlış

96. Inversions

Devrik Cümleler

"Only in certain cases do we use inversions."
"Sadece belli durumlarda devrik cümleler kullanırız."

Yukarıdaki cümle devrik bir cümledir. Çünkü cümle '**Only**' ile başlıyor. İngilizce'de normal bir cümle yapısı aşağıdaki gibidir.

Subject	+ Verb	+ Object	+ Manner	+ Place	+ Time
Özne	Fiil	Nesne	Hal Zarfı	Yer Zarfı	Zaman Zarfı
I	have never eaten	such a delicious food			before.

Yazılı ve Sözel İngilizce'de önemli bir neden olmadıkça bu formu kullanırız. Bazen bir düşünce veya duyguyu vurgulamak isteriz. Bu durumda vurgulamak istediğimiz kelime veya tamlamayı cümlenin başında kullanarak yerini değiştiririz. Böylece bizim cümlemiz aşağıdaki gibi olur,

- **Never** have I eaten such a delicious food before.
- *Hiç böyle lezzetli bir yemek yememiştim.*

Bu cümlede normalde cümle başında bulunmaması gereken '**never**' vurgulanır.

Çeşitli Devrik Cümle Yapıları vardır:

1. Negative Adverbs used at the beginning of the sentences.

Cümle başında kullanılan Olumsuz Zarflar

Not always, Barely, Hardly, Hardly ever, Never, Not once, Rarely, Scarcely, Seldom

Examples / Örnekler:

- **Not always** do I leave home so early.
  Her zaman evden erken ayrılmam.

- **Barely** have they enough money to pay the rent this month.
  Ancak bu ay ev kiralarını ödemeye yetecek paraları var.

- **Hardly** can I translate this letter into English in half an hour.
- *Ancak bu mektubu yarım saatte tercüme edebilirim.*

- **Hardly ever** do our neighbours visit us.
- *Hemen hemen hiç komşular bizi ziyaret etmez.*

- **Never** have so many people been dismissed as they have been today.
- *Asla daha önce bugün olduğu gibi çok fazla kişi işten atılmadı.*

- **Not once** did she offer to help me.
  Bir kere bile bana yardım teklif etmedi.

- **Rarely** had I had so much money.
  Çok nadiren oldukça çok param oldu.

- **Only rarely** does he let his own views become public.
  Çok nadiren kendi görüşlerinin kamuoyuna açıklar.

- **Scarcely** had I entered the house when the telephone rang.
  Telefon çaldığında **ancak** *eve girmiştim.*

- **Seldom** do my students forget to do their homework.
  Nadiren öğrencilerim ödevlerini unuturlar.

- **Never have** I seen snow in my life.
  Hiç hayatımda kar görmedim.

2. Negative Adverbial Phrases

Olumsuz Zarf Tamlamaları

On no account, Under no circumstances, In no case, Nowhere, In few, Little, Not by accident, Not before, Not when

- **In few supermarkets** are these radios available.
  Çok az süpermarkette bu radyolar bulunur.

- **Little** did we understand his explanation.
  Yeterince anlamadık onun açıklamalarını.

- **Not by accident** could she have broken the vase.
  Kazayla kırmadı vazoyu.

- **Not before the meeting** will you be allowed to learn the exact figures of the annual budget.
- *Toplantıdan önce* yıllık bütçenin kesin rakamlarnıı öğrenmenize izin verilmez/verilmeyecek.

- **Not when she called her friend** did she learn about the cancellation of the exam.
  Arkadaşına telefon ettiğinde sınavın ertelendiğini bilmiyordu.

- **Nowhere in Kadıköy** was I able to get a similar one.
  Kadıköyde hiç bir yerde benzerini bulamadım.

- **In no case** may you discuss political matters in the classroom.
  Hiç bir şekilde politik meseleleri sınıfta tartışamazsın.

- **Under no circumstances** will I lend him any money.
  Hiç bir koşulda ona hiç para vermem/vermeyeceğim.

- **On no account** are the students allowed to use dictionaries on the exams.
  Hiç bir şekilde öğrencilerin sınavlarda sözlük kullanmasına izin verilmez.

3. Only phrases meaning restriction:

Only then, Only in, Only when (=not until)
Only after, Only if (=unless), **Only through**

- **Only then** can we reach a conclusion.
  Sadece o zaman bir karara varabiliriz.

- **Only in a big city like Istanbul** can you find such historical places and museums.
  Sadece İstanbul gibi büyük bir şehirde böyle tarihi yerleri ve müzeleri bulabilirsin.

- **Only when every possible treatment had been tried** did they decide on an operation.
  Mümkün olan her tedavi denenmeden bir ameliyata karar vermediler.
  Mümkün olan her tedavi denendikten sonra bir ameliyata karar verdiler.

- **Only after a long tiring investigation** did the police find some more evidence.
  Ancak yorucu bir soruşturmadan sonar polis biraz daha kanıt buldu.

- **Only if you are patient** can you succeed in your career.
  Ancak sabırlı olursan mesleğinde başarılı olursun.

- **Only through intensive research** can a vaccine for the virus be found.
  Ancak yoğun bir araştırmayla mikropa karşı bir aşı bulunabilir.

4. No sooner ... than (as soon as), Hardly ... when, Not only .... but also (= both ... and), Barely ... when, Scarcely ... when

- **No sooner** had I sat down in my seat **than** the curtain rose and the performance began.
  Yerime oturur oturmaz perde kalktı ve oyun başladı.

- **Hardly** had we left the harbour **when** a storm broke out.
  Fırtına patladığında limandan yeni ayrılmıştık.

- **Not only** did the Second World War result in displacement of millions of innocent civilians, **but also** caused tremendous political change.
  İkinci Dünya Savaşı sadece milyonlarca masum sivilin yerinden olmasıyla sonuçlanmadı, aynı zamanda çok büyük bir politik değişime neden oldu.

- **Barely** had I submitted my exam paper to the teacher **when** I realized that I had forgotten to write my name on it.
  Üzerine adımı yazmayı unuttuğumu farkettiğimde imtihan kağıdımı öğretmene yeni vermiştim.

- **Scarcely** had I arrived at the park **when** it began to rain.
  Yağmur başladığında parka ancak varmıştım.

- **Hardly** had she left the room **when** the baby began to cry.
  Bebek ağlamaya başladığında odadan ancak çıkmıştı.

- **Not only** is he a doctor, (but) he is **also** a millionaire.
  O, sadece bir doktor değil, ama aynı zamanda bir milyonerdir.

- **Not only** did he eat an apple, (but) he **also** ate an orange.
  Sadece bir elmayı yemedi, ama aynı zamanda bir portakalı da yedi.

5. **Nor** and **as**

- Your daughter does not study hard, **nor** does she attend classes regularly.
  Kızın sıkı çalışmadığı gibi, derslere de düzenli katılmıyor.

- **As** did their ancestors, they till the land.
  Atalarının yaptığı gibi toprağı çift sürüyorlar.

6. **Prepositional Phrases**

Bu yapı yardımcı fiillerle (be, appear, seem, etc.) veya yardımcı fiil gibi kullanılan kelimelerle kullanılır.

- **On this doctrine** shall we build our nation.
  Bu ilke üzerine ulusumuzu inşa edeceğiz.

- **To this list** must be added the other complaints.
  Bu listeye diğer şikayetler eklenmeli.

- **To this period** can be attributed all my success.
  Bu süreye atfolunabilir bütün başarım.

- **On the wall** hung my grandfather's photo.
  Duvarda büyükbabamın fotoğrafı asılıydı.

- **In the doorway** appeared two strangers.
  Eşikte iki yabancı belirdi.

- *In the doorway were two strangers.*
  Eşikte iki yabancı vardı.

- *On the table is my textbook.*
  Masanın üzerinde benim kitabım.

7. **Comparison Forms:**

- **Colder than a moving atom** is a motionless atom.
  Hareket eden atomdan daha soğuk olan hareketsiz atomdur.

- **Of greater importance to everyone in the company** is the additional fringe benefit.
  Şirketteki herkes için daha önemlisi maaşın dışındaki ek işçi haklarıdır.

English Grammar Today

- **More shocking** is the printing of stories fabricated by journalists.
  Daha şok edici olan gazeteciler tarafından üretilen hikayelerin basılmasıdır.

8. Such ... that, So ... that

- **To such an extent** did she go **that** she was dismissed.
- *O kadar aşırıya gitti ki işinden atıldı.*

- **So strange** was his appearance **that** we couldn't help laughing.
- *O kadar garipti ki görüntüsü, gülmeden edemedik.*

- **So beautiful** was she **that** I couldn't keep my eyes off her.
  O kadar güzeldi ki gözlerimi ondan ayıramadım.

9. Conditionals

- **Had** you completed your military service, you would have been sent abroad last month.
  Askerliğini tamamlamış olsaydın geçen ay yurt dışına gönderilmiş olacaktın.

- **Should** you get the result, let me know.
  Sonucu öğrenirsen bana bildir.

- **Had** I known you were ill, I would have visited you.
  Hasta olduğunu bilseydim, seni ziyaret ederdim.

- **Had** I not been warned, I would have had a serious accident.
  Uyarılmamış olsaydım, ciddi bir kaza yapmış olacaktım.

10. Inversion of the Adverbial Particle

Edatların yer değiştirmesi.

- **Here** came the director.
  İşte geldi müdür.

- **Here** comes the bus.
  İşte geliyor otobüs.

- **Here** is my passport.
  İşte pasaportum.

- **Out** rushed the students in a panic.
  Dışarı fırladı öğrenciler panik içinde.

- **Down** came the final blow like a sledgehammer.
  İndi son darbe bir balyoz gibi.

Eğer özne **I, he, she, I, You, We, They** gibi bir zamirse fiil ve zamir yer değiştirmez.

- **In** he came.
  İçeri geldi.

- **Out** they rushed.
  Dışarı fırladılar.

- **Down** he fell.
  Yere düştü.

- **Down** it came like a sledgehammer.
  İndi balyoz gibi.

- **Out** he walked.
  Dışarı yürüdü.

EXERCISE 226

1. Rarely_____ now used for battle purposes.

a) in the band   b) military bands are   c) banded   d) are military bands

2. Only recently _____ popular all over the country.

a) have indoor climbing frames become   b) in becoming indoor climbing frames
c) indoor climbing frames have become   d) indoor climbing frames

3. In this sand off the northern California coast _____ San Augustine, which is said to be loaded with gold.

a) the galleon is lying   b) lies the galleon   c) lie the galleon   d) the galleon which lies

4. According to the recent survey, were _____tele communication employees to lose their jobs, they would look for other communication positions.

a) to major   b) if a majority   c) a majority   d) in the major

5. Only in the civil war _____ killed or wounded.

a) soldiers in America   b) were many American soldiers
c) many in America   d) so many American soldiers were

6. Life style is more important _____ in a person's lifespan.

a) as genetics are   b) genetically   c) with genes   d) than are genetics

7. In the vascular system of the giraffe, _____ of valves that ensures a needed supply of blood to the head.

a) are the vessels series   b) the vessels is series
c) the vessels are a series   d) the vessels a series is

8. There has been a string of recent technology advances aimed at building new engines, which are cleaner and more efficient than _____.

a) to engineer   b) are current engines   c) in engines currently   d) current

9. Scarcely _____ started building his theme park when he launched his first television program titled Disneyland.

a) Walt Disney   b) Walt Disney had   c) had Walt Disney   d) Walt Disney was

10. Orthopaedic and sports medicine specialists now realize that _____ people to get prolonged bed rest for acute and chronic back problems, they would heal less quickly.

a) were   b) some   c) if   d) many

11. The hunting season with firearms is more restricted than _____ because hunting with firearms is more dangerous.

a) to season   b) is the archery season   c) for archery   d) is seasoning

12. Only with the control of poaching _____ a chance to survive through the twenty first century.

a) the African elephants have
b) do the African elephants have
c) are the African elephants have
d) the African elephants do have

13. Trees cover more of Africa than _____, and they also occupy a great area in the interior of Brazil.

a) does any other kind of vegetation
b) any other kind of vegetation
c) do any other kind of vegetation
d) is any other kind of vegetation

14. Neither the housing shortage nor the problem of pollution _____.

a) cannot be solved easily
b) can be solved easily
c) couldn't be solved easily
d) won't be able to solved easily

15. Not only _____ the accident, but also denied that she had been driving the car.

a) she failed to report
b) she didn't fail to report
c) did she fail to report
d) didn't she fail

EXERCISE 227   **Turn the following sentences into inversion form.**

1. Jack not only lost his job, but also got divorced.
   _____

2. Tracy had no sooner climbed on the platform; the crowd started protesting at her.
   _____

3. You shouldn't give her any money under any circumstances.
   _____

4. I've seldom heard a better melody.
   _____

5. Fazıl Say comes here.
   _____

6. The children go there.
   _____

7. The crowd went down the street.
   _____

8. Ted walked along the river.
   _____

9. Atatürk lived in this house when he came to Samsun.
   _____

10. The man stood in front of the door.
    _____

11. The best time is now.
    _____

12. We rarely heard him speaking.
    _____

97. The Subjunctive Mood (URGENCY)

Subjunctive alt, ast, yan, başka bir şeyden daha az önemli demektir. **The Subjunctive Mood** da gerçeklerin değil **arzu**, **ihtimal**, **şüphe**, **öneri** ve **şartların** ifade edilmesidir. Bunu yaparken yan cümleciğin fiili 3. Tekil Şahıslarla birlikte '–s' eki almadan, yalın halde kullanılır.

- It's **important** that he **wear** his seatbelt.
- It's **vital** that she **not go** to school today.

To be fiili **Subjunctive** yapıda esas halinde (**be**) kullanılır.

- It's **recommended** that you **be** tested for this illness.

Bu tür bir yapı günümüzde önemini büyük ölçüde kaybetmiş olup bir kaç ifade dışında konuşma dilinde yerini **should**'a bırakmıştır. 3. Tekil şahıslar bu yapıda asla '–s' eki almazlar.

It's essential that he **see** an optician.
It's essential that he **should see** an optician. (İki cümlenin de anlamı aynıdır)

A. Subjunctive yapıdan önce gelen ve en çok görünen fiiller.

1. **Agree**   : All the members of the jury **agree** that Mrs. Perkins **be** guilty.
2. **Advise**   : The doctor **advised** that Roger **remain** in the hospital.
3. **Arrange**   : I'd deliberately **arranged** that they **arrive** at the same time.
4. **Ask**   : The lawyer of the accused will **ask** that a retrial **be** granted.
5. **Beg**   : She **begged** that her name **not be** printed in the newspaper.
6. **Be anxious**   : I'm **anxious** that she **get** there on time because I don't think she will catch the train.
7. **Be determined** : I'm **determined** that she **get** married.
8. **Command**   : The captain **commanded** that the hill **be** captured.
9. **Crave**   : I **crave** that she **come** with us.
10. **Decree**   : The governor **decreed** that the schools **close**.
11. **Demand**   : Her surgeon **demands** that she **have** the operation soon.
12. **Desire**   : The president **desires** that the new Prime Minister **visit** him.
13. **Direct**   : The judge **directed** that the defendant **remain** silent.
14. **Forbid**   : The law **forbids** that no one under the age of sixteen **be** sold cigarettes.
15. **Insist**   : They **insisted** that he **be** dismissed at once.
16. **Move**   : I should like to **move** that the proposal **be** accepted.
17. **Plead**   : He **pleaded** that he **be** given another chance.
18. **Prefer**   : I **prefer** that the concert **be** cancelled.
19. **Propose**   : I **propose** that we **wait** until the budget has been announced before committing ourselves to any expenditure.
20. **Recommend**   : The doctor **recommended** that he **go** on a diet.
21. **Request**   : It's **requested** that all applicants **be** present.
22. **Require**   : The rules **require** that she not **be** late for the class.
23. **Stipulate**   : We **stipulated** that the name **be** kept secret.
24. **Suggest**   : The boss **suggested** that the meeting **be** held at 10 o'clock tomorrow morning.
25. **Order**   : The commander **ordered** that the attack **start** at 5 a.m.
26. **Urge**   : They will **urge** that TRNC (The Turkish Republic of Northern

Cyprus) **be** recognized by other nations as well.

| 27. | **Vote** | : Congress **voted** that he **be** expelled. |
| 28. | **Rule** | : The government has **ruled** that the refugees **be** deported. |

B. Subjunctive Mood'da yaygın kullanılan sıfatlar.

1.	**Essential**	: It's **essential** that our prices **remain** competitive.
2.	**Imperative**	: The president said it was **imperative** that the release of the hostages **be** secured.
3.	**Important**	: It's **important** that the government **help** the poor and homeless.
4.	**Indispensable**	: It's **indispensable** that he **apply** for the job by close of business today.
5.	**Vital**	: It's **vital** that the natural resources of the nation **be** conserved.
6.	**Necessary**	: It's not **necessary** that she **advise** us of her decision until tomorrow.
7.	**Crucial**	: It's **crucial** that the endangered species of flora and fauna **be** preserved.
8.	**Advisable**	: If one has a special medical condition such as diabetes, epilepsy, or an allergy, it is **advisable** that one/he **carry** some kind of identification in order to avoid being given improper medication in an emergency.
9.	**Urgent**	: It's **urgent** that the government **find** out how to solve the problem of inflation in Turkey.
10.	**Desirable**	: It's **desirable** that you **be** computer literate for this job.
11.	**Preferable**	: It's **preferable** that a diplomatic solution **be** found to this issue.
12.	**Better**	: It's **better** that he not **learn** the result.
13.	**Mandatory**	: In 1991, the British Government made it **mandatory** that rear seat belts **be** worn in cars.
14.	**Obligatory**	: It's **obligatory** that every 20 year-old man **go** to military service.
15.	**Significant**	: Do you think it's **significant** that he **reply** to my letter?

C. Subjunctive Mood'da kullanılan bazı isimler:

1.	**Advice**	: It's the **advice** of his teacher that he **practice** his English more often.
2.	**Demand**	: It's the **demand** of the guerrillas that their friend **be** released as soon as possible.
3.	**Preference**	: It's my **preference** that my daughter **be** a doctor.
4.	**Insistence**	: Her **insistence** that she **have** the best room annoyed everybody.
5.	**Necessity**	: There's no **necessity** that he **have** his car painted.
6.	**Pity**	: It's a **pity** that he **lead** such a miserable life in the twenty-first century.
7.	**Request**	: We submitted a **request** that cars **be** banned after midnight.
8.	**Recommendation**	: The jury followed the judge's **recommendation** that they **take** the extenuating circumstances into consideration.
9.	**Suggestion**	: It's the major's **suggestion** that keeping guard **be** essential at the back door at night.
10.	**Arrangement**	: We had an **arrangement** that she **buy** the tickets.
11.	**Order**	: It was not my **order** that he **stay** at the office until eight o'clock.
12.	**Proposal**	: Congress has rejected the **proposal** that a UN peacekeeping force **be** sent to the area as soon as possible.

EXERCISE 228

1. It's crucial that the problem of air pollution _____.

   a) should tackled   b) must tackled   c) be tackled   d) has to be tackled

2. Why are you still insisting _____?

   a) that he be an engineer   b) he is an engineer
   c) he's supposed to be an engineer   d) he becomes an engineer

3. It was not the battalion commander's order that the company commander _____ for the inspection.

   a) should prepare the company   b) that he was prepared
   c) prepare   d) prepares

4. Before signing the agreement he stipulated that _____

   a) the terms of payment be amended   b) terms of delivery could be changed
   c) a new clause have to be added   d) force majeure must have been added

5. It's indispensable _____.

   a) a new bridge should be built   b) that a new bridge be built
   c) a new bridge is built   d) a new bridge is going to be built

6. Was there any necessity _____?

   a) she has an operation   b) that she had an operation
   c) that she have an operation   d) she have an operation

7. It's mandatory that _____

   a) all the applicants fill out the form   b) the students should not late for the test
   c) the quality of the goods are the best   d) the guests must be picked up from the hot

8. Mr. President, I move that _____.

   a) the meeting be adjourned   b) that the meeting be postponed
   c) the meeting might have been cancelled   d) the meeting must have been postponed

9. It's urgent that the aid _____ to the victims.

   a) will be sent   b) it is supposed to be sent
   c) can be sent   d) be sent

10. Whose proposal was that _____ at 3 o'clock?

   a) the meeting would be held   b) would the meeting holded
   c) the meeting be held   d) should the meeting be holded

98. Irregular Verbs

Present	Past	Past Participle	Türkçesi
abide	abided, abode	abided, abode	oturmak, tahammül etmek
arise	arose	arisen	yükselmek
awake	awoke	awaken	uyanmak, uyandırmak
be	was/were	been	olmak, var olmak
bear	bore	borne	katlanmak, taşımak, doğurmak
beat	beat	beaten	yenmek, vurmak, dövmek
become	became	become	olmak
befall	befell	befallen	başına gelmek
beget	begot	begotten	baba olmak
begin	began	begun	başlamak
behold	beheld	beheld	dikkatle bakmak
bend	bent	bent	eğilmek
bereave	bereaved, breft	bereaved, breft	kayıp acısı çekmek
beseech	besought	besought	yalvarmak
beset	beset	beset	kuşatmak, taciz etmek
bet	bet	bet	bahse girmek
bid	bade, bid	bidden, bid	buyurmak
bide	bided, bode	bided	uzun süre beklemek
bind	bound	bound	sarmak
bite	bit	bitten	ısırmak
bleed	bled	bled	kanamak
bless	blessed, blest	blessed, blest	kutsamak
blow	blew	blown	esmek
break	broke	broken	kırmak
breed	bred	bred	beslemek, yetiştirmek
bring	brought	brought	getirmek
broadcast	broadcast	broadcast	yayın yapmak
build	built	built	inşa etmek
burn	burnt, burned	burnt, burned	yanmak, yakmak
bust	bust	bust	patlatmak, patlamak, bozmak
buy	bought	bought	satın almak
cast	cast	cast	sıraya koymak, döküm etmek
catch	caught	caught	yakalamak, yetişmek
chide	chided, chid	chided, chid	kızgın konuşmak
choose	chose	chosen	seçmek
cleave	cleft, clove	cleft, cloven	yarmak, bölmek
cling	clung	clung	yapışmak, bağlı kalmak
clothe	clad, clothed	clad, clothed	giydirmek
come	came	come	gelmek
cost	cost	cost	etmek, mal olmak
creep	crept	crept	farkettirmeden yürümek
cut	cut	cut	kesmek
deal	dealt	dealt	pay etmek, vermek, iş yapmak
dig	dug	dug	kazmak
dive	dived, dove	dived	dalmak
do	did	done	yapmak
draw	drew	drown	çizmek, çekmek
dream	dreamt	dreamt	rüya görmek
drink	drank	drunk	içmek
drive	drove	driven	sürmek
dwell	dwelt	dwelt	ikamet etmek
eat	ate	eaten	yemek
fall	fell	fallen	düşmek
feed	fed	fed	beslemek
feel	felt	felt	hissetmek

Present	Past	Past Participle	Türkçesi
fight	fought	fought	kavga etmek
find	found	found	bulmak
flee	fled	fled	kaçmak
fling	flung	flung	atmak, denemek
fly	flew	flown	uçmak
forbear	forbore	forborne	kaçınmak
forbid	forbade	forbidden	yasaklamak
forecast	forecast	forecast	tahmin etmek
forsee	foresaw	foreseen	tahminde bulunmak
foretell	foretold	foretold	önceden söylemek
forget	forgot	forgotten	unutmak
forgive	forgave	forgiven	affetmek
forsake	forsook	forsaken	birşeyi bırakmaya karar vermek
forswear	forswore	forsworn	tamamen terketmek
freeze	froze	frozen	donmak
get	got	got	elde etmek, almak
gild	gilt, gilded	gilt, gilded	yaldızlamak
gird	girt, girded	girt, girded	kemerle bağlamak
give	gave	given	vermek
go	went	gone	gitmek
grind	ground	ground	öğütmek
grow	grew	grown	büyü(t)mek, yetiş(tir)mek
hang	hung	hung	asmak
have	had	had	sahip olmak, yemek, içmek
hear	heard	heard	duymak
hide	hid	hidden	saklamak
hit	hit	hit	vurmak
hold	held	held	tutmak, içine almak
hurt	hurt	hurt	incitmek, acıtmak
inlay	inlaid	inlaid	üzerine kakmak, işlemek
keep	kept	kept	tutmak, muhafaza etmek
kneel	knelt	knelt	diz çökmek
knit	knit, knitted	knit, knitted	bağlamak, düğüm atmak
know	knew	known	bilmek, tanımak
lay	laid	laid	yatırmak, koymak, sermek
lead	led	led	önderlik etmek
lean	leant	leant	eğilmek, meyletmek
leap	leapt, leaped	leapt, leaped	sıçramak, zıplamak
learn	learnt, learned	learnt, learned	öğrenmek
leave	left	left	ayrılmak, terk etmek
lend	lent	lent	ödünç vermek
let	let	let	izin vermek
lie	lay	lain	uzanmak
light	lit, lighted	lit, lighted	yakmak, aydınlatmak
lose	lost	lost	kaybetmek
make	made	made	yapmak
mean	meant	meant	demek istemek, kastetmek
meet	met	met	buluşmak, karşılamak
mislay	mislaid	mislaid	koyduğu yeri unutmak
mislead	mislead	mislead	yanlış yönlendirmek
misspell	misspelt	misspelt	bir kelimeyi yanlış söylemek
misspend	misspent	misspent	boşa harcamak
mistake	mistook	mistaken	hata yapmak
misunderstand	misunderstood	misunderstood	yanlış anlamak
mow	mowed	mowed, mown	çimen biçmek
outbid	outbid	outbid	daha fazla para ödemek
outdo	outdid	outdone	birinden daha iyi olmak
outshine	outshone	outshone	birinden daha iyi yapmak
overcome	overcame	overcome	üstesinden gelmek

Present	Past	Past Participle	Türkçesi
overdo	overdid	overdone	beklenenden daha iyi yapmak
overhang	overhung	overhung	üzerinden sarkmak
overhear	overheard	overheard	tesadüfen duymak
override	overrode	overridden	diğerinden daha önemli olmak
overrun	overran	overrun	hızla ele geçirmek
oversee	oversaw	overseen	göz atmak, kontrol etmek
overshoot	overshot	overshot	bir yeri çok geçmek
oversleep	overslept	overslept	fazla uyumak
overtake	overtook	overtaken	hızı daha fazla olup geçmek
overthrow	overthrew	overthrown	iktidardan düşmek
pay	paid	paid	ödemek
prove	proved	proved, proven	kanıtlamak
put	put	put	koymak
quit	quit	quit, quitted	terk etmek
read	read	read	okumak
rebuild	rebuilt	rebuilt	yeniden inşa etmek
redo	redid	redone	yeniden yapmak
remake	remade	remade	yeniden yapmak
rend	rent	rent	yırtmak, koparmak
repay	repaid	repaid	geri ödemek
ride	rode	ridden	ata, bisiklete binmek
ring	rang	rung	zil, telefon çalmak
rise	rose	risen	yükselmek
run	ran	run	koşmak, işletmek
saw	sawed	sawn, sawed	biçmek, kesmek
say	said	said	söylemek
see	saw	seen	görmek
seek	sought	sought	aramak, araştırmak
sell	sold	sold	satmak
send	sent	sent	göndermek
set	set	set	koymak, başlatmak, kurmak
shake	shook	shaken	sallamak
shear	sheared	shorn, sheared	kırpmak, kesmek
shed	shed	shed	dökmek, saçmak
shine	shone	shone	parlamak
shit	shit	shit	canını sıkmak, başını şişirmek
shoe	shod	shod	ayakkabı giydirmek, nallamak
shoot	shot	shot	vurmak, ateş etmek
show	showed	shown, showed	göstermek
shrink	shrank	shrunk	büzmek, daraltmak
shrive	shrove	shriven	günahını çıkarmak
shut	shut	shut	kapatmak
sing	sang	sung	şarkı söylemek
sink	sank	sunk	batmak
sit	sat	sat	oturmak
slay	slew	slain	öldürmek, katletmek
sleep	slept	slept	uyumak
slide	slid	slid	kaymak, kaydırmak
sling	slung	slung	sapanla atmak
slink	slunk	slunk	sessizce yürümek, sıvışmak
slit	slit	slit	kesmek, yarmak
smell	smelt, smelled	smelt, smelled	koklamak, kokmak
smite	smote	smitten	cezalandırmak, öldürmek, vurmak
sow	sowed	sowed, sown	tohum ekmek, saçmak
speak	spoke	spoken	konuşmak
speed	sped	sped	hız yapmak
spell	spelt	spelt	harf harf söylemek
spend	spent	spent	harcamak
spill	spilt	spilt	dökmek, saçmak

Present	Past	Past Participle	Türkçesi
spin	span, spun	spun	döndürmek, eğirmek, bükmek
spit	spat, spit	spat, spit	tükürmek
split	split	split	yarmak, çatlatmak, bölmek
spoil	spoilt	spoilt	bozmak, berbat etmek, şımartmak
spread	spread	spread	yaymak
spring	sprang	sprung	sıçramak, atlamak, çıkmak
stand	stood	stood	ayakta durmak
steal	stole	stolen	çalmak
stick	stuck	stuck	saplanmak, yapışmak
sting	stung	stung	(arı, akrep) sokmak, ısırmak
stink	stank, stunk	stunk	pis kokmak
strew	strewed	strewn, strewed	saçmak, yaymak
stride	strode	stridden	uzun adım yürümek
strike	struck	struck	çarpmak, çalmak (saat)
string	strung	strung	ipliğe dizmek
strive	strove	striven	uğraşmak, çabalamak
sublet	sublet	sublet	kira ile başkasına devretmek
swear	swore	sworn	yemin etmek, küfür etmek
sweep	swept	swept	süpürmek
swell	swelled	swollen, swelled	şişmek, şişirmek
swim	swam	swum	yüzmek
swing	swung	swung	sallanmak, dönmek
take	took	taken	almak, götürmek
teach	taught	taught	öğretmek
tear	tore	torn	yırtmak
tell	told	told	anlatmak, söylemek
think	thought	thought	düşünmek
thrive	throve	thriven	gelişmek, iyiye gitmek
throw	threw	thrown	atmak, fırlatmak
thrust	thrust	thrust	dürtmek, batırmak
thread	throd	throd, throdden	çiğnemek, üstüne basmak
unbend	unbent	unbent	doğrultmak, düzeltmek
underbid	underbid	underbid	düşük teklif vermek
undergo	underwent	undergone	maruz kalmak, başına gelmek
underlie	underlay	underlain	altında olmak
underpay	underpaid	underpaid	daha az ücret ödemek
undersell	undersold	undersold	daha ucuza satmak
understand	understood	understood	anlamak
undertake	undertook	undertaken	üzerine almak, anlaşmak
underwrite	underwrote	underwritten	altına yazmak
undo	undid	undone	çözmek, açmak
unfreeze	unfroze	unfrozen	eritmek, serbest bırakmak
unsay	unsaid	unsaid	dile getirmemek
unwind	unwound	unwound	açmak, çözmek
uphold	upheld	upheld	yukarı tutmak
upset	upset	upset	üzmek, alt üst etmek
wake	woke	waken	uyanmak, uyandırmak
waylay	waylaid	waylaid	pusuda beklemek
wear	wore	worn	giymek, eskitmem
weave	wove	woven, weaved	dokumak, örmek
wed	wed, wedded	wed, wedded	evlendirmek
weep	wept	wept	ağlamak
wet	wet, wetted	wet, wetted	ıslatmak, kutlamak
win	won	won	kazanmak
wind	wound	wound	çevirmek, kurmak, öttürmek
withdraw	withdrew	withdrew	geri çekmek, geri almak
withstand	withstood	withstood	karşı koymak, direnmek
wring	wrang	wrung	burmak, burarak sıkmak
write	wrote	written	yazmak

English Grammar Today

99. CEVAP ANAHTARI

EXERCISE 1
1. am – is 2. is 3. am 4. are – am 5. is – is 6. are – are 7. is - is

EXERCISE 2
1. She's sixteen years old. 2. He's hungry. 3. It's on the table. 4. He's rich. 5. They are reporters. 6. We are good friends. 7. You're tall boys. 8. He's in hospital. 9. She's a teacher. 10. They are very good. 11. It's new. 12. He's a mechanic.

EXERCISE 3
a. Forty-five b. Thirty c. Seventy-six d. Eighty-seven e. Two hundred and eighty-eight f. Two thousand five hundred and ninety g. Twenty-five million, nine hundred and eighty-six thousand, eight hundred and fifty. h. Six hundred i. Three hundred fifty-five thousand, nine hundred and eighty-one. j. One hundred and fifty two.

EXERCISE 4
a. Twenty b. Thirty-five c. Ninety-nine. d. One hundred and one. e. One hundred and twenty-five. f. One hundred and sixty-four. g. Two thousand four hundred and twenty. h. One hundred and forty-five i. Thirteen j. Forty

EXERCISE 5
1. an 2. a 3. a 4. an 5. a 6. an 7. a 8. an/a 9. a 10. a 11. an 12. a 13. a 14. a 15. a 16. a 17. a 18. an 19. an 20. an 21. a 22. a 23. an 24. an.

EXERCISE 6
1. A towel 2. An eraser 3. An armchair 4. A sweater 5. An axe 6. An onion

EXERCISE 7
1. brushes 2. watches 3. tomatoes 4. sheep 5. people 6. oxen 7. leaves 8. ladies/women 9. children 10. buses 11. boxes 12. boys

EXERCISE 8
1. They are cats. 2. These are shelves. 3. Museums are useful buildings. 4. They are new cars. 5. Books are good friends. 6. These are old buildings. 7. Those men are workers. 8. These children are clever. 9. They are poor women. 10. We are teachers. 11. Are they policemen? 12. There are ladies at the door. 13. There aren't (any) knives on the table. 14. Those are nice scarves. 15. There are mice in the kitchen.

EXERCISE 9
1. candles 2. deer 3. feet 4. flies 5. flowers 6. glasses 7. keys 8. eggs 9. cherries 10. mice

EXERCISE 10
1. That's a shelf. 2. They have a baby. 3. There are cars in the street. 4. There are tomatoes on the table. 5. There's a wolf in the forest. 6. They are silk scarves. 7. He's a fireman. 8. It's a library. 9. There's a fly in the room. 10. I'm a student. 11. The brushes are in the bathroom. 12. Are they expensive radios? 13. These are brown deer. 14. This book is new.

EXERCISE 11
1. This is a hat. 2. These are school bags. 3. Those are chairs. 4. That is a rabbit. 5. This is a jacket.

EXERCISE 12
1. This car is dirty. 2. That's a rich man. 3. These are happy cats. 4. Those shirts are cheap. 5. That book is interesting. 6. This is a good boy. 7. These are plastic windows. 8. Those apples are green. 9. This is a red pencil. 10. That bridge is new. 11. That's a very fast boat. 12. Those are beautiful women. 13. That's a very ugly cat.

EXERCISE 13
3. No, it isn't. It's a mouse. 4. Yes, they are. 5. No, it isn't. It is a bus. 6. Yes, it is. 7. No, they aren't. They are bottles. 8. No, they aren't. They are boys. 9. No, it isn't. It's a flower. 10. Yes, they are.

EXERCISE 14
1. This is a glass and that's a bottle. 2. These are letters and those are postcards. 3. This is a book and that's a dictionary. 4. These are chairs and those are tables. 5. This is a door and that's a window. 6. These are men and those are women. 7. This is a lighter and that is a match. 8. These are letters and those are envelopes. 9. These are shirts and those are ties. 10. These are knives and those are forks. 11. This is a cat and that's a dog. 12. These are boys and those are girls. 13. These are clean glasses and those are dirty glasses.

EXERCISE 15
1. this – It's a kite. 2. these – They are school bags. 3. those – They are mice. 4. this – It's a waste basket. 5. that – It's a lamp. 6. these – They are watches.

EXERCISE 16
1. Those are beautiful girls. 2. This is a computer game. 3. That is a naughty boy. 4. These televisions are on. 5. This street is very clean. 6. Those are happy men. 7. These tables are round. 8. This glass is clean. 9. Those knives are very sharp. 10. These are new watches. 11. This girl is beautiful. 12. Those boys are very handsome. 13. This is a new student.

EXERCISE 17
1. No, it isn't. That's my book. 2. No, it isn't. That's my letter. 3. No, it isn't . This is my dictionary. 4. No, it isn't. That's my pen. 5. No, it isn't. This is my room. 6. No, it isn't. This is our house. 7. No, it isn't. This is my father. 8. No, it isn't. That's my chair. 9. No, it isn't . That's my newspaper. 10. No, it isn't. That's my cigarette. 11. No, it isn't. That's my notebook. 12. No, it isn't. This is my umbrella. 13. No, it isn't. This is my girlfriend.

EXERCISE 18
1. this – It's a clock. 2. those – They are puppies. 3 that – It's a fridge. 4. that – It's a table. 5. these – They are cherries. 6. those - They are slippers.

EXERCISE 19
1. No, they aren't. Those are my matches. 2. No, they aren't. Those are my CDs. 3. No, they aren't. These are my friends. 4. No, they aren't. Those are my suitcases. 5. No, they aren't. Those are my tickets. 6. No, they aren't. These are my shoes. 7. No, they aren't. Those are my keys. 8. No, they aren't. These are my photographs. 9. No, they aren't. Those are my sandwiches. 10. No, they aren't. Those are my parents. 11. No, they aren't. Those are my envelopes. 12. No, they aren't. These are clean glasses. 13. No, they aren't. These are his brothers.

EXERCISES 20
1. has – hasn't 2. haven't 3. has 4. Have 5. Has 6. has 7. has 8. have 9. Have 10. have 11. have 12. haven't 13. haven't 14. have 15. haven't 16. has 17. have 18.Has 19. Has 20. hasn't 21. has 22. have 23. haven't 24. has

EXERCISE 21

1. No, I haven't. I've got a toothache. 2. No, she hasn't. She's got $25. 3. No, they haven't. They've got a small garden. 4. No, she hasn't. She's got a sister. 5. No, I haven't. I've got brown eyes.
6. No, she hasn't. She's got a German husband. 7. No, I haven't. I've got a pencil. 8. No, they haven't. They've got blue uniforms. 9. No, he hasn't. He's got a cheap car. 10. No, he hasn't. He's got short hair. 11. No, I haven't. I've got a computer. 12. No, he hasn't. He's got a moustache. 13. No, they haven't. They've got fish for dinner. 14. No, she hasn't. She's got a headache.

EXERCISE 22

1. He's got a bicycle. 2. She's got some balloons.
3. He's got a lot of money. 4. He's got a cat. 5. She's got a son.

EXERCISE 23

1. my 2. his 3. Her 4. yours - mine - hers 5. our
6. your 7. her 8. Their 9. its 10. my 11. its 12. his 13. Her 14. their 15. our 16. her 17. your – mine 18. yours

EXERCISE 24

1. It's Kevin's house. 2. It's Harold's pen. 3. It's the Whites' house. 4. It's Scott's umbrella. 5. They are Morris' shoes. 6. It's Robin's bicycle. 7. It's the boys' ball. 8. No, it isn't. It's Paula's wallet. 9. It is Agnes' glass. 10. It's the children's room.

EXERCISE 25

1. They are Bruce's eye-glasses. 2. They are Dennis's (Dennis') shoes. 3. It's Helen's dog. 4. It's Bora and Belma's desk. 5. It's Sally's cup/coffee. 6. They are Bob's and Mary's cars.

EXERCISE 26

1. Third 2. Seventy-second 3. first 4. Twentieth
5. Seventeenth 6. Twenty-first 7. Eighteenth 8. Second 9. Thirty-second 10. Twelfth

EXERCISE 27

1. 8th 2. 24th 3. 77th 4. 59th 5. 23rd 6. 40th 7. 18th 8. 33rd 9. 1st 10. 7th

EXERCISE 28

1. It's … 2. It's … 3. It's … 4. It's … 5. August is the eighth month of the year. 6. No, it is in the north of Turkey. 7. December is the last month of the year. 8. No, it is a spring month. 9. No, it is the second month of the year. 10. No, it is a week day. 11. Yes/No, it is … 12. December, January and February are the months of winter. 13. My birthday is on........... 14. Thursday is the fourth day of the week. 15. No, it isn't. It is a summer month.

EXERCISE 29

1. Eylül 2. Mayıs 3. Mart 4. Haziran 5. Nisan 6. Kasım 7. Aralık 8. Ağustos

EXERCISE 30

1. It's eight o'clock. 2. It's six o'clock. 3. It's seven o'clock. 4. It's three o'clock.

EXERCISE 31

1. It's twenty-five past three. 2. It's twelve minutes past eight. 3. It's twelve minutes to ten. 4. It's six thirty./ It's half-past six. 5. It's twelve o'clock. 6. It's half past twelve 7. It's ten to three. 8. It's five past eleven.

EXERCISE 32 Saatler üzerinde gösteriyorsunuz.

EXERCISE 33

1. It's nine fifteen. 2. It's two thirty. 3. It's eleven fifteen. 4. It's three ten. 5. It's seven fifty-five. 6. It's ten fifty. 7. It's nine-o-five. 8. It's five forty-five. 9. It's four forty-five , 10. It's twelve twenty-five.

EXERCISE 34

1. There is 2. There are 3. There is 4. There are 5. There is 6. There are 7. There is 8. There are 9. There is 10. There are 11. There is 12. There are 13. There are 14. There is 15. There are

EXERCISE 35

1. There isn't 2. There aren't 3. There aren't 4. There isn't 5. There isn't 6. There aren't 7. There aren't 8. There isn't 9. There isn't 10. There isn't 11. There aren't 12. There isn't

EXERCISE 36

1. Is there a television set in your room? 2. Are there trees around your school? 3. Are there cars in the street? 4. Is there a clock on the wall? 5. Is there a wallet on the table? 6. Are there biscuits on the plate? 7. Is there a dog in front of the door? 8. Are there two policemen at the door? 9. Is there any salt in the shaker? 10. Are there any clean glasses on the table?

EXERCISE 37

1. Yes, there is. 2. No, there aren't. There are three glasses. 3. There's a coat, a jacket and a tie. 4. There are two pictures and a calendar. 5. There are four chairs. 6. There are two plates. 7. Yes, there is. 8. There are two flowerpots. 9, There are some flowers. 10. There is a schoolbag. 11. There are some books and an alarm clock. 12. There's some water.
13. There's a ruler. 14. Yes, there is. 15, There is a ball and a pair of slippers.

EXERCISE 38

1. is 2. am 3. is 4. are 5. is 6. are 7. is 8. is 9. are 10. is 11. are 12. are 13. is 14. is 15. is 16. are, is 17. are 18. are 19. is 20. is 21. is 22. aren't

EXERCISE 39

1. a. His father isn't English. b. Is his father English? 2. a. Your secretary isn't beautiful. b. Is my secretary beautiful? 3. a. Arthur isn't married. b. Is Arthur married? 4. a. My children aren't very intelligent. b. Are your children very intelligent? 5. a. His father isn't an architect. b. Is his father an architect? 6. a. Terry's pen isn't on the table. b. Is Terry's pen on the table? 7. a. This isn't a dentist's coat. b. Is this a dentist's coat? 8. My father isn't a pilot. b. Is your father a pilot?

EXERCISE 40

1. Isn't your father a doctor? 2. Aren't you American? 3. Aren't I a goodlooking boy? 4. Aren't Burak and you dark? 5. Isn't Bora fair? 6. Isn't this an artist's bag? 7. Aren't you keen on Fenerbahçe? 8. Isn't she heathy? 9. Aren't I a good person? 10. Isn't that your car? 11. Isn't your brother married? 12. Aren't I tall enough to play basketball? 13. Isn't she happy? 14. Aren't they at home? 15. Isn't it cheap?

EXERCISE 41

1. Where is the cat? – It's on the roof. 2. Where are the children? – They are at school. 3. Where are the dirty glasses? – They are in the sink. 4. Where is the dog? – It's under the tree. 5. Where are my glasses? – They are

on the table. 6. Where are your books? – They are in my bag. 7. Where is Mary? – She's in her office. 8. Where is George? – He's at the seaside. 9. Where is the vase? – It's on the television. 10. Where is the policeman? – He's in his car. 11. Where are the students? – They are in the classroom. 12. Where is your car? – It's in the car park. 13. Where is the telephone? - It's on the coffee table. 14. Where is Mary? – She's at home. 15. Where are the keys? – They are in my coat pocket.

EXERCISE 42
1. Yes, it is. 2. No, it isn't. It's near the window. 3. No, they aren't. They are in the bookcase. 4. No, it isn't. It's on the floor. 5. Yes, they are. 6. No, it isn't. It's on the wall. 7. No, he isn't. 8. No, it isn't. It's behind the desk. 9, No, it isn't. It's on the boardsill. 10. No, it isn't. It's between the door and the board.

EXERCISE 43
1. Are the knives dirty? - Yes, they are. 2. Is the television on? - No, it isn't. 3. Is the dog in its kennel? - Yes, it is. 4. Are the cushions on the sofa? - Yes, they are. 5. Are the thieves in prison? - No, they aren't. 6. Is the cat hungry? - No, it isn't. 7. Are the glasses dirty? - Yes, they are. 8. Are the birds in the nest? - No, they aren't. 9. Are the children in the forest? - No, they aren't. 10. Are the boys in the scoolyard? Yes, they are.11. Is the door open? - Yes, it is. 12. Are the Whites in the restaurant? - No, they aren't. 13. Are the clean glasses on the shelf? - Yes, they are. 14. Is the window closed? - No, it isn't. 15. Are the cats happy? - Yes they are.

EXERCISE 44
1. high 2. long 3. beautiful 4 big-small 5. ugly 6. difficult 7. tall 8. cold 9. hot 10. clean11. thirsty 12. south 13. far 14. strong 15. quick 16. fresh 17. old 18. expensive 19. careful 20. dark 21. north 22. cold 23. tired 24. wide

EXERCISE 45
1. on 2. at 3. on 4. in 5. at 6. at – in 7. at 8. in 9. on 10. on 11. at 12. on 13. on 14. on 15. in 16. in 17. at 18. in 19. at - on 20. at 21. at 22. at 23. – 24. at

EXERCISE 46
a. 4 b. 8 c. 5 d. 7 e. 2 f. 3 g. 6 h. 1

EXERCISE 47
1. There are some pens in the box. 2. There's some fruit in the basket. 3. There are some candles on the cake. 4. Ted has got some CDs. 5. There are some mistakes in the translation. 6. Mary has got some coke. 7. There's some cheese on the plate. 8. There's some jam in the jar. 9. There are some magazines on the shelf. 10. There are some clothes in the suitcase. 11. I've got some cigarettes. 12. Tom's got some money. 13. There's some wine in the fridge. 14. She's got some good books.

EXERCISE 48
1. Have you got any good books? 2. Is there any lemonade in the bottle? 3. Is there any coke in your glass? 4. Have you got any stamps? 5. Are there any new books on the table? 6. Are there any people on the beach? 7. Have you got any medicine for your cough? 8. Have you got any questions? 9. Are there any mistakes on my test paper? 10. Has she got any bananas?

EXERCISE 49
1. There aren't any empty seats in the cafeteria. 2. There aren't any people in the street. 3. There isn't any snow on the roofs. 4. I haven't got any white shirts. 5. The cat hasn't got any milk. 6. There aren't any passengers on the plane. 7. I haven't got any soup in my bowl. 8. There aren't any factories in this town. 9. There aren't any good dialogues in the book. 10. There isn't any whisky in the bottle. 11. There isn't any tea in the pot. 12. There aren't any keys on the table. 13. I haven't got any interesting ideas. 14. She hasn't got any travel cheques.

EXERCISE 50
1.There is no beer in my glass. 2. There is no snow in the mountains. 3. They have got no food. 4. I have got no clean shirts. 5. There is no toothpaste in the tube. 6. There are no students absent today. 7. There are no teachers in the teachers' room. 8. There are no clean forks on the table. 9. There are no ugly girls in our class. 10. There are no stupid boys in our class. 11. I have got no brothers. 12. There are no cinemas in this town.

EXERCISE 51
1. In Turkey, most men above 30 are married. 2. Some married couples live with their parents. 3. Many married couples have more than one child. 4. Some married couples have no child. 5. No child has after-school programs in my town. 6. Most children live with parents or a parent. 7. Some women leave work after they have babies. 8. Many people are under the age of 30 in Turkey. 9. A lot of women get married under the age of 22. 10. A few married couple divorce in the first five years of their marriage.

EXERCISE 52
1. some/no 2. some/no 3. any 4. any 5. no 6. some/no 7. any 8. any 9. any 10. some/no 11. any 12. some 13. any 14. no 15. any 16. no 17. no 18. any 19. no 20. any

EXERCISE 53
1. Wash 2. Don't buy 3. Don't touch 4. Pass 5. Open 6. Don't shout 7. turn on 8. Don't make 9. Hurry 10. Shut 11. Water 12. Take 13. Don't smoke 14. don't speak   15. Don't eat 16 Don't spend 17. Don't park 18. Don't make

EXERCISE 54
1. He usually gets up at 7:00 on weekdays. 2. He washes his face. 3. He takes off his pyjamas. 4. He puts on his clothes. 5. He combs his hair. 6. He has breakfast at seven. 7. He brushes his teeth. 8. He leaves home for school at 8:00. 9. He gets on the schoolbus. 10. He comes home at four. 11. He does his homework. 12. He has dinner with his parents. 13. He watches TV. 14. He brushes his teeth. 15. he goes to bed at 10.

EXERCISE 55
1. – 2. –s 3. –s 4. –es 5. – 6. –es 7. –es 8. – 9. –s 10. –es 11. – 12. –es 13. –es 14. – 15. – 16. – 17. – 18. – 19.–es 20.– 21.–s 22. –s

EXERCISE 56
1. I don't understand you. 2. Mary likes fish very much. 3. Does mike eat fish? 4. Bruce doesn't work in a bank. 5. Do you live in Kadıköy? 6. She doesn't play tennis. 7. They come from France. 8. She doesn't like drinking tea. 9. Does she know you? 10. The

number 10 bus doesn't stop at this stop. 11. Does this train stop at Göztepe. 12. He doesn't listen to me. 13. Mary has a red dress. 14. Helen doesn't have a red dress. 15. Does your father travel a lot?

EXERCISE 57
1. Do you smoke? 2. Do you like pop music? 3. Do you drink tea in the morning? 4. Do you like the programmes on MKTV? 5. Do you live in Kadıköy? 6. Do you speak Spanish? 7. Do you go fishing? 8. Do you go to work by car? 9. Do you listen to the radio? 10. Do you do exercise? 11. Do you know the answer? 12. Does she enjoy her job? 13. Does he understand you? 14. Does she have any brothers or sisters?

EXERCISE 58
2. She doesn't like dogs. 3. It likes eating bones. 4. She doesn't like milk. 5. He likes driving. 6. They like talking/chatting. 7. She doesn't like cleaning. 8. She likes eating bananas.

EXERCISE 59
1. bottles of 2. dozen 3. bunch of 4. head of 5. bar of 6.packets of 7. tube of 8. bunches of 9. cups of 10. box of 11. tins / cans / bottles of 12. dish of 13. kind of 14. jar of 15. bar of 16. can / glass of 17.glass of 18. piece of 19. bottle of 20. bunch of 21. basket of 22. bundle of 23. tube of 24. bottle of

EXERCISE 60
1. much 2. lots of / a lot of 3. lots of / a lot of 4. many 5. much 6. much 7. many 8. many 9. many 10. a lot of / lots of 11. much 12. a lot of 13. a lot of 14. much 15. a lot of / lots of 16. much 17. many 18. many 19. many 20. a lot of / lots of

Not: Tüm soru ve olumsuz cümlelerde **a lot of** veya **lots of** da kullanılabilir.

EXERCISE 61
1. a few 2. a little 3. few 4. a few 5. little 6. a little 7. a few 8. few 9. a little 10. a few 11. few 12. little 13. a few 14. little 15. a few 16. few 17. a few 18. a few 19. little 20. a little

EXERCISE 62
1. How many 2. How much 3. How many 4. How many 5. How many 6. How much 7. How much. 8. How much 9. How much 10. How many 11. How many 12. How much 13. How many 14. How much 15. How much 16. How many 17. How many 18. How many 19. How many 20. How much

EXERCISE 63
1.How much time have you got? 2. How many brothers has she got? 3. How many sisters has he got? 4. How much food have they got? 5. How much milk is there in the saucer? 6. How many bottles of wine have you got in the fridge? / How much wine have you got in the fridge? 7. How much is this car? 8. How much are these shoes? 9. How many people are there at the meeting? 10. How many sisters have you got? 11. How much money has he got? 12. How much tea is there in the kettle. 13. How many friends has Mary got in Istanbul?

EXERCISE 64
1. There's a lot of meat. 2. There are a lot of eggs. 3. There is a lot of fruit. 4. There are a few lemons. 5. There is a little coke. 6. There's a lot of butter. 7. There's a little milk. 8. There are a lot of vegetables.

EXERCISE 65
1. a / a/ a / the / the / the / the / the 2. the / the 3. a / a/ the 4. the 5. the 6. a / the / the 7. the 8. – 9. a 10. – / – 11. a / a / the 12. a / the 13. a 14. the 15. a / the 16. a , the 17. – 18. the 19. The / the 20. the 21. the

EXERCISE 66
I have two exams a week. 2. He doesn't have a Mercedes. 3. Do you have a headache? 4. Ahmet has two sisters. 5. Leyla has long legs. 6. Yasemin has green eyes. 7. Mehmet has a long nose. 8. You have a trouble. 9. We have a summer house. 10. They have a flat in Göztepe. 11. Do you have a room for two? 12. Do you have any brothers? 13. Do you have a television in your room? 14. I don't have a car.

EXERCISE 67
1. I have a shower everyday. 2. We have breakfast at eight in the mornings. 3. We have a holiday in July. 4. They have a picnic at the weekends. 5. My father often has a nap in front of the television. 6. We often have a swim before lunch. 7. I have lunch with my friends. 8. I have a shave every morning. 9. My father has his lunch at work. 10. I have a haircut every month. 11. They often have a party. 12. We have a walk in the mornings. 13. We have a drink after work. 14. They have a meal at this restaurant. 15. We have three plays of scrabble every day. 16. Those students are having a conversation in English.

EXERCISE 68
1. They are having dinner. 2. She's having a drink. 3. She's having a rest. 4. They are having a walk.

EXERCISE 69
1. sleep 2. argument 3. look 4. play 5. shave 6. holiday 7. haircut 8. conversation 9. bath / shower 10. drink 11. picnic 12. meal 13. nap 14. walk 15. drive 16. rest 17. talk 18. fight

EXERCISE 70
1. It's usually cold in November. 2. She rarely drinks tea. 3. The weather is always hot in Istanbul in July. 4. They are usually at work at 8:30. 5. They always come to work at eight. 6. I usually stay at home in the evenings. 7. She often dreams about her boyfriend. 8. The baby often claps his hands

EXERCISE 71 Cevaplar kişiye göre değişebilir.
EXERCISE 72
1. I polish my shoes twice a wek. 2. My father has a bath three times a week. 3. We go to the theatre several times a year. 4. I brush my teeth twice a day. 5. I go abroad twice a year. 6. My girl/boy friend calls me several times a day. 7. I drink coffee very often. 8. My sister has a bath very often.

EXERCISE 73
1. As soon as/When 2. when 3. until 4. before 5. Every time 6. after 7. as soon as/when 8. Every time 9. If / when 10. No sooner 11. till 12 before 13. after 14. if/when 15. until/till 16. when

EXERCISE 74
1. Who earns a lot of money? 2. When do birds make their nests? 3. Who walks to school every morning? 4. Where do I make a lot of mistakes? 5. Where does the sun always shine? 6. Who thinks Mary may come to our/your party? 7. How much do these shoes cost? 8. How much wine do you have? 9. How much is that watch? 10. How many sisters do you have? 11. When

English Grammar Today

is the next train? 12. Whose mother makes good omelettes? 13. Where does your father work? 14. How often does it rain in Istanbul?

EXERCISE 75
1. is a small city, too. 2. doesn't live in Eskişehir, either. 3. don't like coffee, either. 4. A Mercedes is an expensive car, too. 5. Mehmet has got a moustache, too. 6. is new, too. 7. never comes to school late, either. 8. isn't new, either. 9. also 10. also

EXERCISE 76
1. My sister can cook but she can't knit. 2. My brother can ride a bike but he can't drive a car. 3. I can dance but I can't sing a song. 4. I can drink a bottle of wine but I can't drink a bottle of whisky. 5. Dennis can play football but he can't play basketball. 6. I can speak English but I can't talk to animals. 7. Mr. White can drive a car but he can't fly a plane. 8. Fred can touch the wall but he can't touch the ceiling. 9. My father can buy this car but he can't buy that car. 10. You can have my pen but you can't use my telephone. 11. You can go to the cinema but you can't go to the disco. 12. I can solve this problem but I can't solve that problem. 13. I can remember her face but I can't remember her name. 14. I can hear the teacher but I can't see the blackboard.

EXERCISE 76-B
1. He can play the guitar. 2. A rabbit can run fast. 3. A penguin cannot fly. 4. She can not study. It's too noisy. 5. He can lift the weight.

EXERCISE 77
1. can 2. can't 3. was able to 4. can't 5. couldn't 6. couldn't 7. be able to 8. can't 9. can't 10. could 11. was able to 12. could 13. couldn't 14. were able to 15. be able to - couldn't 16. was able to 17. were able to 18. can 19. was able to 20. was able to

EXERCISE 78
1. We are staying here for a few days. 2. He's playing tennis now. 3. I'm studying mathematics at university. 4. George is sitting in the garden. 5. She isn't reading a book. She's writing a postcard. 6. They are eating breakfast now. 7. Jenny is drinking a glass of orange juice. 8. I'm not swimming now. 9. We're having a marvellous time here 10. Are you enjoying the party?11. She's going out with a boy called Osman. 12. They are getting ready to go on a holiday. 13. Is Murat coming with us? 14. He's eating steak and drinking wine. 15. Tom and Ann are talking in a cafe.

EXERCISE 79
1. He's riding a bicycle. 2. She's buying a dress. 3. They are running. 4. He's carrying groceries. 5. She's relaxing. 6. He's reading a paper. 7. She's making a phone call. 8. She's tying her shoes.

EXERCISE 79-B
1. k 2. l 3. i 4. f 5. h 6. j 7. N 8. e 9. o 10. G 11. a 12. c 13. m 14. d 15. b

EXERCISE 80
1. am writing – write 2. work – am working 3. is raining – rains 4. read - read – am reading 5. am going 6. think – is thinking 7. is shining 8. speaks – is speaking 9. wants 10. flows 11. grow – are growing 12. is staying 13. is running 14. works 15. start 16. listen - am listening 17. are talking 18. looks 19. am tasting 20. tastes

EXERCISE 81
1.He loves her. 2.She's with him. 3. It's on the table. 4. There is some water in it. 5. She's a good teacher. 6. They like her very much. 7. I'm looking for them. 8. They are his parents. 9. He's with her now. 10. He wants to see her. 11. She looks like him. 12. We like skiing 13. You should see him as soon as possible. 14. She's looking after them.

EXERCISE 82
1. He/She – him/her 2. It – it 3. He/She – him/her 4. She 5. He/She – him/her

EXERCISE 83
1. Well take it to him. 2. Well, take them to her. 3. Well take it to them. 4. Well, take it to him. 5. Well, take them to her. 6. Well, take it to her. 7. Well, take it to him. 8. Well, take them to them. 9. Well, take it to her. 10. Well, take it to him. 11. Well, take them to her. 12. Well take it to him. 13. Well, bring it to me. 14. Well, take it to her.

EXERCISE 84
1. B– it A–it, me, it B– it, you, it 2. B– me, his A– you B–it, us 3. A– it B– it, me 4. A–them 5. A– her B– him 6. A– you B– me, her 7. A– me, him B– you A– us 8. A–her B– her A – you B – me

EXERCISE 85
1. Bernard is getting a glass of whisky to her. 2. Charles is giving some money to him. 3. Brian is showing his new car to her. 4. Edward is sending Ruth a postcard. 5. Dustin is giving Juliet some flowers. 6. Jessica is lending Rosalle $ 50. 7. Gabriel is writing a letter to Sandra. 8. Sophie is giving a book to me. 9. They are offering a good salary to him. 10. She sends a postcard to him every month. 11. Emily is tellin a joke to them. 12. Patricia is showing Mrs. Harrison the clean glasses. 13. They pay the workers $100 a week. 14. He teaches English to us. 15. He left his grandson a fortune.

EXERCISE 86
1. I was at work all day yesterday. 2. She was afraid of him. 3. It was a sunny day yesterday. 4. He was very ill last week. 5. We were at work this morning. 6. She was in the park this morning. 7. They weren't at school yesterday. 8. Mary was tired when I met her. 9. They weren't very thirsty. 10. Was she at school yesterday? 11. We weren't at the cinema last night. Wc wcre at the theatre. 12. Was the garden small? 13. Were there many people at the meeting? 14. My neighbours weren't French. 15. Was your flight OK? 16.The people weren't very friendly. 17. Were the local shops good? 18. The museum was very interesting. 19. Were the streets full of people? 20. Were you in the south Anatolia last summer? 21. Jennifer was at Tom's party last night. 22. Was your bedroom pink? 23. Was the city exciting last night? 24. My room wasn't comfortable. 25. Was the train late again? 26. Were you tired after the journey? 27. What was the weather like when you were on holiday? 28. We were very happy. 29. The waiters were very polite. 30. There was a fireplace in the living room.

EXERCISE 87

1. He was at school. 2. No, he wasn't. He was at work. 3. They were in the pool. 4. No, he wasn't. He was in the bathroom. 5. They were in the garden. 6. No, he wasn't. He was at home. 7. They were at work. 8. No, she wasn't. She was in a shop. 9. They were on holiday. / They were in Australia.

EXERCISE 88

1. I lost my watch yesterday. 2. He didn't do any homework last night. 3. Mary came home at twelve last night. 4. They arrived in London at 10:00. 5. She left her room in a terrible mess. 6. I didn't pass my exams. 7. He slept until midday yesterday. 8. Bill gave Judith a present for her birthday. 9. Did you find your jacket? 10. She came home late again. 11. Did you spend much money on holiday? 12. He was hungry. He ate a loaf of bread. 13. Suzanne flew to Rome last weekend. 14. Did you stay at the Marmara Hotel. 15. I studied French at school. 16. She didn't eat fish. She ate a steak.

EXERCISE 89

1. No, he didn't. He ate a hamburger. 2. He got home at 4:30. 3. He watered the flowers. 4. No, he didn't. He went to Ankara. 5. No, he didn't. He ironed his jacket. 6. He wrote a letter. 7. No, he didn't. He played football on Sunday morning.

EXERCISE 90

1. in 2. in 3. on 4. in 5. – 6. in 7. in 8. – 9. in 10. at 11. at 12. on 13. at 14. at 15. in 16. at 17. on/on 18. on/at 19. – 20. at

EXERCISE 91

1. Yes, he teaches well. 2. Yes, she dances well. 3. Yes, he works hard. 4. Yes, he speaks aggressively. 5. Yes, she drives carefully. 6. Yes, she works efficiently. 7. Yes, she acts badly. 8. Yes, she swims fast. 9. Yes, she types carelessly. 10. Yes, she learns fast. 11. Yes, she reads slowly. 12. Yes, she sings badly. 13. Yes, she eats noisily.

EXERCISE 92

1. immediate 2. hard 3. late 4 straight 5. immediately 6. directly 7. near 8. short 9. nearly 10. hard 11. hardly 12. hardly 13. faster 14/17.immediate 15.direct 16. fast

EXERCISE 93

1. beautiful 2. beautifully 3. reluctantly 4. secretly 5. kind 6. kindly 7. well 8. generous 9. generously 10. straight 11. fast 12. cooly 13. well 14. good 15. successful 16. violently 17. serious 18. successfully 19. reluctant 20. heavy 21. sudden 22. suddenly23. intentionally 24. sweetly

EXERCISE 94

1. at – in 2. along – on 3. after 4. for 5. at–on 6.– 7. from 8. of 9. at–at 10. in 11. of 12. without 13. towards 14. about 15. over 16. outside 17. to 18. from 19. in–by 20. above

EXERCISE 95

1. Not yet. I'm going to post them soon. 2. Not yet. I'm going to tidy it soon. 3. Not yet. I'm going to read it soon. 4. Not yet. I'm going to invite her soon. 5. Not yet. I'm going to have a party soon. 6. Not yet. I'm going to have a haircut soon. 7. Not yet. I'm going to do the washing up soon. 8. Not yet. I'm going to see it soon. 9. Not yet. I'm going to lay it soon. 10. Not yet. I'm going to do it soon. 11. Not yet. I'm going to

unwrap them soon. 12. Not yet. I'm going to lock it soon. 13. Not yet. I'm going to telephone him soon. 14. Not yet. I'm going to leave it soon. 15. Not yet. I'm going to pay it soon.

EXERCISE 96

1. He's going to study chemistry at university.2. I'm going to travel all over the world. 3. They aren't going to rent that flat. 4. I'm going to play the piano in a cafe. 5. We aren't going to stay in a luxury hotel. 6. We're going to eat fish and chips. 7. Are you going to speak to the boss? 8. She's going to marry a very rich man. 9. They are going to win the World Cup. 10. He's going to make a phone call. 11. It's going to rain this afternoon. 12. The car is going to break down. 13. It's going to take a long time to photocopy this book. 14. Look out! We're going to crash. 15. What are you going to wear to work tomorrow?

EXERCISE 97

1. will play 2. will give 3. will take 4. will stay 5. will go 6. will have 7. will go 8. will take 9. will show 10. will turn

EXERCISE 98

1. He/She won't tell the truth. 2. He/She won't take you to the party. 3. He/She won't let us go out. 4. He/She won't pay the bill. 5. He/She won't pay the money in time. 6. He/She won't come to work tomorrow. 7. I won't wash the dishes. 8. İ won't show the photographs to you. 9. He/She won't keep his/her promise. 10. I won't take this medicine. 11. The children won't do their homework. 12. I won't sell my car to you. 13. He/She won't know where you are. 14. He/She won't order us a meal. 15. I won't go to Ankara by train.

EXERCISE 99

1. Will you park your car here? -Yes, I will. 2. Will you clean your car today? –No, I won't. 3. Will you tell the truth? –Yes, I will. 4. Will they take a taxi? – No, they won't. 5. Will he pay the bill? –Yes, he will. 6. Will you play tennis with him tomorrow? – Yes, I will. 7. Will you get a drink? – No, I won't. 8. Will you work hard? – Yes, I will. 9. Will you go to work tomorrow? – No, I won't. 10. Will they bring the TV tomorrow? – Yes, they will. 11. Will you sell your car ...? – No, I won't. 12. Will you help me ... ? – Yes, I will. 13.Will you stay at home if it rains tomorrow? No, I won't. 14. Will you get me a drink? - Yes, I will.

EXERCISE 100

1. If 2. When 3. when/as as/after 4. if 5. before 6. when/if 7. when/as soon as 8. while/when 9. when/after 10. until

EXERCISE 101

1. I'll wait here until you get back. 2. She will give me a ring as soon as she hears some news. 3. I'll have a bath before I go to work. 4. When/As soon as the lesson ends, I'll go home. 5. If I'm late I'll take a taxi. 6. I'll phone you when I arrive. 7. When/if he comes to class I'll see him. 8. I won't go until I know the truth. 9. You will have a car of your own when you are eighteen. 10. You shan't leave until you promise to come again. 11. When/if I see her I will tell her the truth. 12. I'll telephone you as soon as I arrive in London.

EXERCISE 102

1. I must read this book. 2. You must have a rest. 3. You must use a dictionary. 4. You must stop smoking. 5. You must stay in bed for a few days. 6. You must come and see us some time. 7. This soup must be very delicious. 8. Mr. Steele can't be in his office. 9. My father must be at home. 10. Tell him that he must be here at eight.

EXERCISE 103

1. You mustn't play the radio in your room. 2. You mustn't drive too fast. 3. You mustn't drink too much. 4. You mustn't tell lies to me. 5. You mustn't touch the electricity wires. 6. You mustn't come home after twelve. 7. You mustn't steal money. 8. You mustn't park your car there.

EXERCISE 104

1. Doctors have to work full-time. 2. I have to go to work today? 3. has to get up at six. 4. I have to stay in bed for a few days. 5. I have to iron all the clothes. 6. I have to work all day.

EXERCISE 105

1. You don't have to take a taxi. 2. You don't have to pay the bill. 3. Mehmet doesn't have to marry that girl. 4. You don't have to clean the car every day. 5. He doesn't have to meet you at the airport. 6. I don't have to clean your shoes every day.

EXERCISE 106

1. Michael had to go to work early yesterday. 2. I had to sell my car. 3. I had to get up early yesterday. 4. Yesterday, everybody had to work hard. 5. George had to marry that woman. 6. I had to tell my father.

EXERCISE 107

1. Did you have to spend all your money? 2. Did you have to polish all the shoes? 3. Did you have to tell her the truth? 4. Did you have to meet them at the airport? 5. Did you have to answer the phone? 6. Did you have to do all the cleaning? 7. Did you have to go out last night? 8. Did you have to invite her to the party?

EXERCISE 108

1. You will have to take both of them to school. 2. We will have to cook for ourselves. 3. We won't have to work hard. 4. Will I have to give you more money? 5. Will we have to work tomorrow?

EXERCISE 109

1. Men don't have to retire at 55. 2. You don't have to pay for the local phone calls. 3. I didn't have to wait for a long time for the bus. 4. She didn't have to take her son to school yesterday. 5. We won't have to stand outside. 6. She doesn't have to go to the dentist's tomorrow. 7. I don't have to get up at seven o'clock every morning. 8. My mum doesn't have to help my sister with her homework every day. 9. I don't have to lend him any money for the trip. 10. I don't have to cash this cheque today. 11. Peter hasn't had to do all the housework 12. We didn't have to wait at the bus stop for a long time. 13. She doesn't have to go there every day.

EXERCISE 110

1. What time did you have to leave the office? 2. Why has Peter had to do all the housework? 3. How much did you have to pay for the gas bill? 4. When does Mary have to go to the dentist's? 5. Why did Jennifer have to leave the party early? 6. How long will he

have to stay in hospital? 7. How many words do the students have to learn a day? 8. What time does he have to be at work? 9. How often does she have to go to hospital? 10. What time will you have to leave? 11. Where do I have to sign my name? 12. What does she have to type?

EXERCISE 111

1. You don't need to get this book. 2. You don't need to telephone your father. 3. You needn't bring your dictionaries. 4. You needn't wear a tie. 5. She needn't work hard. 6. You needn't get up early tomorrow. 7. You needn't wash all the dishes now. 8. Mehmet needn't meet them at the airport. 9. You needn't take your English book to school. We don't have English classes today. 10. You needn't help her.

EXERCISE 112

1. Do you need to go shopping today? 2. Need I take an umbrella? 3. Does she need to do her homework today? 4. Did you need to catch the 9:15 train? 5. Does she need to see the boss today? 6. Need he return the book today? 7. Do you need to spend it all? 8. Do you need to do your homework again?

EXERCISE 113

1. He shouldn't have told me the whole story. 2. He had to lose some weight. 3. We had to leave early in the morning. 4. She shouldn't have gone home alone. 5. Did I need to read the whole book? 6. He had to give you some more information. 7. I had to light a fire. 8. You didn't need to turn on the lights.

EXERCISE 114

1. He was waiting at the bus stop when I saw him. 2. She was living in Ankara when I first met her. 3. At this time yesterday I was having a drink in a pub. 4. At nine o'clock yesterday we were watching a film. 5. When we were smoking a cigarette, my father saw us. 6. I was going to bed when the telephone rang. 7. The bus started while I was getting on. 8. Everybody jumped into the boats because the ship was sinking. 9. Was he stealing the pictures when you saw him? 10. It wasn't snowing when I left the house. 11. Were you sleeping when the bomb exploded? 12. I was having a holiday in Antalya when I heard the bad news. 13. The sun was shining when we got to Ankara. 14. They were climbing up the mountain when it started to rain.

EXERCISE 115

1. She was washing her son. 2. We were having dinner. 3. She was walking her dog.

EXERCISE 116

1. There was a party. 2. They were making a lot of noise. 3. to ask them to stop making a noise. 4. A young girl opened the door. 5. She was wearing a funny hat. 6. They were eating and drinking. 7. He was lying on the floor. 8. I went in for a drink. 9. I don't know how many drinks I had. 10. I was dancing with the girl.

EXERCISE 117

1. My work isn't as important as yours. 2. My house is not as big as theirs. 3. My suitcases are not as heavy as hers. 4. My bag is not as full as his. 5. I'm not as hungry as you. 6. My chair is not as comfortable as yours. 7. My father isn't as tall as yours. 8. I'm not as careful as her. 9. My brother isn't as hardworking as

yours. 10. My bedroom isn't as tidy as yours. 11. My hand-writing is not as legible as his. 12. My pronunciation is not as good as his. 13. My father isn't as generous as yours. 14. My brother isn't as strong as yours.

EXERCISE 118
1. Tokyo is bigger than Istanbul. 2. Mary is happier than Jennifer. 3. Terry is more beautiful than Susan. 4. Mars is farther away than the moon. 5. Luke is luckier than Anne. 6. Helen's English is better than mine. 7. That camera is more expensive than this one. 8. Exporting cars is more profitable than importing cameras. 9. The water over there is shallower than the water here. 10. My brother is more handsome than him. 11. Sibel's English is worse than his. 12. Michael runs faster than Paul.13. Your eyesight is better than mine. 14. The new buildings are higher than the old buildings.

EXERCISE 119
1. He's the richest man in Turkey. 2. She's the most beautiful girl in the town. 3. It's the nicest room of the house. 4. It is the oldest building in the town. 5. It was the worst experience in my life. 6. It's the biggest city in Turkey. 7. It is the cheapest restaurant in the town. 8. He's the best player in his team. 9. It is the most valuable painting of the gallery. 10. He's the most famous actor in England. 11. She's the most intelligent student in class. 12. Yes, it was the hottest day of the year. 13. Yes, it is the most interesting book I have ever read. 14. Yes, he is the kindest man I have ever met.

EXERCISE 120
1. Mehmet runs like a horse. 2. My car is different from my father's. 3. Elaine's nationality is the same as John's. 4. Sheila's friends are different from Mary's. 5. My shirt is similar to Peter's. 6. Helen is like her mother. 7. My present is different from my brother's. 8. Tom's job is the same as George's. 9. This material is different from that material. 10. My car is similar to yours.

EXERCISE 121
1. A) Tim is too fat to run fast. B) Tim isn't thin enough to run fast. 2. A) They are too late to catch the school bus. B) They aren't early enough to catch the school bus. 3. A) This problem is too difficult for you to solve. B) This problem isn't easy enough for you to solve. 4. A) The refrigerator is too heavy for you to move. B) The refrigerator isn't light enough for you to move. 5. A) The load is too heavy for me to carry. B) The load isn't light enough for me to carry. 6. A) We've got too little flour to make a cake. B) We haven't got enough flour to make a cake.

EXERCISE 122
1. something 2. anything 3. everything 4. everywhere-anywhere 5. anything-somewhere 6. nothing 7. anybody 8. somewhere 9. anybody 10. nothing 11. anywhere 12. anybody 13. anything 14. something 15. somewhere 16. nothing 17. anywhere 18. nowhere 19. anybody 20. nobody

EXERCISE 123
1. looks 2. tastes 3. smell 4. seem 5. feels 6. sounds 7. seem 8. looks 9. smells 10. sounds 11. sounds 12. looks 13. seems 14. smells/tastes 15. tasted

16. smells 17. look 18. sounds 19. look 20. tastes.

EXERCISE 124
1. Yes, they've just gone to school. 2. Yes, Mary has just typed them. 3. Yes, he's just gone to hospital. 4. Yes, she's just gone to bed. 5. Yes, I've just washed them. 6. Yes, I've just repaired it. 7. Yes, he's just gone to work. 8. Yes, I've just polished them. 9. Yes, I've just brushed them. 10. Yes, he's just washed it. 11. Yes, she's just had a haircut. 12. Yes, it's just eaten a fish.

EXERCISE 125
1. Have you really spoken to him? 2. Have you really bought a new one? 3. Has she really married to him? 4. Have they really finished? 5. Have they really gone to the pub? 6. Has he really broken his arm? 7. Has he really given you $50? 8. Has it really eaten the fish? 9. Has he really had a bath? 10. Has he really won the tennis tournament? 11. Have you really seen him? 12. Has she really bought the tickets? 13. Have they really caught him? 14. Have you really lost it? 15. Have you really finished reading it?

EXERCISE 126
1. She's been a waitress since 2000. 2. They have been in the fridge for two days. 3. They have lived in Alaçam since they were born. 4. I have known you for a long time. 5. I have had a car since 1994. 6. She has studied French for six months. 7. He has worked in Germany for twenty years. 8. I have used a word processor since the beginning of the year. 9. Jennifer has been in Paris for two weeks. 10. Susan and Bill have been married for seven years.

EXERCISE 127
1. No, I've already answered it. 2. No, she's already washed them. 3. No, I've already drunk one. 4. No. she's already solved them. 5. No, they've already had a swim.6. No, I've already done it. 7. No, she's already done the cooking. 8. No, I've already had a shave. 9. No, he's already had a sleep. 10. No, they've already had a walk. 11. No, they've already had a meal. 12. No, he's already read it. 13. No, I've already been to the doctor's. 14. No, I've already invited them.

EXERCISE 128
2. 's just gone 3. have just seen 4. have already started 5. haven't talked - yet 6. have already invited 7. hasn't arrived yet 8. haven't read - yet 9. has already arrived 10. have just paid 11. has been – so far 12. have already watched 13. has just gone 14. hasn't come - yet 15. have already taken

EXERCISE 129
1. They have lived in London for ten years. 2. We haven't seen each other for a long time. 3. What have you done? 4. Have you heard from Tekin recently? 5. George hasn't worked hard at school this term. 6. Have you ever ridden a donkey? 7. I've never seen a whale. 8. I haven't told her anything. 9. This is the most exciting book I have ever read. 10. Mehmet has never seen his father since he was born. 11. This is the first good meal I have ever had for ages.12. She is happiest when she has seen her father. 13. This is the first time I've heard my mother singing. 14. How long have you known her?

EXERCISE 130

1. have made 2. has already designed 3. have added 4. haven't played 5. have had 6. Have you given up 7. has just finished 8. Have you packed 9. have forgotten 10. has had 11. Have you done 12. have begun 13. have already worn out 14. have often seen 15. Have you had 16. have you done 17. have just got married 18. have read 19. haven't seen 20. have had

EXERCISE 131

1. How long has she been a secretary? 2. How long has he been a tobacco expert? 3. How long has his father been sick? 4. How long has he been in hospital? 5. How long have you lived in Istanbul? 6. How long have you known that couple? 7. How long has she smoked cigarettes? 8. How long has the traffic been very heavy? 9. How long have you had a headache? 10. How long have you studied English? 11. How long has he been a football player? 12. How long has he played for Galatasaray? 13. How long has he had a beard? 14. How long has it been broken?

EXERCISE 132

1. has never been – read 2. Have – decided 3. have just had 4. did – hasn't written 5. bought 6. left 7. hasn't arrived 8. Has – landed 9. landed 10. hasn't rained 11. Have – seen, ran away 12. met – haven't seen 13. saw – didn't buy 14. has fallen-hasn't ridden 15. wrote – haven't written 16. started 17. Have – ever seen 18. have phoned

EXERCISE 133

1. seen him for two weeks 2. here three months ago. 3. lived in Istanbul for twelve years 4. seen her for five days 5. Haven't – tasted 6. smoked a cigarette for ten years 7. I haven't drunk 8. I came to Istanbul in January. 9. have been in Ankara for 10. she has been to Rome

EXERCISE 134

1. has been writing 2. has been eating 3. have – been doing 4. have been doing 5. has – been doing 6. has been doing 7. has been peeling 8. have been learning 9. has been attending 10. have – been teaching 11. has been developing – changing 12. has been spreading 13. have been looking 14. has been escaping 15. have – been using 16. has – been teaching 17. have - been attending 18. has been living 19. has been snoring 20. have been waiting

EXERCISE 135

1. 've bought 2. Have you finished 3. have been eating 4. have read 5. have written 6. What have you been doing? 7. has eaten 8. have drunk 9. 've been playing 10. haven't seen 11. has scored 12. have been dancing 13. have been waiting 14. have finished 15. have been writing 16. has visited 17. have been travelling 18. has found

EXERCISE 136

1. It has been raining for six hours. 2. The fire on the oil ring has been burning for a week. 3. The people in Etiopya have been waiting for food for ages. 4. He has been working since 1975. 5. She has been living with him for six months. 6. The demonstrators have been marching through Amsterdam for three days. 7. I have been learning English since 1995. 8. It has been snowing for two days. 9. They have been travelling for several weeks. 10. She has been trying to give up smoking for twelve years. 11. She has been teaching English since 1987. 12. He has been appearing in Broadway for seven years. 13. She has been acting since 1990. 14. They have been living in London since 1992.

EXERCISE 137

1. The watch was very expensive so I didn't buy it. / I didn't buy the watch because it was very expensive. 2. Judith is very ill so she has to stay in bed for a week. / Judith has to stay in bed for a week because she is very ill. 3. My brother is very happy because my father bought him a bicycle. /My father bought my brother a bicycle ,so he's very happy. 4. We needn't take our umbrellas because the sun is shining. / The sun is shining, so we needn't take our umbrellas.

EXERCISE 138.

1. because 2. so 3. because 4. So 5. because 6. so 7. because 8. because 9. so 10. so 11. because 12. because 13. because 14. so 15. so 16. so 17. because 18. because 19. because 20. so

EXERCISE 139

1. wearing 2. waiting 3. to sit 4. flying 5. to come 6. playing 7. cooking 8. going 9. studying 10. to be 11. being 12. taking 13. to take 14. working 15. writing 16. lying 17. to be 18. to talk 19. to know 20. watching

EXERCISE 140

1. either 2. neither 3. Both 4. neither 5. none 6. all 7. None 8. Neither – nor – both 9. both 10. all 11. neither – nor 12. all 13. neither – nor 14. none 15. neither 16. all

EXERCISE 141

1. myself 2. itself 3. herself 4.himself 5. myself 6. himself 7. herself 8. themselves 9. myself 10. himself 11. herself 12. myself 13. herself 14. himself 15. herself 16. himself 17. you 18. itself 19. myself 20. themselves 21. ourselves 22. themselves 23. herself 24. me 25. her

EXERCISE 142

1.Although/Though 2. In spite of 3. though 4. though 5. In spite of 6. In spite of 7. Although 8. In spite of 9. Althouh 10. though 11. though 12. Although 13. In spite of 14. although 15. In spite of 16. In spite of 17. although 18. though 19. In spite of 20. In spite of

EXERCISE 143

1. How 2. What a 3. How 4. How 5. How 6. What 7. How 8. How 9. What a 10. What 11. How 12. How 13. What a 14. What 15. How 16. What

EXERCISE 144

1. used to 2. am not used to 3. Are - used to 4. is used to 5. get used to 6. Did - use to 7. get used to 8. used to 9. used to 10. Are – used to / Have – got used to 11. Did – use to 12. Is – used to 13. is used to 14. am used to 15. is used to 16. am not used to 17. get used to 18. is used to 19. used to 20. got used to

EXERCISE 145

1. I not only type but can also sing well. 2. He repairs not only radios but also televisions. 3. They not only had lunch but also drank a bottle of wine. 4. I washed not only the clothes but also the plates. 5.My father not only bought me a new watch but also gave me some money. 6. They not only painted the house but also cleaned it. 7. I not only watered the flowers but also

cut the grass. 8. She's not only very beautiful but also very rich.

EXERCISE 146

1. May/Can 2. Might 3. Might 4. are – likely 5. might not 6. would 7. may have 8. might have 9. May/Can 10. Do you think 11. is likely 12. could 13. might have 14. may 15. Might 16. Do you think 17. might 18. Is– likely 19. may/might not have seen 20. might have stolen

EXERCISE 147

1. Can 2. can't 3. will be able to 4. Could 5. were able to 6. Can 7. can't 8. Could/Can 9. could 10. could have lent 11. was able to land 12. Can/Could 13. has been able to 14. was able to leave 15. were able to 16. will be able to 17. could have gone 18. could have taken 19. Can 20. Can/Could

EXERCISE 148

1. should 2. shouldn't 3. should have told 4. shouldn't have 5. should 6. should 7. should have left 8. should 9. shouldn't 10. should have come 11. shouldn't 12. should 13. should 14. shouldn't /should 15. Should have stopped 16. shouldn't have told 17. should have got 18. shouldn't have put 19. shouldn't 20. shouldn't

EXERCISE 149

1. had worried / heard 2. was / had thought 3. had shot 4. drank / had finished 5. had – folded / opened /entered 6. had brought 7. had worked / decided 8. arrived /had – gone 9. waited / had finished 10. left / had finished 11. called /had broken / were 12. heard / telephoned 13. had finished / arrived 14. had spent 15. arrived / had visited 16. had paid

EXERCISE 150

1. We hadn't recognized 2. John was very sorry because his girlfriend hadn't phoned. 3. George didn't come to the party because we hadn't invited him to the party. 4. Mary told me that she hadn't ever worked in France. 5. When you came I hadn't finished washing the clothes. 6. He didn't know that his father had died when he went home. 7. He/She hadn't told me his/her name before he/she left. 8. They hadn't finished their work before they left the office. 9. George told me that he hadn't been to Paris before. 10. He hadn't done anything before he saw her.

EXERCISE 151

1. Had you seen the bride before the wedding? 2. Had you learnt German before you finished the high school? 3. Had you finished answering the questions before the bell rang? 4. Had your father gone to bed when you got home? 5. Had he taken his medicine before he had a heart attack? 6. Had you closed the windows before you left the house? 7. Had he known her/him for a long time? 8. Had the police come before the robbers left the bank?

EXERCISE 152

1. drove / had spent 2. got / had already left 3. saw / had taught 4. sat / had had 5. hadn't – asked / left 6. had let 7. had earned 8. looked / had lived 9. had left / ate 10. had gone / sat / lit 11. had to / had broken down 12. couldn't / had left 13. had been 14. had forgotten 15. had pulled / arrived 16. saw / ran

EXERCISE 153

1. had been playing / started 2. had been studying / went 3. had done 4. had been crawling 5. had been driving 6. had been travelling 7. had been watered 8. had been running 9. had been living / had 10. had been writing 11. had been walking 12. had been taking 13. had been translated 14. had been going 15. had been stealing / asked 16. had been running

EXERCISE 154

1. When the police came, the man had been lying on the ground for six hours. 2. When we left Ankara, it had been raining for three hours. 3. When you telephoned, he had been sleeping for two hours. 4. When my father came, my sister had been talking on the telephone for two hours. 5. When he died, he had been lying in bed for three years. 6. My eyes were very tired because I had been reading a book for a long time. 7. When he retired, he had been teaching mathematics for thirty years. 8. When he married, he had been going out with her for three years. 9. had been cheating 10. When he died, he had been living alone for ages. 11. When the phone rang, I had been sleeping for two hours. 12. When I saw her, she had been dancing with her boy friend. 13. He had been smoking for twenty years. 14. It had been raining

EXERCISE 155

1. had been coming 2. hadn't been watching 3. hadn't been following 4. had been mending 5. hadn't been working 6. hadn't been cleaning 7. hadn't been using 8. hadn't been studying 9. had been trying 10. realized / had been doing 11. had been going out 12. had been behaving 13. had been studying 14. had been staying

EXERCISE 156

1. mustn't I? 2. isn't she? 3. weren't they ? 4. are you? 5. aren't you. 6. aren't I? 7. have you? 8. didn't he? 9. could you? 10. don't I? 11. isn't it? 12. aren't there? 13. isn't there 14. don't you? 15. did she? 16. does he? 17. does he? 18. doesn't he ? 19. didn't you? 20. won't he? 21. wasn't it? 22. isn't it? 23. don't they? 24. Aren't they? 25. do they?

EXERCISE 157

1. I wish I liked tea. 2. I wish she had answered my letter. 3. I wish she would write to me. 4. I wish I knew French. 5. I wish I hadn't spent all my money. 6. I wish I hadn't broken my arm. 7. He wishes he were a good fotballer. 8. I wish the plane would be here on time. 9. I wish it were raining. 10. I wish Elaine hadn't been married Tom. 11. I wish I could catch the train. 12. I wish you hadn't spent all your money. 13. I wish we had invited the Newtons to dinner.

EXERCISE 158

1. made 2. make 3. do 4. made 5. do 6. make 7. make 8. done 9. make 10. made 11. made 12. make 13. do 14. make 15. made 16. made 17. does 18. make 19. have done 20. make 21. making 22. do 23. do 24. did 25. did 26. made 27. made 28. make 29. does 30. make 31. made 32. do / do 33. makes 34. makes 35. made 36. made 37. make 38. make 39. did 40. making

EXERCISE 159

1. I would rather have lunch in the Italian Restaurant. 2. I would rather stay at home. 3. I'd rather go by bus. 4. I'd rather drink whisky. 5. I'd rather smoke a cigar. 6. I'd rather visit the art gallery. 7. I'd rather stay in a hotel. 8. I'd rather watch television. 9. I'd rather listen to music. 10. I'd rather eat steak.

English Grammar Today

EXERCISE 160

1. You'd better stop smoking. 2. You'd better go to bed. 3. He'd better take an aspirin. 4. You'd better not eat here. 5. You'd better tidy it. 6. You'd beter accept the invitation. 7. You'd better not make a noise. 8. You'd better go home. 9. She'd better tell the truth. 10. You'd better take your umbrella. 11. You'd better go to bed early. 12. You'd better not drink it. 13. They'd better have a break. 14. You'd better polish them.

EXERCISE 161

1. I will get up early in case I miss the train. 2. I'll get some water with me in case I get thirsty on the way. 3. Tom telephoned home in case his wife wanted something. 4. I wrote my name on the suitcase in case I lost it. 5. I'll take Susan's address with me in case I have time to visit her. 6. Take warm clothes in case it is cold.

EXERCISE 162

1.The exam was so difficult that nobody passed it. 2. The film was so excited that I want to see it again. 3. Tom is such a good boy that everybodylikes him. 4. Marmaris is so beautiful that thousands of tourists visit it every year. 5. Margaret is so talkative that I can't stand listening to her. 6. Norma is such an attractive girl that everybody wants to go out with her. 7. Climbing Mt. Everest is so dangerous that only a few people were able to reach the peak. 8. I'm so tired that I can't work anymore. 9. It was such an exciting party that everybody enjoyed it. 10. It was so hot that we couldn't sleep. 11. The house was so expensive that we couldn't buy it. 12. Tamer is such a tall boy that he doesn't need to jump to touch the ceiling. 13. I was so tired that I fell asleep in the taxi. 14. It was such a lovely day that we had to go out somewhere.

EXERCISE 163

1. I couldn't sleep well because of the noise the children were making. 2. We couldn't play football because of the cold weather. 3. I can't buy the champaign because of the price. 4. I ran into a tree this morning because of the cat in front of me.5. My parents broke up because of you and Lisa. 6. I couldn't hear anything because of the loud music. 7. We couldn't go skiing because of the lack of snow. 8, I can't walk because of my broken leg.

EXERCISE 164

1.d 2. 13. b 4. f 5. a. 6. c. 7. h 8. i 9. g 10. e 11. k 12. J

EXERCISE 165

Cümleleri tamamlarken **if**'li cümlelerde geniş zaman, asıl cümlede **will** ile kullanız.

EXERCISE 166

1. will buy – pass 2. write – will post 3. don't leave – will call 4. doesn't arrive – will have to 5. won't have to – get 6. invite – will be 7. retire – will make 8. write – will know

EXERCISE 167

1. Unless you go to Venice, you will never ride in a Gondola. 2. Unless it rains, we will go to the cinema. 3. Unless you go to the Chinese Restaurant, you will never taste a Peking Duck. 4. Unless you go to Bursa, you will never climb Uludağ. 5. Unless you go to India, you will never see the Taj Mahal. 6. Unless you answer my questions, you won't go anywhere. 7. I won't let you go unless you give me my money back.

8. I'll call the police unless you go away. 9. Unless you complain to the manager, you will always get bad service. 10. Unless you have enough money, you can't buy this car.

EXERCISE 168

1. If I were you, I would eat steak. 2. If I were you, I would invite Jill. 3. If I were you, I would watch TV. 4. If I were you, I would put my money on Bold Pilot. 5. If I were you, I would invest on shares. 6. If I were you, I would go by bus. 7. If I were you, I would say I am ill. 8. If I were you, I would eat in a restaurant.

EXERCISE169

1. Would you learn it if you have enough time? 2. Would you often read books if you didn't have a television? 3. Would she go dances if she had a boyfriend? 4. Would you visit him if you went to London? 5. Would you give me $10 if you had some money? 6. Would she speak French if she lived in France? 7. Would he pass his class if he studied hard? 8. Would I catch the train if I hurried?

EXERCISE 170

1. I wouldn't be in bed if I weren't ill. 2. I wouldn't be running if I weren't late. 3. I wouldn't take a taxi if I had a car. 4. I wouldn't be ringing the bell if I had a key. 5. I wouldn't be eating in cheap restaurants if I had a lot of money. 6. If I knew the answer, I wouldn't be silent. 7. I would help you if I had time. 8. If he studied hard, he would pass the exam.

EXERCISE 171

1. Why did you read the book if it wasn't interesting? 2. If the water was very cold, why did you drink it? 3. If the pills made you feel bad, why did you go on taking them? 4. If it was dark, why didn't you turn on the light? 5. If it was very hot, why did you wear your coat? 6. If you weren't late, why did you take a taxi? 7. If you didn't have enough money, why did you order an expensive meal? 8. If he had his key, why did he try to go in through the window? 9. If you knew her phone number, why didn't you phone her? 10. If she were afraid of flying, why did she take a plane?

EXERCISE 172

1. would have arrested 2. wouldn't have finished 3. had come 4. hadn't built 5. would be able to 6. wouldn't have disturbed 7. would have been 8. would have found 9. wouldn't have woken 10. hadn't driven 11. wouldn't have forgotten 12. hadn't lost 13. would have been killed 14. had stayed

EXERCISE 173

1. c 2. f 3. H 4. A 5. G 6. İ 7. k 8. e 9. b 10. d

EXERCISE 174

1. d 2. i 3. G 4. H 5. B 6. J 7. f 8. c 9. a 10. e

EXERCISE 175

If'li cümleleri **past perfect**, asıl cümleleri **would have + past participle** (fiilin 3. hali) ile tamamlayınız.

EXERCISE 176

Cevaplarınızı mutlaka would+present participle (fiilin 1.hali) kullanarak veriniz.

EXERCISE 177

1. d 2. b 3. D 4. B 5. b 6. c 7. d 8. a 9. a 10. b

EXERCISE 178

1. is grown 2. was first grown 3. was introduced 4. is grown 5. is drunk 6. was first grown 7. was introduced 8. is now grown 9. are drunk 10. was enjoyed 11. is

drunk 12. is grown 13. was first consumed 14. was introduced 15. was introduced 16. was forbidden 17. is well–known 18. is not consumed 19. is forbidden 20. is grown

EXERCISE 179

1. The robbers haven't been caught yet. 2. The wounded bandits had been left behind. 3. The paper hasn't been signed. 4. People will always be fooled by politicians. 5. Our house will be cleaned next Friday. 6. The central heating hasn't been installed yet. 7. Has my umbrella been seen? 8. The fares haven't been collected yet. 9. The books had been taken from the drawer secretly. 10. We saw that our house had been destroyed by a storm. 11. A chain of stores will be opened by the company. 12. The regulations won't be changed without my knowledge. 13. The new books haven't been sent yet. 14. The injured people hadn't been taken to hospital when we arrived there. 15. Where has my hat been put?

EXERCISE 180

1. A lot of spare parts are being exported to other countries. 2. The exercises are being correctly done by the students. 3. Stones were being thrown at us. 4. The young trees were being cut in the forest. 5. The kitchen was being cleaned this morning. 6. Some tea is being made for you. 7. The clean plates are being put away. 8. The old magazines were being thrown out. 9. What was being written on the wall? 10. Where was the crop being kept? 11. The parliament is being watched these days. 12. Small houses were being built outside the city. 13. The cake isn't being baked for you. 14. The doors and windows are being locked. 15. The letters are being translated into Italian now.

EXERCISE 181

1. Rebecca was given lovely presents at her birthday. 2. He was left a lot of money by one of his relatives. 3. She wasn't given the money. 4. She was offered a good job. 5. I wasn't told that it was dangerous. 6. Have you been told what to do? 7. $100,000 have been lent to him. 8. We were shown their wedding photographs. 9. High wages were promised to the workers. 10. He was written a lot of postcards. 11. A secret message will be sent to the Minister. 12. She was told a lot of lies. 13. I was told a lot of things about her. 14. Delicious food was served to the guests. 15. She was shown the way to the post office.

EXERCISE 182

1. It's expected that the ambulance will be here soon. / The ambulance is expected to be here soon. 2. It's believed that he was killed at the accident./ He is believed to have been killed at the accident. 3. It's said that Hülya's mother has lost a lot of money on gambling. / Hülya's mother is said to have lost a lot of money on gambling. 4. It's said that she is spending a lot of money. / She's said to be spending a lot of money. 5. It was reported that the prisoners escaped through a tunnel. / The prisoners were reported to have escaped through a tunnel. 6. It's thought that she was killed by her husband. / She's thought to have been killed by her husband. 7. It's estimated that thousands square kilometers of rain forests are cut every year. / Thousands square kilometers of rainforests are estimated to be cut every year. 8. It's hoped that the

third bridge won't be built over the Bosphorus Strait. / The third bridge is hoped not to be built over the Bosphorus Strait.

EXERCISE 183

1. to be told / being told 2. to be taken/being taken 3. being cooked 4. to be promoted 5. having been painted 6. to be eaten 7. to have been translated 8. to be invited 9. being declared 10. to be cleaned 11. to have been eaten 12. being poached 13. to have been sent 14. to be tested 15. to be offered 16. having been taken 17. to be well looked after 18. to be written 19. Having been caught 20. being packed / having been packed

EXERCISE 184

1. No, they still need to be taken. 2. No, they still need to be ordered. 3. No, they still need to be borrowed. 4. No, one still needs to be hired. 5. No, they still need arranging. 6. No, they still need buying. 7. No, they still need sending out. 8. No, he still needs to be invited.

EXERCISE 185

1. I will have my shirts ironed. 2. We have our cars repaired at a garage. 3. We have our teeth filled in at the dentist's. 4. We have our clothes cleaned at the dry cleaner's. 5. I will have Hürkan Kımıloğlu pull out my tooth. 6. Have these windows cleaned. 7. I will have my watch repaired. 8. I had these letters translated last week. 9. She had had Selma cut her hair. 10. I have just had my Hi Fi set repaired. 11. I had my car washed yesterday. 12. Have your shoes polished! 13. Have this television repaired!

EXERCISE 186

1. Can you tell me when he left? 2. When he came is still a mystery. 3. I'm sure that she'll be here in time. 4. I don't know what she is wearing. 5. I don't know how old you are. 6. Do you remember what you ate last night? 7. What she is doing is not known. 8. What he said wasn't heard. 9. Do you know how long they will stay in Izmir? 10. I don't know what kind of drink this is. 11. I'm surprised that she knows you very well. 12. I didn't hear what he said. 13. I don't know who he is. 14. I don't believe that she makes a lot of money. 15. The government announced that there will be a pay increase.

EXERCISE 187

1. It's splendid that you passed your exam. 2. It's strange that there are no lights on. 3. It's essential that everybody knows what to do. 4. It's out of the question that we should leave without paying. 5. It's not important what you look like. 6. It's a mystery how he found her. 7. It's a great pity that they have divorced. 8. It's a wonder that she survived. 9. It was a mystery that where he come from. 10. It seems strange that we haven't met somewhere before. 11. It's unfortunate that you lost your bicycle. 12. It's quite clear that we got lost. 13. It's strange that nobody called me today. 14. It's a great relief that we found the children in safe. 15. It's a miracle that nobody was injured at the accident.

EXERCISE 188

1. I will be listening to music. 2. My mother will be doing the cooking. 3. I will be taking a driving test. 4. I will be living. 5. I will be having dinner. 6. At this time tomorrow I will be driving to Ankara. 7. I will be

helping. 8. I will be lying on the beach at this time tomorrow. 9. I will be having a holiday at this time next year. 10. I will be having a drink with Jennifer at eight o'clock this evening. 11. I will be flying to America. 12. My son will be going to university at this time next year.

EXERCISE 189

1. He will be sleeping at eight o'clock. 2. We'll be working very hard at this time next month. 3. They will be travelling all night. 4. She will be doing the washing up in an hour's time. 5. He will be mending his car at dinner time. 6. I will be driving a Rolls Royce in two years' time. 7. I will be studying French from eight to ten. 8. We will be swimming in the sea at this time next week. 9. I'll be having an interview at two o'clock this afternoon. 10. We will be having dinner in an hour's time. 11. It will be snowing very soon. 12. We'll be listening to Sibel Can at the concert at this time tomorrow. 13. We will be having a holiday at this time next year. 14. I'll be having a bath in an hour's time.

EXERCISE 190

1. You won't be wearing these glasses. 2. My father won't be working. 3. We won't be wearing coats. 4. I won't be driving this heap of junks. 5. I won't be living in Istanbul at this time next year. 6. I won't be thinking of you at this time tomorrow. 7. You won't be sleeping at this time tomorrow. 8. You won't be working there at this time tomorrow. 9. I won't be sitting at this desk on Saturday. 10. I won't be staying at this hotel at this time tomorrow. 11. Our economical situation won't be going bad. 12. I won't be reading this book in an hour's time. 13. I won't be doing homework at this time tomorrow.

EXERCISE 191

1. A– Where will you be going at this time tomorrow? B– I'll be driving. 2. A– What will you be doing at nine o'clock tonight? B– I will be having 3. A– What will your husband be doing at this time tomorrow? B– He will be shopping 4. A– What will you be doing at ten o'clock tonight? B– I will be dancing 5. A- What will your father be doing at this time tomorrow? B– He will be watering 6. A– What will you be doing at two o'clock next Sunday? B– We will be playing 7. A– What will you be doing at this time tomorrow? B– I will be doing

EXERCISE 192

1. to eat his meal 2. to have some chocolate 3. to clean their shoes 4. to hold up our hands 5. to get her a drink 6. to shut the door after him

EXERCISE 193

1. not to drive too fast 2. not to tell lies to him. 3. not to wear that funny skirt 4. not to put our elbows on the table 5. not to make a noise 6. not to ask her stupid questions

EXERCISE 194

1. he's very hungry. 2. she wants to see the doctor. 3. she doesn't like football. 4. I'm very beautiful. 5. she knows where I live. 6. he never eats meat. 7. she has never been to Rome. 8. they are bored. 9. her mother cooks well. 10. she herself does her homework.

EXERCISE 195

1. Graham said he was tired. 2. Julia said she had only just started talking. 3. Mary said it was still early. 4. My brother said he had to get up early in the morning. 5. Jack said he would just have one more before he went. 6. Jennifer told Lisa that she was sorry she hadn't written to her for a long time. 7. Tom said he was having a party the following Saturday. 8. … she could swim in the big pool if he were with her. 9. The booking clerk said you had to pay a deposit when you make a reservation. 10. Mr. Parkinson said he wouldn't go to big hotels. 11. He told me I should take my family to Manavgat. 12. … he had passed our old school the day before and couldn't help thinking of me. 13. He said there was nothing to be afraid of. 14. She said she was nervous of being alone at home.

EXERCISE 196

1. I asked you if you wanted a cup of coffee. 2. … I could lend him my mobile telephone. 3. … if I could speak French. 4. If I could get her a drink. 5. … if she had a computer. 6. If Bill lived with his family. 7. … I knew that man. 8. She asked me if I had tidied my room. 9. She asked me if I had a car. 10. He asked me if I had done my homework. 11. I asked you if you had enjoyed the film. 12. She asked me if I had seen her cousin at the party. 13. I asked him if he had told her the date of the party. 14. She asked me if I liked playing football. 15. … if I was going with them. 16. … if I had bought my books. 17. … if he had sold his car. 18. … if my husband made a lot of money.

EXERCISE 197

1. … where he lives. 2. … when they landed on the moon. 3. … what he said. 4. … where she went. 5. … how much money he paid. 6. … how many books I have got. 7. … how she makes a chocolate cake. 8. … how much time we have got. 9. … what time they left work yesterday. 10. … how they opened the safe. 11. … where they were born. 12. … where I left my bag.

EXERCISE 198

1. … what the time is 2. … who that woman is. 3. … what the capital of Nigeria is. 4. … what books I have read. 5. … where he parked his car. 6. … where his eye–glasses are. 7. … why she is crying. 8. … what he wants to know. 9. … how they went to work. 10. … where Joe is. 11. … where the children went. 12. … who I was talking to.

EXERCISE 199

1. … how he felt about a small whisky. 2. … how she had done that. 3. … what her phone number was. 4. … where he lived. 5. … how he could go to Taksim. 6. … where he had put her dictionary. 7. … what time it would stop. 8. … where she could park her car. 9. … when you were going to start eating your meal. 10. … why she was singing so loudly. 11. … why she didn't like the sight of the blood. 12. …what he had done.

EXERCISE 200

1. … he had read a Tale of Two Cities. 2. … she was on a keep fit course. 3. … if I could tell her the time. 4. … if my course was interesting. 5. … he wouldn't be late. 6. … if she was serious. 7. … she was sorry. 8. … if I would like another cup of coffee. 9. … she was getting married soon. 10. … she had lost her wedding ring. 11. … what she wanted to drink. 12. … she

would have a cherry juice. 13. … if she wanted any sauce on her spaghetti.14. … if there was anything the matter between us. 15. … I looked a bit miserable. 16. … he was going to save as much money as possible. 17. … he wasn't a very nice type of man. 18. … if she had told it to him before. 19. … what I had done. 20. … he couldn't pay me any more money that day. 21. … why she was so sad. 22. … she had seen her car parked outside the school. 23. … she had understood everything he had told her. 24. … who lived next door. 25. … he was leaving at once. 26. … he would pay me back the following week. 27. … he was leaving in two days' time. 28. … if he paid his fine he could walk out of prison that day. 29. … the children had better go to bed early. 30. … he knew the place well because he used to live there.

EXERCISE 201

1. smoking 2. to find 3. to leave 4. resting 5. to drink 6. smoking 7. to drive 8. to catch 9. to watch/ watching – doing 10. to buy 11. to be listening 12. giving 13. taking 14. to phone 15. trying to catch 16. to think – deciding – to accept 17. peeling 18. learning 19. to have – meeting 20. asking

EXERCISE 202

The little girl who had been missing since Wednesday has been found safe and well. 2. The scientist who invented a new medicine for cancer has won the nobel prize. 3. The dog which bit two children has been shot. 4. The bomb which exploded this morning caused a lot of damage. 5. The footballer who took drugs has been banned from playing again. 6. The strike which closed the Bosphorus Bridge is over. 7. The woman who you met at the door has brought the parcel. 8. Burglar alarms which ring for no reason are a real nuisance. 9. Peter couldn't find the notebook which he wrote new words in. 10. I'm sure I know the person who served us. 11. What's the name of the man who you are working for? 12. The jacket which you were wearing at the party was really nice. 13. The car whose brakes were very bad began to slide backwards. 14. The students who wanted to have a picnic were disappointed when it began to rain. 15. Valentines day is a Day when people give presents to the ones they love.

EXERCISE 203

1. A burglar 2. An artist 3. A lodger 4. A restaurant 5. An atheist 6. A shoplifter 7. A doctor 8. A plumber 9. A nurse 10. A barn 11. A baker 12. An electrician 13. An actor 14. A mechanic 15. A hammer 16. A banker 17. A butcher 18. An hair dresser 19. A dentist 20. A tenant 21. A landlady 22. A pensioner 23. An engineer

EXERCISE 204

1. The Newtons, who we invited to dinner, haven't come yet. 2. Jeff, who's an architect, is my neighbour. 3. Mr. Brown, whose car was stolen, had to stay the night. 4. Atatürk, who saved Turkey from enemies, was a great leader. 5. The Eifel Tower, which is the symbol of France, is the highest building in Paris. 6. Ms. Stone, whose husband died last week, is a generous woman. 7. My wife's uncle, who is a good pilot, is a nice man. 8. My uncle, who had been driving all day, suggested stopping at the next gas station.

EXERCISE 205

1. will have written 2. won't have forgotten 3. will have decorated 4. will have been 5. won't have made 6. will have driven 7. will have stopped 8. will have had 9. will have married 10. will have left 11. will have become 12. will have disappeared

EXERCISE 206

1. I will have taken all my exams by June. 2. The play will have started when he comes. 3. I will have read three books of Yaşar Kemal before the end of the year. 4. I will have worked in this office for three years at the end of June. 5. My parents will have been married for twenty years next year. 6. will have missed the train 7. When I get up my father will have left the house. 8. We will have visited ten places at the end of this trip. 9. I will have had a bath when you come. 10. I will have died by 2090.

EXERCISE 207

1. will have been taking 2. will have been having 3. will have been living 4. will have been flying 5. will have been playing 6. will have been climbing 7. will have been playing 8. will have been dancing 9. will have been raining. 10. will have been waiting 11. will have been teaching 12. will have been sleeping 13. will have been travelling 14. will have been learning

EXERCISE 208

1. I will have been learning English for seven years at the end of this month. 2. I will have been looking for a job for six months next week. 3. Next month, I will have been smoking for ten years. 4. Metin Akpınar will have been acting for 40 years at the end of this month. 5. I will have been working for this company for eight years at the end of this month. 6. I will have been driving to Ankara for two hours at this time tomorrow. 7. Next month, I will have been writing books for ten years. 8. Next week, I will have been living in Kadıköy for four years. 9. At this time next year Hakan will have been playing football for fifteen years. 10. After ten minutes, he will have been sleeping for exactly ten hours.

EXERCISE 209

1. – 2. – , the 3. – 4. – 5. – 6. the 7. - 8. - 9. - 10. - 11. the 12. the 13. - 14. - 15. the 16. - 17. the 18. - 19. - 20. the

EXERCISE 210

1. the 2. the 3. – 4. the 5. – 6. the , - , - 7. the 8. the 9. the , the 10. the, the 11. – , the 12. the, the 13. the , 14. the , –,–15. –, 16. –, – 17. the 18. – 19 the 20. the 21. - 22. - 23. –

EXERCISE 211

1. in 2. on 3. on 4. on 5. on 6. at/on 7. in 8.. at/on 9. in 10. in 11. on 12. on 13. in 14. in 15. on 16. at 17. at 18. on 19. in 20. in–at

EXERCISE 212

1. very much, less 2. much, a lot 3. a bit 4. very much 5. very much 6. a lot 7. more 8. less / more 9. most 10. a bit

EXERCISE 213

1. two long narrow plastic rulers 2. a handsome young tall man 3. an exciting historical French film 4. a large square green garden 5. an antique silver swiss watch 6. large yellow paper bags 7. Long wide Russian iron bars. 8. a lovely young Turkish girl 9. an ordinary old

leather wallet 10, A new red wool shirt. 11. The first two big red plastic balls 12. My new long blue wool scarf

EXERCISE 214

1. wishing well 2. recording device 3. laughing child 4. exciting play 5. cleaning fluid 6. darning needle 7. meeting place 8. writing paper 9. cooking utensil 10. weighing machine 11. washing machine 12. sewing machine 13. swimming pool 14. swimming costume 15. driving gloves 16. freezing weather 17. walking stick 18. gardening implement 19. charming person 20. knitting needle

EXERCISE 215

1. I watched the doctor examine his patient. 2. I smelt the cake burning. 3. I felt Dr. Newton examine my foot. 4. I saw the crowd waiting to get into the hall. 5. The headmaster saw the students leaving the classroom. 6. I heard Hülya Avşar rehearsing for the show. 7. I saw the boat leave the bay. 8. I noticed Sally break the vase 9. I heard them having a party next door last night. 10. I watched George skate yesterday 11. I heard my mother come/coming down the stairs. 12. I saw the robbers being taken to the police station. 13. I caught him trying to steal my car. 14. I found her lying on the beach.

EXERCISE 216

1. Being in the bathroom, Tom couldn't hear the bell. 2. Being a doctor, my father is very often called out late at night. 3. Hearing the bad news, Suzanne telephoned Darren. 4. Having not met Dr. Newton before, Mary wouldn't be able to recognize him. 5. Doing the shopping in the morning, Ms. Brown was able to play cards with her friends for most of the afternoon. 6. Being frightened, the dog ran away. 7. Being not a teacher, Terry can't answer these questions. 8. Being at the counter, Spencer was able to serve us. 9. Having had breakfast I'm not hungry.10. Having not read the book I didn't know what it was about. 11. Having finished preparing the meal, Mum called us into the dining room 12. Reading the stock exchange page in the newspaper, I noticed that I had lost a great deal of money.

EXERCISE 217

1. Adverbial Clause of Concession 2. …Comparision 3. … Place 4. … Place 5. … Reason 6. .,. Time 7. … Reason 8. … Manner 9. …Time 10. … Reason 11. … Concession 12. …Place 13. …Time 14. çoncession 15. … Condition 16. … Reason 17. … Reason 18. …Concession 19. Place 20. … Condition

EXERCISE 218

1. back – up 2. cut out 3. broke down 4. be back 5. catch up 6. bring up 7. clear up 8. drop in 9. come off 10. fall off 11. do up 12. get on 13. let – down 14. get over 15. go round 16. hold on 17. look out 18. make up 19. looks after 20. looking forward to

EXERCISE 219

1. put out 2. running out of 3. take off 4. sold out 5. turned up 6. ran away 7. take up. 8. try out 9. took out 10. worked out 11. put up with 12. worn out 13. taken in 14. pick - up 15. took–back16. rub - out 17. put up 18. overlook 19. ring up 20. stay up

EXERCISE 220

1. made 2. allowed 3. allowed 4. let 5. allow 6. made 7. allow 8. let 9. allow 10. made 11. allowed 12. allow 13. allow 14. made 15. made 16. made 17. let 18. let 19. made 20. allow

EXERCISE 221

1. My mother doesn't allow me to eat ice-cream. 2. I'm not allowed to eat ice-cream. 3. I'm not allowed to see him. 4. My father made me wash the car. 5. Are you allowed to park your car here? 6. Please, let me help you. 7. We aren't allowed to wait here. 8. They don't allow playing football here. 9. People younger than 18 are not allowed to buy strong drinks and tobacco. 10. That woman made me crazy. 11. You made me very happy. 12. Do your parents allow you to drive? 13. I'm not allowed to drive. 14. The doctors don't allow him to smoke. 15. Am I allowed to smoke? 16. Will I be allowed to see her?

EXERCISE 222

1. Shall I take you to the theatre? 2. Shall I give you another book? 3. Shall I see you next lesson? 4. Shall I get you a drink? 5. Shall I close the door? 6. Shall I water the flowers? 7. Shall I help you with the washing up? 8. Shall I call you a taxi? 9. Shall we wash your car? 10. Shall we meet you at the airport? 11. Shall I clean the board? 12. Shall I help you with the cooking? 13. Shall I post these letters? 14. Shall I tell him/her you are here? 15. Shall I repair your bike?

EXERCISE 223

1. Shall I wash it for you? 2. Shall I mend it for you? 3. Shall I carry them for you? 4. Shall I post them for you? 5. Shall I translate it for you? 6. Shall I turn on the lights for you? 7. Shall I open it for you? 8. Shall I call one for you? 9. Shall I open it for you. 10. Shall I solve it for you? 11. Shall I take them to school for you? 12. Shall I get a drink for you? 13. Shall I bring you an aspirin? 14. Shall I help you type the letters?

EXERCISE 224

Shall we + Present Participle (fiilin 1.hali) veya Let's + Present Participle (fiilin 1.hali) ile başlayan cümleler yapınız.

Örnek olarak 1. soruyu ele alalım.

1. What shall we do tonight?

Possible answers – Olası cevaplar

Shall we go to the cinema?

Let's visit Paul and Mary.

Shall we stay at home and watch TV?

Let's play cards.

Let's go to the nearest pub for a drink. Etc.

EXERCISE 225

1.worried 2. worrying 3. confusing 4. confused 5. terrifying 6. amazed 7. amusing 8. exciting 9. entertaining 10. disappointing 11. interesting 12. thrilling 13. tiring 14. tired 15. interesting 16. interested 17. exciting - excited 18. depressed 19. exhausting 20. fascinated 21. depressing 22. satisfied 23. annoyed 24. surprised 25. frightened 26. exhausting 27. frightened 28. boring - bored 29. interested 30. disgusted 31. boring 32. surprised

EXERCISE 226

1. d 2. a . 3. b 4. c 5. b 6. d 7, a . 8. b 9. c 10. a 11. b 12. b 13. a 14. b 15. C

EXERCISE 227

1. Not only did jack lose his job but also got divorced. 2. No sooner had Tracy climbed on the platform, the crowd started protesting her. 3. Under no circumstances should you give him any money. 4. Seldom have I heard a better melody. 5. Here comes Fazıl Say. 6. There go the children. 7. Down the street went the crowd. 8. Along the river walked Ted. 9. In this house lived Atatürk when he came to Samsun. 10. In front of the door stood the man . 11. Now is the best time. 12. Rarely did we hear him.

EXERCISE 228

1. c 2. a 3. c 4. a 5. b 6. c 7. a 8. a 9. d 10. c

Let's laugh a bit.

Pa Won't Like It

A farm boy accidentally overturned his wagonload of corn. The farmer who lived nearby heard the noise and yelled over to the boy, "Hey Willis, forget your troubles. Come in and visit with us. I'll help you get the wagon up later."

"That's mighty nice of you," Willis answered, "but I don't think Pa would like me to."

"Aw come on boy," the farmer insisted.

"Well okay," the boy finally agreed, and added, "but Pa won't like it."

After a hearty dinner, Willis thanked his host, "I feel a lot better now, but I know Pa is going to be real upset."

"Don't be foolish!" the neighbor said with a smile. "By the way, where is he?"

"Under the wagon."

Blonde Coffee Drinker

A blonde says to a brunette, "Excuse me, but each time I sip my coffee, my eye seems to hurt."
The brunette says, "Well maybe you should take the spoon out of the cup."

Guardian Angel

A woman opened the door of a building and was about to step outside when she heard a voice saying, "Don't take that next step or you'll regret it." She paused and a brick came crashing to the pavement right where she would have been standing. She looked around and there was no one nearby.

The next day this woman was about to step into the street when she heard this same voice say, "Don't take that next step or you'll regret it." As she paused a truck came racing by and smashed into a nearby vehicle. She knew if she hadn't listened to that voice she would have been hurt badly, or maybe even killed.

She looked behind her and there was no one nearby. "All right," she said, "Who are you?" "I'm your guardian angel," the voice replied. "Oh, if that's the case," the woman said, "Where were you on my wedding day?"

Men and Women

The difference between men and women:
A man is driving up a steep, narrow mountain road. A woman is driving down the same road. As they pass each other, the woman leans out the window and yells: "PIG"!!

The man immediately leans out his window and replies with "B-----!"

They each continue on their way, and as the man rounds the next corner he slams into a pig in the middle of the road.

Men and Women

Man: Is this seat empty?
Woman: Yes, and this one will be too if you sit down!

info@mkpublications.com'a yazın deneme sınavları e-mail kutunuza gelsin.